The
Intellectual
Devotional

Revive Your Mind, Complete Your Education,
and Roam Confidently with the Cultured Class

1日1ページ、
読むだけで
身につく
世界の教養
365

デイヴィッド・S・キダー
ノア・D・オッペンハイム
David S. Kidder
Noah D. Oppenheim
小林朋則 訳

文響社

Credit for "The Second Coming" by W.B. Yeats on page 351 is reprinted with the
permission of Scribner, an imprint of Simon & Schuster Adult Publishing Group,
from *The Collected Works of W.B. Yeats: Volume I: The Poems, revised,*
edited by Richard J. Finneran. Copyright ©1924 by The Macmillan company;
copyright renewed ©1952 by Bertha Georgie Yeats.

"Howl" by Allen Ginsburg on page 246 is reprinted from "Howl,"
©1956 City Lights Publishers.

"I, Too, Sing America" by Langston Hughes on page 344 is reprinted from *The Collected
Poems of Langston Hughes,* ©1995 Vintage, Random House/Bertelsmann.

An excerpt from *Lolita* by Vladimir Nabokov on page 274 is reprinted from *Lolita,*
©2005 Vintage, Random House/Bertelsmann.

"The Road Not Taken" by Robert Frost on page 190 is reprinted from *Selected Poems,*
©1992 Gramercy, Random House/Bertelsmann

THE INTELLECTUAL DEVOTIONAL

Revive Your Mind, Complete Your Education, and Roam Confidently with the Cultured Class
By DAVID S. KIDDER & NOAH D. OPPENHEIM
© 2006 by TID Volumes, LLC
Japanese translation rights arranged with David Kidder and Noah Oppenheim
c/o David Black Literary Agency, Inc., New York through Tuttle-Mori Agency, Inc., Tokyo

For José and Jack —— David

For Allison —— Noah

Acknowledgments
謝辞
◆

　本書を作るにあたって多くの方々にご協力いただいたことに感謝する。出版社ロデールのリー・ヘイバーには、本プロジェクトを完成まで見守っていただいた。デイヴィッド・ブラック・エイジェンシーのジョイ・テュテラは、友として熱心に励ましてくれた。アンディ・カーペンターとトニー・サージは、私たちの企画を実現させてくれた。ネルソン・カンケルとヴァーノン・スチュワードは、スタートに当たって大きな力を貸してくれた。

　各項目は、その分野に詳しい方々に調査・執筆していただいた。その後、全項目は正確を期すため専門の学位を持った学者・研究者に点検していただいた。

担当執筆者

歴史 —— アラン・ワーズビキ
文学 —— マット・ブランチャード
視覚芸術 —— エリック・ヴォン・ドースター
科学 —— ジェニファー・ドラプキン
音楽 —— ロビー・ウィーラン
哲学 —— フレデリック・スタズ
宗教 —— アンドルー・シルヴァー

担当監修者

歴史 —— ジェイムズ・ダウンズ（博士）
文学 —— ジョージェット・フライシャー（博士）
視覚芸術 —— アイリーナ・オリシュケヴィチ（博士）
科学 —— デイヴィッド・ボイヤジン（修士）
音楽 —— メリッサ・コックス（博士）
哲学 —— トマス・ケリー（博士）

Introduction
はじめに
◆

　信心深い人は、信仰心を高めるために日課として聖書を毎日読んでいる。この『1日1ページ、読むだけで身につく世界の教養365』は、それと同じような方法で知識を増やし、教養を高めるための本だ。ベッドのわきに置いて、朝に目覚めたときや夜に休む前に読むことを毎日の習慣としてほしい。

　この本には、毎日1ページずつ知性を鍛え、頭脳を刺激し、教養を高めるための読み物が、1年分収められている。取り上げているのは七つの異なる専門分野──歴史・文学・視覚芸術・科学・音楽・哲学・宗教だ。毎日1ページずつ読んでいけば、各分野について毎週少しずつ理解を深めることができる。

　本書は、脳を活性化する知性の体操みたいなものだ。これは年齢を重ねてくると、とりわけ切実になる。毎日のつらい仕事を一時忘れて、人類の英知という深遠な世界をのぞいてほしい。視野が広がり、新たな好奇心の発見につながるはずだ。

　本書の内容を簡単に説明しよう。

◆**月曜日** ── 歴史
　西洋文明の発展に貢献した人々や出来事を探る。

◆**火曜日** ── 文学
　偉大な作家の生涯と、その代表作──現在も多くの読者をとりこにしている詩や小説──のあらすじを見る。

◆**水曜日** ── 視覚芸術
　世界で最も影響力の大きい絵画・彫刻・建築作品を生み出した芸術家や芸術運動を紹介する。

◆**木曜日** ── 科学
　ブラックホールの起源から電池の仕組みまで、科学の不思議を簡単に解説する。

◆**金曜日** ── 音楽
　偉大な作曲家たちにインスピレーションを与えたもの、楽譜の読み方、モーツァルトがこれほど人気がある理由など、音楽の遺産を概観する。

◆**土曜日** ── 哲学
　古代ギリシアから20世紀まで、人類最高の思想家たちが、人生と宇宙の意味を解明しようとしてきた努力を取り上げる。

◆**日曜日** ── 宗教
　世界のおもな宗教とその教義を概説する。

　あなたが本書を読み進めることで、知的好奇心が刺激され、人生がより豊かなものになれば、幸いである。

　　　　　　　　　　　　　　── デイヴィッド・S・キダー＆ノア・D・オッペンハイム

第1週 第3日(水)

3 視覚芸術 | ラスコー洞窟の壁画

　ラスコーの洞窟壁画は、現在知られている最古の芸術作品のひとつだ。見つかったのは1940年、フランス中部の村モンティニャックの近くで、四人の少年がたまたま洞窟に入ったのがきっかけだった。洞窟の内部は部屋がいくつもつながっており、その壁には、1万5000年から1万7000年前に描かれた動物の絵が1500点近くあった。

◆

　この壁画が何のために描かれたのかについては諸説ある。先史時代の人が、この洞窟の形状を見て動物の形に似ていると考え、そのイメージをほかの人に伝えようとして目立つ印を付け加えたのかもしれない。また、壁画の多くは洞窟の中でも人が入りにくい場所にあるので、呪術的な儀式に使われたのかもしれない。いずれにせよ先史時代の人々は、動物の絵を非常に正確に描くことで、動物を自分たちの思いどおりにしたり、数が減ったときには増やしたりできると考えていたようだ。

　壁画の動物は、輪郭線だけで描かれるか、その中が一色で塗りつぶされているかの、どちらかである。その多くは、いわゆる歪曲描法を使っていて、例えば頭部は横向きだが、角は正面を向いた形で描かれている。絵の多くには、点や線状模様など、さまざまな模様も含まれていて、これには何らかの象徴的な意味があるのではないかと考えられている。

　この洞窟で最も壮麗な部屋は「雄牛の大広間」と呼ばれる場所で、ここには絵画による物語がある。左から右へと続く一連の絵に、野牛の群れを追いかけて捕まえる様子が描かれている。

　調査の結果、壁画が旧石器時代のものだと判明すると、さっそく洞窟は1948年に一般公開された。ところが、毎日1200人もの見学者が訪れたため、1955年には壁画が傷んできたことが誰の目にも明らかになってきた。保護対策が講じられたものの、結局、洞窟は1963年に閉鎖された。その後、壁画を一目見たいという人々の要望に応えるため、1983年、洞窟からわずか200メートル離れた場所に、実物大のレプリカが完成した。

豆 知 識

1. 壁画を描いた人々は、遠近法を意識していたようだ。壁の上部に動物を描くときは、下から見上げる人たちの目に絵がゆがんで見えないように描かれている。

2. 洞窟で唯一、人間が描かれているのが「井戸」と呼ばれている場所だ。動物よりも雑に描かれていることから、この人間には呪術的な力が与えられていないと考えられていたらしい。

9

第1週 第4日（木）

4 科学 | クローン技術

　1997年、ドリーという名の赤ん坊ヒツジが、世界ではじめてクローン技術によって誕生したと発表された。ドリーがクローンであるというのは、細胞核のDNAが母親とまったく同じだからだ。つまり、母ヒツジと娘ヒツジの細胞は、同じ遺伝物質を持っているのだ。言ってみれば、世代をまたいだ一卵性双生児のようなものである。

◆

　スコットランドにあるロスリン研究所は、ドリーを生み出すのに核移植という手法を使った。これは、ドナーとなる大人の細胞から遺伝物質を取り出し、あらかじめ遺伝物質を取り除いておいた未受精卵に移植する方法だ。ドリーの場合、ドナー細胞はフィン・ドーセット種の六歳だった雌ヒツジの乳腺から採取された。核移植後、卵細胞に電気ショックを与えると、細胞は分裂して胚になった。

　ドリー誕生が衝撃的だった理由のひとつは、個体の特定の部位から取った細胞を使っても、まったく新たな個体を作ることができると、科学の世界で証明されたからだった。ドリー以前は、科学者のほとんど誰もが、細胞は特定の組織に分化した後では特定の細胞にしか分化できないと思っていた。心臓の細胞は心臓の細胞しか作れないし、肝臓の細胞は肝臓の細胞しか作れないと考えていたのだ。ところがドリーは、母親の乳腺から採取された細胞だけで作られた。これによって分化した細胞でも一からプログラムし直せることが証明された。

　しかし多くの点で、ドリーは母親と違っていた。例えばドリーは、テロメアが極端に短かった。テロメアとは、遺伝子を運ぶ物質である染色体の末端にある、細いひも状のタンパク質だ。テロメアの働きは、まだ正確には分かっていないが、細胞を保護・修復するのに役立っているらしい。年を重ねるにつれ、テロメアの長さは短くなっていく。ドリーは、母親から六歳時のテロメアを受け継いでいたので、ドリーのテロメアは、生まれつき同じ年齢の平均的なヒツジよりも短かった。ドリーは普通と変わらないように見えたが、肺がんと重度の関節炎を患い、2004年に六歳で安楽死させられた。ちなみにフィン・ドーセット種の平均寿命は、11～12歳である。

┌─────────┐
│ 豆 知 識 │
└─────────┘

1. 1997年以降、ウシ、マウス、ヤギ、ブタで、核移植を用いたクローン作成が成功している。
2. クローンの成功率は、どの種でも非常に低い。公表されている研究によると、再構築胚のうち無事に子として産まれるのは1％程度だという。もっとも、失敗例はほとんどが公表されないため、実際の成功率はもっと低いと思われる。
3. ドリーは、死ぬまでに子ヒツジ六頭の母親になったが、六頭すべて昔ながらの方法で出産した。
4. 韓国人の研究者グループが、1998年にヒトのクローン胚の作成に成功したと発表した。ただし、実験は四細胞期で終わっており、成功を裏づける証拠はない。

10

第1週 第5日(金)

5 音楽 | 音楽の基礎

　音楽とは、模倣や楽譜によって再現できる、組織化された音のことだ。音楽と雑音はまったくの別物で、例えばドアを開けるときのギーッという音や、黒板を爪で引っかく音は、一定ではなく組織化されてもいない。こうした雑音から出る音波は複雑で、ひとつひとつを識別可能な音として聞き取ることはできない。

◆

　音楽の音を分析する際の基本的な要素には、次のようなものがある。

音高（ピッチ）——耳に聞こえる音の高低。音高は、専門的には音波の周波数、つまり音の波が一定時間に繰り返される回数で測定される。西洋音楽には、明確に違う音高が12ある（音名は低い順に、ハ、嬰ハまたは変ニ、ニ、嬰ニまたは変ホ、ホ、ヘ、嬰ヘまたは変ト、ト、嬰トまたは変イ、イ、嬰イまたは変ロ、ロ）。嬰（シャープ）や変（フラット）の付いた音高は変位音と言い、要はピアノの黒鍵が出す音のことだ。音楽的には、音高の高低どちらかの側に半音だけ移った場所にある。だから例えば嬰ニと変ホは同じ音高になる。音を記号として書いて表したものを音符と呼ぶ。

音階（スケール）——音高を（例えばハニホヘトイロハのように）高さの順に階段状に並べたもので、しばしば旋律の基盤となる。楽曲では、全体を通じて、または部分ごとに、特定の音階に出てくる音だけを使うことが多い。西洋音楽では、さまざまな長音階や短音階をもっぱら使う。長音階は、その特有の音高の並び方のため、聞き手の大半が「明るい」「楽しい」「ポジティブ」といった印象を受ける。一方の短音階は、一般に「暗い」「悲しい」「ネガティブ」と表現される。

調（キー）——音高を、普通は長音階か短音階のひとつを基にして並べたもので、旋律の基準となり、旋律を支える流れとなる。調の中心音である主音は、特定の調で書かれた楽曲の最初と最後の音であることが多い。ある楽曲がホ長調の場合、ホの音が、その楽曲の主音である。

豆 知 識

1. こうした基本要素は、どれも五線に書くことができる。五線とは、横方向に引かれた五本の平行線のセットが並んだもののことだ。普通、五線は楽曲での拍のまとまりを示すため小節に分けられ、ページに書かれた各五線の冒頭には、どの位置がどの音高かを示す基準点として音部記号（例えばト音記号）が記される。

2. 楽曲が基礎となる調から外れることを、転調という。調は、楽譜では各五線の冒頭にある調号（シャープやフラットの記号）で示される。

3. 世界にはさまざまな音楽文化があり、使われている音階の数は数百にも上る。インドではシタールなどの楽器で音楽を演奏するが、22の音高でできた音階を使う。音高の間は西洋音楽の音高の間隔より広いところも狭いところもある。そのため音の違いが非常に微妙で、インド古典音楽の演奏者には卓越した技巧が求められる。

11

第1週 第6日（土）

6 哲学 ｜ 現象と実在

　哲学の歴史を通じて、常に大きなテーマのひとつとして論じられてきたのが、現象と実在の違いだ。この違いを、最初期の哲学者たちは思想の中心に据えていた。彼ら最初期の哲学者は、古代ギリシアの哲学者ソクラテス（前470〜前399）より前の時代に生きていたことから、ソクラテス以前の哲学者と呼ばれている。

◆

　ソクラテス以前の哲学者たちは、実在するものの根本的な本質は、通常目にしている姿つまり現象とは大きく異なっていると思っていた。例えば哲学者タレスは、現象がどうであれ、万物の根源は水だと唱え、ヘラクレイトスは、世界は火からできていると考えた。さらにヘラクレイトスは、万物は常に流転すると説いた。それに対して別の思想家パルメニデスは、何物も実際には運動しておらず、運動と見えるものはすべて幻想にすぎないと主張した。

　ソクラテス以前の哲学者たちは、実在するものすべてが、もっと根源的な実体でできている可能性を真剣に捉えていた。そして、普段の無批判的な観察からは誤った世界像しか得られないのではないかと疑っていた。こうした理由から、彼らの思索は哲学のみならず現代科学の先駆けでもあったと考えられている。

　後の多くの哲学者たち——例えばプラトン、スピノザ、ライプニッツなど——も、この系譜に連なり、実在について従来とは異なる説を提示して、自説の方が通常の常識的な世界観よりも真理に近いと主張した。

豆知識

1. 現象と実在の違いは、古くから続く哲学的伝統のひとつ懐疑論でも中心的なテーマである。
2. イマヌエル・カントも現象と実在の違いに取り組んだ。そして、私たちが経験を通して知る「物」と、その背後にある「物自体」とを区別した。

第1週 第7日（日）

7 宗教 ｜ トーラー

　トーラーとは、ヘブライ語の聖書の冒頭にある五つの書、いわゆるモーセ五書を指す名称だ。キリスト教徒は、この五書に他のユダヤ教文書を加えたものを、旧約聖書と呼んでいる。また「トーラー」という語は、口伝のほか数点の文書で伝えられている膨大なユダヤ教の律法全体を指すこともある。

◆

　モーセ五書は、ユダヤ教信仰を規定する613の律法の根拠であり、世界三大一神教すなわちユダヤ教、キリスト教、イスラム教の基礎である。五書の概要は次のとおり。

創世記——天地創造の物語と、イスラエルの人々、アブラハム、イサク、ヤコブ、および彼らの家族たちの歩みを語る。

出エジプト記——エジプトを脱出してカナンへ向かう物語を語る。モーセが十戒を授かるのもここ。

レビ記——神に礼拝するときの規則と儀式を述べる。

民数記——イスラエルの人々が荒れ野を旅した記録を語る。

申命記——モーセが晩年に語った、イスラエルの人々の歴史と道徳上の教えについての説教で構成される。

　この五書は、伝統的にはシナイ山でモーセに授けられたと信じられてきた。また異説として、トーラーの冒頭部は確かにシナイ山で授けられたが、その後も啓示はモーセの生涯を通じて続いたとする説もある。

　以前から考古学者たちは、トーラーは紀元前10世紀から前6世紀のあいだに書かれたものだと考えてきた。文書仮説という、正統派ユダヤ教徒から見れば異端そのものである学説の支持者たちは、もともとの五書は四つの原資料を基にしており、それを後に五人目の著者または編集者がひとつにまとめたのだと主張している。この仮説を支持する論拠としては、神の名前が複数あること、文体が違っていること、同じ話が繰り返し登場することなどが挙げられている。

　トーラーは当初から口伝で伝えられてきた。トーラーを完全に理解するには口伝が欠かせなかったからだ。口伝の内容を書きとめることは冒瀆行為と考えられていたが、文字で記録する必要性がやがて明らかとなり、口伝律法の集大成ミシュナーが編纂された。その後、ラビ（律法学者）たちがトーラーとミシュナーをめぐって論議や討論を重ねた結果、その議論をまとめるため解説書であるタルムードが書かれた。

　昔からユダヤ教では、トーラーのテキストを使って数々の規範や習慣を導き出している。そのためラビ文献の研究者は、一生をかけて一語一語の意味を明らかにするのだ。

豆 知 識

1. トーラーの巻物は、ヘブライ語の手書きで文字数は30万4805字あり、制作するのに一年以上かかることもある。一か所でも書き間違えれば、巻物全体が無効となる。

13

第2週 第1日(月)

8 歴史 | ハンムラビ法典

　ハンムラビは、現在のイラクにあった古代文明バビロニアの王である。紀元前1792年から前1750年まで君臨し、対立する諸民族を征服したが、彼が何より有名なのは、史上はじめて法律を制定した人物だからだ。治世の終わり近くにハンムラビは、現存する史上最古級の成文法を発布し、国民が守るべき規則と、法を破った者が受ける罰を明確にした。ハンムラビの時代、ほとんどの社会は独裁的な支配者が好き勝手に支配していたため、法律がすべての人に適用されるという発想自体が、前代未聞の新機軸だった。

◆

　ただし、法典そのものは現代の感覚から見ると非常に残酷だった。ハンムラビは、些細な法律違反でさえも死刑と定めていた。居酒屋に入った女、逃亡奴隷をかくまった者、「正当な理由」なく夫の元を去った妻は、すべて死刑の対象だった。さらに、この太古の法典は、古代社会の迷信も反映していた。バビロニア人どうしの争いについて、ハンムラビ法典は被告に川へ飛び込めと命じている。もし有罪なら溺死する。だが無実なら「無事に逃れ」、原告は虚偽の告発をしたかどで死刑に処すと決められていた。

　王の書記官たちは、この法典を正義の神に捧げた黒い石柱に刻み、広く国民に知らしめた。碑文でハンムラビは、「将来の全世代の人々」にこの法律を順守するよう命じ、「私が与えた国法を変える」ことを禁じている。また、将来の王たちは一時の感情に従って統治するのではなく、法の支配を守らなくてはならないとも述べている。国民を支配する法律を為政者が勝手に変えてはならないという考えは、革命的な発想だった。法の支配を尊重する態度は、今も優れた政府に欠かせない基本的な特徴のひとつであり続けている。

[豆 知 識]

1. ハンムラビ法典が刻まれた石柱は、1901年にフランス人考古学者によって発掘され、今はパリのルーヴル美術館に立っている。
2. ハンムラビ法典は、楔形文字で刻まれている。これは、近東にあった古代文明のほとんどで使われていた複雑な文字体系だ。近代に入って研究者が楔形文字をはじめて解読できたのは、1835年のことだった。
3. バビロニアの科学者たちは、数を数えるのに60をひとまとまりにする六十進法を使っていた。1分が60秒なのは、このためだ。

9 文学 | アーネスト・ヘミングウェイ

20世紀のおもなアメリカ人作家の中で、アーネスト・ヘミングウェイ（1899～1961）ほど人々に影響を与え模倣された者はいないだろう――それと同時に、彼ほど多くの人から非難された者もいない。長編・短編両方の小説で有名になったヘミングウェイは、生前から著名人となったため――しかも、自分の周りに意図的に膨大な神話を築いた――虚像と実像を分けるのが難しいこともある。

◆

1899年にイリノイ州オークパークで生まれたヘミングウェイは、若いころから作家志望で、18歳のとき新聞『カンザス・シティー・スター』（Kansas City Star）の記者となる。数か月後、赤十字の救急車運転手として第一次世界大戦のイタリア戦線に赴任し、そこで重傷を負う。戦後は、ガートルード・スタインら、戦争の残虐さに幻滅した国外在住のアメリカ人作家たち、いわゆる「失われた世代」とともにパリで数年を過ごした。パリ時代にヘミングウェイは、トレードマークとなる文体を磨き上げる。反復を多用しつつ、無駄を削ぎ落として、男らしさを意図的に前面に出し、単純そうな見掛けの裏に真意を隠す散文体を完成させた。

作家として数々の短編を書いた後、最初の本格的長編小説『日はまた昇る』（1926年）を執筆した。満たされない思いを抱えたアメリカ人青年がフランスとスペインで日々を過ごす様子を描いた作品で、これが世に出るとヘミングウェイはたちまち絶賛された。続けて、第一次世界大戦を背景にアメリカ人の救急車運転手とイギリス人女性看護師の悲しい愛の物語を描いた『武器よさらば』（1929年）や、ヘミングウェイ自身がジャーナリストとして取材した内容に触発されて書いたスペイン内戦でのゲリラたちの物語『誰がために鐘は鳴る』（1940年）が発表された。特に『誰がために鐘は鳴る』の主人公は、多くの人から「ヘミングウェイのコード・ヒーロー」と呼ばれている人物――人生に幻滅していてストイックで、暴力や逆境に直面すると自分の掟に従って気品と高潔さを発揮する男性――の典型例になっている。

名声が高まる一方で、ヘミングウェイが書けるのは、戦争、闘牛、狩りや大物釣りといった明らかに男性的なテーマだけだという評判が立ち、また自らそうした世評が強まるように仕向けてもいた。一部にはヘミングウェイの作品はマッチョ気取りだと批判する批評家もいたが、中編小説『老人と海』（1952年）ではストーリーテラーとしての力量がいかんなく発揮された。この作品でヘミングウェイは1954年にノーベル文学賞を受賞する。このような最高の業績を上げながらも、晩年は鬱状態と健康の衰えに悩まされ、結局1961年、ショットガンで自ら命を絶った。それでも、現代小説の文体に彼が与えた影響は今も強く残っている。

[豆 知 識]

1. 毎年「イミテーション・ヘミングウェイ・コンテスト」というコンペが開かれ、特徴的なヘミングウェイの文体にパロディーという形で敬意を表した作品が数百点集まる。過去の受賞作のタイトルは、『老人と蚤』や『誰がために金はうなる』など。

第2週 第3日(水)

10 視覚芸術 | ネフェルトイティの胸像

　エジプト美術の中でも非常に有名な作品のひとつであるネフェルトイティの胸像は、石灰岩製で、1912年にドイツ人考古学者ルートヴィヒ・ボルハルトによって、現エジプトの町アマルナ近郊で発見された。古代の彫刻師トトメスの工房跡で見つかったもので、ボルハルトはこれを壊れた陶器だと偽ってひそかに国外へ持ち出した。

◆

　ネフェルトイティは、エジプトを紀元前1353年から前1335年まで支配したファラオ、アメンヘテプ四世の最も重要な王妃だった。アメンヘテプ四世は、治世中に自らの名前を「太陽神アテンに仕える者」を意味する「アクエンアテン」に改め、倫理的な側面を重視した新たな一神教を採用した。ネフェルトイティは、夫である王にほぼ匹敵する高い地位を与えられた。研究者の中には、彼女こそ背後で新宗教を推進した人物であり、一時期は共同摂政として政治にも関与していたと考えている者もいる。アクエンアテンの死後、王と、その強力な王妃の痕跡はほとんどすべて消し去られた。おそらく、このふたりに旧来の宗教を否定された神官たちの仕業だろう。

　ネフェルトイティの胸像は、約3400年前に作られたもので、高さは約50センチあり、ほぼ完全な状態で発見された。わずかに両方の耳たぶが欠けているだけだ。ただ、この胸像は左目がはめ込まれていた形跡がなく、どうやら未完成だったようだ。トトメスは、この胸像を弟子たちへの指導用見本として使っていたのかもしれない。胸像が王妃に似せて作られたのか、それとも理想的な美の姿を造形したものなのかは、今も判明していない。

　2003年、イギリス人考古学者ジョアン・フレッチャーが、すでに発見されていたミイラのひとつを、アメリカのテレビ局ディスカバリーチャンネルから資金を得て、ネフェルトイティだと特定すると、大論争が沸き起こった。フレッチャーは有力な証拠を提示したが、エジプト当局はその主張を認めなかった。

　胸像は、今日ではベルリンの新博物館で見ることができる。これは今なお、エジプト美術で最も知られている作品のひとつであるだけでなく、女性美のひとつの典型でもあり続けている。そう考えると、ネフェルトイティという名前も新たな意味合いを帯びてくる。彼女の名を訳せば、「美しい者が来た」になるのだから。

豆知識

1. 第二次世界大戦末期、ネフェルトイティの胸像はベルリンのソヴィエト管理区域から持ち出されたため、所有権をめぐって争いが起きた。その後、2005年にベルリンへ戻された。
2. 数年前、「リトル・ワルシャワ」というハンガリーの芸術家コンビが、シースルーの衣装を着た頭部のない女性像の上にネフェルトイティの胸像をのせて論争を呼んだ。

第2週 第4日（木）

11 科学 | エラトステネス

　古代ギリシアの学者たちの多くが世界は丸いと思っていた。どれくらいの大きさかは誰にも分からなかったが、前3世紀になるとアレクサンドリア図書館の館長エラトステネス（紀元前276頃〜前194）が、地球の大きさを測る独創的な方法を思いついた。

◆

　エラトステネスは、エジプトのシエネという町の近くに、ほかとは違った井戸があると聞いていた。毎年、一年で日が最も長い6月21日の正午になると、太陽の光が井戸の底まで届くのだという。これはつまり、太陽が井戸の真上に来るということだ。エラトステネスは、太陽がシエネで真上に来るときも、その真北にあるアレクサンドリアでは、太陽光は斜めにさすに違いないと考えた。太陽が真上からずれている角度を測ることができれば、地球の大きさを推定するのに必要な証拠が得られるかもしれない。そこで、6月21日の正午、彼はアレクサンドリアで測定用の棒を持ち出し、棒の影が作る角度を測定した。

　エラトステネスは、影の角度が、ふたつの町を地球の中心と結んだときにできる角度と等しくなることを知っていた。そこで、測った角度を円の中心角である360度で割って、ふたつの町の距離が地球全周の何分の一になるかを計算した。答えは50分の1だった。つまり、シエネとアレクサンドリアのあいだを50回歩けば、地球を一周したことになるわけだ。

　あとは、ふたつの町の距離を正確に測定するだけだ。エラトステネスは、まったく同じ歩幅で歩けるよう訓練を受けたプロの歩測者を雇った。この歩測者の計測結果から、エラトステネスは地球の全周を3万9700キロと推定した。今日も、2000年前にエラトステネスが考案したのと同じ原理が使われており、最新の装置で測定した結果、赤道の全周は4万75キロと推定されている。

　エラトステネスの時代は、スペインからインドまでが人々の知る世界だった。彼は、世界の残りの部分は広大な海に覆われていると思っていて、もしも海が大きくなければ、スペインから船で西へ向かえばインドへ行けるだろうと考えていた。この考えに触発されて、クリストファー・コロンブスは1492年に、あの有名な航海に出発することになる。

[豆 知 識]

1. エラトステネスは、歴史上の出来事を時代順に並べようと真剣に取り組んだ最初の歴史学者でもある。現在の古代史研究では彼の特定した年代が多く用いられている。
2. ほかにもエラトステネスは、経度、緯度、音階、素数など、現在も使われている数々の概念で多くの功績を残した。
3. 当時の学者たちは、エラトステネスに「ベータ」というあだ名をつけていた。エラトステネスは興味の範囲が広く何にでも手を出す素人と見られていて、彼らからすればエラトステネスは一流ではなく二流、つまりアルファではなくベータだったのである。

17

第2週 第5日（金）

12 音楽 | 旋律

　旋律は、普段の会話ではメロディーと呼ばれることも多く、音楽の要素と聞いて真っ先に思い浮かぶものだろう。旋律は、ひとつまたは複数の楽器で演奏され、和声（ハーモニー）とリズムと並んで、音楽の三要素のひとつと考えられている。

◆

　旋律は、いくつもの音を、美しく響くように並べたものだ。並べられた音は、ある種の一体感、つまり、まとまっているような感じを作り出す。旋律と和声の違いは、旋律では個々の音がひとつひとつ順に演奏されるのに対し、和声では複数の音が同時に演奏される点にある。

　旋律の定義は時代とともに広がり、一昔前の作曲家なら大胆だと思ったり耳障りだと感じたりするような音の並びも含まれるようになった。モーツァルト、シューベルト、シベリウスの三人は、旋律作りの天才と言われている。それに対してストラヴィンスキーのような現代音楽家が書いたのは――例えば、バレエ音楽「春の祭典」冒頭の怪しげなメロディーのように――18世紀や19世紀の作曲家の多くはもちろん、現代の聴衆の一部でさえも、メロディーのない雑音だと考えそうな旋律だった。

　ふつう旋律は、楽句（フレーズ）と呼ばれる短い単位に分割される。楽句の最後に来る区切りを、終止（カデンツ）という。通常はいくつもの楽句が集まって旋律の全体構造を形作っていて、それぞれの楽句が質問と回答のやり取りをしているような印象を与えることが多い。旋律の一部分が主題を提示し、別の部分がそれを完結させるのである。ある楽句が、まだ続きそうな不完全な感じの終止を示す音で終わる場合、その楽句は前楽句と呼ばれる。同様に、完全な感じの終止で終わる次のような楽句を、後楽句という。

　　　　　　　豆 知 識

1. 中世では、何人もの作曲家が単純な旋律のレパートリーを共有して使うことが多かった。例えば15世紀フランスの旋律「ロム・アルメ（L'homme armé　武装した人）」は、主旋律としてよく使われた。
2. もっと新しい、例えば「きらきら星」のような旋律も同じように共用されてきたが、現代では、オリジナルの旋律を書く能力が以前よりもはるかに重視されるようになった。
3. ある旋律または楽曲全体を、さまざまな楽器を使う大きな楽団で演奏できるように編曲することを、オーケストレーションと呼ぶ。音楽学校にはオーケストレーションを専門とするコースがあり、作曲者の中には、この能力を高く買われている人もいる。

第2週 第6日（土）

13 哲学 ソクラテス

ソクラテス（紀元前470〜前399）は、西洋哲学の創始者だと広く考えられているが、著作は何も書き残していない。ソクラテスについては、他の人々が書いたことから間接的に知ることしかできない。

◆

前5世紀にギリシアのアテネで生まれたソクラテスは、アテネが戦った数々の戦争のひとつで兵士として軍功を挙げたが、その後アテネ社会で奇妙な振る舞いをし始めた。アテネのおもに青年たちに、だれかれ構わず話しかけるようになったのだ。しかも、ソフィスト——国中を回って若者に弁論術など政治家としてのスキルを教えて謝礼を取る教師——と違って謝礼金を受け取らず、それどころか、自分には教えるべきことが何もないと言った！　ソクラテスは、自分には知っていると言えるものは何もなく、もし自分が他の人より賢いとすれば、それは自分の無知を自覚しているからだと語った。

私たちがソクラテスについて知っていることの大半は、一番弟子だったプラトン（前427頃〜前347）の著作に基づいている。現在の多くの研究者の考えによると、プラトンの対話篇のうち、ソクラテスの実像と哲学への考え方を最も正確に表しているのは初期のころのものだという。これらの対話の中で、ソクラテスは同じアテネ市民とたびたび論争をしている。相手は、自分が何か——例えば正義の本質——を知っていると主張する。そこで、ソクラテスは対話を通して、相手がじつはその事柄をまったく知らないということを証明する。

前399年にソクラテスは、その教えによってアテネの若者を惑わせたとして裁判にかけられた。裁判で——その詳細はプラトンの対話篇『ソクラテスの弁明』に記録されている——ソクラテスは、自他を吟味しない人生は生きるに値しないという有名な主張を行った。そして無実を訴えたが、有罪を宣告された。ソクラテスは、ドクニンジンを飲まされて処刑された。死の直前まで、彼は友人や信奉者らと哲学を議論しており、その様子はプラトンの対話篇『パイドン』に感動的に記されている。

豆 知 識

1. 現在も多くの法学部で教授たちが指導法として採用しているソクラテス式問答法は、弟子たちに厳しい質問を浴びせたソクラテスの方法を基にしている。
2. 直接会ったことのある人たちはソクラテスは顔が非常に不細工だったと言っている。
3. 喜劇詩人アリストファネス（前448〜前380）は、自作の喜劇『雲』でソクラテスを風刺している。

19

第2週 第7日（日）

14 宗教 | ノア

　ノアは、聖書の創世記にある洪水物語の主要登場人物だ。この物語によると、神は、自ら創造した世界で人間たちが罪を重ねているのを見て腹を立てた。そして人間を作ったことを後悔し、地上から拭い去ってしまおうと考えたが、その前にノアの存在に気がついた。

◆

　ノアは無垢の人だったので、神はノアを人類滅亡から救うことにした。まずノアに、私は七日後に40日間昼夜にわたって雨を降らせて、猛烈な大洪水を引き起こすつもりだと告げた。その上でノアに、巨大な箱舟を作り、そこにノア自身と妻、三人の息子とその妻たち、それから、この世のありとあらゆる種類の動物を二匹ずつ（雄一匹と雌一匹）乗せるようにと命じた。こうすれば、ノアが地上を再び生き物で満たせるだろうというわけだ。

　ノアは神の指示に従って箱舟を作り、動物と家族を乗せた。雨は降り始めて40日後にやんだが、地面はまだ水の中だった。

　箱舟は水上を150日間さまよったあと、アララト山の上に止まった。しばらくしてノアは、水が引いたか確かめるため、七日ごとに窓を開けては鳩を放した。やがて地面はすっかり乾き、ノアは地上を動物で満たす作業に取り掛かれるようになった。ノアは箱舟から動物たちをすべて出して、子作りに励ませた。その後で神は、ノアにも「産めよ、増えよ」（創世記９章１節）と言った。さらに神はノアに、今後は二度と人類を滅ぼさないと約束し、その契約の印として雲の中に虹を置いた。

　キリスト教徒とユダヤ教徒では、歴史家であれ神学者であれ、ノアの物語の解釈の仕方が微妙に異なっている。キリスト教徒の場合、ノアは神への信仰のあるべき姿を象徴している。神を信じて従ったため、ノアと家族は救われたからだ。それに対してユダヤ教徒の場合、ノアは消極的な信仰を象徴している。箱舟に最後に乗り込んだのはノアであり、それが消極さの表れと見なされているのだ。つまり、ノアの信仰はそれほど強くなかったかもしれないということだ。こうした違いはあるものの、キリスト教徒もユダヤ教徒も、ノアと洪水を宗教説話の非常に重要な表現と見なしていることに変わりはない。

豆 知 識

1. ノアの物語には、聖書で最初にワインが出てくる箇所がある。洪水の後、ノアはワインを飲んで酔っ払い、裸になった姿を息子たちに見られている。
2. 神がノアに命じた「産めよ、増えよ」という言葉は、アダムとイブ（創世記１章28節）とヤコブ（創世記35章11節）にも言われている。

第3週 第1日(月)

15 歴史 | スパルタ対アテネ
—— 古代世界の覇権争い

　スパルタは、ギリシア南部の険しい山中にある小都市で、古代世界で最も恐れられた軍隊を擁していた。スパルタの兵士は、生まれたときから血を吐くような訓練で鍛えられていた。だから、古代ギリシアの都市国家どうしがほぼ絶え間なく血なまぐさい抗争を繰り広げる中、戦闘で負けたことは一度もなかった。この優秀な軍隊を作るため、スパルタの長老たちは、子どもが生まれると、その子に弱いところや欠点がないかを検査した。強い兵士になれそうにないとされた赤ん坊は谷に落とされた。検査に合格した者には、過酷で厳しい訓練が待っていた。ギリシア人の歴史家・文筆家プルタルコスによれば、スパルタ兵の多くは戦場に行くことでホッとしたようだ。「スパルタ人にとって実際の戦争は、厳しい訓練に比べれば休息も同然であった」と書いている。

◆

　古代ギリシアの歴史は、軍事国家スパルタと、その隣国アテネとの対立が中心になっている。民主政が生まれたアテネは、スパルタのような厳しい社会ではなかった。スパルタでは文化活動に割く時間はほとんどなかったが、アテネは哲学、美術、科学の各分野で人類史上きわめて優れた成果を残した。劇作家ではアイスキュロス、アリストファネス、エウリピデス、ソフォクレスが、哲学者ではアリストテレス、プラトン、ソクラテスが、アテネの黄金時代にあたる紀元前5世紀に活躍した。

　アテネとスパルタは、ペルシアによる二度の侵攻を撃退するため力を合わせたこともあったが、古典時代の大半を、古代ギリシア世界の覇権をめぐって争っていた。両者は前550年から前350年まで繰り返し戦ったが、それはまさしく文明の衝突であった。スパルタは天下に聞こえた軍隊により陸上で優位に立ち、これにアテネは海軍力で対抗した。この抗争は、マケドニア王フィリッポスが北から攻めてきたことで突然終わりを告げた。ギリシアの都市国家群は、フィリッポスとその息子アレクサンドロス大王がギリシアからアジアにかけて築く大帝国に飲み込まれていったのである。

豆 知 識

1. スパルタは、ギリシアのラコニア地方の中心地だった。現代英語で「言葉数の少ない」という意味の「ラコニック」(laconic) は、鍛え上げられたスパルタ兵の無口な態度に由来している。
2. スパルタの少年たちは、自分の強さを証明するため、鞭打ちに耐える回数を競い合った。
3. アテネのアクロポリスにある建物の多くは、有名なパルテノン神殿も含め、アテネの黄金時代である前5世紀に建設された。

21

第3週 第2日（火）

16 文学 | ハーレム・ルネサンス

　ハーレム・ルネサンスとは、1920年代から1930年代初頭にかけて、ニューヨーク市のハーレム地区で花開いたアフリカ系アメリカ人の文学・芸術運動のことで、当初ニュー・ネグロ・ムーヴメントと呼ばれていた。この運動の背景として、南部で新たに解放された数百万の黒人たちが、奴隷制度と南北戦争後の南部再建時代の苦難に耐えた後、いわゆる「黒人の大移動」によってニューヨークなど北部の大都市に大量に移り住んだことが挙げられる。第一次世界大戦が終わったころには、貧しいながらも文化的な活気に満ちた黒人コミュニティーがハーレムに根づいていた。

◆

　ハーレム・ルネサンスの基礎の多くを築いたのは、アフリカ系アメリカ人の歴史学者・社会理論家のW・E・B・デュボイスである。社会学の論文『黒人のたましい』（1903年／"The Souls of Black Folk" 木島始・黄寅秀・鮫島重俊訳 未来社 2006年）の著者であり、1909年にはNAACP（全米黒人地位向上協会）の創立に尽力したことで知られる人物だ。デュボイスは、従来とは違う黒人の文化意識と誇りを訴え、これに刺激されて、若い世代の作家や芸術家たちはアフリカ系アメリカ人としての独自の声を生み出していった。

　ハーレム・ルネサンスの中心的作家のひとりがジェイムズ・ウェルドン・ジョンソンだ。代表作に、小説『Autobiography of an Ex-Colored Man』（1912年）や、有名な韻文説教集『God's Trombones』（1927年）がある。ジョンソンに続くのがネラ・ラーセンとゾラ・ニール・ハーストンで、ラーセンの小説『白い黒人』（1929年／"Passing" 植野達郎訳 春風社 2006年）とハーストンの小説『彼らの目は神を見ていた』（1937年／"Their Eyes Were Watching God" 松本昇訳 新宿書房 1995年）は、ともにアフリカ系アメリカ人女性が書いた文学作品として、はじめて批評家に絶賛された。

　ハーレム・ルネサンスは、詩の分野で特に豊かな作品の数々を生み出した。そうした詩人の中で、例えばカウンティ・カレンが伝統的な形式を基にしていたのに対し、ラングストン・ヒューズは、当時新たに生まれつつあったジャズ音楽のリズムを作品に取り込んだ。ハーレム・ルネサンスでは、音楽と文学は切っても切れない関係にあり、それぞれの分野の中心的人物が運動を通じて互いに刺激を与え合った。

　1930年代に入ると、大恐慌がニューヨークの黒人コミュニティーに大打撃を与え、ハーレム・ルネサンスは下火になった。それでも、この時期に開拓された新たなスタイルとテーマは生き残り、ラルフ・エリスン、リチャード・ライト、ロレイン・ハンズベリー、トニ・モリスン、アリス・ウォーカーなど、新世代のアフリカ系アメリカ人の小説家・詩人・劇作家が活躍する道を開いた。

豆 知 識

1. ハーレム・ルネサンスの時代には、何人もの著名な黒人画家も誕生し、パーマー・ヘイデン、ロイス・メイロウ・ジョーンズ、ウィリアム・H・ジョンソンなどが活躍した。

第3週 第3日（水）

17 視覚芸術 | パルテノン神殿

　パルテノン神殿は、有名な政治家ペリクレスの命により、ペルシア軍に対するギリシア軍の勝利を記念するため紀元前447年から前432年に建設された。アテネのアクロポリスにあった旧神殿跡に建てられ、アテネの守護神アテナ・パルテノスが祭られていた。現存するギリシア神殿のうち、保存状態が最もよいもののひとつだ。

◆

　古代ギリシアの文筆家プルタルコスによると、パルテノン神殿を建設した建築家は、イクティノスとカリクラテスである。内部に安置されていた高さ10メートル余りの神像は、彫刻家フェイディアスの手によるものだ。さらにフェイディアスは、神殿外側の膨大な彫刻制作も監督した。

　古代ギリシアの神殿は、たいてい長方形で、四方の階段から中に入ることができた。パルテノンも含め、神殿の多くは周囲に円柱が何本も立っていた。神殿を建設する際、ギリシア人は、建築様式としてドーリア式、イオニア式、コリント式の三つのうちのひとつに従うことが多かった。どの様式かは、バランスの違いと、彫刻が施された柱頭を見れば簡単に分かる。ほとんどのギリシア神殿は、どれかひとつの様式によって建てられているが、パルテノン神殿は、ドーリア式とイオニア式というふたつの要素を組み合わせているのが特徴だ。また、視覚補正と言って、形をわずかにゆがめることで建物の見え方を美しくする技も使われている。例えば、神殿の基礎部分と屋根の線は、両端へ向かって緩やかに反り上がっている。もし完全に真っ平らにすると、人間の目には垂れ下がっているように見えるからだ。同じ理由で、円柱は下へ行くほど太くなっている。そうすることで、下から見上げる者の目には実際より高く見えるようにしているのだ。

　もともとパルテノン神殿は、木製の天井とタイル張りの屋根があり、鮮やかな色で塗られていた。柱列の上には、神殿を取り囲む形でメトープと呼ばれる四角いレリーフがあって、ペルシアに対するギリシアの勝利を象徴する、神話の戦闘場面が描かれていた。柱列に囲まれた神殿の内陣には、四方の壁に、毎年開かれるアテナ・パルテノスの祭りを描いた一連のフリーズ（装飾彫刻）があった。

　パルテノン神殿は、アテネ没落後も何百年にもわたって礼拝の場所として使われていた。6世紀にはキリスト教会に変えられ、さらに、1458年にギリシアを征服したオスマン帝国によってモスクに変えられた。1687年の戦いの際には、神殿に保管されていたオスマン軍の火薬にヴェネツィア軍の砲弾が命中し、神殿は大破した。

　1801年、オスマン帝国の首都イスタンブールに駐在していたイギリス大使エルギン卿は、許可を得てパルテノン神殿の彫刻のうち保存状態の最もよいものをイギリスへ送り、のちにイギリス政府に売却した。これらの彫刻群は、現在は大英博物館で見ることができるが、ギリシア政府はその返還を求めている。神殿そのものには、ギリシア人が1832年の独立でアテネを回復して以降、数えきれないほどの観光客が訪れている。

第3週 第4日（木）

18 科学 | 太陽系

　誰もがかつて小学校で、太陽系は太陽と九つの惑星と、それぞれの惑星を回る衛星とで構成されると教わっただろう。だが、話はそれほど簡単ではない。

◆

　そもそも、惑星がいくつあるのか、誰にも実際のところは分からない。惑星の明確な科学的定義がないからだ。天文学者は、四つの地球型惑星——水星、金星、地球、火星——と、四つの巨大ガス惑星——木星、土星、天王星、海王星——は、確かに惑星だという点で全員の意見が一致しているが、非常に冷たい冥王星が、激しい議論の的になっていた。2006年、天文学者たちは冥王星を「準惑星」に分類変更した。

　冥王星は、大きさが月の約三分の二で、太陽の周りを248年かけて一周する。この氷でできた小さな天体は、八つの惑星とは違う公転面を、ゆがんだ楕円軌道を描きながら移動する。温度が低く、他の惑星から離れていて、公転軌道がゆがんでいることから、科学者の多くは冥王星を、太陽系の外縁部で氷の小天体がたくさん集まっている領域カイパーベルトに属する彗星だろうと考えている。

　近年、カイパーベルトで冥王星のライバルが新たに見つかった。凍った岩の塊で、正式な仮符号を2003 UB313と言い、通称「ジーナ」（Xena）と呼ばれた。この天体は変わり者で、太陽からの距離が冥王星よりも三倍遠く、公転周期は560年、軌道面は他の惑星から45度も傾いている。2003 UB313は冥王星よりも大きく、多くの科学者たちは、冥王星を惑星と呼ぶのなら、この天体も惑星にしないとおかしいと考えた【訳注：2003 UB313は、2006年にエリスと命名された】。

豆 知 識

1. このほかにカイパーベルトにある二個の巨大な氷天体——クワオアーとセドナ——は、冥王星とほぼ同じ大きさだ【訳注：現在は、どちらも冥王星より小さいと推定されている】。
2. 天体2003 UB313に「ジーナ」という仮称をつけたのは、発見者のひとり天文学者マイケル・E・ブラウンだ。その名の由来は、女優ルーシー・ローレスが古代ギリシアの女戦士を演じたテレビドラマである。ブラウンは、ジーナが正式名称になることを願っていた。
3. 私たちの太陽系には発見されているだけで衛星が153個あるが、この数には異論も多い。【訳注：2016年現在、確認されている衛星数は182個】
4. 太陽系にある衛星のうち七つは冥王星より大きい。そのひとつ木星のイオには、大気と活火山がある。

24

第3週 第5日(金)

19 音楽 | 和声(ハーモニー)

　　旋律が音楽の出発点だとすれば、その旋律に色をつけるのが和声（ハーモニー）だ。和声とは、ふたつ以上の異なる高さの音を同時に響かせたものだが、和声の仕組みは奥が深く、音楽理論家の中には、その解明に研究者人生の大半を充てる者も多い。

◆

　　ふたつの音の高さの隔たりを「音程」と言い、音程は「度」という単位で表される。例えば、ラの音から上のミの音までは5段階の隔たりがあるので、5度と呼ぶ。複数の独立したパートで構成される音楽を多声音楽といって、中世から作曲されるようになったが、中世の作曲家たちは、響く感じのする4度（ドとファ、レとソなど）や5度を好んで使った。つまり、旋律の4度か5度下に、旋律と平行して動くパートを付け加えたのである。

　　それがルネサンス期になると、三和音が和声の基本単位となり、それが何百年も続いて、今もさまざまなジャンルの音楽で使われている。三和音とは、3度の音程（ミとソ、シとレなど）を基本にして三つ以上の音を同時または続けて響かせた和音のことだ。何度の音程を組み合わせて和音を作るかによって、長調（明るくて楽しげな響き）になるか短調（暗くて悲しげな響き）になるかが決まる。また、三和音を構成する音の上下を入れ替えることを転回と言い、これも、和声を変えるのに使われる手法のひとつだ。

　　和声には、さまざまな役割がある。楽曲を「着飾らせ」たり、音楽に深みを与えたり、旋律の動きを反復・補完したりするし、旋律を下で支える基礎の役目をすることもある。聞いて心地よい和声や、安定していて落ち着いている印象を与える和声を「協和音」というのに対し、耳障りで聞きなじみがなく、不安定な感じのする和声を「不協和音」という。和音を使った音楽では、ときどき不協和音を入れて不安定感を出さないと退屈なものになってしまうし、協和音の安定感がないと聞いても気持ちがすっきりしない。何が協和音なのか、つまり聞いて心地よい和音なのかについては、音楽の歩みとともに考えが広がってきた。そもそも協和音は必要なのかという問題も、今では議論になっている。

豆知識

1. ヨハン・ゼバスティアン・バッハは、合唱曲で見事な和声を作り上げることで有名だった。また、20世紀の作曲家クロード・ドビュッシーの作品には、旋律ではなく、次々と移り変わる官能的な和声で展開していくものが多い。
2. 紀元前6世紀の哲学者ピタゴラスは、「最も純粋な」和声は2：1や、3：2、4：3といった数学的な比に基づいていると考えた。彼は、鍛冶職人が大きさの違う鉄床をハンマーで同時に叩いて出す音を聞きながら、この理論をまとめたという。
3. 和声を意味する英語「ハーモニー」(harmony) の語源はギリシア語の「ハルモニア」で、これは「固定」「つなぐ」という意味である。

第3週 第6日(土)

20 哲学 | プラトン

　プラトン（紀元前427頃〜前347）は、前5世紀のアテネで裕福な家庭に生まれた。彼のような立場の若いアテネ市民は政治家への道を進むのが当然とされていたが、プラトンは師ソクラテス（前470〜前399）と同じ道を選んで哲学者になった。

◆

　プラトンの哲学的著作は対話篇と呼ばれ、ふたり以上の登場人物が哲学的問題を議論する形式になっている。対話篇の大半で中心となっている人物はソクラテスだ。どの対話篇にもプラトン自身が語る場面はないので、研究者にとっては、プラトンがソクラテスに言わせた内容のうち、どれがプラトン自身の哲学で、どれがソクラテスの実際の発言を記した部分なのかが、問題となっている。多くの研究者は、対話篇のうち初期のものはソクラテスの教えを事実どおり正確に記録しており、後に行くにしたがって、ソクラテスはプラトンの考えを代弁する創作人物になっていったのだと考えている。

　プラトン哲学で最も有名なのがイデア論だ。イデアとは抽象的・非物質的なもので、現実世界の事物は、このイデアを模倣しているのだとプラトンは考えた。

　もうひとつプラトン哲学で有名なのが、知識の想起説だ。プラトンは、魂は非物質的なもので、肉体に宿る前から存在していると考えていた。肉体に宿る以前の魂はイデアを知っていたが、感覚的知覚に惑わされたり制限されたりすることはなかった。人が何かを知るというのは、魂が肉体に宿る前に知っていたことを想起する（思い出す）ことなのだというのが、プラトンの想起説である。

　さらにプラトンは、魂を欲望（食べ物、酒、性交など肉体的な喜びを求める）、気概（栄光と名誉を求める）、理性（イデアを理解しようと求める）という三つの部分に分けた。対話篇『国家』でプラトンは、魂の正しいあり方とはどういうものかを、正しい魂と正しい国家との幅広い類似点を引き合いに出して説明している。それによると、理想的な国家には、魂の三つの部分に相当する階級が存在する。この三階級は、魂の三部分と同じように調和のとれた関係を築かなくてはならない。そして、魂の場合も国家の場合も、理性の部分が中心となるべきだと、プラトンは考えていた。

> 豆 知 識
>
> 1. 対話篇のうちプラトンが登場するのは、ソクラテスが死刑を宣告された裁判を描いた『ソクラテスの弁明』だけだ。『弁明』でプラトンは何も発言していないが、登場していることから、実際の現場にいたものと思われる。
> 2. プラトンはアリストテレス（前384〜前322）の師だった。

第3週 第7日(日)

21 宗教 | カインとアベル

　カインとアベルは、アダムとイブの一番目と二番目の息子で、アダムとイブが神によってエデンの園から追放された後、生まれた。トーラーによると、兄のカインは——神が創造したのではなく——人から生まれた最初の人間であった。カインは土を耕す者になり、アベルは羊を飼う者になった。

◆

　ある日、神はカインとアベルに、それぞれ捧げ物をするようにと命じた。アベルは、どんな捧げ物をすれば神が一番喜んでくれるか懸命に考えたという。そして、大切にしている子羊の一匹を捧げることにした。一方、カインは、何を捧げれば自分が一番困らないかということしか考えなかった。それで、果物と穀物をいくらか捧げた。神は当然、アベルの捧げ物を選んだ。

　カインはたちまち嫉妬に駆られ、弟を殺してしまった。神がアベルを探しに来ても、見つけることはできなかった。神はカインに、アベルはどこにいるのかと尋ねた。カインは答えた。「知りません。わたしは弟の番人でしょうか」（創世記4章9節）。

　神は、カインがしたことを知ると、罰としてカインを呪った。その呪いは、土を耕しても作物はできず、死ぬまで地上をさすらうべしというものだった。さすらう者になれば出会う人に殺されるだろうとカインが言うと、神はカインが殺されないよう印をつけた。

　カインとアベルの物語は、宗教的・道徳的訓話であるだけでなく、限られた肥沃な土地を作物の栽培に使っていた人々と、同じ土地を家畜の飼育に使っていた人々との間で起きた歴史的衝突も示している。似たような物語はメソポタミアのシュメール神話にもあり、そこでは美しい女神が、農耕神と牧畜神という二名の求婚者のどちらかを選べと迫られる。

豆 知 識

1. カインにつけられた印が何なのか、具体的な記述はない。顔のあざだという説もあれば、赤毛だという説もある。黒い肌だという説もあって、これはその後、黒人奴隷を正当化するのに利用された。
2. この物語はイスラム教でも知られている。ある伝承では、アベルは兄に殺されそうになっても何の抵抗もしなかったとされ、そのためアベルは平和主義の象徴と考えられている。

27

第4週 第1日（月）

22 歴史 | アレクサンドロス大王

　アレクサンドロス大王（紀元前356〜前323）は、ギリシア北部の山間部にあるマケドニア王国で生まれ、アテネの哲学者アリストテレスから教育を受けた。父王フィリッポス二世はマケドニアの領土を広げ、アテネなど古代ギリシアの都市国家の大半を支配下に収めた。父が劇場で暗殺され、アレクサンドロスが20歳で王位を受け継いだ。

◆

　アレクサンドロスは、父をしのぐ驚異的な勢いで各地を次々と征服し、当時の地中海世界の大半を含む帝国を築いた。それまで古代世界でこれほど広範な領域を支配した王はいなかった。アレクサンドロスの軍隊は、本拠地であるマケドニアを出発して、ギリシア、シリア、エジプト、メソポタミアを征服した。さらにアレクサンドロスは、ペルシア王ダレイオス三世と戦ってこれを破り、王になって六年後の前330年にはペルシア帝国を滅ぼした。帝国は拡大を続け、やがてインドにまで到達した。しかしその治世は、アレクサンドロスが33歳のとき古代都市バビロンで亡くなったことで、突然終わりを迎えた。アレクサンドロスが築いた大帝国は、配下の将軍たちによって分割され、その状態はローマ人に征服されるまで数百年間続いた。アレクサンドロスと兵士たちは、征服した地域で、自分たちとは異なる習慣を持つ、さまざまな未知の文明と出会った。征服者であるギリシア人は、戦いで破った民族の文化を単に破壊するのではなく、これを吸収し、ヘレニズムと呼ばれる新たな融合文化が誕生した。史上はじめて、ヨーロッパ南東部の広い地域と近東が、同じ言語を話し同じ文化的背景を持つことになったのである。ギリシア語は、何百年にもわたって古代世界の共通語となり、新約聖書も当初はギリシア語で書かれていた。アレクサンドロスの軍隊がやってきたことで起こった文化の融合こそ、彼が現代世界に残した最も有意義な遺産であろう。

　アレクサンドロスは、今日もなお強い関心を寄せられており、現在の歴史学者たちは、軍隊への冷徹な指揮ぶりや、馬への愛着、学んだ哲学などについて研究を続けている。最近では、彼の性的指向も議論の的になっている。

豆 知 識

1. アレクサンドロスは子どものころ、父王の征服事業を喜ばなかった。プルタルコスによると、若いアレクサンドロスは自分が王になったときに征服する地域が少なくなると悲しんだという。
2. エジプト征服後、アレクサンドロスはエジプトの地中海沿岸に都市を建設し、自分の名前を取ってアレクサンドリアと命名した。ちなみに、この名をつけられた都市は帝国各地にたくさんあった。エジプトのアレクサンドリアでは、羊皮紙文書を数千点収蔵する巨大な図書館がギリシア人によって建てられた。この図書館は数百年後に焼失し、それとともに古代世界の膨大な知識も失われた。
3. アレクサンドロスは狩猟が大好きで、記録によると現在のウズベキスタンに来たとき、たった一度の狩りでライオンを含め動物を4000頭も捕らえたという。古代ギリシア人の狩猟用具は槍と網で、それ以外はほとんど使わなかった。

第4週 第2日（火）

23 文学 │ 『失楽園』

　ジョン・ミルトンの叙事詩『失楽園』（1667年）は、人類の無垢からの堕落という、聖書の創世記で語られている話を膨らませた壮大な物語だ。ミルトンの最高傑作にして、英語で書かれた最高の叙事詩とされており、西洋文学を代表する作品であるだけでなく、宗教改革に影響を与えた作品としても重要である。

◆

　『失楽園』は、無韻詩（ブランク・ヴァース）という形式で書かれている。無韻詩とは、脚韻を踏まず、弱強五歩格といって、ふたつの音節がセットになったもの（これを音歩あるいは詩脚という）が一行あたり五つある構造を持った形式のことだ。シェイクスピアは、多くの戯曲で無韻詩を使ったが、ミルトンは、その可能性と使える範囲を大幅に広げた。叙事詩的比喩といって、ホメロスなど古典時代の詩人たちが叙事詩で繰り返し使っていた長大で複雑な比喩表現も、ミルトンはさかんに活用した。

　『失楽園』の冒頭、サタンと他の堕天使たちは、神に反逆したが天国での戦いに敗れ、罰として神により地獄へ落とされた。復讐を狙うサタンとその配下たちは、神が被造物のうち最も大切にしている人間を堕落させようと決意する。サタンは地獄から抜け出し、エデンの園に忍び込んだ。アダムとイブが眠っている隙に、サタンはガマガエルに化けて、イブの耳元で誘惑して不満の種を植えつけた。神は、サタンの計画を知ると、天使ラファエルを遣わしてアダムに忠告させた。サタンが再びエデンの園にやってきたとき、イブは反対するアダムを説得して、ひとり別の場所で仕事をしていた。サタンは蛇の姿を取ると、イブを言葉巧みに言いくるめ、神の命令に逆らって知識の木の実を食べさせた。アダムは、イブのやったことを知って愕然とするが、イブのいないエデンでひとり暮らすよりはイブと一緒に堕落した方がましだと考え、あえて木の実を食べる決断をする。大天使ミカエルがやってきて、この先、人類を待ち受ける数々の災厄の幻をアダムに見せたあと、アダムとイブは「手を取り合って」涙を流しながら「ゆっくりとした足取りで」エデンの園を去っていった。

　『失楽園』では、悪役であるサタンが最も複雑で、誰よりも魅力的な人物として描かれている。彼こそアンチヒーローで、ビジョンとリーダーシップと巧みな話術を披露しながら、そうした資質によって高慢で自己中心的な目的を実現させている。しかもただ悪人であるのではなく、自分のことをよく理解していて、神に追放されたという惨めな思いに苦しんでいる。サタンは悲劇的人物のように描かれており、この神学的なねじれゆえに、ミルトンを批判する人の中には、文学上とはいえサタンに肩入れしすぎていると言って非難する者もいた。

───────
豆 知 識
───────

1. ミルトンは（おそらく緑内障で）失明し、1654年以降は作品を助手に口述筆記させなくてはならなくなった。
2. 『失楽園』の続編、『復楽園』（1671年）は新約聖書に登場する、イエスが荒れ野で40日間を過ごしたときにサタンと対決した物語を描いたものである。

29

第4週 第3日(水)

24 | 視覚芸術 | ミロのヴィーナス

史上最も有名な彫刻のひとつ「ミロのヴィーナス」は、1820年にギリシアのメロス島（別名ミロ島）で地元の農民が発見したことから、そう呼ばれている。発見後はトルコの役人に没収されたのち、フランスの海軍将校に売却された。1821年に国王ルイ18世に献上されると、国王はパリのルーヴル美術館に寄贈し、ヴィーナス像は今も同館で見ることができる。

◆

像は高さが約2メートルで、ギリシアのパロス島産の大理石で作られている。彫られているのはギリシア神話の愛と美の女神アフロディーテで、ローマ神話ではヴィーナス（ウェヌス）と呼ばれていた女神だ。その近くからは、リンゴを持った腕の彫刻も見つかった。研究者の多くは、この腕はもともと胴体についていたものだと考えている。神話では、トロイのパリスが、ヴィーナスをこの世で最も美しい女神と認め、黄金のリンゴを与えたとされているからだ。

この彫像を作った彫刻家と制作年代については、さかんに議論されてきた。当初ルーヴル美術館は、これは古典時代（前5世紀から前4世紀）の作品で、おそらくフェイディアスかプラクシテレスの手によるものだろうと鑑定していた。しかし、この像が載っていた台座から、作者はメアンデル川沿いのアンティオキア出身のアレクサンドロスだと特定された。このアンティオキアは古典時代には存在せず、それより後のヘレニズム時代に建設された植民市だ。ルーヴル美術館も、のちにこの彫像がヘレニズム時代のものだと認めたが、今も制作者不詳の作品として展示されている。

ミロのヴィーナスは、発見以来、全世界で称賛されている。イギリス人劇作家オスカー・ワイルドは、この彫像の石膏レプリカを注文した男の話を伝えている。この男は、パリから届けられたレプリカに両腕がないのを見ると、途中で壊れたのだと思って鉄道会社を訴えた。これだけなら笑い話だが、驚くなかれ、裁判ではこの男が勝ったのだった。

豆 知 識

1. バイエルン国王ルートヴィヒ一世は、ミロのヴィーナスは自分がメロス島で1817年に購入した地所で見つかったのだと言って、その所有権を主張した。
2. 1964年、ミロのヴィーナスは日本で特別公開され、その期間中に150万人以上がこの彫像を鑑賞した。

第4週 第4日（木）

25 科学 | 温室効果

「温室効果」という言葉は、ふたつの異なる科学現象を指すのに使われる。ひとつは、熱が宇宙空間へと逃げていくのを大気が防ぐ、まったく自然な作用である。このメカニズムのおかげで、地表付近の平均温度は過ごしやすいセ氏15度に保たれている。

◆

　太陽からのエネルギーが地球の表面に到達すると、その一部は吸収されて地面を温め、一部は反射されて宇宙空間へと戻っていく。大気中に含まれる水蒸気、二酸化炭素、メタンなどの気体は——まとめて温室効果ガスと呼ばれ——温室のガラスパネルのように、外へ出ていくエネルギーの一部を閉じ込める。温室効果がなければ、地球は生命が生きていけないほど寒くなっているはずだ。

　もうひとつ「温室効果」という表現で示されるのが、この100年間で温室効果ガスが増加している現象で、これが地球温暖化の原因のひとつではないかと考えられている。アメリカ科学アカデミーによると、地球の表面温度は過去100年で約0.6度上がり、1980年代からは特に急激に上昇しているという。1998年は記録に残る最も暑い年だった【訳注：2017年時点で、最も暑かった年は2016年】。それと同時に、熱を保つ温室効果ガスは、劇的に増大している。大気中の二酸化炭素は、産業革命以前と比べて30％増加し、メタンガスの量は二倍以上になっている。

　それよりも深刻なのは、大気中の水蒸気量が増えていることだろう。北極、南極の氷が溶けたため、海面が10〜20センチ上昇し、降雨量は全世界で1％増えている。これが悪循環を引き起こしかねない。大気中の水蒸気が増えるということは、地表にとどまる熱も増えるということだ。地表が熱くなれば、両極で氷の溶けるペースが上がり、海水の量が増えて、水蒸気量はもっと増える。それで地表はさらに熱くなり、氷の溶けるペースがもっと速くなって、という具合に、同じ現象が繰り返されることになる。

豆 知 識

1. アメリカ環境保護庁は、今後50年間に地球の表面温度は0.5〜2.5度上昇し、アメリカ沿岸では海水面が60センチ上昇すると予想している。
2. NASA（アメリカ航空宇宙局）の最新報告によると、北極の氷は、現在のペースで夏に溶け続ければ、21世紀の終わりにはすっかり消えているかもしれないと予測されている。
3. 金星では、大気が二酸化炭素で飽和状態にあるため、暴走温室効果が起きている。これは、温暖化において正のフィードバックが起こる現象で、そのため金星の表面は鉛が溶けるほど高温である。火星には大気がほとんどなく、そのため温室効果は起こらない。これが火星の気温が非常に低い理由のひとつだ。
4. 温室効果は、1824年にフランスの物理学者ジョゼフ・フーリエが発見した。

31

第4週 第5日（金）

26 音楽 ｜ 中世／初期教会音楽

　譜面に書かれた音楽として現在知られている最古のものは、中世（400年代〜1400年代）に作られた楽曲だ。単旋聖歌——別名グレゴリオ聖歌——という、口で旋律を歌う形式のもので、カトリックのミサで修道士によって用いられた。ミサとは、キリストの最後の晩餐を再現した儀式で、その目的は人と神との霊的なきずなを結ぶことにある。このきずなの一部は、音楽を通して作られていた。

◆

　ミサで唱える典礼文には、通常式文と固有式文の二種類がある。通常式文は、ラテン語による六つの祈り（キリエ・エレイソン〔憐れみの賛歌〕、グロリア・イン・エクセルシス〔栄光の賛歌〕、クレド〔信仰宣言〕、サンクトゥス〔感謝の賛歌〕、アニュス・デイ〔平和の賛歌〕、イテ・ミサ・エスト〔終わりの唱和〕）から成り、テキストはいつも同じで、どのミサでも唱えられる。固有式文は、例えばイントロイトゥス（入祭唱）、グラドゥアレ（昇階唱）、オッフェルトリウム（奉納唱）などがそうで、特定の祭日や地域の伝統に応じてテキストが変わる。中世の音楽家たちは、グレゴリオ聖歌の旋律を口誦で伝え、旋律のパターンを複数組み合わせて新たな旋律を作っていた。

　中世音楽の大半は、旋律線がひとつしかない単声音楽だ。しかし10世紀ごろになると、多声音楽の一種であるオルガヌム——平行する二本の旋律線から成る楽曲で、二本はふつう4度か5度離れている——を作る者が現れた。2世紀後には、レオナンとペロタン（両名ともパリ・ノートルダム大聖堂の音楽監督）が、独立していて平行でない旋律線を最大四つ使ったオルガヌムを作曲した。

　13世紀には、モテットと呼ばれる複雑な形式の多声音楽が出現した。これは、ラテン語による主旋律に、フランス語かラテン語またはその両方で歌う複数の補助パートを組み合わせたものだ。モテットの初期の達人がフランス人作曲家ギヨーム・ド・マショーで、彼は14世紀に史上はじめて通常式文の全ミサ曲を完全に多声音楽のみで作曲した。

豆知識

1. この時期、フランス南部では、トルバドゥール（宮廷詩人）が、愛や戦いを歌った宗教色のない世俗歌曲を作っていた。また、ジョングルール（吟遊詩人）たちは、宮廷から宮廷へと旅しながら、自作の曲やトルバドゥールの歌を歌った。今日でも、町から町へと渡り歩くミュージシャンを、トルバドゥールと呼ぶことがある。
2. 1990年代半ばに、スペインにあるサント・ドミンゴ・デ・シロス村のベネディクト会修道士たちが「Chant」（聖歌）というタイトルのCDを二枚続けてリリースし、単旋聖歌が中世以来はじめて人気を博した。
3. ビンゲンのヒルデガルト（1098〜1179）は、現在分かっている最初の女性作曲家だ。女子修道院長にして神秘家であり、カトリック教会のために単声音楽の楽曲を数多く作った。そのほとんどは女声曲である。また、カトリックの聖史劇『諸徳目の秩序』（Ordo virtutum）を書いた。彼女は、カトリック教会によって福者に列せられ、2012年に列聖されて聖人となった。

第4週 第6日（土）

27 哲学 | イデア

　この世に数ある美しいものをすべて思い浮かべてみよう。共通点はあるのだろうか？　それらがどれも美しいのは、なぜなのだろう？　プラトン（紀元前427頃〜前347）によると、美のイデアというものがあり、美しいものはどれも、この美のイデアと何らかの関係があるというのが、このふたつの疑問への答えだという。プラトンは、これと同様に機能するイデアが、美のイデア以外にもたくさんあると考えていた。例えば、赤のイデアが存在していて、それがこの世のありとあらゆる赤いものを赤くしており、善のイデアが存在していて、それがこの世のすべての善を善とするというのである。

◆

　美のイデアを例に説明しよう。プラトンの唱えるイデアは、永遠不変のものだ。さらに美のイデアはそれ自体が美しい。美しいということ以外に特徴はなく、無制限・無条件に美しい。ほかの美しいものには、大きさや形など追加された特徴があり、限定的に美しいにすぎない。個々の美しいものは、美のイデアを分かち持つという能力によって美しいのである。プラトンは、分かち持つというのは不完全な模倣であると考えた。つまり、個々の美しいものは美のイデアを模倣しているが、ある程度までしか模倣できていないのだ。

　プラトンにとって、イデアは、それを模倣する具体的な事物よりも実在的なものである。イデアが永遠不変であるのに対し、事物は流転し、生成と消滅を絶えず繰り返している。イデアは無条件に完全なものであるが、事物は常に条件や制約を受けている。

　プラトンは、人間の魂は肉体が存在するはるか以前から天国に存在していて、そこでイデアそのものを直接知っていたと考えていた。真に知るということは、イデアを知るということだ。しかし、イデアを感覚的な経験によって知ることはできない。イデアはそもそも物質界のものではないからだ。だから、イデアを知ることすなわち真の知識を得ることは、かつて天国でイデアについて知りえたことを想起したものにほかならない。つまり、私たちが学びと思っていることは、かつての知識を思い出しているにすぎないのである。

　　　　　　　　　　　　　　　| 豆 知 識 |

1. プラトンが最初にイデア論を説いた書物は、対話篇の『パイドン』である。これは、師ソクラテスの最期の時間を描いたものだ。イデア論はソクラテスの口から語られるが、研究者の多くは、これはプラトンの考えを表したもので、ソクラテスの説ではないと考えている。
2. 対話篇『メノン』でソクラテスは知識の想起説を唱え、その証拠として、少年奴隷が教育を受けていなくてもエウクレイデス（ユークリッド）の幾何学問題を理解できることを挙げている。

第4週 第7日（日）

28 宗教 | アブラハム、イサク、ヤコブ

　アブラハムは、一神教の開祖と考えられている人物だ。その息子イサク（サラとの子）とイシュマエル（ハガルとの子）およびその子孫は、前者がユダヤ教を、後者がイスラム教を開いたとされている。

◆

　聖書の創世記によると、アブラハムは若いころ——当時はアブラムという名だった——ウルの町に住んでいたとき、神が現れ、カナンの地へ行けと命じられた。やがて年を重ねるうちに、アブラムは子どもがいないことを心配するようになった。妻のサライ——のちにサラと名を改める——は、自分には子どもが産めないようだと思い、夫が女奴隷のハガルと子作りするのを認めた。やがてハガルはアブラムの最初の息子イシュマエルを生んだ。しかし怒りと嫉妬から、サライはアブラムに迫ってハガルとイシュマエルを追放させた。

　そこで神は、アブラムと契約を結んだ。アブラムが神に仕えて帰依するのと引き換えに、サライとの間に息子を授け、その息子を立派な大民族の父にすると約束した。カナンの地も、彼らのものにすると言った。この契約の印として、99歳だったアブラムは名前をアブラハムと改め、サライもサラと改名した。アブラハムは割礼を行い、将来生まれてくる子孫たちにも同じく割礼を受けさせると約束した。

　サラはイサクを生み、イサクはアブラハムが神と交わした約束を履行した。それからしばらくして、神はアブラハムに、息子イサクを捧げ物として犠牲にせよと命じた。アブラハムは、神に無条件で帰依していたので、命令に従いますと答えた。しかし、息子を殺す直前になって天使がアブラハムを止めた。トーラーでは、これは信仰のあるべき姿を示すすばらしい一例と見なされている。

　イサクはリベカと結婚して双子を授かった。双子の弟で、母リベカに愛されていたのがヤコブで、のちにイスラエルという名を与えられた。ヤコブは子どもを12人もうけ、それぞれがやがてイスラエル民族を構成するイスラエル十二部族の祖となった。ヤコブが最初の妻レアとの間に作った子は、名前を順にルベン、シメオン、レビ、ユダ、イサカル、ゼブルンと言った。レアの召使いとの間には、ガドとアシェルをもうけた。最愛の妻ラケルとの間に生まれたのが、ヨセフ（ヤコブが最も愛した息子）とベニヤミンだ。ラケルの召使いとの間にできた子が、ダンとナフタリである。

```
豆 知 識
```

1. イスラム教によると、イスラム教徒（ムスリム）はイシュマエルの子孫だという。イシュマエルは本当はアブラハムの長男なので、イスラム教徒は自分たちこそ神の契約を真に受け継ぐ者だと主張している。彼らは、アブラハムは重要な預言者だと考え、危うく捧げ物にされそうになった息子はじつはイシュマエルだったと信じている。
2. キリスト教では、アブラハムが息子イサクを犠牲にしようとしたことと、神が息子イエス・キリストを犠牲にしたことが対比的に示される。

第5週 第1日（月）

29 歴史 | ユリウス・カエサル

　ユリウス・カエサル（紀元前100〜前44）は、前1世紀に現在のフランス、ベルギー、およびドイツ西部を征服して頭角を現したローマの将軍だ。カエサルの高まる人気に、ポンペイウスを中心とするローマ元老院は脅威を感じ、カエサルに軍隊を解散せよと命じた。カエサルはこれを拒絶。軍団を率いてルビコン川を渡り——これが、もはや引き返すことのできない決定的瞬間となった——首都ローマへ進軍して、内乱を引き起こした。彼は敵軍を追ってヨーロッパを横断し、最後にはポンペイウスが暗殺されたエジプトにやってきた。エジプトではクレオパトラと恋に落ち、彼女を女王に据えた。ローマに戻ると、独裁官として国を治めた。カエサルは、前44年3月15日、反対派によって暗殺された。暗殺犯の中には、彼が目をかけていたブルートゥスもいた。

◆

　カエサルについては多数の逸話が伝えられている。まだ20代のころ、東地中海で海賊に捕まったことがある。従者たちが身代金を払って解放されると、彼は現地の有力者たちから兵を募って小部隊を作り、海賊を見つけ出して全員をはりつけにした。

　その後、前62年、カエサルがローマ政界で出世を続けていたときに、スキャンダルが持ち上がった。プブリウス・クロディウスという名の貴族が、男子禁制の宗教儀式の場に忍び込んでいたのを発見された。この儀式はカエサルの邸宅で行われており、そのため、クロディウスがその場にいたのはカエサルの妻ポンペイアと密通していたからだとの噂が、たちまちのうちに広まった。カエサルは、噂が真実でないことを知っていたし、現にそう発言もしている。それでも、カエサルの妻や家族は疑われることがあってはならないと言って、妻を離縁した。

　カエサルは、ポンペイウスとの内乱中に元老院から独裁官に任命された。当時は危機の時代であり、指導者には圧倒的な非常大権が必要だと考えられたからである。しかし非常時が終わることはなかった。共和政は、二度と回復されなかった。

　カエサルは独裁官として国を治めたが、元老院に——すでにカエサル派ばかりで埋まっていたが——諮問して共和政の伝統を尊重している体裁を保とう、大いに気を配っていた。しかし最晩年には気が緩み、支配下のアジア諸民族が彼を神として崇拝するのを放置し、自身の肖像を描いた硬貨を鋳造した。硬貨に肖像を描かれるという名誉を生前にローマ人が受けたことは、それまでなかった。硬貨には、「終身独裁官」と刻まれていた。このような過度の名誉が人々の反感を募らせ、カエサルの打倒・暗殺へとつながったと考えられている。

豆知識

1. アジア遠征で大勝利を収めた後でカエサルが書き送ったのが、有名な一文「ウェーニー、ウィーディー、ウィーキー」（来た、見た、勝った）だ。

35

第 5 週 第 2 日（火）

30 文学 | ホメロス

　ホメロスの『イリアス』と『オデュッセイア』で語られる物語の影響は今日も残っている。コンピューターのマルウェア「トロイの木馬」や、アメリカのマンガ『X-MEN』の登場人物サイクロップスから、「弱点」を意味するアキレス腱、「誘惑」を意味するセイレーンの歌声まで、この叙事詩に出てくるものは今も、私たちの文化に欠かせないものとなっている。

◆

　『イリアス』と『オデュッセイア』は叙事詩——ギリシア語で書かれた長大な韻文作品——で、朗誦つまり声に出して歌われていたらしく、文字に書き記されるまでは口承で語り継がれていた。その過程でホメロスが実際にどのような役割を果たしたのかは今も謎のままだ。どちらの作品も前8世紀かその前後に、古代ギリシアの一部で現トルコの地中海沿岸にあたるイオニア地方で成立したと考えられている。

　『イリアス』は、アキレウス、アガメムノン、ヘクトルなど、アカイア（ギリシア）とトロイの間で起きたトロイ戦争に従軍した英雄たちの活躍を描いている。神話によると、この戦争は、トロイの王子パリスが世界一の美女であるスパルタ王妃ヘレネを誘拐し、トロイに連れ帰って自分の妻にしたのが発端だった。『イリアス』は戦争が10年目に入ったところから始まり、アカイア軍の戦士アキレウスの怒りにスポットを当て、この英雄が併せ持つ優れた資質と致命的弱点を詳細に語っている。作品中でホメロスは、生き生きとしたイメージをわき起こす表現——「バラ色の指を持った暁の女神エオス」や「葡萄酒色の海」など——を用いており、そうした比喩表現でも、この叙事詩は有名だ。『イリアス』の続編である『オデュッセイア』は、ギリシア軍の英雄オデュッセウスが、トロイ戦争後に帰国の途に就き、妻ペネロペイアに再会するまでに見舞われる数々の試練の物語だ。故国に帰り着くのに10年もかかるが、それはオデュッセウスが海神ポセイドンを怒らせたためで、ポセイドンは、ありとあらゆる手を尽くしてオデュッセウスの航海を妨害する。それでもオデュッセウスは、持ち前の才覚と女神アテナの助けによって、ついに故郷イタケ島に戻り、貞淑な妻ペネロペイアに言い寄っていた何人もの求婚者たちを皆殺しにした。

　作者について詳しいことは分からないが、『イリアス』と『オデュッセイア』は、古代ギリシアの日常生活に文化面と実用面で大きな影響を与えていた。ふたつの叙事詩を最初から最後まで暗記することが当たり前に行われていた。古代ギリシアの黄金時代は前100年代に終焉を迎えるが、ホメロスの作品は生き残り、ウェルギリウスの『アエネイス』など古代ローマの叙事詩に影響を与えた。

豆知識

1. かつてトロイ戦争は伝説にすぎないと思われていたが、19世紀後半にトルコで行われた数々の発掘調査の結果から、何らかの歴史的事実に基づいているのかもしれないと考えられるようになった。
2. トロイのヘレネの美しさを描写した有名な言葉「1000の船を動かした顔」は、『イリアス』には出てこない。これはイギリスの劇作家クリストファー・マーローの戯曲『フォースタス博士』（1604年）の一節だ。

第5週 第3日(水)

31 視覚芸術 ハギア・ソフィア

　ハギア・ソフィアは、コンスタンティノープル（現イスタンブール）でビザンツ帝国皇帝ユスティニアヌス一世の直々の命令によりキリスト教の大聖堂として建設された建物だ。献堂式でユスティニアヌス帝は、かつてエルサレムに有名なユダヤ教の神殿を建てた旧約聖書の王ソロモンを引き合いに出し、「私はソロモン王に勝った」と述べたと伝えられている。

◆

　ハギア・ソフィアについては、東洋の神秘主義をパンテオンなど帝政ローマの大規模建築と結びつけたものだと言われることが多い。この傑作建築を設計したのは、建築家ではなく数学者であったミレトスのイシドロスとトラレスのアンテミオスで、532年から537年の間に建設された。大聖堂のドーム（丸屋根）は高さが現在約55メートルあり、四隅にあってドームを支えるペンデンティヴ（球面三角形の部分）が、ドームの重量を四本の柱に均等に分散させている。ドームの基部には窓が40あり、そこから内部に光が差し込むため、ドームは重さがないように感じられ、まるで礼拝する人々の頭上で浮いているように見える。当初は黄金のモザイクと装飾パターンのみで飾られていた。その後、歴代の皇帝たちが聖人たちの図像を数多く追加していった。

　ギリシア語で「聖なる知恵の教会」を意味するハギア・ソフィアは、長年にわたって地震により大きな被害を受けてきた。もともとはビザンツ皇帝の個人用教会だったが、1453年にオスマン帝国がコンスタンティノープルを攻略したあとは、モスクに作り替えられた。イスラム教では肖像画は禁じられているので、聖像を描いたモザイク画はすべて漆喰で上塗りされた。四本のミナレット（信者に礼拝を呼びかけるための塔）が増築され、アラビア文字の装飾が施された。この文字装飾は、今も建物内部で見ることができる。1935年、トルコ大統領ムスタファ・ケマル・アタテュルクの下で建物は非宗教化されてアヤソフィア博物館となり、現在のイスタンブールで必見の観光スポットになっている。

　1993年にユネスコは、ハギア・ソフィアを世界で最も危機にさらされている史跡リストに掲載した。以来、建物の基礎部分は補強され、かつてのモザイク画からは漆喰が次々と取り除かれている。

豆知識

1. 6世紀半ばにビザンツ帝国の人物プロコピオスが書いた書物『建築について』では、ハギア・ソフィアが詳細に解説されている。
2. かつてローマ人がエジプトのヘリオポリスにあった神殿から持ってきた斑岩の柱は、その後コンスタンティノープルに運ばれてハギア・ソフィアの建設に使われた。
3. ハギア・ソフィアは、1204年に第四回十字軍によって略奪を受けた。

第5週 第4日（木）

32 科学 | ブラックホール

　ブラックホールは、巨大な星が死ぬときに生まれることがある。最期を迎えた星は、内部に向かって崩壊して、だんだん小さくなっていき、密度が大きくなっていく。こうして収縮していき、ついには半径ゼロで密度が無限大の点になる。この点を特異点といい、密度があまりにも大きいために、近くの光も、その重力から逃れることはできない。この星の近くにあるものは、何もかもがこの黒い点に吸い込まれる。

◆

　ロケットが宇宙空間へ飛び出すときは、地球の重力から脱出できるだけの速度が必要になる。この脱出速度に達することができなければ、地球に戻ってきてしまう。ブラックホールの重力は非常に強く、脱出速度は光速よりも大きい。光よりも速いものは存在しないので、何も脱出できないのだ。特異点の周囲には、脱出速度が光速と等しい境界面があり、これを事象の地平線という。事象の地平線より内側に入ったものは、すべて特異点に吸い込まれる。

　もちろん、これはすべて理論上の話だ。ブラックホールは光を出さないので、実際に見ることはできない。ブラックホールの存在が分かるのは、宇宙空間で他の物質がブラックホールの質量と相互作用を起こすからだ。数多くの星々が黒い中心部の周りを公転していれば、その中心にはブラックホールがあるかもしれない。また、ブラックホールは密度が高いので、近くを通る光は直進せずに曲がってしまう。そのため地球上で天体観測すると、同じ星が複数存在するように見えることがある。その場合、地球とその星との間のどこかにブラックホールがあると推測される。

　ブラックホールは、物理学者たちの頭を悩ませている。量子力学には、エネルギーは生成も消滅もしないという法則があるが、ブラックホールは、この法則に逆らっているように思えるのだ。ブラックホールの中心に吸い込まれた光は、無限に小さな空間に押しつぶされて消滅したように思われる。しかし、もしも光が何らかの理由で保存されているとしたら、いつの日か光はブラックホールから脱出できるのではないか？　ブラックホールから物質が逆に逃げ出していくことがあるのではないか？　こうした疑問は、宇宙物理学でまだ答えの出ていない問題である。

【 豆 知 識 】

1. ブラックホールは宇宙の全エネルギーを飲み込んでしまうと思っているかもしれないがそんなことはない。事象の地平線を横切った物質だけを引き寄せるにすぎない。
2. かつてアインシュタインは、量子力学の原理を認めず、「神はサイコロを振らない」と言ったことがある。現代の理論物理学者スティーヴン・ホーキングは、ブラックホールに関連して、こう言っている。「神はサイコロを振るだけではない。サイコロを見えない場所まで放り投げることもある」
3. もしあなたがブラックホールの事象の地平線を横切るとすると、外にいる観察者からは、あなたの動きがどんどん遅くなって、地平線には絶対に到達しないように見えるだろう。そう見えるのは、ブラックホールの重力がとてつもなく大きいせいだ。ブラックホールは、あなたから出る光も引き寄せるので、その光が外の観察者に到達するのにかかる時間が次第に長くなるのだ。しかし、あなたの側から見ると、事象の地平線を横切っても特別なことは何も起こらない。ただし、特異点に着くと押しつぶされて死んでしまう。

第5週 第5日(金)

33 音楽 | 楽器と楽団

　西洋の芸術音楽つまりクラシック音楽の多くを特徴づけるのは、音楽の数ある技術的側面よりも、特定の楽器の組み合わせから生まれる音である。弦楽四重奏やオーケストラの音の聞こえ方、つまり音色は、クラシック音楽を現代のロックやポップスと区別する大きな要素となっている。

◆

　人間の声を除いて、楽器には五つの種類がある。弦楽器（弦をはじいたり、弓で演奏したりする）、管楽器（マウスピース、穴、リードなどから息を吹き込んで演奏する）、打楽器（ふつうはドラムスティックやマレットなどで叩く）、鍵盤楽器、そして20世紀に登場した電子楽器の五つだ。

　1750年ころまでに、バロック・オーケストラが確立し、管楽器部（フルート、オーボエ、バスーン、ホルン、トランペットなど）、打楽器であるティンパニ、通奏低音部（和音を演奏する鍵盤楽器で構成されることが多く、最低音部をチェロが補強することもある）、弦楽器部という編成が定まった。バロック時代の複雑な旋律線を奏でる主要な楽器だったのが、バイオリンだ。中世の弦楽器フィドルを祖先とし、16世紀前半の北イタリアで現在の形となった。

　古典派の時代が到来すると、オーケストラの和音の厚みを増すため、次第に管楽器が多く使われるようになった。フランツ・ヨーゼフ・ハイドンやヴォルフガング・アマデウス・モーツァルトの規模が大きな交響曲は、通常、木管楽器と金管楽器がそれぞれ二本ずつに、ティンパニと弦楽器を加えた構成で書かれている。

　19世紀半ばには、エクトル・ベルリオーズなどの作曲家たちは、従来のオーケストラに、ハープのほか、新たな楽器であるイングリッシュ・ホルン、アルト・クラリネット、各種の打楽器などを加えた大編成の曲を書くようになった。

　19世紀末から20世紀初頭には、リヒャルト・ワーグナー、グスタフ・マーラー、アルノルト・シェーンベルクが、演奏する楽団員がときには100人にもなるほどの、非常に大規模なオーケストラ用の楽曲を書いた。さらに時代が下ると、サクソフォンや、シンセサイザー等の電子楽器など、ポピュラー音楽やジャズで使われる楽器を取り入れる作曲家も登場した。

豆 知 識

1. 初めのころ作曲家たちは、どの楽器で演奏するのかを指定せずに全曲を書いていた。どのパートをどの楽器で演奏するのかを総譜（スコア）ではじめて指示したのは、クラウディオ・モンテヴェルディの1607年のオペラ「オルフェオ」だった。
2. 楽器のピアノはもともとは「ピアノフォルテ」と呼ばれていたが、それは弱い音（ピアノ）も強い音（フォルテ）も出せるからだ。ピアノの原型を作ったのは、北イタリアのチェンバロ製作者バルトロメオ・クリストフォリで、1700年ごろのことだった。

第5週 第6日（土）

34 哲学 | プラトンの洞窟の比喩

「人間は、地下にある洞窟のような場所に住んでいると考えればいい。その洞窟は、入り口の奥行きが長く、そこから光が、洞窟の幅いっぱいに奥まで差し込んでいる。そこに住む人々は、子どものころから足と首を縛られて固定されており、縛られているため頭を左右に動かせず、正面しか見ることができない」。

——プラトン『国家』

◆

　プラトンは、自分の著書に現実の師だったソクラテスを登場させ、自らの哲学的見解を支持させている。『国家』は、ソクラテスと弟子たちとの対話形式で書かれている。

　冒頭に掲げた『国家』の有名な一節でソクラテスは、人々が洞窟に閉じ込められ、壁に映し出された物の影しか見ることができないという状況を説明している。人々は前を向くことしかできず、その後ろでは火がたかれている。火の前にさまざまな物が掲げられると、その影が壁に映り、彼らは影を見て、それが何かを理解する。例えば、洞窟の人は本を見ていると思っていても、実際に見ているのは後ろで掲げられた本の影にすぎない。

　もし誰かひとりが真実の姿を知ろうとして洞窟から脱出したとしたら、最初は太陽のまばゆさに苦しみ、形を持った物の姿に戸惑うかもしれない。しかし、やがて世界の真の姿を理解し、影しか知らない人々を哀れむはずだ。ソクラテスの洞窟に残った人々は、当然ながら真理を知るのを拒み、脱出した仲間が真実を説明しようとしても、こいつは頭がおかしくなったと思うことだろう。

　この比喩で、洞窟に閉じ込められた人々は、この世界に大勢いる無知な人々を表している。彼らは五感で認識できる色・形や音など事物の仮の姿しか見ていない。洞窟から脱出して事の真相を知った人というのが、哲学者である。哲学者は、知性を使ってイデア——万物の真の基礎である抽象的で永遠不変な真理——を認識することができる。洞窟から脱出した哲学者は、事物の真の姿を知るのだ。

　『国家』が基本的に扱っているのは、正義の問題だ。プラトンによると、正義を実現するためには善とは何かを知らねばならない。よって、善のイデアを理解している哲学者が王として統治するべきである。そして社会全体を、そのような統治者の要望を満たすように組織しなくてはならないと、プラトンは考えていた。

───────────
│ 豆 知 識 │
───────────

1. プラトンは、前427年ごろにアテネで生まれた。
2. プラトンは、自分が理想とする哲人王を「守護者」と呼んでいた。

40

第5週 第7日（日）

35 宗教 ｜ サラ

サラは、アブラハムの妻で、ユダヤ民族の祖だ。

◆

　サラはたいへん美しい女性だったので、飢饉（ききん）が起きてサラとアブラハムがエジプトに逃れたとき、アブラハムは、その美しさゆえ自分たちに危害が及ぶのではないかと恐れた。ファラオが自分を殺してサラを奪うことを心配したアブラハムは、ふたりで兄妹を装うことにした。不安は的中してサラはファラオに奪われたが、アブラハムは殺されず、代わりに贈り物をたくさん与えられた。すると神がファラオに天罰を下し、サラとアブラハムは一緒にエジプトを脱出した。

　サラは確かに美人だったが、長い間、子宝に恵まれず、アブラハムの子どもを産むことができなかった。そこで当時の習慣に従い、子孫を残せるように自分の女奴隷のハガルをアブラハムに遣わした。やがてハガルは、アブラハムの最初の息子イシュマエルを産んだ。

　子が生まれると、サラとハガルの仲がおかしくなった。ハガルはサラを軽んじるようになり、サラはハガルに嫉妬した。ついにサラはアブラハムに、ハガルと息子を追放してほしいと頼んだ。ユダヤ教の言い伝えによると、サラは預言者としての能力がアブラハムよりも高く、そのためアブラハムは妻の望みを聞き入れた。

　サラが90歳のとき、神はアブラハムに、ようやくサラに子が生まれると告げたが、それを聞いてアブラハムは笑った。神は改めて子の誕生を予告したものの、それを漏れ聞いたサラも笑った。しかし、サラは神を疑ったことを恥ずかしく思い、神の言葉を信じた。1年後、サラはイサクを産み、その子孫が後にイスラエル十二部族になった。

　約40年後、サラはヘブロンで死んだ。127歳だった。サラの死については、アブラハムがイサクを犠牲にしようとしたことと関係があるとする文献がある。一説によると、サタンがサラに、アブラハムがイサクを殺したと告げたという。しかしイサクは本当は生きており、それを知ったサラは、喜びのあまり死んでしまったのである。

豆 知 識

1. サラは、夫アブラハムとともに、ヘブロンにあるマクペラの洞穴に埋葬されている。ここには、ふたりの息子イサクとその妻、および孫ヤコブとその最初の妻レアも埋葬されている。
2. ユダヤ教で民族の父母とされる人々のうち、ヘブロンに埋葬されていないのはヤコブの二番目の妻ラケルだけで、彼女はベツレヘムに埋葬されている。

41

第6週 第1日（月）

36 歴史 | ロゼッタ・ストーン

　1799年、ナポレオン率いるフランス軍の兵士が、エジプトのアレクサンドリア近郊で砂に埋もれた不思議な黒い石を発見した。その石には、三種類の古代文字が刻まれていた。最初に刻まれていたのはギリシア文字だ。その内容から学者たちは、この石はアレクサンドロス大王の帝国から分かれたギリシア系の王国がエジプトを支配していた前196年ころのものだと特定した。黒い石に刻まれた残る二種類の文字は、エジプト人が昔から使ってきた文字ヒエログリフと、その簡略版だった。

◆

　エジプトは、数千年にわたって古代世界の大帝国のひとつだった。エジプトの王をファラオといい、その支配下でエジプト人はギザの大ピラミッドやスフィンクスなど巨大な建造物をいくつも作った。エジプトの軍勢は、今日のスーダンからシリアまでを支配した。ファラオたちは繁栄した都市を築き、自分のために立派な墓を建てた。

　しかし、ロゼッタ・ストーンが発見されるまでの数百年間、歴史学者や考古学者たちは、古代エジプトの書記たちが残した膨大な数の記録文書を読むことができなかった。書かれている文字が複雑で、近代の最も優れた学者でさえ解読不能だったのだ。

　その古代エジプトの秘密を解き明かしたのが、ロゼッタ・ストーンだ。支配者であるギリシア人がエジプト人に向けて出した勅令を記録したもので、フランスの学者ジャン＝フランソワ・シャンポリオンは、ギリシア語のテキストをヒエログリフと並べて対比させることで、何年にも及んだ研究の結果、複雑なエジプト文字の解読に成功した。ヒエログリフの解読によって、19世紀の歴史学者・考古学者たちは、古代エジプトをはるかに詳しく理解できるようになった。

　ロゼッタ・ストーンの解読そのものも、学術上の偉業だった。シャンポリオンは、いくつもの言語に通じた天才的な言語学者だった。碑文の解読には、イギリス人の学者トマス・ヤングも貢献した。ロゼッタ・ストーンは、1801年にイギリスの手に渡り、現在はロンドンの大英博物館に展示されている。

　豆知識

1. 第一次世界大戦中、ロゼッタ・ストーンなど貴重な展示品は、ロンドンへの空襲から守るため地下鉄の駅に移された。
2. ロゼッタ・ストーンには、13歳のギリシア人ファラオ、プトレマイオス五世の業績が記されている。それによって支配下のエジプト人たちに、自分は神であると納得させようとしたのだ。
3. 古代エジプト人は、肉体は死後も保存しなくてはならないと信じていて、王の遺体をていねいに防腐処理してミイラにしていた。ヨーロッパでは19世紀まで、偽医者たちが、ミイラを粉にしたものを、薬効があると言って売っていた。

第6週 第2日（火）

37 文学 │ 『闇の奥』

　　ジョーゼフ・コンラッドの1899年の中編小説『闇の奥』は、時代のはるか先を行く作品で、多くの点で真に20世紀的な小説の走りだった。19世紀末の写実主義的スタイルに根ざしながらも、その後に続くモダニズム時代の特徴となる諸々のテーマを扱っている。また本作は、19世紀にヨーロッパの帝国主義がアフリカとアジアで振るった際限ない残虐行為を批判的に見た最初の文学作品のひとつとしても知られている。

◆

　　『闇の奥』は、長さが80ページほどしかない簡潔な作品だ。物語は、マーロウという人物の回想として語られる。マーロウは、作中で単に「会社」としか呼ばれていないベルギーの植民地貿易会社に就職した。彼はベルギー領コンゴに派遣され、蒸気船の船長となってコンゴ川をさかのぼり、会社の奥地出張所へ向かうことになった。その出張所は、クルツという名の象牙商人が取り仕切っているという。アフリカに到着してすぐマーロウは、会社の施設がどれも壊れかけていることと、人種差別的なヨーロッパ人が現地のアフリカ人を臆面もなく搾取していることに衝撃を受ける。

　　コンラッドが描くコンゴは、独特の雰囲気が濃密な、怪しげな世界で、その不気味さをいや増すかのように登場人物のほぼ全員に名前がなく——管理人、会計係などと呼ばれている——、各地に点在する孤立したベルギー人入植地から一歩外へ出れば、ジャングルが人を拒むかのように鬱蒼と広がっている。マーロウが川をさかのぼってどんどん奥地へ進むにつれて、船旅は物理的な移動であると同時に精神的な移行にもなっていく。途中の出張所をひとつまたひとつと過ぎていくごとに文明の虚飾が落ちていき、やがて彼は、自分は人間の心そのものの、まだ見たことのない原初の領域へと入っていくのだと思うようになる。一方、マーロウが謎の人物クルツについて知るにつれ、アフリカの先住民を文明化しようというクルツの目論見は失敗したことが明らかとなる。クルツは、アフリカの闇と残忍さにとりつかれ、それに屈してしまったのである。

　　現在、『闇の奥』といえば、大胆に脚色した超大作映画『地獄の黙示録』（1979年）の原作として知られている。映画では、舞台を1970年代のヴェトナムに移し、原作のクルツ（Kurtz）は、カンボジアの奥地で正気を失って危険人物となったアメリカ陸軍のカーツ（Kurtz）大佐として、マーロン・ブランドが演じている。脚本にはコンラッドの原作の要素を数多く残しつつ、1960年代のカウンターカルチャーから影響を受けた幻覚的な音楽と映像を使って、時代に合った作品に仕上げられている。

豆 知 識

1. コンラッドの主要な作品は、すべて英語で書かれているが、コンラッド自身は両親がポーランド人だ（生まれたときの名はユゼフ・テオドル・コンラト・コジェニョフスキ）。彼にとって英語は、ポーランド語とフランス語に次ぐ第三言語だった。
2. 『闇の奥』でコンラッドは人間の無意識を探究しているが、そこには同時代人ジークムント・フロイトが提唱した考えのいくつかが反映されている。今日も、この小説をフロイト理論の観点から分析する批評家は多い。
3. 詩人T・S・エリオットは、この小説の有名な一節「ミスター・クルツ——彼、死んだ」を自身の詩「うつろな人間たち」（1925年）のエピグラフに使っている。

43

第6週 第3日（水）

38 視覚芸術 ビザンツ美術

　ビザンツ帝国という名は、首都の旧名ビザンティウムに由来している。4世紀にローマ皇帝コンスタンティヌス一世が、宮廷をローマからここへ移し、コンスタンティノープルと改称した。現在この都市はイスタンブールと呼ばれている。ローマ帝国の西半分が崩壊した後も、東半分はコンスタンティノープルのビザンツ皇帝による統治が続いた。

◆

　ユスティニアヌス一世の時代（527〜565年）は、美術史ではビザンツ美術の第一次黄金時代と呼ばれている。この時期に、コンスタンティノープルのハギア・ソフィアや、イタリアのラヴェンナにあるサン・ヴィターレ聖堂などの傑作が建造された。第二次黄金時代は9世紀後半から11世紀で、この時代にはヴェネツィアのサン・マルコ大聖堂が建てられた。ビザンツ様式は、東方正教会とともにロシアや東ヨーロッパにも広まり、モスクワの壮麗な聖ワシリイ大聖堂にも影響を与えた。

　ビザンツ美術の大半は、宗教をテーマとしている。聖書の物語や、聖なる人物の理想化された絵姿（イコン）が圧倒的に多い。イコンの目的は、キリストや聖母マリアや聖人を実際の姿に似せて描くことではなく、その霊的な本質を捉えることにある。ギリシア・ローマ文化で主流だった裸体像や実物大の彫像は、基本的に避けられていた。

　ビザンツ建築は、ペンデンティヴで支えられたドームを用いるのが特徴だ。教会の内壁は、大理石のパネルや、浅浮彫りの模様、ガラスのモザイクなどで豪華に装飾されることが多い。

　ときには古典美術の痕跡が現れることもある。ビザンツ美術に彫刻は非常に少ないが、神話の場面を描いた小さな象牙彫りはある。そのひとつである有名なヴェーロリの小箱には、エウリピデスの戯曲『アウリスのイフィゲネイア』から取った、イフィゲネイアを犠牲にする場面の浮彫りパネルがついている。

　ビザンツ帝国では、宗教画は非常に熱心に礼拝され、そのため726年に皇帝は、イコンは偶像崇拝につながると言って、これを禁止にした。以後100年近くにわたって、人間の姿をしたキリストと聖母マリアの図像は禁じられた。いわゆるイコノクラスト（聖像破壊者）たちが、そうした聖像を見つけ次第、徹底的に打ち壊した。これに反対するイコン崇敬派は、ローマ教皇の支援を得て、843年に禁令を撤回させた。

豆知識

1. 「ビザンツの」（byzantine）という言葉は、否定的な意味合いを帯びることが多く、策を弄したり狡猾だったりするもの（ビザンツの支配者の多くがそうだった）や、過度に複雑で込み入っているもの（ビザンツ美術がそう）を形容するのに使われる。
2. ビザンツ様式は、1453年のコンスタンティノープルの陥落で終焉を迎える。しかし、その影響は引き続き東方正教会で見ることができる。正教会では、伝統的なイコンが今も制作されている。

第6週 第4日（木）

39 科学 ｜ 超新星

　ほとんどの星は、死ぬときは核融合で燃料をすべて使い果たして静かに死んでいく。そして99％は、次第に光を出さなくなって、白色矮星という暗い天体になる。ところが、星がかなりの大きさで、温度も十分に高いとき、条件がそろえばその星は爆発することがある。この爆発現象が、超新星だ。

◆

　星は、爆発するまでの間、元素を融合させてエネルギーを作り出す。巨大な重力による核融合で、酸素、ケイ素、リン、カルシウムなどの元素が生成される。どれも重い元素ばかりだが、やがて鉄が生成されると、そこが核融合の終着点となる。鉄が核融合でもっと重い元素になるとき、エネルギーは生成されず、逆にエネルギーが必要になる。星には使えるエネルギーが残っていないので、鉄だけになった星の核は、自身の重力に押しつぶされて中へ中へと崩壊していく。最大級の星が崩壊すると、ブラックホールになる。しかし、ブラックホールになる星ほど大きくない、質量が太陽の五倍から八倍の星は、爆発する。

　超新星爆発は、終了するのに15秒もかからない。爆発の光はとても明るく、一個の星が超新星になっただけで、その光が銀河全体を何か月も覆ってしまうこともある。また、超新星はかなり高い熱を生み出し、水銀、金、銀など、もっと重い元素が生成できるほどだ。

　ビッグバン理論によると、地球に生命が存在するのは超新星のおかげである。この理論では、酸素より重い元素は、すべて過去の巨星の爆発で生み出されたと考えられている。だから、いつも食べているバナナに含まれるカリウムが、フィリピンの島でできたと思ったら間違いだ。それは、はるか昔に超新星爆発で生成されたものなのかもしれない。

豆 知 識

1. 1006年、非常に明るい超新星が、エジプト、イラク、イタリア、スイス、中国、日本で観測され、フランスとシリアでも確認されたらしい。
2. イタリアの天文学者ガリレオ・ガリレイ（1564〜1642）は、1604年に超新星を根拠にして、宇宙は不変だというアリストテレスの説を否定した。
3. ウランなどの放射性元素も、超新星で生成される。

45

第6週 第5日（金）

40 音楽 ｜ ルネサンス音楽

　　ルネサンス音楽は、15世紀半ばから16世紀末ごろまでに作られた音楽で、この時期は、マルティン・ルターらの宗教改革と、カトリックの対抗宗教改革が起こった時代に当たる。音楽の特徴は、複数の華やかな声楽または器楽パートを、どれも比較的均等に重視しながら組み合わせていることだ。

◆

　　この時期の音楽は、当時の芸術や文学と美的価値観を共有していた。ルネサンス期の芸術家と作家と音楽家は、自分たちは中世というキリスト教中心の暗く謎めいた世界から人々を救い出す存在だと思っていた。彼らは、古典期のギリシア・ローマが理想としていた愛、快楽、知性、人間の肉体と精神の美などに回帰することを重視していた。

　　特にフランドル地方は、多くの作曲家を輩出した。ギヨーム・デュファイ（1400頃～1474）とジル・バンショワ（1400頃～1460）は、新たな形式の多声音楽による最初期のミサ曲や世俗曲を何曲か書いている。バンショワの弟子ヨハネス・オケヘム（オケゲム）は、ブルボン公のお抱え作曲家で、カノン唱法をいち早く取り入れたモテットを書いた。カノンとは、時間をずらして同じ旋律を歌うことをいい、童謡「かえるのうた」のような輪唱と同じと思ってもらえばいい。

　　ジョスカン・デ・プレ（1440頃～1521）は、ルネサンス時代最大の作曲家とされ、きわめて感動的なミサ曲と、洗練された世俗歌曲つまり恋愛歌を書いたことで知られている。イタリアのジョヴァンニ・ピエルルイージ・ダ・パレストリーナ（1525～1594）は、いくつかの教会で活躍した作曲家で、先人たちのミサ曲を手本にして磨き上げ、形式面でルネサンス時代からバロック時代への橋渡し役となった。

［ 豆 知 識 ］

1. 教会で賛美歌を斉唱するのはルネサンス時代に始まったもので、マルティン・ルターは賛美歌をいくつも作曲した。
2. ルネサンス音楽の大半は王侯貴族のために作曲されたもので、楽曲の中には、作曲家本人の署名ではなく、作曲を依頼した貴族の紋章でしか確認できないものもある。
3. この時期にイギリスで流行した多声世俗曲マドリガルは、「ファ・ラ・ラ」という歌詞のリフレインが実際に曲に書き込まれた最初の音楽ジャンルだった。

46

41 哲学 | アリストテレス

「人はみな生まれながらに知ることを欲する」——アリストテレス『形而上学』

◆

アリストテレス（紀元前384〜前322）が哲学と西洋文化全般に与えた影響は、誇張しようのないほど大きいものだ。ギリシアの北にあるマケドニアで生まれたアリストテレスは、アテネへ移ってプラトンの学園アカデメイアで学んだ。プラトンの死後は、自身の学園リュケイオンを開いた。

前5世紀のアテネでは、修辞学や、生物学をはじめとする自然科学など、さまざまな探究領域が哲学研究に含まれていた。そのためアリストテレスは、学問のほぼすべての分野で大きな貢献をしている。

アリストテレスは、哲学は正確な順序で学ばなくてはならないと考えていた。最初に学ぶべきは論理学だ。なぜなら論理は、この世界についての諸々の事実が互いにどのように結びついているのかを説明するからである。アリストテレスは、論理的に有効な議論である三段論法を発展させた。彼は三段論法の基本形式の一覧を作り、複雑な議論をそうした基本形式のひとつに変換する法則をまとめた。アリストテレスの三段論法で最も有名なのがこれだ。

すべての人間はいずれ死ぬ。
ソクラテスは人間である。
ゆえにソクラテスはいずれ死ぬ。

論理学の次にアリストテレスは、具体的な自然現象を調べるべきだと考えていた。彼は、自然科学のテーマについて——『自然学』、『動物部分論』、『動物発生論』、『動物運動論』、『気象論』、『生成消滅論』など——多数の著作を書いて、自然界を説明する一般原理を導き出した。

最後に学ぶべき科目は、アリストテレスによると実践哲学で、これには倫理学と政治学が含まれる。彼は、このふたつを『ニコマコス倫理学』と『政治学』で扱った。アリストテレスの考えでは、倫理とは主として適切な訓練ができるかどうかの問題だった。彼は、人々はどのように行動するのが適切なのかを普通は知っているのだから、この知識に従って行動するだけの道徳的強さを持てばよいと考えた。善人であるとは、正しいことを行う傾向を持っているということであり、この傾向は人に教え込むことができる。政治については、アリストテレスは国家の目的を、市民が幸福で満ち足りた生活を送ることのできる環境を整えることだと考えた。民主政を支持していたが、状況によっては君主政の方が好ましい場合もあると認めていた。

豆 知 識

1. アリストテレスは、「スタゲイロス人」と呼ばれることがあった。生まれ故郷がマケドニアの町スタゲイロスだったからだ。
2. プラトンのアカデメイア学園を離れて自らの学園を開くまでの間、アリストテレスは、のちに地中海世界の大半を支配するマケドニア王アレクサンドロス大王の家庭教師をしていた。

第6週 第7日(日)

42 宗教 | ソドムとゴモラ

聖書にあるソドムとゴモラの物語は、創世記の18章と19章に出てくる。ソドムとゴモラは、ヨルダン川流域にあった町である。このふたつの町の住民は罪を犯していたので、神は両町を滅ぼしてしまおうと思った。それを知ったアブラハムは、正しい者を悪い者と一緒に滅ぼすのはよくないと言って異を唱え、神は、正しい者が10人いたら、町を滅ぼすのはやめようと約束した。そして、実態を調べるため天使たちを派遣した。

◆

天使たちは、町に着くとアブラハムの甥ロトと出会った。ロトは天使たちを自宅に招き、食事を出してもてなした。やがて、ソドムの住民たちがロトの家に押しかけ、「今夜、お前のところへ来た連中はどこにいる。ここへ連れて来い。なぶりものにしてやるから」(創世記19章5節)とわめきたてた。それに対してロトは、まだ嫁がせていない自分の娘ふたりをソドムの男たちに差し出すので勘弁してほしいと言ったが、町の者たちは納得しなかった。この時点で天使たちは、これでは救いようがないと判断し、ロトに、家族を連れてソドムから逃げろと言った。さらに、逃げる途中で決して振り返ってはならないと告げた。ロトは近くの町まで逃げることができたが、彼の妻は、ソドムとゴモラが滅ぼされている最中に振り向いたので、塩の柱になった。

ソドムとゴモラの人々が、実際にどのような罪を犯していたのかは、はっきりしない。昔からユダヤ教では、住民が犯したのは他人をもてなさない罪だと考えられている。トーラーでは、ふたつの町の物語の直前に、アブラハムのもてなしぶりがいかにすばらしいかを神が褒めたたえる場面がある。アブラハムの善行は、ソドムの住民が天使たちに取った行動と正反対といっていい。以上を考え合わせると、ふたつの物語は、他人をきちんともてなすことの大切さを強調しているように思われる。

それに対してキリスト教保守派は、ソドムの罪をまったく違ったふうに解釈している。ソドムの住民は天使たちを「なぶりものにする」と言っているが、一部のキリスト教徒たちは、この「なぶりものにする」を性行為の婉曲表現だと考えている。この見方に立てば、ソドムの男たちは同性愛者であり、神は彼らの性的指向を罰したということになる。

$\boxed{\text{豆 知 識}}$

1. 英語で「男色」を意味する「ソドミー」(sodomy)は、聖書中の町ソドムを語源としている。
2. ソドムとゴモラが実在したのかどうかについては現在も論争中だが、一部に、町は死海に沈んでいるのではないかと考えている人がいる。また、ふたつの町は断層の近くにあり、神の怒りとは町を倒壊させた大地震だったのではないかと考える歴史学者もいる。

第7週 第1日(月)

43 歴史 | 皇帝コンスタンティヌス一世

　初期キリスト教の時代、この小さな信仰集団は、強大なローマ帝国の各地で厳しい迫害を受けていた。イエス・キリストがエルサレムで死んで数十年後の紀元64年、皇帝ネロは首都ローマでキリスト教徒に対する初の公的な迫害を命じた。ローマの歴史家タキトゥスは、常軌を逸した暴君ネロの命令による、きわめて残虐な処刑の数々を列挙しており、そうした処刑のひとつでは、信者を犬の餌食にすることもあったという。「彼らはまさに死ぬことで娯楽の対象となった」とタキトゥスは記している。

◆

　ローマの権力者たちは、キリスト教は帝国の安定を脅かすものだと考えていた。彼らにしてみれば、キリスト教徒は国家によってはりつけの刑に処された犯罪者を崇拝し、皇帝を神としてあがめることも、ローマ古来の神々を礼拝するのも拒否する者たちだった。キリスト教が広まるにつれ、迫害はその後200年にわたって散発的に続き、激しさも増していった。しかしキリスト教は、初期の信徒には貧しい者たちが多かったものの、やがてローマ社会の主流からも信者を引きつけるようになっていった。

　ローマ皇帝コンスタンティヌス一世（275頃～337）は、幻視体験をきっかけにキリスト教に改宗すると、313年にミラノ勅令を出して、帝国内全土でキリスト教を公認した。その時点でキリスト教は、すでに広く浸透していた。しかも、勅令が出て100年もしないうちに、キリスト教は従来の多神教に代わってローマ帝国の国教になった。400年の間にキリスト教は、ユダヤ人の反体制少数派が奉じる非合法な信仰から、帝国の宗教へと変容したのである。ローマ帝国は5世紀に崩壊するが、その後もキリスト教はヨーロッパに広まり続け、ヨーロッパをひとつにまとめる信仰となった。

　ローマ・カトリック教会は、ローマ市内のヴァチカン市国に総本山を置いている。そこから数ブロック離れたところには、円形競技場コロッセオの遺跡があるが、そこはかつて古代ローマの権力者たちが、キリスト教徒をライオンの餌食にしていた場所であった。

豆知識

1. コンスタンティヌス一世は、キリスト教徒に改宗したあとも、ためらうことなく政敵を数多く殺しており、それが自分の家族や親族であっても容赦なかった。31年の治世でコンスタンティヌスは、義理の兄、二度目の妻、および長男を処刑している。

2. ローマが嫌いで、自身の帝国の首都としてふさわしくないと思っていたコンスタンティヌスは、ヨーロッパとアジアが接するボスポラス海峡に面した場所に、新たな都市を建設した。新都は当初「新ローマ」と命名されたが、すぐに皇帝の名を取ってコンスタンティノープルと呼ばれるようになった。現在ではイスタンブールと呼ばれ、今日のトルコで最大の都市となっている。

3. 皇帝即位後にコンスタンティヌスは、それまで何百年にもわたってローマの民衆の娯楽だった剣闘士の見世物を禁止した。しかし、その後も、この見世物は法の網をかいくぐって何十年も非合法に続けられた。

49

第7週 第2日（火）

44 文学 ｜ モダニズム

　文学におけるモダニズム運動は、おおよそ1900年から1940年までが最盛期で、作家たちは物語を語る新たな方法を探究し、客観的な現実と真実を探る最善の方法は何かという問題を改めて考えた。モダニズム文学の主要人物には、小説家としてはマルセル・プルースト、ガートルード・スタイン、ジェイムズ・ジョイス、ヴァージニア・ウルフ、ウィリアム・フォークナーらが、詩人としてはT・S・エリオットとエズラ・パウンドなどがいる。

◆

　19世紀後半、西洋文学は写実主義が主流だった。ギュスターヴ・フローベール、セオドア・ドライサー、エミール・ゾラなど、この時期の小説家たちは、登場人物や場面、社会状況などを、細部まで綿密に見つめて正確に描こうとした。

　ところが19世紀末から20世紀初頭にかけ、いくつもの分野で革新的な考えが生まれて、私たちが現実を認識して表現する能力に疑問が抱かれるようになり、さらに、そもそも客観的な現実は存在するのかという問題さえ持ち上がった。心理学では、ジークムント・フロイトが無意識の概念を研究し、人間の心と自我は精神分析によってしか知ることはできないと主張した。言語学では、フェルディナン・ド・ソシュールが、言語とは恣意的で頼りにならない文化的構造物だと説いた。人類学では、ジェイムズ・フレイザーが非西洋圏の文化と宗教の研究に新たな高みをもたらし、西洋的な世界観とは異なる見方を提示した。そして物理学では、アルバート・アインシュタインが相対論を唱えたことで、それまで確実だと思われていた時間と空間に関する諸原理さえも揺るぎ始めた。

　こうした異なる分野で生まれた考え方が、寄り集まって文学と芸術の世界に多大な影響を与えた。19世紀の写実主義者たちが世界を正確に描くことに没頭していたのに対し、20世紀の――やがてモダニストと呼ばれる――新たな作家や芸術家たちは、客観的真実が存在しないのなら、現実はどうすれば正確に描写できるのかという問題に頭を悩ませた。

　モダニズムの作家たちは、この問題に実験的な手法で取り組んだ。彼らがおもに使った新手法のひとつが「意識の流れ」で、これは登場人物の内的思考を作者が手を加えずにそのまま伝えようとするものだ。この手法は、ジョイスの『ユリシーズ』（1922年）、ウルフの『ダロウェイ夫人』（1925年）、フォークナーの『響きと怒り』（1929年）などに見られる。また、同じ出来事やイメージを複数の視点から描き、主観的な説明を次々と積み重ねること――あるいは、異なる主観的説明をぶつけ合わせること――で客観的な真実に迫ろうとする作家もいた。ウルフの『灯台へ』（1927年）は、この代表例だ。さらにスタインなど他の作家たちは、言葉を使って徹底的な実験を行い、例えばスタインが「主張」（insistence）と呼んだ延々と続く反復など、数々の技法によって単語の持つ意味の裏側を探ろうとした。そして、モダニズム作家のほぼ全員が作品の中で時間の流れを操っている。時系列順に書くのをやめて、何の前触れもなく過去・現在・未来を自由に行き来しており、この特徴のせいでモダニズムの小説と詩は、往々にして難しいと評されている。

第7週 第3日(水)

45 視覚芸術 | ゴシック美術

　ゴシック時代は、12世紀、パリとその周辺であるイル・ド・フランス地方で新たな建築様式が生まれたことで始まった。1250年までに、この様式はヨーロッパの多くの地域に広まり、彫刻と絵画の両方に影響を与えるようになっていた。

◆

　「ゴシック」(Gothic)はイタリアで生まれた言葉で、もともとはローマ帝国を侵略したゴート族(Goths)の建築様式を指す、否定的なニュアンスを持った単語だった。それに対してゴシック美術の芸術家たちは、自分たちの作品を「オプス・モデルヌム」(opus modernum)あるいは「オプス・フランチジェヌム」(opus francigenum)、つまり現代風またはフランス風の作品と呼んでいた。

　パリの北隣にあり、この時期に大改修された歴代フランス王の廟所サン=ドニ修道院聖堂が、一般にゴシック建築の最も初期の例だと考えられている。1137年から1144年の間に、修道院長シュジェールは教会の新たな内陣の建築を進めた。完成した内陣は、大きな窓と高いアーチを備えていて、そのため見た目には天井が高くて重苦しさが感じられず、それより以前の暗くてがっしりとしたロマネスク様式と強い対比をなしていた。

　ゴシック建築がさらに開花しているのが、パリのノートルダム大聖堂(1163年着工)とシャルトル大聖堂(1194年から1220年に再建)だ。ここでは、建物の重さを外から支えるために、飛梁(フライング・バットレス)と外部アーチが作られている。こうした巨大構造物のおかげで、壁にステンドグラスの窓を多く取れるようになり、教会内部は以前よりも明るく色彩豊かになった。

　ゴシック建築の影響は、フランス国外ではイギリスのソールズベリー大聖堂(1220年着工)とイタリアにあるオルヴィエートのドゥオーモ(大聖堂、1310年ころ着工)に見ることができる。北ヨーロッパでは、ゴシック絵画がステンドグラスや本の挿絵に非常によく見られる。特に有名なのは、ランブール三兄弟が1413年から1416年に制作した『ベリー公のいとも華麗なる時祷書』だ。またイタリアでは、ゴシック様式がジョットやシモーネ・マルティーニの絵画に表れている。

　彫刻は、ゴシック教会の内部と外部両方を装飾するのに広く用いられた。その様子は、シャルトル大聖堂やドイツのナウムブルク大聖堂の壮麗な正面入り口に見ることができる。

　ゴシック様式は、フランスと北ヨーロッパの大半では16世紀初頭まで盛んだった。イタリアでは、それよりも早い時期にルネサンスの幕開けとともに衰退した。

豆 知 識

1. 18世紀になると、「ゴシック」という言葉はグロテスクでミステリアスな内容を前面に出した小説を指すようになった。また今日「ゴス」と言えば、1980年代にスージー・アンド・ザ・バンシーズなどの音楽グループの活動から始まった音楽や「ゴスロリ」と呼ばれるファッション、文化のムーヴメントを指すことが多い。

第7週 第4日（木）

46 科学 | 侵害受容：痛みを知覚すること

　痛みを知覚することは、専門的には侵害受容といい、人間が生きていく上で欠かせないものだ。痛みは、この世にあるさまざまな危険を知る単純で有効な方法だ。痛みを感じると、反応を起こすよう信号が発せられ、それによって私たちは沸騰しているお湯から手を引っ込めたり、割れたガラスから一歩下がったり、ひねった足首を安静にしたりするのである。

◆

　すべての高等生物、とりわけヒトに最も近い動物種は、痛みを知覚する神経系を持っているらしい。もちろん、鳥や動物に「痛いですか？」と聞くことはできないが、ヒトとまったく同じように体をよじったり、うめき声や叫び声を上げたりする。私たちと同じく鳥や動物も、害のある刺激への反応として、血圧の上昇や、瞳孔の拡張、発汗、および脈拍数の増加を経験する。

　侵害受容は、複雑な生命体が生きていくのに必須のシステムだ。生まれながらに先天性無痛無汗症（CIPA）という難病を患っている子どもは、25歳以上生きられることはめったにない。生まれたときは、ほかの子と変わりなく見えるが、歯が生えてくると問題が起こる。痛みを感じないので自分の指を食いちぎってしまうことがあるのだ。骨を折ったり、手を火傷したり、膝をすりむいたりしても、血やあざを自分の目で見るまで、けがをしていることに気づかない。そのため、複数の傷による重度の感染症で命を落とすことが多い。

「病は気から」ではないが、痛みは間違いなく私たちの頭の中で起きている。脳のさまざまな部分がネットワークを組んで働き、ペイン・マトリックスとも呼ばれる痛み関連脳領域を形成する。このマトリックスの、ある部分が私たちに痛みの強度を伝え、別の部分が痛みの場所や、持続時間、痛みの種類——ヒリヒリ痛むのかズキズキ痛むのか激痛なのか——などを知らせる。こうして痛みを知覚すると、それが引き金となり、脳内の前帯状皮質という部分の働きで、さまざまな苦しみを感じる。おもしろいのは、このとき身体的な痛みと感情的な痛みが区別されないことだ。腕が傷ついたときも心が傷ついたときも、反応は一緒なのである。

```
豆 知 識
```

1. 他者と共感する能力の高い人ほど、前帯状皮質が活発に働く。つまり、他人の痛みを本当に感じているのだ。
2. ヒトの胎児で痛みを感じる神経回路が形成されるのは、妊娠後期にあたる第29週だ。
3. 麻酔を受けずに割礼をされた新生児は、ゼロ歳児の予防接種時に、痛みに対する反応が大きくなる。
4. 手足を切断した人が、よく幻肢痛を訴える。あるはずのない手や足に、突き抜けるような激しい痛みを感じるのだ。
　こうした事例が、痛みには脳で生まれるものもあることを示す最初の証拠のひとつになった。

第7週 第5日(金)

47 音楽 | バロック

「バロック」という言葉は、ポルトガル語で「ゆがんだ真珠」を意味する単語に由来する。この用語は、およそ1600年から1750年まで続いたバロック時代の美術・建築・音楽を言い表すのにピッタリの表現だ。当時はコントラストの時代だった。美術では明るい色と暗い色の対比や、滑らかな表面とでこぼこな表面の対比が見られ、音楽では音の強弱やテンポの緩急の対比があった。バロック音楽は、当初は複雑なルネサンス音楽の形式を単純化しているのが特徴だったが、やがて、それまでのあらゆる思想の潮流に徹底して逆らうかのような、装飾過剰な新たな美的構成を特徴とするようになった。

◆

　クラウディオ・モンテヴェルディ（1567〜1643）は、初期バロックを代表する音楽家で、彼の『オルフェオ』（1607年）は、ふつう、演劇としても音楽としても成功した最初のオペラと見なされている。バロック音楽の大半は、伴奏部である通奏低音——通常は、和音を演奏できる楽器（オルガン、ギター、チェンバロなど）と低音楽器（チェロ、ヴィオラ・ダ・ガンバ、ファゴットなど）を組み合わせて演奏される——と、コンチェルト（協奏曲）風の凝った独奏部——通常はバイオリンか管楽器（リコーダー、オーボエ、フルートなど）で演奏される——とが対話するような構成を基本にしている。

　和声の切れ目であるカデンツが重視され、多くの作品は、テンポの緩急が変わるセクションに分けられ、それがさらに、長さが同じで均整の取れた楽句に分割された。メヌエットやジーグといった各地の舞曲のリズムが取り入れられ、楽器の中ではバイオリンが、用途の広さと音量と、力強いリズムを強調できる点から、盛んに使われるようになった。後期バロック音楽は、安定したリズム、強烈な情念、凝った旋律線、演奏者に優れた技巧を求めることなどを特徴としている。

　バロック時代、オペラの男性主役はカストラートが演じることが多かった。カストラートとは、声域を高いままに保つため思春期前に去勢された男性歌手のことだ。カストラートは、声域の広さ、声の力強さ、声の柔軟さ、ブレス・コントロールの巧みさなどが際立っていた。

　初期のバロック形式は、イタリア人作曲家（モンテヴェルディ、フランチェスコ・カヴァッリ）の作品に表れるが、やがてイングランド（ヘンリー・パーセル）、フランス（フランソワ・クープラン、ジャン゠フィリップ・ラモー）、ドイツ（ハインリヒ・シュッツ、ディートリヒ・ブクステフーデ）にも広まった。イタリアの盛期バロック時代には、アルカンジェロ・コレッリ（1653〜1713）とアントニオ・ヴィヴァルディ（1678〜1741）が複雑で美しいコンチェルトを書いた。一方ドイツでは、ゲオルク・フィーリップ・テーレマン（1681〜1767）とヨハン・ゼバスティアン・バッハ（1685〜1750）が、北ヨーロッパ各地の教区や宮廷で教会音楽の巨匠の座を競い合った。

| 豆 知 識 |

1. ロンドンのセント・ポール大聖堂は、ヨーロッパ最大のバロック様式による大聖堂で、その昔ここの少年聖歌隊員たちは、他の聖歌隊の指揮者に誘拐されて歌わされることがたびたびあった。

53

第7週 第6日（土）

48 哲学 | 形而上学

形而上学とは、実在についての最も一般的な問い——真に存在するものは何で、それはどのようなものであるのか——に関する学問だ。

◆

　最初の問い——真に存在するものは何か？——を探究するのが、形而上学の一分野である存在論だ。存在論では、次のような問いを立てる。「存在しているものは、すべて物質的なものか、それとも霊魂のように非物質的なものなのか？」「数や集合といった抽象的な数学的対象は存在するのか？」「何かが存在するとは、どういうことなのか？」「存在は、例えば『赤い』のような属性で、ものによって持っていたりいなかったりするのか？」「それとも、存在とは、存在するものすべての集合体であって、存在しないものは存在しえないのか？」「もし存在が『赤さ』のような属性だとしたら、それはどのような種類の属性なのか？」「私が『馬は存在するがユニコーンは存在しない』と言うとき、私が馬について肯定し、ユニコーンについては否定しているものとは何なのか？」

　形而上学は、事物の特徴と関係についての問いも考える。例えば、「数が存在するとしたら、その数は時間と空間の中に存在するのか？」「数は偶発的に存在するのか？　つまり、数は存在できなかったり、存在するのをやめられたりするのか？」と問う。

　多くの哲学者は、形而上学の考え方のうち、あるひとつを共通認識として認めている。それは、事物は実体と属性のふたつに大きく分けられるとする考え方だ。実体とは、普通の意味でいう物体のことで、属性とは、そうした実体のあり方のことである。例えば、シャツは実体だが、シャツの色はシャツの属性である。形而上学の問いの多くは、実体と属性という概念から生じている。

　哲学者たちが以前から考え続けている問いのひとつに、「属性は個別的なものか、それとも一般的なものか」というものがある。属性が一般的なものであるとは、ふたつの赤い物（例えばシャツとバラ）において、「赤さ」という単一の属性が存在し、この「赤さ」がふたつの物によって具現化つまり例化されているということを意味する。ちなみに「例化」とは、実体と属性の関係を説明する哲学用語である。これに対して、属性が個別的であるとは、異なるふたつの属性——シャツによって例化された赤さと、バラによって例化された赤さ——が存在することを意味する。そして、このふたつの属性は、まったくよく似ているということになる。

　　　　　　　　　　　　　　　　　　　|豆 知 識|

1. 形而上学（metaphysics）という名称は、古代にアリストテレスの著作を編集した人が付けたものだ。編集者は、この分野のテーマを扱う書物を、アリストテレスの『自然学』（英語でPhysics）の後に配列した。この書物にはタイトルがなかったので、編集者がギリシア語で「自然学の後」を意味する「メタ・フュシカ」と名づけたのである。
2. 現在私たちが「形而上学」と呼んでいるものを、アリストテレスは「第一哲学」と呼んでいた。

第7週 第7日（日）

49 宗教 | ヨセフ

聖書によると、ヨセフはヤコブの11番目の息子で、最愛の妻ラケルとのあいだにできた最初の男子だった。ユダヤ教では、ヨセフは神を信じ、異邦人の中でユダヤ人として巧みに生きることのできた人物として広く知られている。

◆

創世記によると、ヨセフはヤコブが最も愛した息子で——そのことは、ヤコブがヨセフに裾の長い晴れ着を与えたことで示されている——、夢を解釈する不思議な能力を持っていたが、そのためかえって兄たちから嫉妬されていた。何しろヨセフは、父と母と兄たちが自分の前で召使いのようにひれ伏す夢を見たと言ったのだ。この夢に怒った兄たちは、ヨセフを殺す計画を立てた。このときヨセフはまだ17歳だった。ただ、長兄のルベンが止めたので、兄たちは殺すのを思いとどまった。その代わり、ヨセフを穴に投げ込んだ。

やがてヨセフは、通りすがりの商人に発見されて、エジプトのファラオの侍従長ポティファルに奴隷として売られた。ヨセフはポティファルに忠実に仕えていたが、しばらくするとポティファルの妻がヨセフを誘惑しようとした。しかし、いくら言い寄ってもヨセフは頑として拒んだので、妻は彼に襲われたと訴え、ポティファルはヨセフを監獄に入れた。

監獄でヨセフは、ファラオによって投獄された給仕長と出会い、彼が見た夢を解き明かして、三日後に釈放されると告げた。その言葉どおりに給仕長は釈放された。その後、ファラオが気がかりな夢を見たとき、ヨセフは釈放されて助言を求められた。ヨセフは、その夢は今後エジプトに七年間の大豊作が訪れるが、その後の七年間は大飢饉に見舞われるという意味だと解き明かした。ファラオはヨセフの言葉を信じ、七年間、余った食料を蓄えた。事態がヨセフの言ったとおりになると、ファラオは感謝して彼を宰相に任じた。

予想していた飢饉が地域一帯に広まると、ヨセフの兄たちは食べ物を求めてエジプトへやってきた。ヨセフは、兄たちを罰するため、正体を明かさず、弟ベニヤミンだけを奴隷としてとどめて、ほかの兄たちを追い返そうとした。このとき兄のひとりユダが、ベニヤミンの代わりに自分を奴隷にしてくださいと嘆願した。これをヨセフは、兄たちが心を入れ替えた印だと考えた。彼は一家がエジプトへ移り住むのを許した。そしてエジプトで、彼と11人の兄弟たちはイスラエル十二部族の祖となった。

豆 知 識

1. ファラオが最初からヨセフの言葉を信じた理由のひとつは、このファラオがヒクソスという、ヘブライ人（ユダヤ人）と何らかの関係がある民族の出身だったからではないかと考えられている。
2. ヨセフの物語を原作として、アンドリュー・ロイド・ウェバーとティム・ライスはミュージカル『ヨセフ・アンド・ザ・アメージング・テクニカラー・ドリームコート』を制作した。本作のブロードウェー初演は1982年。

55

第8週 第1日（月）

50 歴史 ｜ イスラム教の広がり

　預言者ムハンマドが632年に死ぬと、彼がメッカで開いた宗教は驚異的なスピードで中東全域に広まった。イスラム教徒の軍勢は、自分たちの宗教を掲げながらアラビア半島、ペルシア、シリア、アルメニア、エジプト、北アフリカ、アフガニスタンを次々と征服した。ムハンマドの死から100年もたっていない711年には、現在のスペインを征服し、イスラム教をヨーロッパにもたらした。

◆

　三大陸にまたがるイスラム帝国は、いつ崩れるかもしれない統一を維持するのに悪戦苦闘していた。首都をメッカから、世界最古の都市といわれるダマスカスへ移し、統治者である歴代のカリフたちは、支配を固めるため立派なモスクを建てた。

　それでも8世紀半ばになると、イスラム帝国は分裂し始めた。覇を競い合う諸王朝のうち、最大勢力を誇ったアッバース朝は首都をバグダードに移し、一方、イベリア半島のイスラム教徒たちは独自の王朝を建てた。それでも、中世にはイスラム世界は繁栄を謳歌した。科学者、詩人、数学者らがバグダードに集い、この都市を文学と学問の理想郷に変えた。

　まだ暗黒時代のただ中にいたヨーロッパのキリスト教徒にとって、イスラム教の躍進は恐ろしいものだった。イスラム軍はフランスにもやってきたが、732年にカール・マルテル率いるフランク王国軍が、これを何とか撃退した。歴史学者の中には、この戦いは歴史の転換点で、この勝利のおかげでイスラム教がさらにヨーロッパに広まるのを食い止めることができたのだと考える者もいる。その後、ローマ教皇はヨーロッパ諸国の軍勢を中東に送り、イスラム教徒に対する聖戦を実施した。

　しかし、カリフを倒す者は東からやってきた。1258年、バグダードは押し寄せるモンゴル軍に攻略された。モンゴル軍は、市内にいくつもあった大図書館に火を放ち、住民を100万人も殺害した。歴代最後のカリフも、モンゴル軍を率いていたチンギス・ハンの孫によって、じゅうたんに丸められ、そのまま軍馬に踏みつけられて殺された。

豆 知 識

1. ヨーロッパの暗黒時代には、イスラム世界の学者の方がヨーロッパの学者よりも科学の面では進んでおり、科学や数学に関する英単語には、代数（algebra）や化学（chemistry）など、アラビア語起源のものが多い。
2. 8世紀に中央アジアで唐の軍勢と戦ったとき、イスラム軍は唐の捕虜から、秘密とされていた紙の製法を学んだ。
3. イスラム世界で生まれた書籍の中で最も有名なのは、『千夜一夜物語（アラビアン・ナイト）』だろう。これは物語や説話を集めたもので、西洋では18世紀にはじめて翻訳されて以来、絶大な人気を誇っている。

第8週 第2日（火）

51 文学 │ 『キャッチ＝22』

　ジョーゼフ・ヘラーの『キャッチ＝22』（1961年）（"Catch-22" 飛田茂雄訳　早川書房 1977年）は、英語で書かれた戦争小説やブラック・コメディーの中でも最高傑作のひとつであり、今では「キャッチ＝22」という言い方が、「どうしようもない状況」を指す表現としてアメリカでは定着している。1961年に出版されると、この異色作に対して賛否両論が巻き起こり、絶賛する者もいれば悪趣味だと言う者もいた。いずれにしても、『キャッチ＝22』は、アメリカ文学の主流に不条理とシュルレアリスムを持ち込んだ記念碑的な抗議小説だった。

◆

　『キャッチ＝22』の主人公ヨッサリアンは、第二次世界大戦中にイタリアのピアノーサ島に駐留するアメリカ空軍の爆撃隊員だ。爆撃中隊を統括する将軍たちは、笑ってしまうほど無能で、兵士たちに決められた数の出撃任務をこなせば帰国させようと約束するが、必要な任務の数は次々と増えていくため、誰も帰ることができない。こうした戦争の持つ官僚的な不条理さを象徴的に示しているのが、小説のタイトルにもなっている空軍の単純だが巧妙な軍紀だ。「キャッチ＝22」とは、兵士は狂気と判定されれば戦闘任務を免除されるが、本人が実際に免除申請を出せば、それは正気を失っていないということなので出撃可能と見なされるという状況のことだ。

　この小説には、場違いな者や変わり者が何人も登場する。中隊長のメイジャー・メイジャー・メイジャー少佐（父親がおもしろい名前をつけようと考えて命名）は、コンピューターのミスで入隊初日にいきなり少佐に昇進した。基地の食堂係マイロー・マインダーバインダーは、あこぎな闇取引シンジケートを組織しており、金もうけのためならどんなことでもやり、しまいにはドイツ軍と契約を結んで自分の中隊を爆撃させることまでやってのける。また、軍医のダニーカは、書類のミスで「死んだ」ことにされてからは、自分が本当はまだ生きていることを誰にも信じてもらえない。とりわけ彼の妻は信じてくれない。おかげで毎月ありがたいことに夫の生命保険から保険金が支払われているからだ。

　『キャッチ＝22』のストーリーは、時間軸に沿っておらず、何の前触れもなく、文脈上の手がかりもほとんどないまま、前後にピョンピョンと行き来する。これによって戦争のカオスを再現し、読者を完全に混乱させようというのだ。また、中隊の演じるドタバタ劇は腹を抱えるほどおもしろいが、やがて事態は不吉な様相を呈し始める。ブラック・コメディーの名手ヘラーは、プロットの詳細を無造作な感じで小出しにすることで、当初は愉快に思えた話が、じつは真相がすべて明らかになると、とんでもなく深刻なものだったことが明らかになるよう仕組んだのである。ヘラーは『キャッチ＝22』について、これは特に第二次世界大戦についての話というのではなく、現代世界全般に見られる官僚・権力機構の不条理さについての話だと語っている。この狙いは読者に伝わり、本作品は1960年代の反体制運動やカウンターカルチャーで熱狂的な支持を得た。

┌─────────┐
│ 豆 知 識 │
└─────────┘

1.『キャッチ＝22』は、当初は『キャッチ＝18』というタイトルがつけられていたが、1961年にレオン・ユリスの小説『ミーラ街18番地』（"Mila 18" 中田耕治訳　新潮社　1963年）が先に出たため、ヘラーは土壇場でタイトル変更を決めた。

第8週 第3日（水）

52 視覚芸術 ｜ パリのノートルダム大聖堂

ゴシック様式のノートルダム大聖堂は、パリの中心部を流れるセーヌ川の中州シテ島の東端にある。

◆

大聖堂が立っている場所には、かつて古代ローマのユピテル神殿があり、528年、神殿に代えてキリスト教の教会が作られた。その後、モーリス・ド・シュリー司教は、大改修されたばかりのサン＝ドニ修道院聖堂の壮麗さに触発され、この古い教会を取り壊して、もっと立派なものを作ろうと決心した。新たな大聖堂の建設は1163年に始まり、14世紀初めまで続いた。

ゴシック様式の大聖堂の例に漏れず、ノートルダム大聖堂のファサード（正面）は三層構造を成している。この三つの層の上に二本の塔が立っており、この二本はガーゴイル――教会を悪霊から守ると信じられていた怪物の彫刻――の回廊でつながれている。回廊の下にあるバラ窓は、数百のステンドグラスを組み合わせたもので、直径は約10メートルある。

その下にあるのが「王の回廊」で、もともとはユダ王国とイスラエル王国の王28人の彫像が並べられていた。しかしフランス革命のとき、怒った群衆がこれをフランス王の彫像だと勘違いして、首を切り落としてしまった。彫像は、1845年に著名なフランス人建築家ヴィオレ＝ル＝デュクによって修復された。

ファサードには、教会への入り口が三つある。中央の一番大きな扉口は、最後の審判のキリストに捧げられたものだ。その向かって左が聖母マリアの扉口で、向かって右は聖母マリアの母である聖アンナの扉口である。

この大聖堂には豊かな歴史がある。1185年、カエサレアのヘラクリウスという人物は、この場所から第三回十字軍を宣言した。1431年には、イングランド王ヘンリー六世の戴冠式が、また1804年にはナポレオン・ボナパルトの戴冠式が、実施された。フランス革命のときは、大聖堂は当初「理性の殿堂」と改名され、さらに「最高存在の神殿」と改められた。1970年には、ここでシャルル・ド・ゴールの葬儀が営まれた。

〔 豆 知 識 〕

1. ヴィクトル・ユゴーが『ノートルダム・ド・パリ』（1831年）を書いたのは、当時ノートルダム大聖堂が取り壊しの危機にあり、この建物の歴史的価値を広く知ってもらおうと考えたからだった。
2. フランスで国道の距離を測る基準点である道路元標「キロメートル・ゼロ」は、大聖堂の正面広場にある。

58

第8週 第4日（木）

53 科学 | プラシーボ効果

　プラシーボ（偽薬）効果とは、医学的には効き目のない治療で患者にプラスの影響が出ることを言う。病人に生理食塩水を注射したり、砂糖の錠剤を与えたりすると、薬効はないのに気分がよくなることが多い。とりわけ、偏頭痛や腰痛、抑鬱症状など、他人の目には分かりにくい心身の不調には、こうした結果がよく表れる。どうやら薬に期待する治療効果のかなりの部分は、プラシーボ効果によるようだ。

◆

　鎮痛剤のプラシーボ効果は、少なくとも部分的には、脳内の化学反応で説明できる。脳が痛みを感知すると、エンドルフィンといって、モルヒネのように痛みを和らげる作用を持った化学物質が体内に放出される。脳の画像を使った研究により、人が偽薬を本物の薬だと思って服用すると、エンドルフィンがより多く放出されることが分かった。神経が、本物の薬を服用したときのような反応を示すのである。

　プラシーボ効果ほど解明されていないが、それに劣らず強力なのがノシーボ効果だ。人は、この薬を飲むと深刻な副作用が出ますよと言われると、医学的には何の理由もないのに、そうした副作用を感じることが多い。例えば、ある研究によると、実験で参加者に、これは吐き気を催す薬だと告げて砂糖の錠剤を与えたところ、その後、被験者の80%が実際に胃の内容物を吐き始めたという。また別の研究では、自分は心臓発作で死ぬと思い込んでいる女性は、病歴がまったく同じでも、心臓発作で死ぬとは思っていない女性と比べ、心臓発作で死ぬ確率が四倍高いことが明らかになった。具合が悪いと思っていると本当に具合が悪くなることもあるのだ。

　医療分野によっては、プラシーボ効果の果たす役割が次第に増加しているところもあるようだ。抗鬱剤の研究では、偽薬に対する反応率が10年ごとに7ポイントずつ上がっている。抑鬱症状を示す人に偽薬だけを投与して、ほかに何の治療もしなかったところ、症状が改善した人の割合は、1980年には30%だったのが、2000年には44%になった。こうした変化の原因は、抗鬱剤の広告が増え、薬の効果に対する期待が高まったためではないかと考えられている。全体として、精神疾患の薬物治療に対する人々の信頼が20年前よりも高まり、それによって偽薬の効果も向上している。

豆 知 識

1. 錠剤の色も、患者に影響を与えることがある。イタリアでの研究によると、青い色の偽薬を睡眠薬として使ったところ、女性には抜群の効果があったが、男性には逆効果だったという。
2. 痛い注射の方が、痛くない注射よりも治療効果が強いらしい。

第8週 第5日（金）

54 音楽 | 形式

「形式」という語は、クラシック音楽で使う場合は、ある楽曲を作曲する際のガイドとなる構成——かなりの数の作品に共通する一連の特徴——を指す。形式には主要なものがいくつかあり、それぞれ楽章や主題部の分け方が違っている。言ってみれば形式は、ひとつひとつの楽曲の設計図のようなものである。

◆

二部形式（A—B）：楽曲の第一部（A）は主調で始まり、やがて転調（調を変えること）して属調【訳注：完全5度上の調】か平行長調【訳注：ある短調と調号が同じ長調】になる。続く第二部（B）は、属調か平行長調で始まり、やがて転調して主調に戻る。例えば、ある楽曲がイ長調の場合、Aはイ長調で始まり、やがてホ長調に転調する。続くBはホ長調で始まり、イ長調に戻る。イ短調の場合は、Aがイ短調で始まってハ長調に転調し、Bがハ長調で始まってイ短調に転調する。

三部形式（A—B—A）：Aは主調で、Bは属調または平行長調であり、そのあとでAが繰り返される。そのため、楽曲全体は始まったときの主調で終わる。

ソナタ形式：複合二部形式とも呼ばれる三部構成の形式。第一部は提示部といって、主調を決め、第一主題と、たいていそれと対照的な第二主題を提示し、主調から転調して緊張感を作り出す。第二部を展開部といい、ここで作曲家は主題をさまざまな組み合わせや装いで表現する。頻繁に転調することも多い。第三部である再現部で、最初の主題に戻り、最初と同じ調で終わる。

ロンド形式：これは三部形式の一種で、異なる主題をアルファベットで表すと、A—B—A—C—A—D—Aという形式を取る。B、C、Dをエピソードといい、主要主題であるAを和声や旋律の面で引き立てる役割を担っている。

主題と変奏：作曲家は、まず旋律を提示すると、その旋律を、装飾をつけたり、和声を変えたり、音の組み合わせ方を変えたり、長調から短調に変えたりなど、さまざまな技法で変形させる。これを変奏という。変奏を文字で表す場合は、A—A′—A″—A‴などと書く。

┌ 豆 知 識 ┐

1. ソナタ形式らしいものが登場するのは、後期バロックであるヨハン・ゼバスティアン・バッハ（1685〜1750）の作品が最初だが、ソナタ形式を取り入れたことが、形式面でバロック時代から古典派時代への移行を示す最大の変化だった。ヴォルフガング・アマデウス・モーツァルト（1756〜1791）はソナタ形式の名人だった。
2. バッハもモーツァルトも、主題と変奏に関心を持っていた。

60

第8週 第6日（土）

55 哲学 | 質料と形相

　アリストテレスの質料と形相（けいそう）に関する理論は、彼の哲学思想のうち最も重要で最も影響を残したもののひとつだ。しかし、分かりにくい説であるため、正しく理解されないことも多い。端的に言えば、この説は近代科学がまだ成立していない時代に自然現象を説明しようとしたものだった。

◆

　アリストテレス（紀元前384〜前322）は、世界は実体——植物や動物など、具体的な個々の事物——で構成されていると考えていた。分かりにくいようなら、実体とは、それについて語るときにたいてい文の主語になるものだと考えるといい。例えば、「ソクラテスは青白い」と言えるので、ソクラテスは実体である。アリストテレスは、実体が持つ性質のうち、「青白い」など一部の性質を「偶有性」と呼んだ。偶有性とは、実体について語られる事柄のことで、文ではふつう形容詞として機能する。

　もし両者の違いがピンと来ないのなら、偶有性の変化と実体の変化をアリストテレスがどう区別しているかを見てみてもいい。偶有性の変化とは、例えばソクラテスが太陽の下で時間を過ごして、青白かった顔が小麦色になった場合が、それに当たる。実体であるソクラテスはそのままであり、変化したのは、青白い色から小麦色へという、ソクラテスにとっては付随する性質にすぎない。これが偶有性だ。一方、実体の変化は、ソクラテスの死がこれに当たる。この場合、実体そのものであるソクラテスは存在しなくなった。

　この実体の変化という考えから生まれたのが、アリストテレスの質料と形相の理論だ。ソクラテスが死んでも、その死体は存在し続ける。そのまま残るものがあるのだ。アリストテレスは、実体が変化しても存続するものを「素材」という意味で「質料」と呼んだ。しかしソクラテスの質料は、以前は多様で複雑な生命活動を行っていたが、そうした活動をすべて止めてしまった。死んだあとは質料が残るが、質料の形は変化している。このように、質料に一定の形を与え、ソクラテスの各部分がどのように相互作用するかを決める構成原理・活動原理のことを「形相」という。

　アリストテレスは、個々の実体は質料と形相を組み合わせたものだと考えた。そして自然哲学についての著書で、この質料と形相の理論を使って多種多様な自然現象を説明した。

【 豆 知 識 】

1. 質料と形相に関するアリストテレスの理論は、質料形相論と呼ばれている。
2. アリストテレスの質料形相論は、西洋のキリスト教に多大な影響を与えた。中世の神学者・哲学者トマス・アクィナスが自身の形而上学に基本原理のひとつとして取り入れたからだ。
3. ルネ・デカルト（1596〜1650）は、アリストテレスの実体的形相の考え方が17世紀の物理学に採用されていることを厳しく批判した。

61

第8週 第7日（日）

56 宗教 ｜ モーセ

　モーセは、ユダヤ教の歴史の中で最も重要な聖書中の人物のひとりだと広く考えられている。モーセの物語の主要な部分は、出エジプト記で語られる。

◆

　アブラハムの子孫であるヘブライ人は、飢饉のときイスラエルを離れエジプトに定住した。ヤコブの息子ヨセフがエジプトでファラオに寵愛されていたからだが、やがてファラオとヨセフの友情は忘れられ、ヘブライ人はエジプト人の奴隷になった。

　モーセは、エジプトで父アムラムと母ヨケベドのあいだに生まれた。そのころエジプトを支配していたのは悪逆非道な王ラムセス二世で、このファラオはヘブライ人の奴隷が産んだ子どもは殺してしまえと命じていた。ヨケベドは、モーセをうまく隠していたがそのうち隠し切れなくなり、モーセが三か月になると彼をかごに入れ、優しい人が見つけてくれることを願ってナイル川に流した。結果ファラオの娘がモーセを見つけ、自分の子どもとして育てた。

　モーセは成人し、自分の真の出自を知った。その直後彼はエジプト人がイスラエル人を殴っているのを目撃し、その仕返しにこのエジプト人を殺害した。このような凶悪犯罪に手を染めてしまったため、モーセはエジプトからの逃亡を余儀なくされシナイ半島で40年間暮らした。ある日モーセは、火に燃えている柴を見つけたが、よく見ると、その柴は燃え尽きる気配がない。不思議に思って近づくと、そこで神から、エジプトに戻りイスラエル人を率いてエジプトから脱出させよと命じられた。

　モーセはエジプトに戻り、ファラオを説得してヘブライ人を解放してもらおうとした。ファラオが拒絶すると、神はエジプト人に10の災いをもたらした。このうち最後の災い──エジプト人の全家庭で最初に生まれた男子が死ぬという災厄──が決定打となり、ファラオはイスラエル人を解放した。しかし、イスラエル人が立ち去るのを許したあとで、ファラオは軍勢を率いて彼らの後を追った。イスラエル人が葦の海（紅海）にたどり着いたころ、ファラオの軍勢も追いついた。逃げ場を失ったイスラエル人を救うため、神は紅海を左右に分けてイスラエル人を通し、全員が渡り終わったところで海を閉じてエジプト軍を溺死させた。紅海を抜けたあとモーセはヘブライ人を率いて砂漠を横切り、シナイ山に到着すると、ひとりで山に登って十戒を神から直接授かった。モーセが歴史上実在したのかどうかについては議論の余地があるが、彼がリーダーとして、また立法者として、ユダヤ教の歴史で最も重要な象徴的人物であるのは間違いない。

┌─────────┐
│ 豆 知 識 │
└─────────┘

1. 異説としてモーセはヘブライ人ではなく、ヘブライ人に同情して改宗したエジプト人神官だったとする説がある。
2. 反ユダヤ主義者が抱く偏見のひとつに、ユダヤ人には角が生えているというものがあるがその起源は、シナイ山から降りてきたあとのモーセの描写を誤訳したことにあるようだ。モーセは神と非常に接近していたので見た目も変化したらしいが、その様子を聖書は「自分の顔の肌が光を放っている」と記しており、一部で勘違いされているように「自分の頭から角が生えている」とは書かれていない。

62

第9週 第1日(月)

57 歴史 | カール大帝

476年に西ローマ帝国が崩壊したのち、ヨーロッパは後世の歴史家が暗黒時代と名づけた、戦争と無秩序の時代に突入した。対立する諸部族が、帝国の崩れゆく遺領をめぐって絶えず争い合った。芸術と科学の進歩は停滞した。ローマ帝国が守ってきた統一が失われてからは、ヨーロッパをひとつにまとめることはほとんどできなくなっていた。

◆

カール大帝（シャルルマーニュ、742〜814）は、現在のドイツにあった王国の君主で、8世紀に、かつて西ローマ帝国領だった地域の多くをはじめて再統合して巨大なヨーロッパ帝国を築いた。800年のクリスマスの日、ローマ教皇は、彼に神聖ローマ帝国の初代皇帝の冠を授け、新たに復活したキリスト教世界の指導者とした。

皇帝戴冠の時点でカール大帝の帝国領は、現在のフランス、ベルギー、オランダ、スイス、およびドイツの大半を含むまでに広がっていた。カールはもともとゲルマン人の一部族フランク族の王で、父祖の時代から近隣諸部族の多くを併呑（へいどん）していた。

800年に成立を宣言された神聖ローマ帝国が、実際にヨーロッパを統一することはなかった。18世紀フランスの思想家ヴォルテールが冗談交じりに述べたように、この国は「神聖」でもなければ「ローマ」でもなく、「帝国」ですらなかった。数え方にもよるが、この国は半ば独立した300以上の領邦で構成されており、その中には面積が数平方キロメートルしかない国もあった。それでも、この国家は続く数百年間にわたって中央ヨーロッパの一大勢力であり続けた。カール大帝の軍勢はキリスト教を広め、スペインのイスラム王朝が占拠していた領土を（不首尾に終わったものの）奪い返そうとした。

カール大帝の残した影響は、今もヨーロッパ各地で——文字どおり——見ることができる。最新の遺伝子研究の結果、ヨーロッパ人の大部分がカール大帝の血を受け継いでいることが明らかとなったからだ。また彼は、フランスとドイツの基礎を築いた人物のひとりと考えられている。その帝国は、次第に実体を失いながらも、1806年に最後の神聖ローマ皇帝が退位するまで続いた。

豆知識

1. カール大帝が戦いに持参していた剣を、ジョワユーズという。この名剣と考えられている剣が、現在パリのルーヴル美術館に収蔵されている。
2. 中世の民間伝承では、カール大帝は史上最も偉大な九人の騎士「九偉人」のひとりとされていた。この九偉人には、アーサー王やアレクサンドロス大王も名を連ねていた。
3. 778年のスペイン遠征中、カール大帝の勇将ローランがバスク人に殺された。このローランの壮烈な死の物語をもとに作られたのが、中世文学で屈指の有名な作品『ローランの歌』だ。

第9週 第2日（火）

58 文学 | ガブリエル・ガルシア＝マルケス

　コロンビアの作家ガブリエル・ガルシア＝マルケスは、おそらくほかの誰よりも、20世紀に世界の目をラテン・アメリカ文学へ向けさせるのに貢献した人物だろう。彼は長編小説と短編小説で、自分の生まれ育った大陸の歴史とそこに住む人々を、現実の出来事に幻想と神話をすみずみまで織り交ぜたレンズを通して描いた。

◆

　1928年にコロンビア北部の町アラカタカで生まれたガルシア＝マルケスは、幼いころから、祖父母など年長の親族が繰り返し語る一族の物語を聞いて育った。大学を出ると、さまざまな外国の通信社でジャーナリストとして働き、フランス、ベネズエラ、アメリカ、メキシコなどで生活した。小説は1950年代半ばから書き始め、初の主要な作品である短編集『大佐に手紙は来ない』を1961年に出版した。

　ガルシア＝マルケスの代表作といえば、誰もが認める小説『百年の孤独』（1967年）（"Cien años de soledad" 鼓直訳　新潮社　1972年、1999年改訳）だ。これは架空の町マコンドを舞台に、六世代の人々を描いた入り組んだ物語である。この町とその開拓者一族——ブエンディア家——の歴史は、ラテン・アメリカ全体の歴史的な動きを鏡のように映し出している。マコンドは、当初は周囲から孤立した、素朴で牧歌的な村だったが、外界との接触が増えていくにつれ、内戦、独裁政権、労働争議など、近代への移行に伴って起こる数々の苦難を経験する。小説では歴史は円環的に進み、個人も集団も、同じ失敗を何度も繰り返す。この円環構造を強調するため、ガルシア＝マルケスは、ブエンディア家の異なる世代の人物に同じ名前をつけている。

　ガルシア＝マルケスの作品には、魔術的リアリズムと呼ばれるジャンルを代表するものが多い。その特徴は、きわめてリアリズム的な描写に、中心的要素として幻想的・超自然的な事柄を結びつけていることだ。例えば『百年の孤独』では、マコンドで激しい暴風雨が五年も続き、登場人物が死ぬと空から黄色い花が降り注ぎ、ブタの尻尾を生やした赤ん坊が生まれる。魔術的リアリズムの世界では、こうした出来事の大半は当たり前のこととして受け取られ、登場人物は、こうしたことを目撃しても、何も言わないし驚きもしない。

　主要な作品をさらに二作——長編『族長の秋』（1975年／"El otoño del patriarca" 鼓直訳　集英社　1983年）と中編『予告された殺人の記録』（1981年／"Crónica de una muerte anunciada" 野谷文昭訳　新潮社　1983年）——発表したあと、ガルシア＝マルケスは1982年にノーベル文学賞を受賞した。彼の作品は、原語であるスペイン語版と翻訳版を合わせて数千万部売れており、批評家と一般読者の両方から今も高く評価されている数少ない現代作家のひとりである。

豆 知 識

1. ガルシア＝マルケスの作品の多くは、同じ架空世界を舞台としており、同じ登場人物や場所が別の作品に現れることがある。

第9週 第3日（水）

59 視覚芸術 | ルネサンス美術

　ルネサンスと呼ばれる時代は、中世の次、近代の前に当たる。ルネサンス（Renaissance）という言葉は、ラテン語で「再生する」という意味のレナースケレ（renascere）を語源とし、古代ギリシア・ローマ文化の再生を意味している。ルネサンス期の芸術家や知識人は、中世の思想を意識的に排除し、古典時代の模範にインスピレーションを求めた。

◆

　ルネサンスの起源は、14世紀初頭にまでさかのぼることができる。この時期にイタリアの詩人フランチェスコ・ペトラルカが、個人主義と人間の業績に重きを置く哲学を築いた。これは、それまでもっぱら神の力にのみ関心を寄せていた中世社会からの転換を意味していた。

　視覚芸術に関して言えば、ルネサンスは15世紀初頭にフィレンツェで始まった。このころから、彫刻家や建築家は作品の模範を古典古代に求めるようになった。同じ時期に画家たちは、二次元の平面に奥行きと立体感を表現する一点透視図法を考案した。

　フィレンツェで活躍した初期ルネサンスの著名な芸術家には、古代以降で初の自立する裸体像となる『ダビデ像』を作ったドナテッロ、フィレンツェの大聖堂の有名なクーポラ（丸屋根）を設計したブルネレスキ、判明している中で最初に一点透視図法を使った画家マザッチオなどがいる。

　盛期ルネサンスは、ふつう1495年から1527年までとされ、この時期にはレオナルド・ダ・ヴィンチ、ミケランジェロ、ラファエロ、ティツィアーノなど、ヨーロッパ文明を代表する巨匠が輩出した。サン・ピエトロ大聖堂の建て替え工事が始まったのも、この時期だ。当初の責任者は建築家のブラマンテで、彼が新たな大聖堂の最初の設計図を描いた。彼の死後も、このプロジェクトはミケランジェロなど何人かの芸術家が後任の責任者となって続けられた。新たな大聖堂が完成したのは、17世紀半ばのことであった。

豆 知 識

1. 北ヨーロッパでは、ルネサンスが伝わるのが遅く、16世紀まではゴシック様式が主流だった。
2. 後期ルネサンスは、一般に1527年から1600年までとされる。この時期の作品はよく「マニエリスム」と呼ばれ、構成がきわめて複雑で、寓意的・主観的表現にあふれているのが特徴だ。

65

第9週 第4日(木)

60 科学 | メンデルの遺伝学説

　チェコの修道士グレゴール・メンデル（1822〜1884）がエンドウマメの実験を始めた19世紀半ばには、遺伝については次のふたつの学説が主流だった。ひとつは、両親の特徴がどちらも同じように混ぜ合わされて子どもができるという説。もうひとつは、子どもを身ごもる環境が、その子の特徴を形成するという説。メンデルは、これがどちらも間違っていることを証明した。

◆

　メンデルは、修道院の庭を何度も散策しているうちに、ありふれたエンドウマメ（学名Pisum sativum）のシンプルな特徴に気がついた。エンドウマメの花は、色が紫か白で、その中間はなく、さやは黄色か緑色だ。背丈は高いか低いかで、豆は丸いかしわがあるかだ。こうして、混ざり合わないらしい特徴を全部で七つ見つけたので、彼は実験をすることにした。

　さやが緑のエンドウマメを黄色のエンドウマメと交配させると、子はすべて、さやが緑色だった。ところが、この第一世代を自家受粉させると、次の世代は四分の一が黄色いさやだったのである。同様のことは、背丈の高さでも起こった。背丈の高いエンドウマメを低いエンドウマメと交配させると、次の世代はすべて背丈が高く、孫の世代は四分の一で背丈が低かった。

　この結果からメンデルは、のちに「遺伝子」や「対立遺伝子」、「優性遺伝と劣性遺伝」と呼ばれる考え方を導き出した。丸としわのように、対になった形質に関係する遺伝子を対立遺伝子という。

　メンデルの考えは、こうだ。どの植物も、ひとつの特徴つまり形質について、親のそれぞれから対立遺伝子のいずれかをひとつずつ受け取る。対立遺伝子の形質は、どちらか一方しか現れない——現れる方を優性遺伝子という——が、対立遺伝子はどちらも等しく次の世代に伝わる。そのため、背丈の高いエンドウマメを低いエンドウマメと掛け合わせた場合、子世代のマメすべてに、高くなる優性遺伝子がひとつと、低くなる劣性遺伝子がひとつ伝わる。どのマメも背丈は高くなるが、背丈が低くなる遺伝子も、発現こそしないが、必ず持っている。次に子の世代を自家受粉させると、孫の世代は、四分の一が高くなる遺伝子をふたつ持ち、二分の一が高くなる遺伝子と低くなる遺伝子をひとつずつ持ち（この場合はどれも背丈が高くなる）、四分の一が低くなる遺伝子をふたつ持つ。背丈が低くなる遺伝子がふたつ伝わったマメは、実際に背が低くなる。この基本的な観察結果が、現在の遺伝学の基礎になっている。ある形質が隔世遺伝をする理由も、これで説明できる。

豆 知 識

1. 1856年から1863年のあいだに、メンデルはおよそ2万8000本のエンドウマメを栽培・実験した。
2. メンデルは見事な記録を残したが、その数値は、後世の科学者の目には、あまりにも理論と一致しすぎていると映ることも多かった。現在では、メンデルはいわゆる確証バイアスにとらわれていて、不都合なデータを排除したのではないかと考えられている。
3. メンデルの業績は生前はほとんど無視され、メンデル自身も無名のうちに死んだ。1900年に彼の学説は植物学者たちによって再発見され、これによって遺伝学の研究は一新された。

61 音楽 | アントニオ・ヴィヴァルディ

ヴェネツィアのバイオリン奏者の子として生まれたアントニオ・ヴィヴァルディ（1678〜1741）は、幼いころから病弱で、1703年に聖職者の道に進んだ。その後すぐ、ヴェネツィアにあった女子孤児院のひとつピエタ養育院で住み込みのバイオリン教師・指揮者・作曲家になった。養育院の少女たちは音楽の厳しい訓練を受け、彼女たちの演奏会は、ヴィヴァルディのオリジナル楽曲を演奏することも多く、ヴェネツィアの音楽愛好家たちから大好評を博した。

◆

ヴィヴァルディは驚くほど多作で、生涯に協奏曲を500曲以上も作曲した。この数は、現在知られているどの作曲家よりも多い。声楽曲も作っているが、作品の大半は器楽曲で、ヴィヴァルディと言えば器楽曲の作曲家として有名だ。彼の協奏曲は表現力が豊かで、繊細な悲しさから威風堂々たる態度まで、さまざまな感情を描き出している。

ヴィヴァルディの作品は、多くが標題音楽で、ストーリー展開があったり、何らかの感情を喚起したり、季節の移り変わりなど実生活での出来事を連想させた。協奏曲は、三つの楽章で構成されることが多い。第一楽章はアレグロ（速いテンポ）で、第二楽章は同じ調か近親調【訳注：使われる音がほとんど同じ調】でテンポが緩く、最後の第三楽章はアレグロに戻るが、第一楽章よりさらに躍動感がある。

ヴィヴァルディの楽曲には、『夜』『海の嵐』『ごしきひわ』などがあるが、とりわけ有名なのが『四季』だ。これは四つの協奏曲から成る親しみやすい曲集で、西洋クラシック音楽の楽曲としては昔も今もひときわ人気の高い作品のひとつだ。『四季』もそうだが、ヴィヴァルディは数々の作品でソリストの役割を根本から変え、演劇性や装飾性に対する卓越したセンスから、ソロ・パートをそれまでになく重視した。さらにヴィヴァルディは、印象的な主題、野心的なリズム・モチーフ、楽曲の全体的な明快さなどで、ヨハン・ゼバスティアン・バッハや古典派時代の作曲家に多大な影響を与えた。

豆 知 識

1. ヴィヴァルディの書いた楽譜の大半には、冒頭に「Laus Deo Beataeque Mariae Deiparae Amen」の頭文字が記されている。これは「神と聖母マリアに栄光あれ」という意味だ。
2. ヴィヴァルディは、生前の一時期、年収が金貨五万枚に達したと考えられている。これは、報酬として音楽家に支払われた額としては当時のトップクラスだった。

第9週 第6日（土）

62 哲学 ｜ 論理学

　論理学とは、形式として有効な論証についての学問だ。論証は、前提となる複数の文と、結論を述べるひとつの文で構成される。例えば、こうだ。

◆

ソクラテスは人間である。
ソクラテスが人間であるならば、ソクラテスはいずれ死ぬ。
ゆえに、ソクラテスはいずれ死ぬ。

　これが、有効な論証の例である。有効な論証とは、前提が正しければ結論も必然的に正しくなる論証のことだ。ただし、注意してほしいのだが、この論証が有効かどうかは、「ソクラテス」「人間である」「いずれ死ぬ」のどれかで決まるのではない。論証が有効なのは、その「格」つまり構造が有効だからだ。同じ論証を、今度は格の形で示してみよう。

　1．p
　2．pならばq
　3．ゆえにq

　pとqにどんな文章を入れても、これは有効な論証となる。冒頭の論証も、pとqに具体的な文が入っているだけで、同じ論証だ。「かつ」「または」「ある……」「いかなる……も」などの言葉を、論理語という。論理学は、どの論証の格が有効かを調べる学問だ。また論理学では、「ならば」と「かつ」といった異なる論理語の関係や、そうした論理語が有効な論証を形作る際の役割も探る。

【 豆 知 識 】

1. アリストテレスが論理体系をはじめて構築して以降、しばしば論理学は哲学で最初に学ぶべき科目と考えられてきた。
2. ゴットロープ・フレーゲ（1848〜1925）は、1879年に著書『概念記法』（"Begriffschrift" 藤村龍雄編『フレーゲ著作集　1』所収　勁草書房　1999年）で現代論理学を作り上げた。フレーゲは、論理学に革命をもたらしたのだが、専門外の人にはほとんど知られていない。
3. すべての命題は真か偽のいずれかであるという原則を否定する哲学者もいる。それどころか、矛盾は偽とは限らないと主張する哲学者さえいる！

68

63 宗教 | ダビデ王

第9週 第7日(日)

　ダビデ王は、初代サウル王の跡を継いだ、最も偉大なイスラエル第二代の王だ。ダビデはエッサイの息子で、羊飼いとして育てられた。その物語は、聖書のサムエル記で語られているが、おそらく最も有名なのは、ダビデとゴリアトの物語だろう。

◆

　ゴリアトはペリシテ人の大男で、一説によると身長が三メートル近くもあったという。ダビデとゴリアトが出会ったのは、ペリシテ人がイスラエル人と戦ったときのことだ。戦闘に入る前、ゴリアトはイスラエル軍に、私と戦って勝てる者がいたら出てこいと言って戦いを挑んだ。ゴリアトは、この挑戦を40日間毎日行ったが、イスラエル軍で挑戦に応じる者はひとりもいなかった。そこでダビデが名乗り出た。彼はまだ10代で、従軍していた兄たちに食料を届けに戦場に来ていただけの若者だった。

　サウル王は、ダビデの度胸を気に入り、武器と鎧を授けようと言ったが、ダビデはこれを断った。彼は、石投げ紐と石数個だけを持って、ゴリアトに向かって行った。ゴリアトに襲われないうちにダビデが石投げ紐で石を飛ばすと、石はゴリアトの額に当たってゴリアトを倒した。そこでダビデはゴリアトの剣をつかむと首を切り落とし、見事な逆転勝ちを収めた。

　このときからダビデの人気はイスラエル中で高まった。サウル王は、彼を脅威と感じて殺そうとした。だが、サウルの息子で跡継ぎのヨナタンがダビデの味方となり、殺されないよう助けてくれた。やがてダビデは、サウル王を継ぐ第二代のイスラエル王に選ばれた。

　王になると、ダビデは南北に分かれていたイスラエル諸部族を統一し、首都をエルサレムに移した。彼の治世は前1000年ごろから始まって約40年続いたが、常に順風満帆というわけではなかった。在位中にダビデはバト・シェバという名の既婚女性を見初め、ひそかに招いて妊娠させた。この過ちを隠蔽(いんぺい)するため、軍人だった夫を最前線に送って戦死させた。これに対して神は預言者ナタンを遣わして、ダビデに自分の犯した罪を自覚させた。

　こうした欠点はあるものの、ユダヤ教では、神はダビデの子孫が未来永劫イスラエルを支配することを約束したと信じられている。そのためユダヤ教の救世主思想では、到来する救世主はダビデの子孫に違いないと考えられている。

　　　　　　　　　　　　　　　　豆 知 識

1. ゴリアトの体が巨大だったのは、脳下垂体の異常による巨人症のせいだったのではないかと考えられている。また、脳下垂体の異常で視野狭窄が起こっていた可能性もある。おそらくそのために、ダビデはゴリアトに気づかれずに近づくことができたのだろう。

第10週 第1日(月)

64 歴史 | マグナ・カルタ

　1214年、イングランドのジョン王はフランス王フィリップ二世との戦いに敗れた。ジョンは帰国すると、王室財政を再建するため、海外遠征を支援しなかった貴族たちに重税を課そうとした。貴族たちは反抗し、1215年夏にはロンドンを制圧した。

◆

　ロンドンが陥落したため、ジョン王はテムズ川河畔の牧草地ラニミードで和解協議の座に着いた。協議の結果、基本的な自由が保障され、王の絶対権力に数々の制限が加えられることとなり、その内容は「マグナ・カルタ」という布告文にまとめられた。6月19日、マグナ・カルタに御璽が押され、国中で読み上げるようにと命じられた。マグナ・カルタは、ジョン王だけでなく、その後継者も子々孫々まで従わなくてはならなかった。

　最初の合意案では「あらゆる貴族」に適用されるとなっていたが、決定稿では文言が「あらゆる自由人」に変更された。当時、イングランド人のうち自由人は少数しかいなかったが、時代とともに、この言葉は国民全員を含むようになった。

　マグナ・カルタの第一部では、イングランドの教会は「自由であり、何人もその権利を弱めたり、その自由を損なったりしてはならない」と明記されている。

　続く条項では、国王と貴族の君臣関係が成文化されている。また、何人も正当な手続きなく投獄されないことを保障した内容や、諸侯への課税は王国の「一般的同意」なくして実施してはならないとする規定もあった。最後の条項では、貴族と聖職者から成る会議を設置し、国王に合意を守らせるために実力を行使する権限を、この会議が持つと定められていた。

　現在マグナ・カルタは、イングランドにおける自由および法の支配の基盤であり、立憲君主制の最も古い根源であると考えられている。しかし、公布されてから何百年ものあいだ、ほとんど忘れ去られていた。公布した年の8月には、教皇インノケンティウス三世によって無効にされている。1217年に再び公布されたが、法律的に重要な文書とは見なされなかった。

　マグナ・カルタの重要性をよみがえらせたのは、17世紀の議会指導者エドワード・クックで、彼はスチュアート朝の諸王との論戦でマグナ・カルタの理念をたびたび引き合いに出した。また、のちにはアメリカ植民地の住民が独立を求めて戦う際の精神的拠り所となった。

--- 豆知識 ---

1. 「マグナ・カルタ」とは、「大憲章」という意味のラテン語である。
2. マグナ・カルタの原本は四通が現存している。二通は大英図書館に保管されており、残る二通はリンカーン大聖堂とソールズベリー大聖堂の文書館で見ることができる。
3. 1957年、アメリカ法曹協会はアメリカ法がマグナ・カルタに負っていることを記念して、ラニミードに記念碑を建てた。

65 文学 『オジマンディアス』

第10週 第2日（火）

私は、古代の国からやってきた旅人と出会った。その者いわく——「胴のない巨大な石の脚が二本、砂漠の中に立っている……その近くには、砂に半ば埋もれて壊れた顔が横たわり、その険しい表情と、ゆがんだ唇と、冷たい権威を思わす嘲笑は、彫刻家がこの人物の情念を巧みに読み取っていたことを物語っている。

その情念は、この生命のない石に刻まれ、今もなおそれを写した彫刻家の手や、それを養った本人の心臓が滅んだあとも残っている。

そして台座には、次の言葉が見える。

『我が名はオジマンディアス、王の中の王。汝ら強き諸侯よ、我が偉業を見よ。そして絶望せよ！』

ほかには何も残っていない。この壊れた巨像の残骸の周りには、どこまでも、草木のない平らな砂が延々と広がっているだけだ」

◆

　パーシー・ビッシュ・シェリー（1792～1822）は、19世紀初頭のイギリス・ロマン主義を代表する詩人のひとりだ。ロマン主義の詩人たちは、啓蒙の時代と呼ばれた18世紀に芸術と文学を席巻していた理性主義に対抗し、自然のすばらしさや、人間の感情・情熱・自由の力を称賛した。

　シェリーの『オジマンディアス』（1818年）は、ソネットという14行の定型詩で、これはペトラルカ、スペンサー、シェイクスピアなど、ルネサンス時代の詩人が使っていたのと同じ形式である。通常ソネットは、弱強五歩格といって、各行が弱強格（アクセントが弱強の順に並んだ音節がふたつで一セットとなったもの）五つで構成される。また、『オジマンディアス』のようなペトラルカ風ソネットは、たいてい前半の八行（八行連句）と後半の六行（六行連句）のふたつに分けられる。多くの場合、八行連句が問いを投げかけ、六行連句がそれに答えるが、『オジマンディアス』では、八行連句が光景を描き出し、それに六行連句が風刺的なコメントをしている。

　『オジマンディアス』の語り手は、自分が聞いた、かつては立派だったが今は壊れて砂漠に倒れている巨像の話を伝えている。巨像の「険しい表情」や「冷たい権威を思わす嘲笑」は、かつてオジマンディアスが誇っていた権力を傲慢に示す。この傲慢さは、巨像に記された尊大な碑文——「汝ら強き諸侯よ、我が偉業を見よ。そして絶望せよ！」——で最高潮に達する。しかし、その直後に傲慢さは、はるか昔に「偉業」をうずめ、巨像を虚空で取り囲んだ広大な砂漠のイメージによって覆される。

　シェリーは政治権力を批判し、時の流れと自然と歴史を前にしてはいかなる権力も永続できないと考えており、そうした姿勢はロマン主義に典型的な態度である。『オジマンディアス』に込められているのは、芸術には盛衰のある政治的権威よりも永続的な価値があるという思いだ。実際、この詩とそこに描かれたイメージは、現世のどの支配者よりもはるかに長く生き続けている。

豆知識

1. 『オジマンディアス』が生まれるきっかけとなったのは、エジプトのルクソール近郊のラムセス二世葬祭殿にあった倒壊した像だった。古代ギリシアの歴史家ディオドロスによると、この像にはかつて次のような言葉が刻まれていたという。「余は王の中の王、オジマンディアス。余がいかに偉大で、いずこに横たわっているかを知りたい者には、余の業績のひとつを超えさせよ」

第10週 第3日(水)

66 視覚芸術 | 『ヴィーナスの誕生』

イタリアの画家サンドロ・ボッティチェリ（1445～1510）の『ヴィーナスの誕生』は、美の女神ヴィーナスが海から生まれたあとで海岸に吹き寄せられる瞬間を描いたものだ。この作品は、フィレンツェの裕福な銀行家一族メディチ家が所有するカステッロ邸を飾るため、1485年ころキャンバスにテンペラで描かれた。

◆

初期ルネサンス時代には、多くの芸術家が新プラトン主義の思想家から影響を受けていた。例えば、そうした思想家のひとりマルシーリオ・フィチーノ（1433～1499）は、ギリシア・ローマの文化はキリスト教の信仰と両立可能だと思っていた。1480年代、ボッティチェリはメディチ家から異教の神話をキリスト教の概念と結びつけた大きな絵画を次々と制作してほしいと依頼を受けた。そうして作られた傑作が、『春（プリマヴェーラ）』と『パラスとケンタウロス』、そして『ヴィーナスの誕生』だった。

ギリシア神話によると、ヴィーナスは、巨人族のひとりクロノスが父ウラノスの男性器を切り取って海に投げ捨てたとき、海面に現れた泡から生まれたとされている。ヴィーナスは、やがてキプロス島に上陸し、そのためキプロスではのちにヴィーナス信仰が盛んになった。ちなみに新プラトン主義では、ヴィーナス誕生の神話は、人間の霊魂創造の比喩とされていた。

このボッティチェリの絵では、風の神ふたり（そのうちひとりは西風の神ゼフロス）がヴィーナスを陸地へ吹き寄せている。ヴィーナスは巨大なホタテガイの上に立っており、その姿は、例えば古代ギリシアの彫刻家プラクシテレスの女神像に見られる「ウェヌス・プディカ」（恥じらうヴィーナス）という古代のポーズを手本としている。バラの花がいくつも宙を舞う中、果物のニンフ、ポモナだろうか、ひとりの女性が女神を出迎え、生まれたばかりの体に花模様で覆われた衣を掛けようとしている。バラと、オレンジの木の葉には、アクセントとして金があしらわれている。

ボッティチェリは、晩年、カリスマ的なドミニコ会修道士ジローラモ・サヴォナローラ（1452～1498）の信奉者となった。サヴォナローラは、1497年に「虚栄の焼却」を実施して、人々にぜいたく品を破却させた。ボッティチェリも、異教の文化に興味を持っていたことを悔いて、自分の作品を何点か焼却したという。

豆知識

1. 現在『ヴィーナスの誕生』はフィレンツェのウフィッツィ美術館で公開されている。
2. 右手に見えるオレンジの林は、濃緑色の葉にアクセントとして金を施していることから、黄金のリンゴが実るというギリシア神話のヘスペリデスの園を表現しているのかもしれない。
3. ヴィーナスに衣を掛けようとしている女性のドレスには、装飾としてヒナギク、サクラソウ、ヤグルマソウがあしらわれている。どれも春の花で誕生を祝うのにふさわしいものばかりだ。

第10週 第4日（木）

67 科学 ｜ 表面張力と水素結合

　水は、地上で最もありふれた物質でありながら、最も不思議な物質でもある。例えば、固体になると液体のときより密度が低くなる。氷が水に浮くのは、そのためだ。また、大量の熱を、あまり変化することなく吸収することができる。だから海に面した都市は気温の変化が穏やかだ。しかも、水には「皮膚」がある。水の分子が、表面で互いにくっつこうとして薄い層を作るのだ。

◆

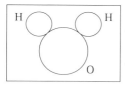

　水の不思議な性質は、水分子の形が原因だ。水分子は、二個の水素原子と一個の酸素原子で構成される（分子式で書けばH_2O）。その形は、ミッキーマウスの顔に似ている。ふたつの水素原子が耳で、酸素原子が頭だ。水分子の内部では電子が均等に分布していないので、耳は正（プラス）の電荷を帯び、頭は負（マイナス）の電荷を帯びる。異なる電荷どうしは引きつけ合うため、ある水分子の耳は、別の水分子のあごに引き寄せられる。こうして作られるのが水素結合だ。氷では、水分子が安定的に結合して、正四面体（正三角形が四つのピラミッド形の立体）を作る。ところが液体では、水分子の作る構造が緩くなる。水素結合が、壊れたり形成されたりを絶えず繰り返しているのだ。実際、水素結合の平均寿命は、わずか一兆分の一秒ぐらいにすぎない。

　コップに入った水の中心部では、どの水分子も四方八方へ同じ力で引っ張られているので、すべての力は相殺される。ところが表面では、水分子を上方向に引く力がない。水分子は左右と下に引っ張られ、これによってピンと張った水の層ができる。これが表面張力だ。表面張力があるので、水はコップの縁を少し超えるだけではこぼれない。水が球状になったり、しずくになったりするのも、空気を吹き込むとあぶくができるのも、すべて表面張力のおかげである。

豆 知 識

1. 軽くて足先に毛の密集した昆虫アメンボは、水の表面張力を利用している。だから、水面を文字どおり滑走できる。
2. 水の表面張力は、飛んでいた昆虫がうっかり水に落ちたときに溺れ死んでしまうほど強い。羽をどれだけ猛スピードではばたかせても、水分子の引く力から逃れることはできないのだ。
3. 合成洗剤には、表面張力を弱める働きがあり、そのため水が繊維や汚れに染み込みやすくなる。

第10週 第5日（金）

68 音楽 『四季』

　アントニオ・ヴィヴァルディ（1678〜1741）は、1725年に『四季』を作曲した。これは、四つの協奏曲のひとつひとつが、一年の季節をそれぞれ表現した作品だ。バイオリンとヴィオラおよび通奏低音（チェンバロなど）で編成された楽団のための楽曲で、協奏曲はいずれも三つの楽章で構成されている。第一楽章はアレグロつまりテンポの速い楽章で、第二楽章はアダージョまたはラルゴと呼ばれる、ゆっくりとした楽章だ。第三楽章は締めのアレグロつまりプレスト・フィナーレ（急速楽章）である。また出版された楽譜には、それぞれの季節を音楽でどう表現しているかを説明する四つのソネット（詩）が添えられていた【訳注：ソネットの作者は不明】。

◆

　最初の協奏曲『春』はホ長調だ。躍動感のあるテンポと、冒頭部の歓喜に満ちた主題は、誰が聞いても『四季』の『春』だとすぐ分かり、快活で楽しげだ。第二楽章では、独奏バイオリンが眠っている山羊飼いを表現し、ヴィオラのパートが、興奮した犬の吠える声を表している。
　ト短調の『夏』は、一転、厳しく響く。第一楽章では合奏で遠雷を表現し、第二楽章では激しい嵐が到来する。『夏』のソネットには、「焼けつく太陽の容赦ない暑さに／人も家畜もぐったりとしていて／松の木は今にも焦げそう」とある。
　『秋』は、収穫を祝う農民たちの踊りで始まり、静かな休息のときを経て、夜明けとともに元気に狩りへ出かける。「バッカスの杯がふんだんに出され、多くの者は深い眠りに安堵する」との言葉が、楽譜に添えられている。
　『冬』は、まず「凍てつくような雪と、身を刺すような厳しい寒風」を表し、ゆっくりとした第二楽章——暖炉の穏やかでゆったりとした雰囲気を表現——のあと、勢いのある第三楽章アレグロで、雪遊びと、凍った道を滑らないように歩くスリル感とを出そうとしている。

豆知識

1. 『四季』は、もともと『和声と創意への試み』（Il Cimento dell' Armonia e dell' Inventione）というタイトルで出版された協奏曲集の一部だった。
2. 1715年にヴィヴァルディが演奏したとき、聴衆は彼の卓越したバイオリンの腕前に喝采を浴びせた。ある記録には、「誰もが驚嘆した」とある。
3. ヴィヴァルディは、のちのモーツァルトと同じく、貧困のうちに没し、墓標のない墓に埋葬された。

第10週 第6日（土）

69 哲学 | ストア派

　ストア派とは、紀元前3世紀から紀元後2世紀にかけてギリシア・ローマ世界で隆盛した哲学の一派である。キプロス島出身のキティオンのゼノン（前335〜前265）が創始したストア派は、やがてアテネやローマのほかローマ帝国全域に広がり、古代文明に大きな影響を与えた。

◆

　ストア派は、その倫理観がとりわけ有名だが、それだけでなく論理学や認識論、形而上学、自然科学についても独自の考えを持っていた。ストア派は、生物は受動的な物質と能動的な力とで構成されていると考え、この能動的な力を「プネウマ」と呼んだ。また彼らは神を、世界が厳格な自然法に従って常に発展・変化し続けるようにする知的設計者だと見なしていた。

　ストア派にとって最重要だったのは、人はいかに生きるべきかという問題だった。彼らの答えは、幸福――ギリシア語で「エウダイモニア」――を求めるべきだというものだった。だが、幸福とは何だろうか？　ストア派にとって、幸福とは「霊魂の優れた活動」――徳があり、勇気を持ち、控えめで、忍耐強いこと――だった。彼らの考えでは、人が富や名声や健康を望むのは当然だが、そうしたものを実際に手にすることは、幸福とは何の関係もなかった。それどころかストア派は、すべての徳を備えた人物は肉体的な健康とは無関係に幸福でいられると考え、そうした人物は、たとえ拷問を受けていても幸福でいることができると思っていた。

　さらにストア派は、感情は単なる感覚ではなく、常に考えを伴っていると思っていた。例えば、病気を恐れるには、病気は悪いものだという考えを持っていなくてはならない。しかし、真に徳を備えた人物は病気になっても幸福でいられるのだから、病気は悪いものだと考えるのは間違いである。よって感情は排除すべきだとストア派は説いた。

[豆 知 識]

1. ローマ皇帝マルクス・アウレリウス（121〜180）は、ストア派として有名だ。彼の個人的日記である『自省録』は、ストア哲学の重要な著作である。
2. ストア派という名は、アテネの中央広場にあった彩色柱廊（ストア・ポイキレ）に由来する。彼らがこの場所に集まって哲学を論じたからだ。

第10週 第7日（日）

70 宗教 ｜ ソロモン王

　ソロモン王は、ダビデ王とバト・シェバとのあいだで二番目に生まれた男子で、父を継いでイスラエルの王となった。在位中にソロモンは、政略結婚を進めたり、近隣のエジプトやフェニキアの海港都市テュロスと良好な関係を築いたりして権力を固め、後世にまで伝わる知恵と公正な裁きで知られるようになった。

◆

　ソロモン王の治世は、少なくとも当初は、栄光に満ちたものだった。その在位中の前10世紀に、エルサレムに第一神殿が建てられた。この神殿はユダヤ教礼拝の中心地であり、モーセが授かった十戒の石板を納めた契約の箱（聖櫃）が安置されていた。この神殿は、約400年後の前6世紀、バビロニアの王ネブカドネザル二世によって破壊された。またソロモン王は、神殿のほか、装飾の凝った建築物や大量の黄金という形で、イスラエル王国に膨大な富をもたらした。

　神殿は、ソロモン最大の業績だったかもしれないが、一部からは異教的だと批判され、王の権威が失墜する最初の原因ともなった。神殿は異民族であるカナン人やフェニキア人の建築を反映したものだと考えられ、ユダヤ教で禁じられている偶像だと見なされて批判されたのである。

　ソロモンは、同盟や政略結婚を通じて平和を築いた。聖書の列王記上11章3節では、彼には700人の王妃と300人の側室がいたとされている。複数の妻を迎えたことは、政治的な利点はあったが、王妃や側室の多くが偶像崇拝を実践し、王も彼女たちにユダヤ教をほとんど強制しなかったため、国内に深刻な対立を招く結果となった。王の指導力に疑問を感じる者が増えて緊張が高まり、王が死ぬと、イスラエルは統一から約100年を経て北と南に分裂した。

　それでも、ソロモン王は今も知恵者と見なされていて、そのことは次に示す聖書中の物語にもよく表れている。あるとき、ふたりの女性がソロモン王の前に出て、ひとりの赤ん坊をめぐって、これは私の子だと言い張った。そこでソロモン王は、驚くなかれ、赤ん坊をふたつに裂いて、ふたりに半分ずつ与えよと命じたのである。偽の母は、この決定に喜んで従おうとしたが、本当の母は——子どもを傷つけたくなかったので——ソロモンに、赤ん坊を生かしたまま相手の女性にあげてほしいと訴えた。我が子が傷つけられてもかまわないと思う母親はいないと知っていたソロモンは、こうして本当の母親を突き止めることができた。

豆知識

1. ソロモンの第一神殿が前586年に破壊されたのち、同じ場所で第二神殿の建設が始まり、前515年に完成した。この第二神殿も、のちの紀元後70年にローマ軍によって壊された。ユダヤ教徒は、救世主が到来すると、先のふたつと同じ場所に第三神殿が建てられると信じている。
2. バビロニアが神殿を破壊したのち契約の箱は行方不明になった。盗まれて壊されたと考えられているが現存していてどこかに隠されていると信じている人も一部いる。

76

第11週 第1日(月)

71 歴史 | チンギス・ハン

　チンギス・ハン（1162〜1227）はモンゴルの武将で、遊牧民の諸部族から成る冷酷無残な軍勢を率いて、わずか20年ばかりのあいだに広大なアジアの諸地域を征服した。死んだ時点で、彼の築いたモンゴル帝国は世界史上最大の陸上帝国になっていた。その後、この帝国は後継者の時代に入るとすぐに分裂していくが、モンゴル軍の残虐な侵攻は、ヨーロッパとアジアの両方で歴史の転換点となり、チンギス・ハンは残忍な人物だという悪評を後世に残した。

◆

　チンギス・ハンは幼名をテムジンといい、モンゴルの一部族長の息子として生まれた。東アジアでモンゴル人は、昔から牧草地を求めて各地を転々とする遊牧生活を送っていた。テムジンは、父を殺されると13歳で部族長となった。彼はカリスマ的なリーダーだった。やがてモンゴルの全部族を統一すると、諸部族のリーダーたちから「全皇帝の中の皇帝」を意味する「チンギス・ハン」の称号を与えられた。

　モンゴルを統一すると、チンギス・ハンは、生涯にわたって続くことになる遠征事業を開始した。彼の軍勢が征服した領域は、部分的なものも含めると、現代の中国、ロシア、モンゴル、イラン、アフガニスタン、パキスタン、インド、カザフスタン、トルクメニスタン、ウズベキスタン、キルギスなどに及んだ。チンギス・ハンが死んだ直後には版図が最大となり、モンゴル帝国は朝鮮半島から東ヨーロッパにまで広がった。

　モンゴル軍は、軍律が厳しく有能な上、泣く子も黙るほど残忍だった。ふつう彼らが採った戦略は、敵対する都市におとなしく降伏するチャンスを与え、この申し出を拒絶したら住民を皆殺しにするというものだった。このような恐ろしい方針を採った結果、チンギス・ハンは戦わずに国全体を降伏させることができた。

　モンゴル帝国の成立以前、ヨーロッパとアジアの接点は非常に少なかった。しかし、チンギス・ハンの築いたモンゴル帝国のおかげで、両大陸間での交易と思想の交流が本格的に始まった。モンゴル人によって、アジアとヨーロッパを結ぶ交易路シルクロードの安全が確保され、ヨーロッパ人の中からも、イタリア人マルコ・ポーロなど、モンゴル人の支配する国へ旅行する者が現れた。

<hr>

| 豆 知 識 |

1. モンゴルの遊牧民は、「ゲル」と呼ばれる円形のテントで暮らしていて、部族が別の地域へ移動する際は、いつでもゲルを持ち運んでいた。モンゴルでは、遊牧民の多くが20世紀後半に都市に定住したが、今も国民の約40％が牧畜で生計を立てている。

2. モンゴル帝国の栄光は、何世紀にもわたって西洋の文学者たちを魅了し続けていた。例えば、チンギス・ハンの孫フビライ・ハンが建設した豪華な夏用の都に触発されて、イギリスのロマン主義詩人サミュエル・テイラー・コールリッジは、1797年に有名な詩『クブラ・カーン』を書いた。

3. モンゴル軍は、二度にわたって日本に侵攻したが、未熟な水軍は二度とも強風のために壊滅した。日本では、この「神風」の伝説が、日本が無敵である証拠として何百年も語り継がれた。第二次世界大戦末期、日本軍の戦闘機パイロットたちは、万策尽きてアメリカの軍艦に飛行機ごと体当たり攻撃したが、それはかつて日本をモンゴルから救った神風をもう一度吹かせようと思ってのことだった。

第11週 第2日(火)

72 文学 | ウィリアム・フォークナー

ウィリアム・フォークナー（1897～1962）は、アメリカ南部を描いた最も偉大な文学者と考えられている。彼は自身の長編・短編小説で、新たな形式を始める一方、南部の巨大な亡霊たち——南北戦争、南部再建、かつての上流社会の崩壊——に立ち向かった。

◆

フォークナーは、生まれも育ちもミシシッピ州で、作品の大半もここを舞台としている。一家は、数世代前から同州に住んでいる名家で、曽祖父は南北戦争で南軍の大佐として活躍し、地元では有名人だった。フォークナーは、若いころは、カナダ駐在のイギリス空軍に所属したり、祖父が経営する銀行の行員になったりと、職を転々とした。そのあいだも、詩人として名を挙げようと努力していた。

フォークナーが文筆家として最初に大成功した作品は、詩ではなく小説『響きと怒り』（1929年）だ。この小説は、かつては名家だったコンプソン家が徐々に没落していく様子を詳細に描いたもので、最後の世代の子どもたち——自殺するクエンティン、淫奔なキャディ、人間嫌いのジェイソン、知的障害を負ったベンジー——で一家は崩壊に至る。全編を通じてフォークナーは「意識の流れ」という叙述技法で執筆し、時系列に沿った展開という発想は一切放棄している。

『響きと怒り』以外でも、フォークナーは多くの小説で、古い南部の崩壊と、南部的な価値観が現代世界では無意味に思えるありさまを描いている。そのような作品の多くは、同じ場所——架空のミシシッピ州ヨクナパトーファ郡——を舞台としており、同じ地名や家名が異なる作品に数多く登場する。フォークナーのいわゆる「ヨクナパトーファ・サーガ」には、ほかに主要な作品として、死んだ母親を埋葬するため遠く離れた町へ向かう家族の道中を描く『死の床に横たわりて』（1930年）、人種的血統の曖昧な男性が受ける数々の苦難を物語った『八月の光』（1932年）、南部に自らの王国を築くという野望に取りつかれた男を描いた『アブサロム、アブサロム！』（1936年）などがある。

フォークナーの作品は、テーマと叙述形式が難解なことで有名だ。形容詞を多用した異常に長い文、「意識の流れ」技法を使った叙述、時間の流れの逆転と錯綜、複数の（しかも信頼できない場合が多い）語り手などのせいで、読み進めるのが難しい。しかし、こうした技巧を駆使したおかげで、南部を他のどの作家よりも深く描き出した作品群が生まれたのである。この業績により、フォークナーは1949年度のノーベル文学賞を受賞した。1962年、ミシシッピ州バイヘイリアで没した。

豆知識

1. フォークナーは南部なまりがひどく、ノーベル賞の受賞スピーチでは、ほとんどの聴衆は何を話しているのか分からず、翌日の新聞で講演内容が掲載されてようやく理解できた。このときのスピーチは史上最も優れたノーベル賞受賞スピーチのひとつと絶賛されている。

73 視覚芸術 | レオナルド・ダ・ヴィンチ

第11週 第3日(水)

　レオナルド・ダ・ヴィンチ（1452〜1519）は、史上最も優れた創造的天才のひとりだと広く認められている。多種多様な分野――絵画、彫刻、建築、音楽、工学、自然科学――で傑出していたダ・ヴィンチは典型的なルネサンス人と見なされている。

◆

　1452年にイタリアのヴィンチ村で生まれたダ・ヴィンチは、セル・ピエロ・ダ・ヴィンチの私生児だった。彼は終生、名前を名乗るときはもっぱら「レオナルド」とだけ言っており、「ダ・ヴィンチ」とは「ヴィンチ村出身の」という意味にすぎない。フィレンツェで芸術家としての道を歩み始め、彫刻家・画家のアンドレア・デル・ヴェロッキオ（1435〜1488）の弟子となり、彼の下で1470年から1477年まで働いた。

　ダ・ヴィンチは1481年、ミラノ公ルドヴィコ・スフォルツァの下で働くため、フィレンツェを去った。ミラノ滞在中は、数々のプロジェクトを手掛けた。要塞を設計し、騎馬像の原型となる粘土像を作り、『最後の晩餐』を制作した。騎馬像については、一体も完成させられなかったが、巨大な騎馬像の原寸大の粘土像は作っている。ただしこの粘土像は侵攻してきたフランス兵が射撃練習の的に使って破壊してしまった。

　ダ・ヴィンチは1499年フィレンツェに戻り、最も有名な『モナ・リザ』をはじめ、数々の絵画を制作した。1513年から1516年のあいだは、教皇庁からの依頼に期待してローマに滞在した。その後はフランスに移った。前々から、ミラノを再征服したフランス王フランソワ一世に、自分の屋敷で暮らしてはどうかと誘われていたからだ。1519年、フランスのクロ・リュセ城で亡くなった。

　ダ・ヴィンチと言えば、何を置いても『モナ・リザ』と『最後の晩餐』が有名だが、大量の素描帳を残したことでも知られていて、そこには、飛行の物理的原理から人間の解剖学的特徴まで、幅広いテーマについての素描や注釈が記されている。その中には、子宮内の胎児のスケッチさえもある。当時は、女性の人体解剖は禁じられていたので、ダ・ヴィンチはこれを想像で描いたに違いない。その才能と名声ゆえに、ダ・ヴィンチは他の芸術家たちに常にインスピレーションを与える存在であり続けている。同時代人のラファエロは、教皇庁内にある有名なフレスコ画『アテネの学堂』でダ・ヴィンチをモデルにしてプラトンを描いたと言われている。最近も、ダ・ヴィンチはさまざまなフィクションに登場人物として現れており、テレビ番組『スタートレック』に登場したほか、2006年に映画化された小説『ダ・ヴィンチ・コード』（"The Da Vinci Code"　越前敏弥訳　角川書店　2004年）でも重要な役割を担っている。

豆知識

1. 1999年、ダ・ヴィンチが大騎馬像のため制作した粘土像の原寸大レプリカが、ミシガン州グランドラピッズと、イタリアのミラノに、一体ずつ建てられた。
2. 2005年1月、フィレンツェのサンティッシマ・アヌンツィアータ教会に付属する修道院で、封印された一連の部屋が発見された。一部の人は、これをダ・ヴィンチの秘密工房だったと考えている。

第11週 第4日（木）

74 科学｜地震

　地球の表面は、十数枚のプレートで覆われている。プレートは、一枚の厚さが100キロメートル前後で、融解したマントルの上を、池に浮かぶ氷のように、ゆっくりと動いている。二枚のプレートが離れたり、衝突したり、こすれ合ったりしたときに起こるのが地震だ。地震により、年平均で約1万人が命を落としている。

◆

　地震が発生する地下の起点を震源という。震源の真上に位置する地表上の点は、震央と呼ぶ。震源が地下の深いところだと、地震はそれほどの被害を出さないことが多い。だが震源が浅いと、大惨事を招くことがある。地震の際に地面を揺らす波には、いくつかの種類がある。ひとつ目はP波（primary wave＝第一波）だ。これは音波と同じ縦波で、地面を前後に押したり引いたりしながら進む。速度は非常に速い——地球のこちら側から反対側まで20分で到達する——が、被害はほとんど起こさない。

　次に来る波をS波（secondary wave＝第二波）という。S波は速度が遅い横波で、壁やフェンスを倒すのが、この波だ。最後に来るのが、地震波の中ですば抜けて危険なL波である。L波は、地面を海の波のように上下に揺らし、地滑りや火災、津波を引き起こす。地震のあとには、地球が変化に対応しようとするため、余震が数回発生する。これは、地面が安定しようとして起こす小さな揺れのことである。本震で強度の落ちた建物が余震で倒壊することも多い。

　地震の規模を表すのがマグニチュードだ。マグニチュードでは、数字が1増えると、地震の規模は10倍大きくなる。例えば、マグニチュード3.0の地震は、2.0の地震より10倍大きく、1.0の地震よりも100倍大きい。4.0以下の地震は、ふつう地表では感じられない。5.0以上の地震を中地震といい、7.0を超えると大地震と呼ぶ。二枚のプレートが衝突して起こる地震では、最悪の場合マグニチュードが9.0を超えることもある（実際にアラスカとチリでは、この規模の地震が起きた）。

豆 知 識

1. 1989年、アメリカ大リーグのオークランド・アスレチックス対サンフランシスコ・ジャイアンツのワールドシリーズは、第三戦の直前にマグニチュード7.1の地震が起きたため中断し、10日間延期された。
2. 火山の噴火で地震が起こることもある。1883年にインドネシアのクラカタウ山が噴火したとき、その爆発音は非常に大きく、3000キロ以上離れたオーストラリアのパースでも聞こえた。
3. インドの神話では、大地は四頭の象に支えられている。この四頭は一匹の亀の背中に乗っており、亀は蛇にまたがっている。この動物たちのどれか一匹でも動いたときに地震が起こると考えられていた。
4. モザンビークの先住民は、大地は生き物であり人間と同じ問題を抱えていると考えている。大地が熱を出して寒気を感じたときに、その上で暮らす私たちは地面が揺れるのを感じるのだという。

75 音楽 | ヘンリー・パーセル

　ヘンリー・パーセル（1659〜1695）は、イギリス王室に仕える宮廷音楽家の立派な家系に生まれ、父のトマス・パーセルは、ウェストミンスター寺院の国王付き音楽家のひとりだった。ヘンリーは、まず王室礼拝堂の少年聖歌隊員になったが、すぐにジョン・ブロー（1649〜1708）の弟子になった。ブローはウェストミンスター寺院のオルガニストを二期務めた人物で、当時のイギリスを代表する作曲家のひとりだった。1677年、パーセルは宮廷弦楽団の作曲家となり、シンプルだが美しい弦楽合奏曲『ファンタジア』を書いた。

◆

　1679年、パーセルは20歳で師の跡を継いで王室礼拝堂のオルガニストとなり、教会音楽だけでなく演劇用の付随音楽も作り始めた。1689年には、代表作であるオペラ『ディドとエネアス』を作曲した。当時、オペラはイギリスではさほど人気はなく、ほとんどの作曲家は、イタリアのカンタータとフランスの世俗音楽とイギリスの歌曲を混ぜ合わせた仮面劇を好んでいた。

　『ディドとエネアス』は、現代のオペラの大半と比べると、かなり小規模である。リブレット（オペラの台本）は、主人公の英雄エネアスが、トロイ戦争から帰国する途中、カルタゴの女王ディドと恋に落ち、やがて彼女を捨てて去っていくという内容だ。これをオペラ化したパーセルの作品は、独唱と合唱と器楽舞曲が互いを引き立て合っており、主役級の歌手を多く必要としない。音楽の特に有名な箇所のいくつかは、グラウンド・ベース（執拗低音）という手法を基にしている。これは、上声部で進行するさまざまな旋律に対して、低音の弦楽器でシンプルな主題を反復させ、耳になじむ分かりやすい伴奏をつけるというものだ。パーセルの旋律は、グラウンド・ベースの制限にもかかわらず、劇的で聴衆を引きつけ、完成したオペラは、イギリスの作曲家にとって画期的な作品となった。

　パーセルは、後世のヴォルフガング・アマデウス・モーツァルトやフランツ・シューベルトと同じく若くして死んだが、時代を超えてイギリス最高の作曲家のひとりと見なされており、その作品は、レイフ・ヴォーン・ウィリアムズやベンジャミン・ブリテンなど後世のイギリス人作曲家たちから高く評価された。

豆 知 識

1. パーセルの『ディドとエネアス』は、英語で書かれた最初の本格的オペラだった。それまでの作品と違って全編を通じて音楽が流れ、途中で音楽が止まって出演者がセリフを話すことはない。
2. パーセルが最初の作品となる短い歌を発表したのは、八歳のときだった。
3. パーセルが作曲した宗教合唱曲のうち、『心に湧き出る美しい言葉』はジェイムズ二世の戴冠式で使われ、『主よ、あなたは私達の心の秘密を知っています』はメアリー二世の葬儀で使われた。

第11週 第6日(土)

76 哲学 | エピクロス派

エピクロス派とは、前4世紀に哲学者エピクロス（前341〜前270）が開いた学派とその信奉者のことだ。彼らは共同生活を営み、政治活動からは身を引いていた。

◆

エピクロス派は、この世に存在するものは原子と虚空（何もない空間）だけだと信じていた。したがって、霊魂も原子でできており、物質的なものなので肉体とともに死ぬと考えた。神々の存在も信じていたが、神々は自分の快楽にばかり夢中で、人間世界の出来事には関心がないと思っていた。

ヘレニズム世界の哲学諸学派の例に漏れず、エピクロス派も「よく生きるとはどういうことか？」という問題に取り組んだ。彼らの答えは、「よく生きるとは、幸福に生きるということだ」である。幸福とは、快楽が存在し、苦痛が存在しない状態のことだ。しかし、彼らの考える快楽と苦痛は、ほかとはずいぶん違っていた。

エピクロス派は、快楽を静的快楽と動的快楽に分けた。動的快楽を楽しむとは、ある欲求を抱き、その欲求を満たし、それによって、その欲求の解消を経験することである。例えば食べ物に対する欲求は、人は空腹になると何かを食べ、それによって欲求が満たされるから、動的快楽だ。それに対して、静的快楽を楽しむ場合、欲求は小さくならない。静的快楽の例として、哲学的議論を行うことが挙げられる。哲学を実践すればするほど、もっと哲学したくなるからだ。

エピクロス派は、ある程度の動的快楽は必要で望ましいと認めながらも、求める刺激の量や種類が際限なく大きくなるような動的快楽を避けるべきだという。例えば、高級デザートをいつも食べていると、素朴なデザートで快楽を得るのは難しくなり、そもそもデザートなしでは満足できない。そのためエピクロス派は、普段は質素に暮らし、食事は粗末なものを食べ、ごちそうはときどき食べるのがよいと考えた。

豆 知 識

1. 「エピキュリアン」（epicurean）という言葉は、もともと「エピクロス派」を意味していたが、やがてエピクロス派の主張内容とは逆に、「美食と快適さを楽しむなど、感覚的快楽をもっぱら追求する」という意味を持つようになった。
2. エピクロスがアテネで開いた学園は、「エピクロスの園」と呼ばれていた。
3. 古代ローマの哲学者ルクレティウス（前99〜前55）はエピクロス派だった。彼は、エピクロス派の形而上学と自然哲学についての長い詩『物の本質について』("De rerum natura" 樋口勝彦訳 岩波書店 1961年）を書いた。

第11週 第7日(日)

77 宗教 | 神殿と聖櫃(せいひつ)

ソロモン王は、前10世紀エルサレムにユダヤ教の最初の神殿を建てたが、そのおもな目的は三つあった。第一に、イスラエルにユダヤ教の中心地を作ること。第二に、神にいけにえの動物を捧げる儀式を行う場所を作ること。そして第三に、シナイ山でモーセが授かった十戒の石板を納める契約の箱(聖櫃)を常に安置する場所を設けることであった。

◆

ソロモン王の最初の神殿が建てられたのは、イスラエルが歴史上で最も繁栄した時代のひとつだったが、神殿は前586年、バビロニアの王ネブカドネザル二世によって破壊された。バビロニア軍は神殿を略奪・破壊したが、このときに聖櫃と十戒も破壊されたと考えられている。神殿が破壊されたあとでユダヤ人は、ユダ王国と呼ばれていたイスラエル南部の地から追放された。

ユダヤ人は、追放を解かれて帰還すると神殿を再建した。この第二神殿は、建設に31年を要し、前515年に完成した。神殿は500年間にぎわった。前19年ごろ、ヘロデ大王は大々的な拡張工事を開始し、神殿全体を囲む巨大な外壁も、このときに作られた。神殿は、拡張工事を終えた状態で紀元後1世紀を迎えた。

紀元1世紀が半ばを過ぎたころ、ローマ人とユダヤ人とのあいだで緊張が高まった。当時ローマ帝国では、住民の10分の1がユダヤ人だった。しかも、ユダヤ人でない人々の多くはユダヤ人と仲がよく、ただ割礼を受けたくなかったのでユダヤ教に入信しないだけだった。ローマ人とユダヤ人の関係はおおむね平穏だったのだが、後66年に熱心党と呼ばれるユダヤ人急進派が反乱を起こすと、ローマの指導者たちは反乱の拡大を恐れた。そこでローマ軍は、後70年にエルサレムと第二神殿を破壊した。ユダヤ人にとって最も神聖な場所が破壊されたのは、これが二度目で、これをきっかけにユダヤ人のディアスポラ(イスラエルからの離散)が始まった。

豆 知 識

1. 第一神殿と第二神殿のあった場所は神殿の丘と呼ばれ、ユダヤ教で最も神聖な地とされているが、キリスト教とイスラム教にとっても非常に重要なところだ。イスラム教の岩のドームとアル=アクサー・モスクは、どちらも6世紀に建てられたもので、このふたつがあるためイスラム教では、神殿の丘が第三の聖地とされている。
2. ヘロデ王の作った外壁の一部は、ローマ軍による破壊をまぬがれて現在も残っており、「西の壁」あるいは「嘆きの壁」と呼ばれている。残った壁は多くの巡礼者が訪れる神聖な場所となっている。

83

第12週 第1日（月）

78 歴史 | 黒死病

　1347年から1350年に大流行したペストは、のちに黒死病と呼ばれ、この期間だけでヨーロッパの人口の三分の一が命を落とした。アジアで生まれた黒死病は、伝染力のきわめて高い細菌性の病気で、猛烈な勢いで広まった。衛生状態の悪い中世ヨーロッパの諸都市では、患者はたいてい、症状——嘔吐、下痢、皮膚が黒くなる——が最初に現れてから、わずか数日で死亡した。

◆

　多くの都市では、ペストは多数の人命を奪ったのみならず、法と秩序も破壊し、文明全体を壊滅の瀬戸際に追いやった。作家ジョヴァンニ・ボッカッチョは、1348〜53年に書いた有名な小説『デカメロン』で、繁栄を謳歌していたイタリアの都市フィレンツェがペストに襲われてどうなったかを、次のように描写している。

　「私たちの都市を襲った悲惨な大災厄の中で、法の権威は、人間の法であろうと神の法であろうと、ほとんどすべて消え去りました。それというのも、聖職者も、法を執行すべき方も、ほかの人間と同じく、死んでしまったり、病気になったり、さもなければ家族と一緒に閉じこもってしまったりしたので、どんな職務も実行されなくなったからです。もう誰もがやりたい放題でした」

　ペストがヨーロッパ社会に与えた影響は深刻だった。キリスト教徒の多くは、この病気はユダヤ人のせいだと言って激怒し、黒死病のあと各地で起こったユダヤ人の虐殺は、史上最悪レベルのユダヤ人迫害事件になった。

　また、多くのヨーロッパ人がカトリック教会の教えや既存の政治秩序に疑問を抱くようになった。神がこのようなむごたらしい病を放置するはずがないからだ。中には教会に幻滅し、鞭打苦行派といって、われとわが身を鞭で打つ分派集団に入る者さえ現れた。そうした結果、教会への尊敬の念は下がっていった。多くの歴史学者が言うとおり、ペストは中世の古い封建的秩序を壊し、ルネサンスへの道を開いたのであった。

豆 知 識

1. 今も科学者たちは、黒死病の正体について議論を続けている。その有力候補である腺ペストは、現代においてもまだ撲滅されていないが、抗生物質で簡単に治療することができる。
2. 中世において、ペストにさらされた人はほとんどすべてが死亡したが、感染者の約5％は生き残り、一部には、そもそもまったく感染しなかった人もいた。現在の科学者たちは、こうした人々は遺伝子のまれな組み合わせの持ち主で、そのおかげで病原菌に対する抵抗力がほかの人より強かったのだろうと考えている。
3. 黒死病のあと、ヨーロッパの人口が1347年以前のレベルに戻るまで400年かかった。

第12週 第2日（火）

79 文学 『グレート・ギャツビー』

　批評家であれ一般読者であれ、アメリカを代表する小説を一冊決めようと試みると、たいていの人が選ぶのはF・スコット・フィッツジェラルド（1896〜1940）の『グレート・ギャツビー』（1925年）だ。実際これほど見事にアメリカン・ドリームの本質を捉え、それを批判した作品はほかにないと言っていい。

◆

　題名にもなっている主人公のジェイ・ギャツビーは、謎の多い百万長者で、ニューヨークのロングアイランドにあるウェスト・エッグという地区に大邸宅を所有している。ウェスト・エッグは新興成金の住む町で、入り江を挟んで対岸には、古くからの財産家が住むイースト・エッグ地区がある。週末ごとにギャツビーは豪華なパーティーを開き、それに引かれて「光に集まる蛾のような」人々が何百人も屋敷に集まってくる。ある晩、そうしたパーティーでギャツビーは、物語の語り手であり、新しく隣に越してきたニック・キャラウェイと出会う。ニックは第一印象で、ギャツビーには「相手をどこまでも安心させる、人生で四度か五度しか出会えなさそうな、あの稀有な笑顔」があると感じた。

　しかし、付き合いが深まるにつれ、ニックは表向き完璧なギャツビーに数々の欠点があることに気づいていく。確かにギャツビーは、独力で成功した人物というアメリカの理想を体現しているが、そこに至る過程にまっとうなことは何ひとつなかった。中西部の貧しい家に生まれた彼は、犯罪組織の助けも借りた闇取引で巨万の富を得た。名前を変えて東部に移り、ウェスト・エッグに屋敷を買い、偽の経歴を作り上げたが、それはすべて、かつての恋人で、今は別の男と結婚している女性デイジー・ブキャナンを取り戻す、ただそれだけのためだった。

　ギャツビーは、ほぼあらゆる面で矛盾を抱えた人物だ。進取の気質と理想主義と上昇志向というアメリカ的精神をひたすら実践しているが、それはひとえに、その努力にまったく値しない女性を手に入れたいがためである。自信に満ちあふれているというイメージを前面に出してはいるが、その実態は、恋に悩む孤独な男だ。書斎には本がぎっしり並んでいるが、どれも読んだこともなければページを開いたことさえない。

『グレート・ギャツビー』はたった180ページしかないが、フィッツジェラルドは、このわずかなページ数を、細心の注意を払って巧みに活用し、無駄な言葉はほとんど使っていない。この作品は、スリラー小説と恋愛小説と推理小説の要素を兼ね備え、ジャズ・エイジと呼ばれる1920年代のアメリカの退廃ぶりを赤裸々に描き出している。しかし何より、フィッツジェラルドの散文体——これまでに英語で書かれた中で最も詩的な散文のひとつ——によって、この典型的なアメリカ的物語は記憶に残るものとなっている。

豆 知 識

1. フィッツジェラルドは、『グレート・ギャツビー』というタイトルを決めるのに何か月も悩んだ。1925年3月には、間際になって出版社に、タイトルを『赤白青の旗の下に』（Under the Red, White, and Blue）に変えてほしいと依頼する電報を大急ぎで送ったが、時すでに遅しだった。
2. フィッツジェラルドと妻ゼルダは、ふたりともジャズ・エイジの社交界で評判が悪く、誰もが知るゼルダの情緒不安定と、フィッツジェラルドのアルコール依存症とで、ふたりの生活は荒れていた。
3. 1940年、フィッツジェラルドは心臓発作で死亡した。このとき未完のまま残されたのが、アメリカ映画界の実力者を主人公とした小説『ラスト・タイクーン』である。

85

第12週 第3日(水)

80 視覚芸術 『最後の晩餐』

　レオナルド・ダ・ヴィンチは、1495年から1498年に後援者ルドヴィコ・スフォルツァのため『最後の晩餐』を制作した。ミラノのサンタ・マリア・デッレ・グラーツィエ教会にある修道院の食堂内の北側の壁に描かれたもので、聖書の内容を主題とする絵画としては西洋史上屈指の有名な作品である。

◆

　『最後の晩餐』は、イエス・キリストが12人の弟子たちと過越(すぎこし)の食事をしている最中の、ユダがイエスを裏切ってローマ人に引き渡す直前の場面だ。キリスト教神学では、この食事のときにイエスは食卓のパンとワインを自分の体と血に変化させたとされており、これが最初の聖体拝領（聖餐式）だったと考えられている。
　人物は全員が食卓の向こう側に配置されており、食卓はこの聖なる出来事と、食堂のこの絵の前で実際に食事をする修道士たちを隔てる境界のような役割を果たしている。弟子たちは、向かって左から右に、バルトロマイ、小ヤコブ、アンデレ、ユダ、ペトロ、ヨハネの顔が見える。イエスがちょうど真ん中に位置し、その右にいるのが順にトマス、大ヤコブ、フィリポ、マタイ、タダイ、シモンである。16世紀のイタリア人ジョルジョ・ヴァザーリは、ルネサンス期の著名なイタリア人芸術家たちの列伝を書いているが、その中で本作品について、これはイエス・キリストが「あなたがたのうちの一人がわたしを裏切ろうとしている」（マタイによる福音書26章21節）と宣言した、まさにその瞬間を捉えようとしたものだと述べている。そのため弟子たちが、イエスの言葉を聞いて、ひとりひとり異なる感情――否定、疑念、怒り、不信、愛など――を表に出している様子が描かれている。
　もうひとつ、この絵と関連する福音書の一節が、ルカによる福音書の22章21節で、ここでイエスは「わたしを裏切る者が、わたしと一緒に手を食卓に置いている」と述べている。ダ・ヴィンチの絵で、イエス以外で食卓に手を置いているのはユダだけだ。ユダの顔は影で暗くなっており、体は明らかにイエスから距離を置こうとしている。これ以前に他の芸術家が制作した最後の晩餐の絵では、ユダはほかのメンバーとは別に描かれ、食卓の反対側にひとり座っているか、光輪なしにされている。それに対してダ・ヴィンチは、ユダの心理状態に注目しもっと繊細に他の弟子たちと描き分けた。
　壁画は完成後まもなく傷み始めた。当時、壁画にはフレスコ画法を使うのが普通だったが、この技法では大急ぎで描いていかなくてはならなかったため、正確さにこだわっていたダ・ヴィンチは、この画法を採用しなかった。代わりに、油を使ったテンペラ絵具を実験的に使ったが、これが壁になかなか定着せず数年もすると絵にひび割れやカビが現れた。さらに1652年には壁に出入り口が開けられ、イエスの足があった部分が破壊された。18世紀と19世紀に何度か修復が試みられたものの元どおりにはならず、第二次世界大戦中には食堂が爆撃を受け、損傷はさらにひどくなった。1978年、大規模な修復作業がイタリア政府によって開始され、作業そのものは修復の専門家ピニン・ブランビッラ・バルチロンが20年以上かけて実施した。新たに修復された本作品は、食堂に空調設備が設置されたのち、1999年に再び一般公開された。

第12週 第4日（木）

81 科学 | 太陽の黒点とフレア

　太陽の表面はガス状になっていて、セ氏6000度で燃えて太陽系全体を暖めている。この温度は、地球上の猛暑日の約180倍の暑さだ。しかし、太陽の表面にはほかより温度の低い部分があり、これを黒点という。大きさは、おおよそ地球と同じくらいで、周囲よりも2000度以上低いので暗く見える。黒点は強力な磁場を持っていて、この磁場によって、高温の太陽中心部からの熱がせき止められているのである。

◆

　ふつう黒点は、向きが反対の磁場を持ったふたつがペアとなって現れる。磁場が反対の黒点に挟まれた部分では、フレアが頻繁に起こる。フレアとは太陽表面での爆発現象のことで、これにより、TNT火薬【訳注：トリニトロトルエン火薬。兵器として使用される】に換算して数十億メガトン分のエネルギーが放出される。フレアが起こると地球にX線などの電磁波が降り注ぎ、地球磁場の乱れである磁気嵐を引き起こす。すると、両極のオーロラが強くなり、送電網は乱れ、ラジオ放送には雑音が入る。

　太陽の黒点とフレアは、約11年周期で増減を繰り返していて、最近では2000年に活動のピークが訪れた【訳注：その後2011〜14年にかけて再び活動がピークになった】。2000年7月14日——フランス革命記念日——に太陽で大規模なフレアが起こり、このときは見事なオーロラがテキサス州でも見られ、各地で停電が起こり、衛星通信が一時不通になった。宇宙飛行士は、磁気嵐が命取りになることもあるので、太陽の活動極大期には十分に注意しなくてはならない。

　太陽の黒点は、地球の気温にも影響を与えているのかもしれない。黒点活動最大期には、太陽から放出されるエネルギーが少し増え、紫外線放射が劇的に増加する。ここ60年は黒点活動が全体として増加傾向にあり、それと非常によく似たペースで地球温暖化も進んでいる。17世紀半ばから18世紀初頭には黒点の活動は少なかったが、ちょうどこの時期、西ヨーロッパでは小氷期と呼ばれる極端な気温低下と長い冬の時代が続いた。

| 豆 知 識 |

1. イタリアの天文学者ガリレオ・ガリレイ（1564〜1642）は、黒点を使って太陽の自転を観察した。太陽はほとんどガスでできているため、場所によって自転速度が違う。赤道ではおよそ25日で一回転するが、両極では35日かかる。
2. 黒点観測の最古の記録は、紀元前28年、中国の天文官によるものだ。

87

第12週 第5日（金）

82 音楽 | ヨハン・ゼバスティアン・バッハ

　ヨハン・ゼバスティアン・バッハ（1685～1750）は、バロック時代の最も重要な作曲家であり、史上最も重要な作曲家と言ってもいいかもしれない。宗教的な声楽曲——カンタータとコラール——も、オーケストラ用の協奏曲も、非常に優れたオルガン曲も、すばらしい和声と対位法的旋律がふんだんに使われ、すべてにわたる音楽的感性は、まさに天才と呼ぶにふさわしい。彼は後世のほぼすべての作曲家たちに影響を与え、それは20世紀のジャズやポップスの作曲家たちにも及んでいる。

◆

　バッハは1685年3月21日、ドイツのチューリンゲン地方の町アイゼナハに生まれた。若いころは、アルンシュタット、リューベック、ミュールハウゼン、ワイマールの各地を、地元のルター派教会で音楽家の職を得たり休暇で滞在したりしながら、転々とした。バッハの音楽家人生は、楽曲を人々から「凡庸」「難しすぎる」「つまらない」と酷評されるのが常だった。それでもワイマールの宮廷オルガニストだった時期（1708～1717）には楽師長に昇任した。1717年、彼はルター派であるケーテン候レオポルトの宮廷に移った。

　1720年にバッハは最初の妻を亡くすが、宮廷歌手のアンナ・マグダレーナと再婚し、彼女に捧げる練習曲集をいくつか作った。今でもピアニストを目指す者の大半は、これらの練習曲で練習している。このケーテン時代に、有名なカンタータをいくつか手掛けたほか、代表作『ブランデンブルク協奏曲』やオラトリオ『マタイ受難曲』を作曲した。1722年には、ライプツィヒの四つの教会と市全体の音楽監督になり、この地で傑作『ロ短調ミサ曲』を完成させると、そのちょうど一年後の1750年に亡くなった。

豆知識

1. バッハは、最初の妻とのあいだに7人、二度目の妻とのあいだに13人の子どもをもうけた。
2. バッハの子どもたちのうち10人は夭逝したが、ヨハン・クリスティアン・バッハ（1735～1782）やカール・フィリップ・エマーヌエル・バッハ（1714～1788）ら4人は有名な作曲家になった。
3. バッハは、幼いころ父親と兄たちから音楽教育を受けたが、作曲術はほとんど独学で習得した。

第12週 第6日（土）

83 哲学 | 中世哲学

　西洋哲学史における中世は、一般に、古典古代が終わった紀元5世紀ころから、ルネサンスが始まる15世紀ころまでと定義される。中世では、他の学問分野では目立った進展がなかったが、哲学はきわめて盛んで、数々の優れた人物が活躍した。

◆

　最初の主要な中世哲学者は、アウグスティヌス（354〜430）で、彼はプラトン哲学とキリスト教を統合しようと試みた。アウグスティヌスは、教会での教えだけでなく、西洋の哲学や文化全般にも大きな影響を残した。

　もうひとり重要な中世哲学者に、ボエティウス（480〜525頃）がいる。現在では『哲学の慰め』の著者として有名だが、彼がこの分野に残した最も重要な貢献は、ギリシア哲学をラテン語に翻訳したことだった。ボエティウスは、ギリシア語に通じていた最後の西ヨーロッパ人のひとりであり、その死後、ギリシア語の知識はヨーロッパ文化から何百年間も途絶えることになった。

　初期中世は、ふたりの偉大な人物の登場で終わる。その人物とは、カンタベリーのアンセルムス（1033〜1109）とピエール・アベラール（1079〜1142）だ。アンセルムスは、自著『プロスロギオン』で神の存在について分析的つまり「存在論的」証明をはじめて提示したことで有名だ。アベラールは、論理学と意味論の歴史で重要な人物だが、それよりも、才媛の弟子エロイーズと恋仲になったことで知られている。彼はエロイーズとのあいだに子どもをもうけ、有名な往復書簡を残した。

　中世後期の哲学は、それまでと特徴がかなり異なるが、その理由のひとつは、13世紀にアリストテレスの著作を中心に古代ギリシアの文献が再発見されたからであった。中世後期の主要な哲学者——トマス・アクィナス（1225頃〜1274）、ジョン・ドゥンス・スコトゥス（1265頃〜1308）、オッカムのウィリアム（1284頃〜1347）——は、アリストテレスからの影響を強く受けており、それぞれがアリストテレスの具体的な著作に対して後世に残る注釈書を書いている。この三人のうち最も重要なのがトマス・アクィナスで、彼はアリストテレス哲学とキリスト教神学を統合して、壮大な哲学・神学体系を作り上げた。以来アクィナスはカトリックの考え方に、決定的とは言わないまでも、大きな影響を与えている。

[豆 知 識]

1. エロイーズのおじは、姪の一件を知ると激怒し、アベラールの局部を切断させた。その後アベラールとエロイーズは、ふたりとも余生をそれぞれ修道院で過ごしたが、往復書簡を残しており、その古いながらも感動的な内容は、理想的で情熱的な恋愛を今に伝えている。
2. オッカムは、その名を冠した「オッカムの剃刀」という原則で知られている。この原則は、ふつう「最も簡潔な理論を常によしとすべきだ」あるいは「理論はできるだけ簡潔にすべきだ」という意味に理解されている。

89

第12週 第7日（日）

84 宗教 | タルムード

タルムードとは、数百年にわたってラビ（ユダヤ教の宗教指導者）たちがトーラーについて積み重ねてきた注釈のことで、ユダヤ教の中核的な文書と考えられている。

◆

　タルムードは、ふたつの部分から成る。第一部はミシュナーだ。ユダヤ教では、トーラーが最初にモーセに啓示されたとき、文字で書かれたトーラーとともに、口伝による律法も授けられたと信じられている。この口伝律法がミシュナーである。紀元後200年ころ、各地でユダヤ教の神殿は破壊され、ユダヤ教徒は激しい迫害にさらされた。そのため、この口伝律法を文字に記す必要が生じたのである。

　タルムードの第二部をゲマーラーという。ゲマーラーは、ミシュナーに対するラビたちの議論で構成される。ミシュナーが絶対的な見解を示すのに対し、ゲマーラーは、異なる意見の対話として書かれている。

　現在、最も広く言及・使用されているタルムードは、バビロニア・タルムード（タルムード・バブリ）で、紀元後400〜600年ころに編纂されたものである。もうひとつ、エルサレムで作られたタルムードが存在するが、こちらの記述は断片的で理解するのが非常に難しい。

　タルムードは、ハラハー（ユダヤ教の法規）の根拠として使われ、社会で起こった紛争を解決するのに広く用いられていた。ユダヤ教徒の社会では宗教法と世俗法は伝統的に同じものであったため、タルムードは広範囲にわたって適用された。

豆 知 識

1. ミシュナーには「ピルケイ・アボット」（父祖たちの言葉）という章があり、ラビたちの有名な格言やことわざが収められている。
2. タルムードは、昔から「ハブルータ」という方法で学習されている。これは学生ふたりがペアを組んで学ぶ方法で、これにより学生は一行ごとにパートナーと内容を検討したり議論したりできる。

第13週 第1日(月)

85 歴史 | ジャンヌ・ダルク

　ジャンヌ・ダルク（1412〜1431）は、農家の娘ながら、17歳で中世のフランス軍を指揮してイングランド軍と戦った少女だ。見事な勝利を次々と重ねたものの、最後には捕らえられ、異端者と宣告されるとすぐに火刑に処された。しかし、指揮官ジャンヌの勇気あふれる行動に感化され、フランス軍はイングランド軍を国内から追い払った。彼女は今もフランスの国民的英雄であり、フランスを象徴する存在となっている。

◆

　中世のヨーロッパでは、国王たちのあいだで戦争が絶え間なく行われており、とりわけイングランド王とフランス王とは戦争に明け暮れていた。実際、ジャンヌが活躍した1429年当時、両国は百年戦争——正確には116年にわたって断続的に続いた紛争——の最中だった。たいていの場合、戦争は、中世ヨーロッパの支配層である強欲な封建領主たちにとっては単なるビジネスにすぎなかった。領主たちは土地を欲しがり、その土地を手に入れる方法が戦争であった。そのため、中世では国境線は絶えず変化し、ジャンヌの家族のようなヨーロッパに住む一般庶民は、特定の支配者に親近感を抱くことはほとんどなかった。

　しかしジャンヌが生まれたころには、事情が変わり始めていた。ジャンヌが率いた対イングランド戦争は、やがてヨーロッパのナショナリズムの最初の事例のひとつとなった。ジャンヌにとってフランスは、単なる地図上の線でもなければ、君主の所有物でもなかった。フランスは彼女の国であり、彼女はフランスに特別な愛国的きずなを感じていた。ジャンヌは十代初めに幻視を体験しており、自分はこのとき神から、イングランド軍をフランスから追い出せとのお告げを受けたと主張した。縁戚関係もあるフランス貴族とイングランド貴族の領地争いとして始まった戦いは、国民と国民の衝突になった。その後の数百年のあいだに、ヨーロッパにあった数々の封建的な王国は、愛国心と、その負の側面である排外主義とをあおりながら、独自の文化的アイデンティティーを持った民族国家になっていった。

　ジャンヌは、1431年に捕らえられると、イングランド軍により異端者との濡れ衣を着せられて処刑された。その後、彼女への異端宣告はローマ教皇によって破棄され、1920年にジャンヌは正式にカトリック教会の聖人になった。

豆 知 識

1. 第二次世界大戦中、地下に潜ったフランス・レジスタンスの戦士たちは、ジャンヌの紋章であるロレーヌの十字架を自分たちのシンボルとした。
2. フランス王は、ジャンヌに軍隊の指揮権を託す前に、義母に頼んでジャンヌが処女であるかどうか確認してもらった。その結果、ジャンヌは確かに処女だった。
3. 19世紀アメリカの作家マーク・トウェインは、ジャンヌにたいそう興味を抱いていて彼女を「人類が生み出した、間違いなく明らかに最も傑出した人物」と評し、12年に及ぶ研究の末にジャンヌについての本を書き上げた。この本は、トウェインの作品の中ではあまり有名ではないが、トウェイン自身は最高傑作のひとつと考えていた。

第13週 第2日(火)

86 文学 | ジョン・スタインベック

　20世紀アメリカの小説家の中でも特に愛読されているひとり、ジョン・スタインベック（1902～1968）は、作品に出身地カリフォルニア州の地方色をふんだんに盛り込んでいる。同時代の作家に比べて優雅さにも革新性にも欠けると言って評価しない批評家も多いが、読者のあいだでは昔から人気が高く、スタインベックが感動的で象徴性に満ち、社会的に意義のある物語を作り出す才能の持ち主であることに異論はない。

◆

　スタインベックは、カリフォルニア州サリナスで生まれた。サリナスは、サンフランシスコとモントレーに挟まれた農業地帯の真ん中にある。スタンフォード大学で学び、肉体労働者として職を転々としたのち、1920年代後半から本格的な執筆活動に入った。スタインベックの初期の作品は評価されなかったが、大恐慌時代のモントレーに住むメキシコ系アメリカ人たちを描いた小説『トーティーヤ・フラット』（1935年）でついに成功を収めた。次いで、カリフォルニアの農場で働くふたりの出稼ぎ労働者レニーとジョージの悲劇の物語『二十日鼠と人間』（1937年）を出した。

　スタインベックの傑作にして最も有名な作品が、『怒りの葡萄』（1939年）だ。これは、砂嵐地帯であるオクラホマ州の農民一家が、干ばつに苦しむ中西部から、よりよい生活を求めてカリフォルニア州へ移り住む物語である。貧しいが善良なジョード一家は、旅の途中で艱難辛苦を味わうお互いへの思いやりと家族のきずなから、生きる力と希望を引き出していく。本作は一大センセーションを巻き起こし、大恐慌時代の貧民の窮乏に人々の目を引きつけることになった。出版以来、今に至るまで読者からの人気は高く、アメリカの学校では英語教材の定番となっている。

　後半生に入ると、さまざまなジャンルや形式に意欲的に挑戦し、うまくいくこともあればそうでないこともあった。この時期の作品として最も有名なのが、モントレーの工場地区に住む貧乏人たちのドタバタ喜劇を描いた『キャナリー・ロウ』（1945年）と、聖書の創世記をサリナス盆地に舞台を移して翻案した長大な小説『エデンの東』（1952年）だ。スタインベックは『エデンの東』を自作の中では最高と思っていた――事実、ベストセラーにもなった――が、批評家からは、説教じみていておもしろみに欠けると評された。それでも本作は、この地域の人々と歴史を詳細かつ豊かに描き出しており、スタインベックはカリフォルニアの最も重要な文学的解説者という評価を不動のものとした。1962年にスタインベックは、「思いやりのあるユーモアと鋭い社会観察を結びつけた、現実的で想像力あふれる著作」を理由に、ノーベル文学賞を受賞した。この、断固とした容赦ない筆致で貧困を描写する姿勢に、楽観的な態度を結びつけるという独特な業績によって、スタインベックはアメリカの小説家の中で不朽の地位を得たのである。

豆知識

1. ノーベル賞の受賞スピーチでスタインベックは、「人間は完全になれると心の底から信じていない」作家は「何の貢献もできないし、文学者の一員となる資格もない」と訴えた。

第13週 第3日（水）

87 視覚芸術 『モナ・リザ』

　1505年ころにレオナルド・ダ・ヴィンチが描いた『モナ・リザ』は、ルネサンス期の女性肖像画の先駆けと考えられている。ポプラ板に油絵具で描かれた作品で、大きさは縦77センチ、横53センチしかない。小品で構図も比較的単純であるにもかかわらず、世界でも屈指の有名な絵画だ。

◆

　『モナ・リザ』に描かれた女性が誰なのかは、今も謎のままだ。1550年にダ・ヴィンチの伝記を書いたジョルジョ・ヴァザーリによると、この女性はフィレンツェ商人フランチェスコ・デル・ジョコンドの妻リザ・ディ・アントニオ・マリア・ゲラルディーニだという（「モナ」はイタリア語で「私の貴婦人」を意味する「マ・ドンナ」〔ma donna〕の短縮形）。

　　　　ただし、この説には疑わしい点がある。ダ・ヴィンチがこの絵をどの後援者にも渡さず、1519年に死ぬまで手元に置いていたからだ。最近、ベル研究所のリリアン・シュウォーツが、『モナ・リザ』とダ・ヴィンチの自画像とされるスケッチとを比較するデジタル解析を実施した。その結果ふたつの肖像画がよく似ていることが判明し、それを基にシュウォーツは、この絵はダ・ヴィンチが自身を女性の姿で描いた自画像だと主張した。しかし、自画像とされたスケッチが本当に自画像なのか疑わしいため、この説も問題なしとは言えない。どうやら、『モナ・リザ』はそもそも肖像画ではなく、ダ・ヴィンチが理想の女性を描いたもののようだ。

　誰を描いたものであれ、この作品からは、ダ・ヴィンチがスフマート技法に精通していたことが分かる。スフマートとは、輪郭を柔らかくぼかす技法のことで、これによって神秘的な雰囲気が生み出されている。この技法を使うことでダ・ヴィンチは女性の表情を曖昧なものとすることに成功している。『モナ・リザ』の微笑みの正確な特徴については、これまでさかんに論じられてきた。実際、その表情は見るときの角度によって変わるらしい。

『モナ・リザ』は、ダ・ヴィンチの死後、紆余曲折の歴史をたどった。まず、フランソワ一世により金貨4000枚で購入された。その後は、ヴェルサイユ宮殿やナポレオン・ボナパルトの寝室に飾られたのち、ルーヴル美術館に展示された。1911年にルーヴル美術館から盗み出されたものの、二年後にフィレンツェのホテルの一室で発見された。1956年には酸をかけられて下半分が損傷したため、それ以後は防護用の二重ガラスに守られて展示されている。

第13週 第4日（木）

88 科学 | ミルグラムの服従実験

1960年代にイェール大学の心理学者スタンリー・ミルグラムは、服従に関する一連の恐ろしい実験を行った。この実験を通してミルグラムは、人間の良心が状況によって無力になる様子を明らかにした。その成果は、第二次世界大戦中のホロコースト、ヴェトナム戦争時のソンミ村虐殺事件、ルワンダ虐殺など、現代の残虐事件を説明するのに活用されている。

◆

まずミルグラムは、男女の被験者を、弁護士、消防士、建設労働者など社会のあらゆる階層から抽出した。被験者には、これは学習と罰の関係についての実験であり、参加すれば一時間あたり4ドル50セントの手当てを支給すると伝え、これに全員が同意した。実験では、被験者は白衣を着た博士から、あなたは「教師役」となり、単語リストを読み上げて、「生徒役」の人物に関連する単語を当てさせるテストを行うようにと指示される。この生徒役は隣の部屋にいて、被験者には姿は見えないが、声は聞こえる。教師役は、生徒役が答えを間違えたら電気ショックを与えるようにと指示され、しかも答えを間違うたびに電圧を上げるよう命じられる。電気ショックは、スイッチに「軽度のショック」と書かれた15ボルトから始まり、「危険：猛烈なショック」を超えた450ボルトまで与えることが可能だった。

もちろん、本当の実験対象は教師役の方で、どれほど強い罰を与えるかを見るのが目的だった。生徒役は俳優が演じており、180ボルトになると、痛くて我慢できないと大声で叫ぶ。300ボルトになると、実験をやめたいと言う。330ボルトでは、何も言わずに黙ったままになる。実験結果は、スタンリー・ミルグラムの予想に反するもので、被験者の65％が最後の450ボルトまで罰を与え、それは、生徒役には軽い心臓病があると聞いても変わらなかった。教師役の多くが強い不安を抱いた——流れるほどの汗をかいたり、唇をかんだりした——が、白衣を着た実験者に強く促されると、良心の呵責を感じながらも実験を続けた。

ミルグラムの実験は、その手法が倫理的に問題だったことと、その結果があまりに恐ろしかったことから、1960年代の学界に衝撃を与えた。しかし彼の研究により、普通の人々は権威者がいるだけで非人道的な行為を行うよう誘導されてしまうことが明らかとなった。また、被験者と犠牲者の心理的距離が大きければ大きいほど、最後まで命令に従う傾向が強くなることも分かった。教師役が問題を出すだけでショックを与えない場合、90％が実験を最後まで続行した。しかし、ショックを与えるため教師役が生徒役の体に触れなくてはならない場合、450ボルトまで上げたのはわずか30％しかいなかった。

豆知識

1. ミルグラムの実験は、オーストラリア、ドイツ、ヨルダンなどの国々でも再現実験が行われ、すべてで同様の結果が出た。
2. ミルグラムの実験では、男性と女性で服従する割合はまったく同じだった。

第13週 第5日(金)

89 音楽 『ブランデンブルク協奏曲』
（ヨハン・ゼバスティアン・バッハ）

　これは、バッハがケーテン滞在中に作曲した全六曲の協奏曲で、1721年にブランデンブルク辺境伯に献呈された。このうち五曲は急—緩—急の三部構成で、残るひとつ——第一番——だけは四部構成だ。本作品は、独奏楽器群に優雅な対位法を組み合わせるというバッハの野心的な取り組みで知られている。また『ブランデンブルク協奏曲』は、ドイツ・バロックの壮麗な様式と、アントニオ・ヴィヴァルディのような作曲家の陽気な雰囲気を見事に融合させた傑作とも見なされている。

◆

　第一番——楽器編成は、独奏バイオリン、オーボエ三本、弦楽器、ファゴット、ホルン二本——は、二本のホルンどうしや他の木管楽器どうしのダイナミックな掛け合いで進んでいく。第二番——編成は、トランペット、リコーダー、オーボエ、独奏バイオリン、弦楽器——は、考えうる独奏楽器の組み合わせをすべて活用している。第三番は、バイオリン三本、ヴィオラ三本、チェロ三本の三グループと通奏低音という編成だ。独奏楽器と通奏低音が同じパートを演奏することが多いという点で、ユニークな作品である。第五番は、独奏バイオリン、フルート、チェンバロ、弦楽器のための曲で、第六番は独奏ヴィオラ二本、低音弦楽器（バイオリンはなし）、独奏チェロの曲だ。すべての楽器が演奏する「トゥッティ」（総奏部）という部分と、通奏低音のみの伴奏で独奏楽器が演奏する独奏部とが交互に現れる。

　全六曲のうち、おそらく最もなじみがあるのは、『ブランデンブルク協奏曲』第四番だろう。第四番は、いかにもバロック的な楽曲だ。独奏バイオリンと独奏リコーダー二本、弦楽器、通奏低音という編成で書かれた楽曲で、テンポの速い第一楽章は、反復する総奏部と力強い独奏部とが交互に現れるヴィヴァルディのリトルネッロ形式を忠実に守っている。第二楽章は、自由形式のアンダンテつまり「歩くような速さ」の楽章である。最終楽章プレスト（「急速に」の意味）はフーガ形式になっていて、まず冒頭で提示した長い主題を、あとの部分で反復させながら、重なり合わせてつなげていく。

豆 知 識

1. 『ブランデンブルク協奏曲』を作曲する前、バッハはヴィヴァルディなどイタリアの作曲家に強い関心を抱き、作曲技術向上の練習として、彼らの合奏曲を鍵盤楽器用に編曲していた。
2. 『ブランデンブルク協奏曲』は、独奏楽器が複数あることから、コンチェルト・グロッソ（合奏協奏曲）と呼ばれている。
3. この協奏曲は、ブランデンブルク辺境伯クリスティアン・ルートヴィヒに献呈された作品だが、献呈された当の本人のために演奏されたことはなかった。

第13週 第6日(土)

90 哲学 | 神の存在証明

神の存在については多くの人が――その存在を信じる者も、そうでない者も――論じている
が、存在を証明することはできない。それでも哲学者たちは、アリストテレス以来、神の存在
を証明しようとしてきた。

◆

神の存在証明は、三種類ある。ひとつ目は存在論的証明と呼ばれるもので、その起源は中世
の哲学者カンタベリーのアンセルムス（1033〜1109）までさかのぼる。アンセルムス本人の
論証はもっと複雑なのだが、存在論的証明の基本的な枠組みを示すと、次のようになる。

（ⅰ）神は最高完全者である。（定義）
（ⅱ）存在することは、存在しないことよりも完全性が大きい。
（ⅲ）もし神が存在しないならば、神は存在という完全性を有しないことになる。（ⅱより）
（ⅳ）ゆえに神は存在する。（ⅰとⅱより）

神の存在証明の二つ目は、宇宙論的証明である。その基本的な形は、こうだ。存在するもの
すべてには、因果関係をさかのぼるとたどり着く、それ自体は原因を持たない究極の原因「第
一原因」があるはずだ。この第一原因こそ神に違いない。なぜなら、原因がなくても存在でき
るのは神のほかにないからである。以上が宇宙論的証明である。これには、次のような別のバ
リエーションもある。いわく、神以外のあらゆるものは偶然的であり、存在しない場合があり
える。しかし、偶然的なものはどれも、必然的な原因を必要とする。この必然的な原因を神だ
と考えるのである。

三つ目は目的論的証明だ。これは、先のふたつほど論理的に厳密ではなく、この世界のさま
ざまな特徴は、世界が知的な設計者によって創造されたと仮定すれば、うまく説明できるとす
る考え方だ。この証明の支持者たちが根拠としてたびたび取り上げる特徴には、生命誕生を可
能にした自然法則の整合性、生物の環境への適応力、人間が自我を持つ知的存在である事実な
どがある。

豆 知 識

1. チャールズ・ダーウィン（1809〜1882）以降、哲学者の――全員ではないが――多くが、世界の特徴はどれも科学、
特に進化論によって十分に説明されるのだから、目的論的証明は無効だと主張している。

第13週 第7日（日）

91 宗教 | カバラ

　カバラとはユダヤ教の神秘主義で、ユダヤ教が持つ数々の不可解な部分を解明しようとするものだ。例えば「なぜ神は世界と人間を創造したのか」や「もし神が善であるのなら、なぜこの世に悪があるのか」といった疑問に答えようとする。カバラは、トーラーとタルムードの解釈を通じて神秘的な発見に至ろうとする。その目的は、神秘的な真理を見つけること、つまり直接神に近づくことである。

◆

　カバラ信仰の中核にあるのは、神にはふたつの形態があるという考え方だ。そのひとつは、世界を創造するため姿を現したときの形態であり、もうひとつは完全に不可知な形態である。この神のふたつの側面のあいだにあるのが創造の力である10のセフィロトで、これが不可知の神と顕現した神との橋渡し役になる。カバラを信奉する人々は、この10の力を作用させれば、思いやりや判断力など神の力を現世にもたらすことができると信じている。またカバラ思想では、トーラーの文字ひとつひとつに解読可能な強力な意味が込められていると考えられている。

　カバラ文書で最も重要なのが『セフェル・ハ・ゾーハル』、略して『ゾーハル』だ。この文書は13世紀にスペインでモーシェ・ベン・シェム・トブ・デ・レオンによって「発見」された——もっとも、実際には彼が執筆したようだ。デ・レオンは、これは２世紀のラビ（ユダヤ教の宗教指導者）の作だと述べている。この文書は、他のカバラ文書と同じく、読者がヘブライ語聖書について前もってかなり深い知識を持っていないと、理解するのはほぼ不可能だ。

　カバラは中世に発展したが、これが現代にまで伝わっているのは、18世紀に神秘主義的なハシディズム運動が起こったのをきっかけに広まったからだ。今日では、何人ものセレブたちがカバラを信奉しているため、マスコミで取り上げられる機会が増えている。ただし、カバラの専門家たちの大半は、現在の魔除けやストーン、ネックレスなどを前面に出したカバラの流行を、伝統的な真のカバラから逸脱した堕落だと語っている。

豆 知 識

1. カバラを批判する人々は、神がふたつの側面を持つという考えが、唯一神論と両立しえない点に反発している。
2. カバラを信奉するセレブたちが身につけている赤い紐は、悪霊から身を守ってくれると考えられている。

第14週 第1日（月）

92 歴史 | イタリア・ルネサンス

　イタリア・ルネサンスは、イタリアの都市フィレンツェで14世紀後半に始まり、メディチ家当主ロレンツォ・イル・マニフィコが同市を支配した時代に全盛期を迎えた。この時期に、政治・宗教・芸術の大変革が起きた。「ルネサンス」という言葉は、イタリア語で「再生」を意味する言葉に由来し、当時の知識人にとってルネサンスは、まさしく芸術の再発見のように感じられた。それ以前の時代は、一部の人々から、ローマ帝国の崩壊以降1000年にわたりヨーロッパで文化が停滞した時期だと考えられた。

◆

　アルノ川に面するフィレンツェでは、ロレンツォの宮廷に芸術家や知識人が集まった。レオナルド・ダ・ヴィンチやサンドロ・ボッティチェリ、ミケランジェロなど著名な画家が、フィレンツェで活動した。ロレンツォ自身は詩を書き、狩りに興じた。

　ルネサンスは、中世が終わって近代が始まる歴史の転換点だった。この動きは、メディチ家が支配するフィレンツェからイタリア諸都市に広がり、さらに北へ向かってヨーロッパ各地に伝わった。ドイツで発明された活版印刷術で印刷物を大量生産できるようになったことに助けられ、ルネサンスの思想はヨーロッパ文化を大きく変容させた。

　ルネサンスを支えた思想を人文主義といい、それは、教会の教えを無批判的に受け入れるのではなく、古典時代の思想に回帰しようとする知的運動であった。伝統を積極的に退けようとする態度から、新たな形の建築・絵画・学問が生まれた。そして何よりルネサンスとは、中世の偏狭な伝統を捨てて、もっと探究的な近代的世界観へと移っていく、精神構造の変化であった。

┌─ 豆 知 識 ─┐

1. フィレンツェにやってきた観光客の中には、市内にあるルネサンス芸術・建築のすばらしさに圧倒されて失神してしまう人がときおりいる。この現象をフィレンツェの人々は「スタンダール症候群」と呼んでいる。19世紀フランスの作家スタンダールが、フィレンツェに来たとき同じ理由で歩けなくなったと言われているからだ。
2. ヨーロッパで書籍の大量生産を可能にした活版印刷術は、1448年にヨハン・グーテンベルクによって発明された。活版印刷以前、本はすべて手書きで筆写されていた。写本を一冊完成させるのに何年どころか、何十年もかかることさえあった。
3. 政治思想家ニッコロ・マキャヴェッリは、メディチ家の顧問として政治や統治を現場で直接学び、それをもとに執筆した権力に関する画期的な著書『君主論』をロレンツォ・イル・マニフィコの孫に献上した。
4. フィレンツェで最も有名な建築物は、同市の大聖堂だろう。この大聖堂は内部が広く、礼拝時には三万人を収容することができる。有名な八角形のクーポラ（丸屋根）は、1436年の完成で、この種の丸屋根としては史上初のものであり、ルネサンス建築の最初にして最高の作品のひとつに数えられている。

第14週 第2日(火)

93 | 文学 | 『ドン・キホーテ』

　ミゲル・デ・セルバンテスの『ドン・キホーテ』（前編は1605年、後編は1615年）は、スペイン語圏の最も傑出した文化的偉業と言っていいだろう。スペイン文学の最高傑作と称賛され、言語を問わず世界最初の近代小説と広く考えられている。

◆

　タイトルにもなっている主人公は、スペイン中央部のラ・マンチャ地方に生まれた50歳の男だ。騎士道物語に感化された彼は、ある日、当惑する家族に向かって、私は名をドン・キホーテと変え、これより偉業を成し遂げ、あらゆる悪を正すべく、我が高貴なる駿馬——とは名ばかりで、じつはやせ細った駄馬ロシナンテ——にまたがって遍歴の旅に出ると宣言した。そして文字の読めない農夫サンチョ・パンサを「従者」にした。サンチョは、ドン・キホーテは頭がおかしいと思っているが、島の領主にしてやろうと約束されたので、それを半ば信じて新たな主人についていくことにした。

　主従は、行く先々で数々の災難にぶつかる。ドン・キホーテは、出会うものすべてを次々と誤解していく。宿屋の主人を騎士と思い込み、売春婦を汚れなき乙女に、修道士を魔法使いに勘違いし、風車を巨人と思い込む。相手によかれと思ってやったことが、かえって迷惑になることもしょっちゅうだ。そうした冒険は、すべてドゥルシネア・デル・トボソという「姫」に捧げているが、この女性、じつは農家の娘で、彼女自身はこの冒険行にこれっぽっちも関心がない。

　『ドン・キホーテ』は、中世において世俗文学の代表だった騎士道物語のパロディーであると同時に、そのオマージュでもある。中世の騎士道物語は、英雄的な騎士たちの話を、おもに貴婦人への崇高な愛をテーマとして、緩やかに結びつけたものだ。事実に基づくものもあれば、昔からの言い伝えもある。『ドン・キホーテ』でセルバンテスは、同じ素材を扱いながらも語り口に統一感を持たせ、それまでなかった心理面での深みと、風刺的な自己認識とを与えている。また、驚くほどポストモダン的なひねりも加えている。別の作家が1614年に『ドン・キホーテ』の続編を勝手に作って出版すると、セルバンテスは偽の続編のことを本物の後編で取り上げたのだ。作中、ドン・キホーテとサンチョは、この贋作をバカにした態度でこき下ろすのである。

　私たちは、こうした特徴は現代の文学では当たり前だと思っている——そもそも、小説という形式を当たり前だと思っている——が、当時としては斬新なものだった。ドン・キホーテを作り出したことそのものが一大成果であり、その姿は、さまざまな時代や人々により、愚者、悲劇のヒーロー、世間に流されるのを拒む勇気ある人物など、多種多様に解釈されてきた。これほど多くの側面を兼ね備えているからこそ、セルバンテスが生んだドン・キホーテは、時を経ても色あせることのない魅力的な創作上の人物のひとりになったのである。

豆 知 識

1. 今までに出版されたすべての書籍のうち、『ドン・キホーテ』は、印刷総部数では聖書に次いで史上第二位である。

第14週 第3日(水)

94 視覚芸術 | アルブレヒト・デューラー

アルブレヒト・デューラー（1471〜1528）は、北方ルネサンスで最も知られた芸術家のひとりだ。父は、ドイツのニュルンベルクに居を構えるハンガリー出身の金細工師で、後半生は息子たちに一流の彫金細工や木彫り細工を作る技術を教えた。

◆

デューラーは、北ヨーロッパの芸術家の中でも、芸術を学ぶため、いち早くイタリアを訪れている。1494年にしばらくヴェネツィアに滞在したあと、ニュルンベルクに戻ると、ドイツで身につけた技術をルネサンスの理論と結びつけた。

1498年にデューラーは、聖書の黙示録に説かれている世界の終わりを描いた15枚一組の木版画を出版した。中でも、四騎士——死、飢饉、戦争、疫病——の図はとりわけ有名だ。

1513年から1514年には、三点の「傑作銅版画」を出している。このうち最も有名なのは、『騎士と死と悪魔』という作品で、ここではキリスト教を信じる中世の騎士が、誘惑と危険に囲まれながらも、恐れる様子もなく馬で進む姿が描かれている。

マルティン・ルターが1517年に『九五か条の論題』を発表すると、デューラーはすぐに宗教改革の熱心な支持者になった。デューラー後期の傑作『四人の使徒』（1523〜1526年）には、ルターによる福音書のドイツ語訳から、使徒たちが人間の過ちと高慢を非難する内容の長い一節が引用されている。この絵をデューラーは、当時ルター派を信奉していたニュルンベルク市当局に寄贈した。

晩年のデューラーは、芸術理論への関心を深めていった。1525年には、ピエロ・デッラ・フランチェスカの作品に基づく遠近法の研究書を出版した。その二年後には築城術に関する本も執筆している。1528年に亡くなったときには、人体比例に関する大部の著作に取り組んでいた。

「北のレオナルド」とも呼ばれたデューラーは、その生涯を通じて、イタリア・ルネサンスの古典的な理想と、生まれ故郷であるドイツの自然主義を調和させることに尽力した。

豆知識

1. デューラーといえば版画が有名だが、水彩画も得意だった。水彩画『草の茂み』は、その科学的正確さから今も高く評価されている。
2. デューラーは、現実世界を二次元平面に再現するため光学装置を実験的に用いた。
3. デューラーの版画『原罪』（別名『アダムとイブ』）には、四匹の動物も描かれており、それぞれが四つの気質、すなわち多血質、黒胆汁質、粘液質、胆汁質【訳注：古代ギリシャ医学で唱えられた人間の気質の分け方】を表している。

95 科学 | ガリレオ・ガリレイ

　イタリアのピサ郊外に生まれたガリレオ・ガリレイ（1564～1642）は、近代物理学の父、近代天文学の父、近代科学の父などと呼ばれている。その業績を少し挙げてみると、複合顕微鏡の発明、木星の衛星発見、世界初の振り子時計の設計、宇宙を詳しく見ることのできる望遠鏡の発明など、すばらしいものばかりだ。彼の科学実験は、近代の科学的手法の基礎を築き、彼が唱えた慣性という考えは、アイザック・ニュートンが運動法則を導き出す直接のきっかけになった。

◆

　しかし、何と言ってもガリレオ最大の業績は、ルネサンス時代のローマ・カトリック教会に抵抗したことだろう。当時、ポーランドの天文学者ニコラウス・コペルニクス（1473～1543）が提唱した「太陽の周りを地球や惑星が回っている」という太陽中心説（地動説）を教えることは、教会への反逆行為と見なされていた。教会は、聖書を文字どおり解釈して、太陽と惑星が地球の周りを回っているという説を承認していたからだ。

　ガリレオは自著『天文対話』で、最新の望遠鏡で実施した観測結果を使ってコペルニクスを擁護した。異端審問が開かれ、当時69歳のガリレオは、著書を発禁処分とされ、ローマの審問所へ出頭するよう命じられた。審問の結果、教会の教義に逆らったとして有罪となり、終身刑を言い渡された。その後は自宅監禁に減刑され、異端審問所の役人が監視する中、フィレンツェ郊外の自宅で九年後に亡くなった。

　ガリレオ裁判から359年後の1992年、ローマ教皇ヨハネ・パウロ二世はガリレオの勇気ある行動を認め、教会が彼を罰したことを公式に謝罪した。

[豆 知 識]
1. ガリレオの父親は、息子が数学を勉強するのに反対だった。医者になってほしかったからだ。
2. ガリレオは、月の表面に山や谷があるのを見たという記録を残した最初の人物である。
3. ガリレオには娘がふたりいたが、ふたりとも婚外子で、のちに修道女になった。

第14週 第5日(金)

96 音楽 | ジョージ・フリデリック・ヘンデル

　根っからの社交好きで国際的に活躍したジョージ・フリデリック・ヘンデル（1685～1759）は、ヨハン・ゼバスティアン・バッハを別にすれば、後期バロックで最高の作曲家である。1685年、ドイツの小さな町ハレにカトリックの一家に生まれ、20歳のときにはすでにオペラを二作も書いていた。その後はカトリックの典礼のため、ラテン語のすばらしい合唱曲をいくつも作曲するようになった。

◆

　ヘンデルは、1707年から1710年までを北イタリアで過ごし、アントニオ・ヴィヴァルディや、アルカンジェロ・コレッリ、アレッサンドロとドメーニコのスカルラッティ父子らイタリアの偉大な作曲家たちと交わり、彼らの旋律に対するセンスから多大な影響を受けた。イタリアから戻ってハノーファー選帝侯【訳注：神聖ローマ帝国の君主に対する選挙権を持った有力諸侯】の宮廷楽長になると、ヘンデルは——たまたま選帝侯がイギリスの次期王位継承者だったこともあり——選帝侯を説得して一年間の休暇をもらい、ロンドンへ渡った。ロンドンに着くと、イギリス国民にオペラを浸透させていった。『リナルド』（1711年）は、彼がロンドンのため特別に書いた最初のオペラで、イタリア語だったが大好評を博した。その後も『エイシスとガラテア』（1718年）、『ラダミスト』（1720年）、『エジプトのジューリオ・チェーザレ』（1724年）など続々と発表した。こうした作品のおかげでヘンデルは、イギリス最高のオペラを上演するため新たに設立された組織ロイヤル音楽アカデミー【訳注：現在の王立音楽院とは無関係】の中心人物となった。

　1717年、ハノーファー選帝侯がついにイギリス王ジョージ一世となるためロンドンに到着すると、ヘンデルは、自分が約束の一年を過ぎてもロンドンにとどまってハノーファーに帰らなかったことを新国王は怒っているのではないかと心配になった。一説によると、ヘンデルは王の好意を取り戻すために有名な組曲『水上の音楽』を作曲し、国王はヘンデルの音楽を聞いてそのすばらしさを知ると、俸給を倍増したという。

　イギリスでの晩年、ヘンデルは関心をオペラからオラトリオに移した。オラトリオとは、宗教的な内容で、演劇的な要素を持っているが劇としては上演しない楽曲で、独唱・合唱・管弦楽などで演奏される。ヘンデルは、死ぬまでにオラトリオを30曲以上完成させた。おもなものに、自身も気に入っていた『メサイア』（1742年初演）、『サムソン』（1743年）、『セメレ』（1744年）、『ソロモン』（1749年）などがある。1759年、ヘンデルはロンドンで亡くなった。

豆知識

1. ヘンデルの父は息子には音楽家ではなく法律家になってほしいと思っていた。
2. ヘンデルのオラトリオ『メサイア』は、毎年クリスマスになると世界中の数多の教会で演奏される。
3. ヘンデルがイギリスで最初に作ったオペラ『リナルド』では、森の場面になると生きた雀の一群が放たれた。

第14週 第6日（土）

97 哲学 | 懐疑論

「ネオ、君は夢を見ていて、これは現実に違いないと思ったことはないか？　もし、その夢から目覚めることができないとしたら、どうなる？　夢の世界と現実の世界の違いが、どうやって分かると言うんだ？」

映画『マトリックス』（1999年）、モーフィアスのセリフから

◆

　あなたはコンピューター・シミュレーションの中で生きているのではありませんか？　どうして違うと分かるのです？　確かにあなたは、本物の紙でできた本物の本を持っているかもしれません。しかし、それはコンピューターがあなたの脳に、本物の紙でできた本物の本を持っているように思えと命じているからではないと、どうして分かるのです？　この世界についてのあなたの知識と経験が、どれも信じるに値するものだと、どうして分かるのですか？

　こうしたジレンマを、外界についての懐疑論という。一般に懐疑論とは、厳密に証明されていない知識体系に対して私たちが抱いている確信を覆すために行われる哲学的議論または主張のことを指す。懐疑論者とは、懐疑論的な議論を使って私たちの常識を覆そうとする人のことだ。

　懐疑論にはこのほかに、「他者には思考や感情、知識があると、どうして分かるのか」というものもある。確かに他者は、思考しているかのように振る舞う。それに、聞けば必ず、私は知識を持っていますと答える。しかし、彼らが真実を語っているとどうして分かるのか？　他者も思考力を持った存在だという主張を裏づけるような証拠は、どれも彼らがじつは非常に精巧にプログラムされたロボットであることを示していると解釈し直せるものばかりだ。

　これまでに多くの哲学者が、外界や他者の心についての懐疑論を解決したと主張してきた。その一方で、懐疑論に屈した哲学者もいる。

豆 知 識

1. ルネ・デカルト（1596〜1650）は、自著『省察』で、最も有名で後世に最も大きな影響を残した懐疑論の主張を書いた。その中でデカルトは、自分が非常に強力だが悪意に満ちた悪魔によって創造され、その悪魔から徹底的にだまされている可能性を検討している。デカルトは読者にこう問いかける。「私が、そのような悪魔にだまされていないと、私にどうして分かる？」
2. イマヌエル・カント（1724〜1804）は、懐疑論という問題を哲学がまだ解決していないことを、たいへんな「不名誉」だと見なしていたが、マルティン・ハイデッガー（1889〜1976）は、不名誉なのは懐疑論という問題を解決していないことではなく、解決しなくてはならないと哲学者が考えていることだと書いている。

第14週 第7日（日）

98 宗教 ｜ ハシディズム

　ハシディズムとは、18世紀半ばにユダヤ教の宗教指導者イスラエル・ベン・エリエゼル（1700〜1760）、別名バアル・シェム・トーブ（「よき名の主」の意）通称ベシュトが創始したユダヤ教の宗教運動のことである。

◆

　ハシディズムの核となる信条は、汎神論とデベクートである。汎神論とは、自然界のありとあらゆる具体的物質に神が宿っているとする考え方だ。ユダヤ教では、神は具体的な形を持たないとする考えが広く支持されていたため、これと衝突する汎神論は、ユダヤ教徒のあいだに大きな動揺を巻き起こした。またデベクートとは、法悦に似た神への密着状態のことで、ハシディズムを奉じる者なら誰にでも可能とされた。

　ベシュトは、ポーランドとウクライナを旅しながら、心で神と密着し、同じユダヤ教徒をいつくしむことの方が、トーラーの専門的な知識よりも大切だと説いて回った。学術研究ではなく心からの祈りを強く重視したのである。

　18世紀にハシディズムは、東ヨーロッパ全域に急速に広まったが、行く先々で反発に遭った。それでも、さまざまな教派が生まれ、各集団は特定のレッベ（ハシディズムの指導者）の具体的な教えを信奉した。ハシディズムはさかんになったが、やがて第二次世界大戦とホロコーストを迎えた。ユダヤ教徒の多くが虐殺され、住んでいた家や町が破壊されたため、ハシディズム派のユダヤ教徒は大半がイスラエルかアメリカに移住した。

　今日、ハシディズム派であるかどうかは、服装と外見から判断できることが多い。服装の細かい点は教派によって異なるが、ハシディズム派の男性の大半は、長い黒の上着を着て、黒の絹紐を腰に巻き、黒い帽子をかぶり、ツィーツィートと呼ばれる白い房飾りを衣服の上から腰にぶら下げている。さらに、男性は顔の両サイドを剃ることを禁じられており、そのためハシディズム派のユダヤ教徒には、もみあげを長くカールさせたパヨットと呼ばれる髪型にして、あごひげを生やしている人が多い。ハシディズム派の女性については、服装の決まりはこれほど画一的ではないが、かなり厳しい。地味なスカートと袖の長いブラウスを着ることが求められ、既婚女性は髪を覆わなくてはならない。ハシディズム派のユダヤ教徒がこうした服装を選んだのは、18世紀の習慣をできるだけ多く守りたいと思ったからだ。また、世俗的な社会から離れてユダヤ教徒らしく見えることが大切だと信じている。そのため、かつては急進的だったのが、今では非常に保守的な集団だと見なされている。

　　　　　　　　　　　　　　　　| 豆 知 識 |

1. 「ハシディズム」という言葉は、前3世紀のユダヤ教徒の一派を指すのにも使われる。こちらの方は、ハシド派とも呼ばれた保守的な一派で、ギリシア哲学との融合を支持するヘレニズム・ユダヤ教と対立していた。
2. 同じハシディズム派でも、教派によっては意見の対立もある。サトマル派はシオニズム運動に反対しているが、ハバド派はイスラエル国を支持している。

104

第15週 第1日(月)

99 歴史 | レコンキスタ

　イスラム勢力が718年にイベリア半島を征服すると、その直後からヨーロッパのキリスト教徒たちは半島を取り返そうとし始めた。その後およそ800年にわたって散発的に戦闘が続いたが、1492年、モーロ人が支配する半島最後の拠点グラナダ要塞が、スペインの君主フェルナンド王とイサベル女王の率いる軍によって攻略されて、レコンキスタ（国土回復運動）はついに完了した。しかし、モーロ人と呼ばれたスペインのイスラム教徒たちは、現在のスペインとポルトガルに大きな文化的遺産を残した。

◆

　モーロ人の支配下にあった約800年間、イベリア半島はアル＝アンダルスと呼ばれていた。西ヨーロッパのキリスト教諸国が短命で終わる中、イベリア半島のイスラム教国だけが長期にわたって支配を続けた。イスラム時代のスペインは、多くの点ですばらしい大成功を収めていた。歴代カリフが建てた見事な建築の数々は、当時のキリスト教建築にひけを取るものではなかった。

　キリスト教圏であるヨーロッパは、間近に迫ったモーロ人に憧れると同時に、恐怖心も抱いていた。イベリア半島を奪還することは、中世キリスト教徒にとって主要な目標となり、教会が信者たちに呼びかけるスローガンになった。十字軍は、中東でイスラム教徒が支配する地域を目指した遠征だが、これも、モーロ人によるスペイン支配に起因するキリスト教徒とイスラム教徒の衝突から影響を受けていた。

　1100年以降、モーロ人が支配する都市が次々とキリスト教軍に攻略されていった。1118年、キリスト教軍はサラゴサを占領した。1147年は、現ポルトガルの首都であるリスボンが落ちた。モーロ人の首都だったコルドバは、1236年に攻略された。1492年のグラナダ陥落で、レコンキスタは完了した。ただし、征服者であるキリスト教徒は、モーロ人とはまったく違って寛容ではなかった。グラナダ陥落の数か月後、ユダヤ教徒がスペインから追放された。数年後には、半島に残っていたイスラム教徒が、改宗するかイベリア半島から出ていくようにと命じられた。かつて繁栄を極めたイスラム教国は消滅したが、その残骸から、スペインとポルトガルという、ふたつの国が姿を現し、すぐに国際政治の舞台で主役を演じることになった。

豆 知 識

1. 1294年、ポルトガルとスペインの国境がまだ未確定だった時期に、ポルトガルはイングランドと同盟条約を結んだ。これは、現在も有効な世界最古の条約である。
2. レコンキスタで最も有名な戦士のひとりに、キリスト教徒の武将エル・シッドがいる。ただし彼は、キリスト教徒側で戦ったこともあれば、イスラム教徒側で戦ったこともある。
3. イスラム教では、モスクに人間の姿を描くことが禁じられていたため、幾何学的な形や文様が好んで用いられた。この特徴的な建築様式は、今もスペインの多くの町で見ることができる。レコンキスタ後にモスクがカトリックの教会に転用されたからだ。

105

第15週 第2日(火)

100 文学 | 『カンタベリー物語』

　ジェフリー・チョーサーの生涯について詳細は分からないが、彼の傑作『カンタベリー物語』（1390年代頃）が残した影響は明らかだ。本作品は、英語を文学の言語として打ち立てるのに中心的な役割を担った。当時は、文学の言語と言えばフランス語とラテン語だと——イングランドにおいてすら——考えられていたが、『カンタベリー物語』は、英語がこの二言語に完全に取って代わるのに大きく貢献したのである。英語は古典語に劣るという思い込みを打ち破ることで、チョーサーはエドマンド・スペンサーや、フィリップ・シドニー、クリストファー・マーロー、ウィリアム・シェイクスピアなどその後に続くイギリス文学の巨人たちの歩む道を切り開いた。

◆

　『カンタベリー物語』は、トマス・ベケット廟を参詣するためロンドン周辺からカンタベリーへ向かう途中の巡礼者一行が語る24の物語を集めたものだ。序文によると、当初チョーサーは120の物語で構成するつもりだったようで、本作品が未完成なのか、チョーサーの気が変わって24の物語でやめることにしただけなのか分かっていない。チョーサーの描く巡礼者たちは、騎士、粉屋、贖宥状売り、女子修道院長、バースから来た女房など、社会のさまざまな階層からの寄せ集めである。彼らの語る話は、説教や寓話から聖人伝や騎士道物語まで、文学の多種多様なジャンルを網羅しており、話のテーマも高貴な愛から宗教の偽善ぶりや下ネタの笑い話まで幅広い。

　『カンタベリー物語』は中英語で書かれている。中英語とは、8世紀ころの古い叙事詩『ベーオウルフ』が書かれた古英語と、現在使われている近代英語との中間的な存在だ。今の英語は、つづり、発音、語順がチョーサーの時代から大きく変わっているが、彼の書いた文章の大半は、現在の読者にも理解できる。例えばバースの女房の話は、次のような、アーサー王時代のイングランドに住んでいたという超自然的な存在の描写で始まる。

　In th'olde dayes of the king Arthour,
　Of which that Britons speken greet honour,
　Al was this land fulfild of fayerye.
　かつてのアーサー王の御代、
　ブリトン人が大いなる誇りとともに語る時代に
　この地は妖精たちで満ち満ちていた。

　24の話は、ふたつを除き、すべて韻文で書かれている。チョーサーは、当時主流だったフランス語の韻文形式を捨てて、弱強五歩格——一行が十音節から成る形式——を使っており、以来これが英語詩の主要な形式となっている。チョーサーがこの一大決断をしたおかげで、その後の数百年間にシェイクスピアらが戯曲やソネットで弱強五歩格を見事に使いこなす下地ができた。

[豆 知 識]

1. 1340年代後半に黒死病がイングランドを襲ったあと、チョーサー一家は、この疫病で死んだ親戚から財産を相続した。思いがけず大金が転がり込んできたことで、チョーサーは父と同じ商人の道に進まず、教育を受けることができた。

第15週 第3日（水）

101 視覚芸術 | ミケランジェロ

ミケランジェロ（1475〜1564）は、イタリア盛期ルネサンス最高の芸術家と見なされることが多い。画家・建築家・詩人・土木技師として天賦の才に恵まれていたが、本人は何よりも彫刻家を自任していた。彼の伝記を書いたジョルジョ・ヴァザーリは、ミケランジェロは無生物である大理石に生命を吹き込むことができると述べている。

◆

ミケランジェロは、1475年、トスカナ地方の町カプレーゼに生まれた。若いころから傑出した才能の持ち主で、メディチ家当主ロレンツォ・イル・マニフィコを囲む知識人・芸術家サークルに招かれて参加した。フィレンツェからローマに移ると、『ピエタ』（聖母マリアが死んだイエスの遺体を見て嘆く姿）の彫刻制作の依頼を受け、1499年に完成させた。1501年にはフィレンツェに戻り、有名な彫刻『ダビデ像』を制作した。その数年後、ローマに呼び戻されると、教皇ユリウス二世から、自身の廟堂のため、実物大より大きい40体の彫像から成る精巧な墓碑を設計・制作してほしいと頼まれた。しかし、この仕事はすぐに中断された。当の教皇本人から、ヴァチカン宮殿内にあるシスティナ礼拝堂の天井全面に絵を描いてほしいと新たに依頼されたからだ。若きミケランジェロは、フレスコ画を描いた経験がほとんどなかったが、この依頼をわずか四年で完成させた。

天井画が完成すると、ミケランジェロは教皇の墓碑の仕事に戻り、1513年から1516年のあいだに『モーセ像』と『瀕死の奴隷』を制作した。ユリウス二世は廟堂が完成する前に死に、遺族は度を越した墓碑に大金を支払う気がなかったので、ミケランジェロは自らの設計した墓碑を完成させることができなかった。落胆した彼は、その後の20年間の大半を、強力なメディチ家のために、さまざまな仕事をして過ごした。この時期の最も有名な作品が、サン・ロレンツォ聖堂にあるメディチ家廟堂である。

1534年にミケランジェロは、システィナ礼拝堂の祭壇壁画にフレスコ画『最後の審判』を描くためローマに戻った。この作品で彼は署名代わりに、皮剝ぎの刑で殉教した聖バルトロマイの剝がされた皮を自分に似せて描いている。壁画を完成させた数年後、教皇パウルス四世は『最後の審判』に描かれた裸体を宗教画として不適切と考え、腰布を描き加えさせた。この腰布は、近年の礼拝堂修復の際に多くが取り除かれた。

ミケランジェロは、ルネサンス期ローマの都市計画でも成功を収めた。1537年、彼は古代ローマの中心だったカピトリーノの丘の頂上にある空き地の再整備を依頼された。その九年後には、新たなサン・ピエトロ大聖堂の建築主任に任命され、有名なドーム（丸屋根）を設計したが、残念なことに完成を生前に見ることはできなかった。彼はローマで89歳で亡くなった。

豆 知 識

1. システィナ礼拝堂天井画の『アダムの創造』で、ミケランジェロは神を、空中に浮かぶ天使たちが作る楕円形の中に描いた。近年、ブラジル人医師ジウソン・バヘートとマルセロ・ジ・オリヴェイラの二名から、この楕円形の構図はミケランジェロが人間の脳の断面図を意図的に使って構成したものだという説が出された。

107

第15週 第4日（木）

102 科学 | 静電気

　髪をくしでとかすと逆立つことがあるのは、なぜだろう？　冬にコートを着てドアノブに触れるとビリッと来るのは、なぜだろう？　それはどちらも、静電気のせいだ。

◆

　すべての物質は、原子で構成されている。どの原子も、中性子と陽子と電子でできている。中性子は電荷を持たないが、陽子は正の電荷を持ち、電子は負の電荷を持っている。陽子と中性子は、核と呼ばれる原子の中心部でしっかり結合しているが、電子は、例えば惑星が太陽の周りを回っているように、核の周りを回っている。陽子と電子が同じ数なら、原子は全体として電荷を持たない。しかしときどき、電子がほかの原子に取られてしまうことがある。電子をもらった原子は負の電荷を持ち、電子を失った原子は正の電荷を持つ。電荷を持った原子は、反対の電荷を持った原子や、電荷が中性の物質に引き寄せられる。同じ電荷を持った原子は、互いに反発し合う。

　これが、髪の毛が逆立つ理由だ。髪をとかすと、電子が髪の毛からくしへと奪われる。そのため髪の毛は正の電荷を持つ。正の電荷を持った髪は、一本一本が他の髪の毛からできるだけ遠く離れようとするので、そのため髪が逆立つのである。

　物質の一部には、金属のように、電子を奪うと、その電子に物質中を自由に運動させるものがある。こうした物質を導体（伝導体）という。それに対して、プラスティックや繊維は融通が利かず、電子を移動させない。このような物質を絶縁体（不導体）という。冬にコートを着ると、電子がコートからあなたの体へと移る。そのため、あなたの体は負の電荷を帯びる。その状態で金属製のドアノブに触れると、電子があなたの手から、伝導率の高い導体である金属製のドアノブへとジャンプする。これが空気を熱して火花を飛ばすのである。この現象は、空気の乾燥している冬の方が起こりやすい。逆に湿度が高いときは、空気中の水分が電子を吸収する（水は優れた導体だ）ので、火花は飛ばない。

豆 知 識

1. 稲妻は、静電気の放電が大規模に起こったものだ。嵐のとき、電子が動いて雲の上層が正の電荷を帯び、下層が負の電荷を帯びる。ふつう電子は、電荷を均一にするため雲から雲へとジャンプするが、ときどき電荷が稲妻となって中性の地面にジャンプするのである。
2. ベンジャミン・フランクリンは、有名な凧の実験で、稲妻が静電気であることを発見した。
3. さらにフランクリンは、避雷針を発明した。避雷針が、史上どの装置よりも多くの人の命を落雷から守ったことは、間違いないだろう。

108

第15週 第5日(金)

103 音楽 ｜ ヘンデルの『メサイア』

　1741年、ジョージ・フリデリック・ヘンデル（1685～1759）は、アイルランド総督からダブリンでの慈善コンサート用に楽曲を作ってほしいとの依頼を受けた。8月22日からの24日間、ヘンデルは猛スピードで仕事を進め、のちに彼の最も有名な作品となるオラトリオ『メサイア』を完成させた。すでにロンドンでは有名だったヘンデルだが、この『メサイア』を作曲したことで、彼の名は未来永劫、不朽のものとなった。現在でも、クリスマスの季節になると世界中の合唱団がこの曲を歌ってクリスマスを祝う。

◆

　オラトリオというジャンルは、17世紀に始まる。もともと「オラトリオ」とは、16～17世紀のカトリック教会に付属していた祈禱所を指す言葉で、こうした楽曲が、復活祭前の悔悛の季節に劇場が閉鎖されているあいだ祈禱所で演奏されていたことから、楽曲そのものもオラトリオと呼ばれるようになった。オラトリオは、声楽とオーケストラによって演奏される曲で、独唱部と合唱部が交互に登場し、ほとんどの場合、登場人物と筋書きのある物語風の歌詞がつけられている。オペラから演劇としての要素を取り去ったもの——衣装はなく、演技もせず、コンサートホールで演奏する——と考えればいいだろう。

　一般的なオラトリオとは違って、『メサイア』はストーリーが直線的には進行しない。キリストの降誕・受難・復活が、聖書中の預言も取り入れながら断片的に語られる。こうした内容は、おもに世俗的な曲を作ってきたヘンデルには珍しいものだった。有名な合唱『ハレルヤ』は、最も広く知られているバロック作品のひとつであり、それ以外にも、『われわれはみな羊のように迷って』や『ひとりのみどりごがわれわれのために生まれた』などの合唱曲も有名だ。1742年ダブリンでの初演で大成功を収めたことで、ヘンデルの名声は急激に上がり、商業作曲家としての地位は確固たるものとなった。彼自身の評判は史上最も有名なオラトリオ『メサイア』ほどにはならなかったが、彼は、自分の名は歴史に残るだろうと確信しながら、ロンドンで生涯を閉じた。

豆 知 識

1. ヘンデルが『メサイア』を完成させたスピードがあまりに速かったため、これは神の霊感を受けてのことに違いないと信じている人がいる。それに対して、ヘンデルはもともと平均的な作曲家よりも仕事が速く、『メサイア』も例外ではなかっただけだという意見もある。

第15週 第6日(土)

104 哲学 | ルネ・デカルト

　フランスのラ・エーに生まれたルネ・デカルト（1596〜1650）は、軍隊で工兵として数年間勤務したのち、哲学・数学・科学の分野で画期的な著作を執筆した。その哲学は、今日ではデカルト主義と呼ばれている。

◆

　デカルトが哲学で目指したのは、当時フランスをはじめ、全ヨーロッパで大学教育の基礎となっていたアリストテレスの学問体系に代わる新たな体系を作り出すことだった。彼の著作で最も重要なのは『省察』（1641年）だろう。同書は、彼が旅行中に小さな部屋で六日間を過ごしたときに考えた内容を物語るという形式になっている。ここでデカルトは、自分の信じるものすべてに疑問を投げかけ、疑うことのできないものだけを真理として認めようとした。その過程でデカルトは、私が考えているということは疑いようがないのだから、私が存在していることは疑いようがないという有名な見解にたどり着く。これが「われ思う、ゆえにわれあり」、もとのラテン語で言えば「コギト・エルゴ・スム」だ。

　デカルトは、自分の根源的な存在は疑えないと結論づける一方、肉体のありさまは疑うことができると思っていた。自分に考える能力があることに議論の余地はないが、物質としての肉体の存在は疑うことができるのだから、デカルトは精神と肉体は別のものだと主張した。

　デカルトは、肉体は物理学によって説明されると思っていた。彼にとって肉体は、大きさと形と速度を持って運動する幾何学的な存在だった。それに対して精神は、非物質的な考える存在だ。だから動物は、デカルトからすれば機械だった。動物は考えない（と彼は思っていた）のだから、精神を持っておらず、運動する部分が複雑に組み合わさっただけのものに違いないと考えていたのである。

豆　知　識

1. デカルトは、肉体を「レース・エクステンサ」（延長されたもの）と呼び、精神を「レース・インテリジェンス」（思惟するもの）と呼んだ。
2. デカルトは解析幾何学、別名、座標幾何学を考案した。

第15週 第7日(日)

105 宗教 | イエス・キリスト

ナザレのイエスは、ローマ帝国の時代にユダヤ教徒として生まれ育った。キリスト教徒は、イエスは神の子であり、長らく待ち望まれていた救世主だと信じている。その生涯の物語は、聖書で正典と認められた四つの福音書に記されている。

◆

　　イエスは、ベツレヘムでマリアの子として生まれた。キリスト教では、マリアは処女で、聖霊によって身ごもったと信じられている。マリアの夫ヨセフは、福音書ではほとんど触れられておらず、そのためイエスが十代半ばに達する前に死んだと考えられている。イエスはヨセフの跡を継いで大工となったが、やがて30代になると教えを説き始めた。

　イエスは、短い話や、寓話、逆説、たとえ話などを使って教えを説いた。中でも最も有名なのが、山上の説教と、善いサマリア人の話だ。教えを説くだけでなく、イエスは病人を治癒したり死者を生き返らせたりする奇跡も行った。イエスは女性にも親身になって助けたり教えを説いたりしたため、当時の宗教界から非難された。

　教えの中でイエスは、罪の許しと並んで、天の国が到来すると説いている。その意味するところは、何通りにも解釈されてきた。一部の人々は、当時イスラエルはローマに占領されていたので、イエスは政治的自由のことを言っているのだと思った。ただ、一般的には、イエスは世界の終わりを説いているのだと信じられていた。この終末とは、トーラーで説かれている救世主の時代の到来のことだと考えられた。イエスは、旧約聖書が約束している、贖罪と調和の時代をもたらすメシア（救世主）だと信じられた。

　イエスは、多くの支持者がいたが、何度も現状に異を唱えた。イスラエルにいるユダヤ教の長老たちに対する不満を明確に示すため、過越祭のときに神殿で騒ぎを起こした。ユダヤ人の最高法院サンヘドリンは、イエスが神を冒瀆したとして有罪を宣告し、国家反逆罪でローマ側に引き渡した。イスラエルでローマ側の責任者だった総督ポンティオ・ピラトは、イエスに十字架刑を言い渡した。しかし、キリスト教徒の信じるところによると、埋葬されて三日後にイエスは墓から復活し、自分が神の子であることを証明したのち、昇天したという。

豆知識

1. 525年（当時の言い方ではディオクレティアヌス紀元241年【訳注：キリスト教徒を迫害したローマ皇帝ディオクレティアヌスの即位年を紀元一年とする暦法】）、キリスト教の修道士ディオニュシウス・エクシグウス（500頃～560頃）は、イエスの生年月日を特定しようとした。いろいろと研究した結果、彼は特定に成功し、その日を紀元1年12月25日とした。こうしてできたのが、現在も使われている西暦である。ただし、西暦の算出には計算ミスがあった。今日では、イエスは紀元1年より4～8年前に生まれたと考えられている。
2. 「キリスト」とは、ギリシア語で「救世主」を意味する言葉だ。

第16週 第1日(月)

106 歴史 | スペイン異端審問

　1492年からの100年間で、スペインは世界最強の国になった。スペイン人のコンキスタドール（征服者）たちは、新大陸でペルーからキューバに至る広大な領域を征服した。ガレオン船が金銀財宝を積んでスペインの港に戻ってくると、たちまち国王は信じられないほど裕福になった。スペイン軍は、今日のベルギーとオランダなど、西ヨーロッパの他の地域も支配していた。

◆

　スペイン国内では、宗教的純化運動が勢いを増した。ユダヤ教徒を1492年に追放し、イスラム教徒にキリスト教へ改宗するよう命じたのち、マドリードの権力者たちは、新たに力を得た自国を敬虔なキリスト教王国にしようと決心した。スペインの聖職者の多くは、キリスト教に改宗した元ユダヤ教徒や元イスラム教徒が今もひそかに以前の信仰を守っていて、スペインの宗教的一体性を脅かしているのではないかと恐れていた。

　スペイン異端審問は、異端を根こそぎにして、いわゆる「偽改宗者」を罰することを目的としており、しばしば異端者は身の毛もよだつような方法で処刑された。ヨーロッパの他のカトリック諸国にも異端審問の制度はあったが、スペインの異端審問は厳しい上に、存続期間が長かったことで知られていた。異端審問が最後に異端者を──絞首刑により──処刑したのは、1826年のことだった。

　今日、スペイン異端審問は、あまりにも熱狂的すぎる中世の宗教的迫害と偏狭さの代名詞になっている。とりわけユダヤ教徒が標的とされ、ヨーロッパの反ユダヤ主義があおられた。しかし、これはスペインに限ったことではなかった。宗教に端を発する暴力は、中世ではヨーロッパ全土で常に見られた特徴だった。イギリスでは、数千人が魔女として処刑されており、この悪弊は、啓蒙の時代に入って進歩的な思想家たちが、聖書を文字どおり解釈するのを拒否するようになって、ようやく徐々に下火になっていったにすぎなかった。

豆 知 識

1. ユダヤ教徒は、公式には1858年まで、スペインに戻ることを許されなかった。
2. ローマにも異端審問があり、教会の見解と矛盾する発見をしたガリレオなど、科学者を処刑したり投獄したりした。

112

第16週 第2日（火）

107 文学 『神曲』

『神曲』は、イタリアの詩人・哲学者ダンテ・アリギエリ（1265〜1321）の代表作だ。ある人物が死後の世界を旅して見聞きした事柄を詳しく物語ったもので、以後何世紀にもわたってキリスト教徒の宇宙観に影響を与えるとともに、近代イタリア語の基礎も築いた。

◆

　フィレンツェに生まれたダンテは、市の政界で活躍していた。ところが、1302年にその政治的立場のためフィレンツェ市政府から死刑を宣告され、亡命生活を余儀なくされた。この亡命中に書いたのが叙事詩『神曲』である。ちなみに、ダンテ自身のつけたタイトルは『喜劇』（"La Commedia"）で、死後に『神聖喜劇』（"La Divina Commedia"）の通称が用いられるようになった【訳注：邦題の『神曲』は、森鷗外による訳】。

　『神曲』は、数字の「三」を構成の基本としている。これは、キリスト教の三位一体を反映させたものだ。全体は、「地獄篇」「煉獄篇」「天国篇」の三部構成で、それぞれが33の「歌」（カント）から成っている。これ以外に序文としての歌がひとつあるので、歌の数は全部で合計100になる。詩の内部構造も「三」が基本になっている。ダンテは『神曲』全体をテルツァ・リーマ（三韻句法）という形式で書いた。これは、三行をひとつの単位として、脚韻を（ABA、BCB、CDCというように）交互につなげて踏ませていく形式のことだ。

　『神曲』の主人公はダンテその人だ。人生の指針を失って嘆いていたダンテは、森で古代ローマの詩人ウェルギリウスの霊に出会う。ウェルギリウスに連れられて地獄の門へ行くと、門には、かの有名な「Lasciate ogne speranza, voi ch'intrate」——「すべての望みを捨てよ、ここより入る者は」——の一文が刻まれている。ダンテは、地獄に九つある階層を下りていきながら、地獄に落ちた霊魂が、永遠に続く数々の罰を受けている様子を目撃する。こうした「地獄篇」の恐ろしいイメージは、悪魔の登場で最高潮に達する。悪魔は、地獄の底で氷の池に閉じ込められていた。

　「煉獄篇」では、ダンテは煉獄を訪問する。煉獄とは、まだ罪が浄化されていないため神に会うことのできない霊魂が待機している場所のことだ。ウェルギリウスは、煉獄から先へは進むことができない。異教徒であるため天国に入れないからだ。ここからダンテの新たな導き手となるのが、神の栄光を崇高な愛という姿で体現する女性ベアトリーチェだ。「天国篇」で天国の九つの階層を登っていったあと、ダンテは旅のハイライトとして、つかのまに神を見る。彼の旅は、人間の霊魂が神へ至る道を進む旅——罪から悔悛を経て救済へと至る道程——を反映したものであった。

　『神曲』は、イタリア語の発展に大きな影響を与えた。13世紀まではイタリア文学のほぼすべてがラテン語で書かれていたから、俗語であるイタリア語を使うとダンテが決断したのは大きな変化だった。都市国家に分かれていたイタリアが1861年に統一国家となったとき、ダンテの作品で使われていたトスカナ方言が、書き言葉としてのイタリア語の標準となり、今日も使用されている。

　　　　　　　　　　　　　　　┌──────┐
　　　　　　　　　　　　　　　│ 豆 知 識 │
　　　　　　　　　　　　　　　└──────┘

1. 詩人のT・S・エリオットは、「ダンテとシェイクスピアは、近代世界をふたりで分け合った。三人目はいない」と書いた。

第16週 第3日（水）

108 視覚芸術 『ダビデ像』

　1501年、フィレンツェ共和国はミケランジェロを雇い、大聖堂の正面を飾るダビデの像を制作させた。ダビデは旧約聖書に登場する王で、青年時代に巨人ゴリアトを倒した英雄でもあり、フィレンツェでは市の守護者だと広く考えられていた。この仕事は、当初は別の芸術家に依頼されていたが、その人物は高価な大理石の大きな塊から輪郭を切り出した直後に亡くなっていた。言い伝えによると、ミケランジェロがこの仕事を引き受けたのは、「状態の悪くなった」大理石に喜んで挑戦しようとしたのが彼しかいなかったからだという。1504年に像が完成すると、そのあまりのすばらしさに、これを教会の高い位置に置くことはできないと考えられた。その代わり、フィレンツェの中心であるシニョーリア広場に面した市庁舎パラッツォ・ヴェッキオの前に設置された。

◆

　この彫像は、盛期ルネサンスの最高傑作のひとつで、ゴリアトと戦う直前の緊張したダビデの姿を捉えている。ドナテッロの有名な『ダビデ像』が戦いに勝利した少年を描いているのに対し、こちらは、これから戦いに赴こうとする青年である。古典古代の作品にインスピレーションを得て、ミケランジェロは、体重を片足に乗せ、気高そうな頭を左に向けて立つ、筋肉質の美しい肉体を彫り出した。ダビデの筋肉は、これから巨人を倒すために力をためて盛り上がっている。手と足が体と比べて大きすぎるが、それは青年期に特有な体の部位のバランスの悪さと、将来大きな力を得ることが約束されていることを示している。

　ミケランジェロの伝記を書いたジョルジョ・ヴァザーリが書き残している逸話によると、フィレンツェに住むピエトロ・ソデリーニという市民が、ダビデの鼻が大きすぎると不満を述べた。この批判に対してミケランジェロは、鼻の一部を削る振りだけをした。それが終わるとソデリーニは、「ああ、これで彫刻に生命が宿った！」と満足そうに言ったという。

　『ダビデ像』は、最初にシニョーリア広場に立てられたとき、石を投げつけられた。おそらく犯人は、当時亡命中だったメディチ家の支持者たちで、彼らはこの彫像を共和国のシンボルだと見たのであろう。1527年には暴動に巻き込まれて左腕が壊された。1873年には、風雨と公害による劣化から守るため広場から撤去された。フィレンツェ美術アカデミアの安全な場所に移されてからは、元の場所には複製が置かれた。1991年、錯乱状態のイタリア人画家がオリジナルをハンマーで襲い、足の指を一本、砕いた。

　完成500周年を前に、『ダビデ像』は蒸留水できれいに清掃された。今後ほこりがたまるのを防ぐため24時間空気を吹きつける装置を導入する計画があり、目下議論が進められている。現在『ダビデ像』は、アカデミア美術館で見ることができる。同館には、これ以外にも、ユリウス二世廟堂のため設計した未完の奴隷像四体など、ミケランジェロの他の彫刻作品も展示されている。

第16週 第4日(木)

109 科学 | オゾン層

　地球の大気は、いくつかの層に分けられる。人間が住んでいる層を対流圏という。酸素が豊富に含まれていて、高さはエベレストの山頂より少し高い程度だ。その上の、地表から10〜50キロメートルの層を成層圏と呼ぶ。ここには地球にあるオゾン（O₃）の90％がある。オゾンは重要な分子で、このおかげで人類は地表で生活できるのだ。オゾン層とは、成層圏でオゾン濃度が最も高い部分を指し、海面からおよそ25キロメートルのところに広がっている。

◆

　オゾンは、存在量の少ない分子である。普通の酸素分子（O₂）が酸素原子二個でできているのに対し、オゾンは酸素原子が三個でできている。その数の比は、酸素分子200万個に対してオゾン分子はたった三個しかない。しかし、オゾン層は、太陽から降り注ぐ有害な紫外線（UV）の97〜99％を吸収する。UVは、白内障や日焼け、皮膚がんの原因となる。また、作物や海洋生物に被害を与えることもある。

　オゾンは、無限のサイクルでUVを吸収し続ける。オゾン分子は、UVが当たると、酸素分子（O₂）と、不安定な一個の酸素原子に分かれる。一個の酸素原子は、すぐに酸素分子と結合し、再びオゾン分子となる。問題は、ある種の人工的な有機ハロゲン化合物の一部に、大気中に放出されると、この非常に効率的なUV吸収プロセスを妨害するものがあるということだ。そうした化合物の中で最も有名なのが、クロロフルオロカーボン（塩化フッ化炭素、CFC　通称フロン）である。

　20世紀半ばにフロンが発明されたとき、これは夢のような化合物だと考えられた。安定かつ安価で毒性がなく、冷蔵庫やエアコンの冷媒、スプレーの噴霧剤、電子機器用の洗浄剤、病院での殺菌剤などとして使われていた。全世界のフロン使用量は、1988年までで合計1500万トンにも上った。しかもフロンは非常に安定しているため、大気中では200年以上も分解されずに残っていることができる。フロンが成層圏に達すると、紫外線で分子が破壊される。このとき放出された塩素がオゾンと反応して、オゾンを破壊するのである。20世紀後半にオゾン層が減少したため、1987年にモントリオール議定書が結ばれ、先進国でのフロンの利用が正式に禁止された。

豆 知 識

1. 1980年代初頭から、毎年春になると南極上空のオゾン層に、いわゆる「オゾン・ホール」が出現するようになった。「ホール」といっても実際には穴ではなく、オゾン層が非常に薄くなった部分のことで、最悪の年では60％も薄くなった。

2. オゾン層は、20世紀半ばよりも依然として明らかに薄くなっているが、最近の研究によると、オゾン層は回復傾向にあり、21世紀末には元に戻るのではないかと考えられている。

3. 水泳用プールで使う消毒用の塩素、海の塩分に含まれる塩素、火山の噴出物に含まれる塩素は、どれも成層圏までは届かない。

115

第16週 第5日（金）

110 音楽 | 音楽のジャンル

　　歴史を振り返ると、音楽は特定の社交の場に合うように書かれ、演奏されてきた。18世紀まで、音楽には機能別に、室内楽（貴族の客間や応接間で小規模のアンサンブルによって演奏される）、教会音楽（ミサ曲、モテット、宗教合唱曲、賛美歌）、劇音楽（劇の幕間に演奏される付随音楽やオペラ）の三種類があった。

◆

　　時代とともに、いくつかの標準的なジャンルが、多くの作曲家に使われて発展してきた。もちろん、音楽のジャンルはほかにもあるが、ここでは、作曲家が優れた才能を発揮して活躍したジャンルを紹介する。

バレエ：現在の独立した舞踏演劇としてのバレエは、18世紀のパリで主流だった「バレエ・ダクシオン」に始まるが、さらにさかのぼれば、14世紀の北イタリアの宮廷ダンスに起源を持つ。

室内楽：古典派の時代とその後に、ウィーンで活躍したフランツ・ヨーゼフ・ハイドン、ヴォルフガング・アマデウス・モーツァルト、ルートヴィヒ・ヴァン・ベートーヴェンなどの巨匠たちが、室内楽での音のあり方、楽曲の構成、演奏するアンサンブルの編成——弦楽四重奏、ピアノ三重奏（ピアノとバイオリンとチェロによる三重奏）、小規模の管楽アンサンブルなど——の基準を作った。

協奏曲：コンチェルトともいう。その語源はイタリア語で「協力する」を意味する「コンチェルターレ」で、協奏曲とは、その名のとおり、さまざまな楽器が協力して演奏する曲だが、バロック時代には、単独または複数の独奏楽器とオーケストラが、曲の主題をやり取りしながら演奏する楽曲を意味するようになった。

オペラ：演劇的な舞台装置と、情熱的な歌唱と、オーケストラによる音楽と、しばしば詩的なリブレット（台本）をひとつにまとめて物語に仕立てたものである。実際に舞台で演技を行うという点でオラトリオとは異なるが、セリフと物語がすべて歌になっているという点で演劇とも違っている。

組曲：組曲とは、複数の楽章から成る楽曲で、舞曲など短い器楽曲をひとつにまとめた場合と、あるテーマに沿った物語を表現するよう楽章が並べられている場合とがある。

交響曲：複数の楽章から成るフル・オーケストラ用の楽曲で、その起源はバロック後期のリピエーノ協奏曲にある。リピエーノ協奏曲とは、主旋律を一種または数種の独奏楽器で演奏するのではなく、アンサンブル全体で大合奏する協奏曲のことである。

┌─────────┐
│ 豆 知 識 │
└─────────┘

1. 特に有名な協奏曲には、ヨハン・ゼバスティアン・バッハの『ブランデンブルク協奏曲』、ヴォルフガング・アマデウス・モーツァルトの『ホルン協奏曲』、セルゲイ・ラフマニノフの複雑な『ピアノ協奏曲第三番』などがある。

2. 上記以外のジャンルとしては、さまざまな形式の教会音楽（典礼音楽、宗教合唱曲、賛美歌、コラール）と、サロン音楽がある。例えばフレデリック・ショパンの『ノクターン』やフランツ・シューベルトの歌曲がサロン音楽であり、どちらも個人宅で社交パーティーの余興として演奏したり、個人の家でピアノの腕前を披露するため演奏したりするために書かれたものだ。

116

第16週 第6日（土）

111 哲学 | コギト・エルゴ・スム

　哲学で最も有名な文章といえば、ルネ・デカルトの「コギト・エルゴ・スム」（われ思う、ゆえにわれあり）だろう。この言葉は、フランスの哲学者ルネ・デカルト（1596〜1650）がラテン語で書いた1641年の著書『省察』に登場する。

◆

　デカルトのこの有名な結論は、信じているものすべてを徹底的に疑った末に出てきたものだ。つまり、デカルトは正しいと確信できないものをすべて排除していったのである。例えば彼は、感覚的経験の世界は信頼できないと考えた。感覚は欺かれることがあるからだ。しかし唯一、自分が考えているということだけは、疑うことができなかった。デカルトいわく、自分が考えているということを疑うのは不可能である。なぜなら、これを疑っているときには、疑わしいのではないかと「考えている」からだ。さらにデカルトは、もし私が考えているということが確かならば、私が存在するということも確かなはずだと断言した。こうしてデカルトは、ただひとつの確実な真理——自分自身が存在しているという真理——を発見した。

　デカルトの「コギト」の議論は、哲学者のいう自己認識の問題にとって共通の出発点になっている。自己認識の問題とは、「私たちが自分自身を内側から認識することには、どのような特徴があるのか」つまり「私たちが自分の考え・感情・欲求について考えることと、それ以外のことについて考えることは、どう違うのか？」という問いである。ある人々は、その違いのひとつは、自分の考えていることや感じていることを正直に述べるときには間違うことができないことだと考えている。これは、痛みを感じるときを考えると分かりやすい。痛いと感じているときに、私が痛いと思っているのが間違いだなどということはありえないだろう。

豆知識

1. デカルトは、神の存在証明を行っており、自分の証明は非常に強力なので疑うことなど不可能だと考えていた。

117

第16週 第7日（日）

112 宗教 ｜ 山上の説教

　この有名な説教は、ガリラヤの山腹でイエスが紀元30年ころに行ったもので、聖書のマタイによる福音書で詳しく語られており、イエスの教えの中核となる考えが非常によく表れている。

◆

　この説教で、イエスは弟子たちに、十戒で求められている以上に正しく振る舞うようにと説いた。十戒に従うだけでは救いを得るのに十分ではないというのだ。人を殺してはいけないだけではなく、腹を立ててもならない。姦淫してはならないだけでなく、みだらな思いも抱いてはならない。盗んではならないだけでなく、物質的な欲求について考えるのもいけない。イエスは弟子たちに、律法学者の教えにではなく、神の教えにのみ従えと訴えたのである。なぜなら神のみが、人々を教え導くことのできる完全な存在だからだ。

　さらに、この説教でイエスは聴衆に、旧約聖書で命じられている「目には目を、歯には歯を」式の復讐をしてはならず、むしろ「左の頰をも向け」て、ひどい仕打ちをさらに受け入れるようにと求めた。イエスは「悪人に手向かってはならない」とさえ説いている。

　この説教をどう解釈するかは、非常に難しい問題だ。一見すると、イエスは救済の条件を非常に高く設定しており、これを実践するのは、どれほど熱心な弟子でも無理に思える。それでも、イエスを絶対視する人々の中には、救済を得るには、この説教で説かれた内容に厳密に従わなくてはならないと考える人たちがいる。その一方で、イエスは誇張して語っているのだと言う人もいて、そうした人たちは説教での教えを、現実世界に適応する際は必要に応じて修正しなくてはならない指針にすぎないと考えている。

　アルベルト・シュヴァイツァー（1875～1965）は、イエスは世界の終わりが近いと思っていたので、生き延びることは──「悪人に手向かってはならない」などの教えに文字どおり従っていては、とうてい無理なのだから──重視していなかったと述べている。また別の説によると、これほど厳しい教えを弟子たちは守れないだろうが、それによって悔い改めるようになるだろうとイエスは期待したのだという。

　このように多様な解釈はあるが、山上の説教は今もキリスト教の重要な根源となっている。

〔 豆 知 識 〕

1. マタイによる福音書に書かれている山上の説教が、実際に一回の説教だったのか、それとも、複数回の短い説教からイエスの信条を抜き出してマタイがひとつにまとめたのか、今も広く議論されている。
2. 山上の説教には、このほかにも黄金律、主の祈り、有名な「人を裁くな。あなたがたも裁かれないようにするためである」といった言葉などが含まれている。

113 歴史 | マルティン・ルター

第17週 第1日(月)

「私は何も撤回できないし、撤回する気もない。なぜなら良心に反する行為は正しくもないし安全でもないからだ」

——マルティン・ルター

◆

1500年の時点で、ヨーロッパのほぼ全域がキリスト教を信仰していた。中世ヨーロッパの諸王国は、互いに争い戦うことが多かったが、どの国も同じ神を信じていた。5世紀にローマ帝国が崩壊してからキリスト教は急速に普及し、ついにはフランス、イギリス、ドイツ、ロシア、スカンディナビア半島に広まった。

しかし、この統一の影で、中世では教会に対する不満が高まっていた。ペストの流行により、多くのヨーロッパ人がなぜ神はこれほど多くの人が死ぬのを放置しているのか理解できず、信仰に迷いを抱くようになった。ルネサンスは、キリスト教の従来の教義に疑問を投げかけた。そして、ローマ・カトリック教会そのものの腐敗と汚職に、熱心な信者たちの多くは幻滅を感じていた。

1517年、不満を募らせていたドイツ人聖職者マルティン・ルター（1483～1546）は、一枚の文書をヴィッテンベルク城教会の扉に打ちつけた。この文書が、教皇の首位権とローマ・カトリック教会の全体的状況を痛烈に批判するルターの『九五か条の論題』だった。ルターがおもに非難したのは、ローマの教会上層部があまりにも強欲で堕落しているという点だった。当時、教皇は新たな大聖堂建設の資金とするため、裕福な一般信徒に贖宥状を売っていた。贖宥状を買った者は、罪に対する罰が公式に免除された。最も高値を付けた者に罰の許しを売る行為に、ルターはひどく憤慨していた。

発表のほぼ直後から、ルターの『論題』はヨーロッパのキリスト教内部に大きな亀裂を生み出した。彼の教会批判は、ヨーロッパの各地で人々に受け入れられた。ルターの支持者たちはプロテスタントとなり、宗教改革と呼ばれる宗教運動を通じて、教皇が持っていた従来の権威を否定した。数年のうちに、イギリスなど北ヨーロッパの多くの地域が教皇の首位権を否定し、ヨーロッパ大陸は宗教によって分断された。

ローマで教皇がルターを異端だと宣告すると、その後にカトリックとルター派のあいだで一連の宗教戦争が起こった。宗教戦争は断続的に100年続き、1648年のウェストファリア条約でようやく終結した。ルターがカトリック教会に反旗を翻したことで、西ヨーロッパの宗教的統一は永遠に失われた。

豆知識

1. イングランド王ヘンリー八世は、当初ルターに反対していたが、王妃キャサリン・オヴ・アラゴンとの離婚を教皇から認められなかったため1534年にカトリックから離脱した。
2. 1522年、ルターは新約聖書のドイツ語訳を、わずか11週間で完成させた。これでドイツ人ははじめて聖書を自分たちの母語で読めるようになった。

119

第17週 第2日（火）

114 文学 『ベーオウルフ』

　8世紀に成立した作者未詳の長編詩『ベーオウルフ』は、古英語で書かれた一大英雄叙事詩だ。その文章から学者たちは、英語の発達史について多くの知識を得てきた。またこの作品は、異教とキリスト教の混交という、中世初期に見られた北ヨーロッパの特徴も反映している。

◆

　『ベーオウルフ』の物語は、6世紀デンマーク人（デネ人）の王フロースガールの宮殿から始まる。何年も前から、グレンデルという怪物が夜な夜なフロースガールの宮殿を襲っては、騎士たちを食い殺していた。そこへイェートランド（スウェーデン南部の地域）の若き王子ベーオウルフが、何の前触れもなく兵士の一団を率いて到着し、たちまち怪物を退治した。しかし、グレンデルに劣らず恐ろしい母親怪物が息子の復讐にやってきたので、ベーオウルフは母親をねぐらまで追いかけていって殺した。英雄として母国に戻ったベーオウルフは、王として50年間、国を治め、最後には人民をドラゴンから守って死んだ。

　主題という点で見ると、本作品は古代ゲルマン人の戦士の掟^{おきて}に、当時の北ヨーロッパではまだ比較的新しかったキリスト教の要素が混在している。もともとベーオウルフの物語は口承で語り伝えられてきた伝説で、そこでは腕力・武勇・忠義・復讐が称賛されていた。叙事詩『ベーオウルフ』は、ところどころで、本来のゲルマン的物語に謙遜や許しといったキリスト教的な主題を組み込もうと努力しており、ときにはこのふたつが激しく衝突することもある。

　『ベーオウルフ』は古英語で書かれている。古英語は、中英語や近代英語の先祖に当たり、ゲルマン諸語の特徴を色濃く残している。次に出だしの数行を引用するが、それを見ても分かるとおり、古英語は現代語に訳さなければ、まず読むことはできない。

　　Hwæt we Gar-Dena in geardagum,　さて、我々は槍^{やり}で名高いデネ人の
　　þeod-cyninga þrym gefrunon,　王たちのかつての栄光を伝え聞いている。
　　hu ða æþelingas ellen fremedon.　あの高貴な人々がどのような名誉を勝ち取ったかを。

　古英語の詩の例に漏れず、『ベーオウルフ』も、吟遊詩人が数千行もの詩を暗唱できるよう、複雑な頭韻法を採用している。また、ケニング（婉曲代称法）といって、詩人の描写に彩りを添える説明的な短い比喩もふんだんに使われている。例えば、海は「鯨の道」と、王は「指輪を与える者」と呼ばれている。

　『ベーオウルフ』が英文学の発展に与えた影響は、誇張されることが多い——そもそも、この叙事詩は19世紀まですっかり忘れられていた——が、それでも貴重な文学的・歴史的文書であることに間違いない。20世紀に再び脚光を浴びるようになってから、詩人W・H・オーデンや小説家J・R・R・トールキンといった文学者の作品に影響を与えている。

豆 知 識

1.『ベーオウルフ』の写本は一部しか現存していない。1000年ころに制作されたと思われるもので、1731年の火災でかなりの損傷を受けており、現在はロンドンの大英図書館に保管されている。

第17週 第3日(水)

115 視覚芸術 | システィナ礼拝堂

　ヴァチカン宮殿にあるシスティナ礼拝堂は、ミケランジェロ（1475〜1564）が1508年から1512年にかけて描いた天井画で最も知られている。室内の壁は、サンドロ・ボッティチェリ（1445〜1510）、ピエトロ・ペルジーノ（1450〜1523）、ルカ・シニョレッリ（1445〜1523）など初期ルネサンスの巨匠たちのフレスコ画で覆われている。この壁画よりも下の部分には、かつてはラファエロ（1483〜1520）のデザインしたタペストリーが下げられていた。

◆

　「システィナ」という言葉は、もともとこの礼拝堂を建て直させたローマ教皇シクストゥス四世に由来する。建物そのものは、旧約聖書に記されたソロモン王の神殿の大きさを基準として、1475年から1483年に建設された。1507年、教皇ユリウス二世はミケランジェロに、天井画を新たに描くよう依頼した。もともと天井のヴォールト（アーチ形の部分）には、ピエルマッテオ・ダメリアの手になる星空の絵が描かれていた。当初ミケランジェロは、天井画を描いた経験がほとんどなかったことから、乗り気でなかった。それでも、のべ300以上の人物を登場させて人類の創造・堕落・救済を描いた壮大な絵物語を見事に完成させた。ミケランジェロ本人は、天井画のデザインから彩色まですべてひとりでやったと言っているが、実際には神学的な事柄について助言を与える専門家や、複数の助手がいたようだ。また、彼は自作の詩の中で、足場の上で頭を反らせながら絵を描くのがどれほど難しかったかを語っている。

　天井の中央部には、創世記から取られた九つの場面が順に描かれている。最初の三場面は天地創造に当てられ、次の三場面でアダムとイブの物語が描かれ、最後の三枚がノアの物語になっている。ミケランジェロは、これを逆の順番に描いた。筆さばきの経験を積むまでは神を描く気になれなかったためだ。場面と場面のあいだには区切りとして柱のような構造物と、そこに座る「イニューディ」（青年裸体像）が描かれている。この裸体像は、天井全体に規則的に配置されたブロンズ色のメダイヨン（円形模様）を支えており、メダイヨンの内側には聖書中の物語が描かれている。部屋の四隅にあるヴォールトには、イスラエル人の救済についての場面が描かれている。天井の最下層部には、旧約聖書の大預言者七人と、異教の巫女（ローマ神話の女性預言者で、のちにキリスト教に取り入れられた）五人が、中央の物語を取り囲むようにして座っている。彼らの下には、キリストの祖先たちを描いた16のリュネット（半円壁）がある。ミケランジェロは、礼拝堂で枢機卿たちが立つ位置の真上に神が来るよう計算して描いた。

　1981年から1994年にかけて、フレスコ画の完全修復が、日本テレビからの資金提供を受けて実施された。洗浄作業の結果、ミケランジェロは非常に明るい色を使っていたことが明らかとなり、この発見に現代の美術史家たちは驚いた。

　18世紀ドイツの文豪ヨハン・ヴォルフガング・フォン・ゲーテは、イタリア旅行中に天井画を見て感動し、こう記している。「システィナ礼拝堂を見ずして、ひとりの人間がどれほどのことを成し遂げられるかを、明瞭に思い描くことはできない」

第17週 第4日（木）

116 科学 | 放射性炭素年代測定法

　放射性炭素年代測定法とは、生物がかつて生きていた年代を特定するのに科学者が使う方法だ。これを使えば、骨や布から木片やわらに至るまで、生物だったものならどんなものでも年代を正確に特定できる。この方法で調べるのは、炭素14の割合だ。炭素14は炭素原子の一種で、数が非常に少なく、ある生物が死ぬと、組織内ですぐ崩壊して数が減少していく。試料が古ければ古いほど、炭素14の含有率は減っているのだ。

◆

　地上の生物は、どれも炭素を基本として作られている。通常の炭素原子（炭素12）は、陽子六個と中性子六個でできている。しかしときどき、地球の大気圏に入ってきた宇宙線が窒素原子に当たって、窒素を、放射性を持った特殊な炭素に変えてしまうことがある。この放射性炭素を炭素14という。炭素14は、ふつうの炭素よりも中性子の数が二個多い。炭素14はだんだん崩壊して、5730年たつと半数が窒素に戻る。このことを、「炭素14は半減期が5730年である」という。

　植物も動物も、炭素12と炭素14を区別することができない。その両方を死ぬまで取り込み続ける。しかし、植物や動物が死ぬと、組織内の炭素14含有量が減り始める（炭素14は崩壊を始めるが、組織はもう炭素を取り込まないので、補充されないためである）。一方、同じ組織に含まれる炭素12の量は変わらない。炭素12は安定した分子で崩壊しないからだ。死んだ生物の年代を特定するには、試料中の炭素12に対する炭素14の割合を、生きている同種の生物に含まれる炭素14の割合と比較すればいい。

　死んだ試料の含有率が生きている試料の半分なら、炭素14の半減期は5730年だから、試料は約5730年前のものとなる。含有率が四分の一なら、1万1460年前のものだ。八分の一なら1万7190年前となり、以下同様に計算していく。ただし試料が6万年よりはるかに古い場合は、十分な量の炭素14が残っていないため、この方法は使えない。

豆 知 識

1. 放射性元素であるウランには、半減期が7億400万年のものがあり、地質学での年代測定に用いられる。
2. カリウム40は、人間の体内に自然に存在する原子で、半減期は13億年だ。これは、地球で生命が誕生した年代を特定するのに使われている。
3. 放射性炭素年代測定法は、1950年代にウィラード・F・リビーがシカゴ大学で開発した。この功績によりリビーは1960年にノーベル化学賞を受賞した。
4. 将来、1940年以降に死んだ生物について放射性炭素年代測定法を使うのは難しくなると予想される。それ以前は地球上の放射性物質は量がほぼ安定していたが、原子力技術が実用化されたことで、それが変わってしまったからだ。

122

第17週 第5日(金)

117 音楽 | 古典派

　古典派音楽の時代は、バロック時代のあと、ロマン派の時代の前で、年代で言うと1750年（ヨハン・ゼバスティアン・バッハの没年）ごろから1827年（ルートヴィヒ・ヴァン・ベートーヴェンの没年）ごろまでを指す。この時期は、「啓蒙の時代」と呼ばれる知識人の時代と重なっており、啓蒙思想家である哲学者のルネ・デカルト、ヴォルテール、ジャン＝ジャック・ルソーらが、個人の権利と自由・人間としての価値・理性が大切だと主張した。芸術・政治・哲学では、人間の精神が持つ理性的に考える能力が、さまざまな活動を通して称賛された。

◆

　美術と音楽の分野では、この精神はギリシア・ローマの文化と美意識（調和、バランス、均衡、簡明さ）への傾倒となって表れた。理性と思想と音楽の神であるアポロンがたたえられた。古典派の作曲家——ヨハン・クリスティアン・バッハや、その後のフランツ・ヨーゼフ・ハイドン、ヴォルフガング・アマデウス・モーツァルト、初期のベートーヴェンなど——は、みな驚くほど同じ形式を採用している。彼らは、実験的な効果や予測不可能な要素を重視しない。それとは逆に、完璧を目指す形式主義者だった。ルネサンスの彫刻家のように、何世紀も残る芸術を作ろうと努力し、人間の理想を完全に表現した作品に一歩でも近づこうと奮闘したのである。

　古典派の時代に作曲家たちは、協奏曲とソナタと交響曲の形式を完成させ、その基準を定めた。彼らの作った先例は、その後、数十年にわたって音楽芸術の最高の基準として順守された。だからと言って、彼らは作品の情緒的な側面を犠牲にしたわけではなかった。モーツァルトの交響曲とオペラ、ハイドンの弦楽三重奏曲、ベートーヴェンのバイオリン・ソナタは、どれも表現力に富んでいる。彼らは、形式に精通していたことだけでなく、その独創性と叙情的・感動的な旋律とで今も高く評価されている。

豆 知 識

1. 「古典派」（クラシック）音楽という言葉は、ヨーロッパの芸術音楽を、ロックやポップス、フォーク・ミュージックなどと区別するために用いられることが多い。こうした区別は、1790年代から始まった。

2. 古典派の作曲家は、それ以前のバロック期の作曲家と同じく、後援者に頼って生計を立てていた。宮廷で働くことが一般的だったが、そうした環境では、王侯貴族に仕える使用人と同程度の比較的低い地位しか得られなかった。モーツァルトのように、貧困のうちに死んで墓標のない墓に埋葬される者も多かった。

第17週 第6日（土）

118 哲学 | 心身問題

　足の小指を何かにぶつけると、痛みを感じる。小指が何かに当たったことは物質的な事象であり、それが原因となって、神経が特定のパターンに従って反応を開始し、脳に信号を送るのである。だが、このとき感じる痛みとは、いったい何なのだろうか？

◆

　身体の状態（足の小指をぶつける）と心の状態（痛みを感じる）の関係について哲学者が抱く疑問には、二種類ある。ひとつは、心の状態は身体の状態とまったく一致しているのか、という問いだ。痛みは、脳内にある神経細胞の反応にすぎないのか？　もしそうだとしたら、心は脳にほかならないということになる。しかし、痛みが神経細胞の反応以上のものだとしたら、心は人間が身体や脳とは別に持っているものだと考える余地が生じる。こうした立場を心身二元論という。

　二つ目の疑問は、こうだ。もし心が脳と違うのであれば、身体で起こる事象、特に脳で起こる事象は、どのようにして心での事象を引き起こし、心の事象はどうやって身体での事象を引き起こすのだろうか？　そもそも、心が脳とも体の他の部分とも違うのであれば、心は非物質的なものであり、物質ではできていないはずだ。だとすれば、心はどうやって、脳や体を形成している物質と相互に作用し合っているのだろうか？　哲学者の中には、心と体は、物質と物質の相互作用と同じ仕組みで相互作用していると考えている者がいる。それに対して、随伴現象説という立場を取る哲学者は、身体は心に影響を及ぼすことができるが、心は体に影響を及ぼすことができないと考えている。

　心身問題は、心理学や神経科学について重要な問題を提起するため、今も哲学でさかんに議論されている。さらに心身問題は、人工知能開発の努力にも重大な課題を投げかけている。コンピューターを使えば脳を再現することはできるかもしれないが、はたして心を再現することはできるのだろうか？

豆 知 識

1. デカルトは心身二元論者だった。彼は、心と体は別のものであり、一方がなくても他方は存在できると考えていた。
2. 思考実験。あなたの脳とまったく同じ脳を持ち、すべての神経細胞がまったく同じ反応をするが、何かを経験して知ることも、何かを感じることもない人間は、はたして存在するだろうか？　もしあなたが、このようなゾンビが存在しうると考えるなら、あなたは心身二元論を正しいと考えていることになる。
3. フランスの哲学者ルネ・デカルト（1596～1650）は、心と体は相互作用すると考えていて、相互作用する場所も自分には分かっていると思っていた。その場所とは、松果体（別名、上生体）という脳の一部だった！

124

第17週 第7日（日）

119 宗教 | 善いサマリア人

　善いサマリア人は、聖書中でイエスが語った、たとえ話の中でも特に有名な話のひとつだ。ルカによる福音書に出てくる話で、イエスが弟子たちに目指してほしいと望んだ愛のあるべき姿が示されている。

◆

　あるとき律法の専門家が、どうすれば救われるのかとイエスに尋ねた。イエスは答える代わりに「律法には何と書いてあるか」と質問した。彼は、トーラーには「あなたの神である主を愛しなさい」「隣人を自分のように愛しなさい」と書いてあると答えた。イエスは、その教えを実行すれば救われると言った。すると、この律法の専門家は、「わたしの隣人とは誰ですか」と、核心に迫る質問をした。そこでイエスは、たとえ話を始めた。

　ひとりの旅人が追いはぎに襲われて服をはぎ取られ、半殺しにされたまま道路脇に倒れていた。そこへ、ある司祭が通りかかったが、旅人のひどいありさまを見ると、避けて通った。次に、レビ人（別の祭司階級の人）がやってきたが、彼も傷ついた旅人を無視した。最後にサマリア人が通りかかった。サマリア人とは、当時排斥され嫌われていた民族集団である。しかし、このたとえ話によると、サマリア人だけが旅人を助けようとして、衣服を与えて宿と食事を世話したのだった。

　イエスは、質問してきた律法の専門家に向かって、三人の中で旅人を助けるとは最も考えられず、助けたところで得るものは何ひとつなかったサマリア人こそが、旅人の隣人であると説明した。

　イエスは自分の考えを明確に伝えるために聴衆を驚かせることがよくあった。これはそれをじつによく示している例である。サマリア人をたたえることは、今日では何の問題もないだろうが、当時は大きな衝撃を巻き起こしたと思われる。それによって、困っている人を助けることの大切さと、人類はみな固いきずなで結ばれていることを強調したのである。

　善いサマリア人の話は、ルカによる福音書の比較的短い一節ではあるが、キリスト教徒からも、そうでない人からも、主流文化の中に受け入れられている。

　　　豆 知 識

1. 民族としてのサマリア人は、現在では数百人しかおらず、大半がイスラエル北部に住んでいる。人数があまりに少なくなったため、サマリア人を物語の中心人物に選んだ効果は失われている。しかし時代が下るにしたがって、そのときどきで関連する民族的要素を取り入れて再解釈しようとする人々もいる。
2. 今では「善いサマリア人」という表現は、事情はどうあれ困っている人を惜しみなく助ける人を指すのに用いられる。
3. 現在、多くの国に「善いサマリア人法」と呼ばれる法律が存在する。これは、他人を助けた人が仮に救助に失敗しても訴えられることのないよう保護する法律のことである。

第18週 第1日(月)

120 歴史 | スペインの新大陸進出

　1492年にコロンブスが航海に出発したのは、新たな世界を探し求めてのことではなかった。スペインのフェルナンド王とイサベル女王のために、アジアへ向かう新たな航路を見つけようとしていたのである。しかし、コロンブスの見つけた広い地域を征服できるチャンスを、みすみす逃すことはできなかった。スペインの兵士たちが、続く50年のあいだに中央アメリカから南アメリカにかけての広大な領域を征服し、その過程で先住民を何万人も殺戮した。新大陸から膨大な量の金銀財宝を奪い取ったスペインは、世界の超大国として、その絶頂を極めた。

◆

　1550年、フェルナンドとイサベルの孫カルロス一世（神聖ローマ皇帝カール五世）は、著名な学者二名を同国一のバリャドリード大学に呼んで、自身の対外政策について幅広く討論させた。アメリカ大陸で殺戮が続いていることに国王は懸念を抱いていた。人命をこれほど犠牲にしてまでスペインの領土を拡大させ続けるのは、はたして正しいことなのかと悩んでいたのである。

　バリャドリードで討論した論者のひとりは、ドミニコ会修道士のバルトロメ・デ・ラス・カサスだった。ラス・カサスは、子ども時代の1493年にセビーリャで、アメリカ大陸を「発見」したクリストファー・コロンブスを出迎える凱旋パレードに参加していた。1502年、ラス・カサスはスペイン人入植者の第一陣として、数名の親戚とともにアメリカに渡った。その新大陸でラス・カサスは、スペイン人コンキスタドール（征服者）の残忍な行為を目の当たりにして衝撃を受けた。王の前でラス・カサスは、スペインはアメリカ大陸でもっと人道的な政策を採用すべきだと訴えた。

　もう一方の論者は、フアン・ヒネス・デ・セプールベダ（1490〜1573）だ。彼は人文主義者で、スペイン人にはアメリカの先住民を「キリスト教徒にする」義務があり、そのために必要ならどんな手段を用いてもかまわないと信じていた。セプールベダにとって、アステカ人などの先住民は、人間をいけにえにしたり人肉を食べたりする野蛮人であった。スペイン人には、こうした先住民を服従させる権利があるのみならず、西洋文明を広める積極的な義務もあると、セプールベダは主張した。1547年には、「完全な者は、不完全な者を従えて支配すべきである」と書き、先住民に対する、彼が言うところの「正義の戦争」を、アリストテレスを引用して擁護した。

　わずか50年ほどのあいだに、スペイン人は強大を誇ったアステカ帝国とインカ帝国を滅ぼした。カルロス一世は、ラス・カサスの主張に賛同したが、すでに手遅れだった。好むと好まざるとにかかわらず、ヨーロッパによるアメリカ大陸の植民地化は進んでいった。

豆 知 識

1. 南アメリカの大部分はその後300年にわたってスペイン領となり、その状況はヨーロッパでナポレオン戦争が起こってスペインの植民地に対する統制力が弱まるまで続いた。メキシコは1821年に独立し、1824年にはペルーが完全独立を達成した。その後スペインは、1898年のアメリカ・スペイン戦争に敗れ最後の植民地も失った。
2. アメリカ先住民の死者数は、戦争で殺された人数よりも、ヨーロッパ人探検家が持ち込んだ病気で死んだ人数の方が圧倒的に多かった。天然痘など多くの伝染病が、こうした「処女地感染」で何百万もの先住民の命を奪った。
3. アメリカ・フロリダ州のセントオーガスティンは、1565年にスペイン人探検家が建設した都市で、建設当時から途切れることなく存続しているヨーロッパ人入植地としてはアメリカ合衆国で最も古い。

126

第18週 第2日（火）

121 文学 | サルマン・ラシュディ

　ムンバイ（旧称ボンベイ）でイスラム教徒の両親から生まれ、ヒンドゥー教徒とシク教徒に交じって育ち、イギリスで教育を受け、現在はニューヨークに住んでいる小説家サルマン・ラシュディ（1947〜）は、ポストモダニズムとポストコロニアリズムを体現する生きた存在である。その非常に巧妙で奇抜な小説は、リアリズムとファンタジーの両方に満ちており、多くの人から、現代インドを描いた文学作品と見なされている。ラシュディの小説は、インドとパキスタンにおけるヒンドゥー教とイスラム教の緊張関係を中心に、政治問題と宗教問題を数多く取り上げている。

◆

　皮肉なことに、ラシュディの名声は、その優れた文筆活動によるのではなく、小説『悪魔の詩』（1988年／"The Satanic Verses" 五十嵐一訳 新泉社 1990年）をめぐって起きた騒動によるところが大きい。この小説の一部が、多くのイスラム教徒から預言者ムハンマドに対する冒瀆だと受け止められたのである。インド、パキスタン、エジプト、サウジアラビアなどの国では発禁処分となり、暴力的なデモや焚書による抗議が、中東からイギリスまで、広い地域で起こった。1989年初頭にはイランの指導者ホメイニが、ラシュディは処刑されねばならず、全世界のイスラム教徒に彼の居場所を突き止めよと訴える内容のファトワー（法学裁定）を出した。ラシュディは、その後の10年間の大半を、ロンドン警視庁の警官に警護されながら身を隠して過ごした。

　『悪魔の詩』騒動の影に隠れがちなのが、ラシュディの最高傑作『真夜中の子供たち』（1981年／"Midnight's Children" 寺門泰彦訳 早川書房 1989年）だ。この小説の主人公サリーム・シナイは、1947年8月15日、インドがイギリスからの独立を勝ち取り、パキスタンが別の国家として分離独立した、まさにその日の午前0時ちょうどに生まれた。同じ日の午前0時台に生まれた数百人の「真夜中の子供たち」と同じく、サリームにも超能力があり、彼の人生で起こるさまざまな出来事は、若い国家インドそのものの歩みを映し出している。この作品には自伝的な要素が多い——ラシュディ本人もムンバイで1947年に生まれている——が、『真夜中の子供たち』は舞台の多くを架空の土地に設定しており、ギュンター・グラス【訳注：ドイツの小説家。1927〜2015。代表作『ブリキの太鼓』】やガブリエル・ガルシア＝マルケスなど魔術的リアリズムの先駆者たちの跡を受け継いでいる。この作品によりラシュディは1981年にブッカー賞【訳注：イギリスの文学賞。世界的に権威のある文学賞のひとつ】を受賞した。

　ラシュディは、これからも常にホメイニからの死刑宣告と結びつけられていくだろうが、彼の小説は実際には非常に明るく、言葉の独創的な使い方で知られている。その文章は、隠喩や、遊び心あふれるトリックに満ちていて、まるで言葉のジャングルジムのようだ。作中人物は、ラシュディ本人と同じく、現代の移民が直面する経験と、今日の世界で見られる文化の混交とを象徴している。ラシュディは殺すという脅しに屈することなく、今も以前と同じ調子で執筆を続けており、『ハルーンとお話の海』（1990年／"Haroun and the Sea of Stories" 青山南訳 国書刊行会 2002年）や『ムーア人の最後のため息』（1995年／"The Moor's Last Sigh" 寺門泰彦訳 河出書房新社 2011年）などの小説を世に送り出している。

127

第18週 第3日(水)

122 視覚芸術 | ラファエロ

レオナルド・ダ・ヴィンチとミケランジェロと並んで、ラファエロ（1483～1520）はイタリア盛期ルネサンスの三大芸術家のひとりと考えられている。

◆

　ウルビーノ近郊に生まれたラファエロは、父ジョヴァンニ・サンティから絵の指導を受けた。息子の才能に気づいたジョヴァンニは、ラファエロを当時ウンブリア地方で随一の画家だったピエトロ・ペルジーノの工房へ入れた。1504年にラファエロは、芸術の中心地だったフィレンツェに移った。ミケランジェロやレオナルド・ダ・ヴィンチの作品を研究したラファエロは、両者の要素を結びつけて独自のスタイルを作り上げた。1508年、ラファエロは教皇ユリウス二世からローマに呼ばれ、教皇居室の装飾を依頼された。最初の部屋は、教皇の図書室だったらしく、ここにラファエロは、四つの主要学科である神学、哲学、法学、詩学のフレスコ画を描いた。このうち最も有名な哲学は、のちに『アテネの学堂』と命名され、プラトンとアリストテレスが古代ギリシアの偉大な思想家たちに囲まれている様子が描かれている。
　ラファエロはその後もローマにとどまり、短い人生の中で多くの作品を生み出した。祭壇画や祈禱用の絵画のほか、神話画も描いている。そのひとつ『ガラテイアの勝利』は、1512年に依頼を受けて邸宅ヴィッラ・ファルネジーナのために制作したもので、巨人ポリュペモスにつきまとわれる海の精ガラテイアが描かれている。ラファエロは建築家としても名声を獲得し、サン・ピエトロ大聖堂の建て替え工事では、最初の設計者ドナート・ブラマンテが1514年に亡くなると、跡を継いで建設作業の監督を任された。肖像画家の才能もあり、腕前はバルダッサーレ・カスティリオーネ（1478～1529）の肖像画に見ることができる。カスティリオーネは著名な外交官・文筆家で、ルネサンスを論じた有名な著書『廷臣論』（1528年）には、ラファエロについて言及した箇所もある。
　ラファエロが描いた聖母子像の中でも、とりわけ有名な『サン・シストの聖母』（または『システィナの聖母』、1512～1514年）は、聖母子がふたりとも通常とは異なり険しい表情をしているため、議論を巻き起こしてきた。最近の研究によると、作品がもともとあった教会では聖母子が十字架像を見つめる位置に絵が置かれていたため、そうした表情になったようだ。
　一般にラファエロは、ルネサンスの三大巨匠の中で最も古典的だと言われている。ドイツの文豪ヨハン・ヴォルフガング・フォン・ゲーテ（1749～1832）は、こう述べている。ラファエロは古代ギリシア人を模倣する必要がなかった。なぜなら彼は、古代ギリシア人のように考え感じることが当たり前のようにできたのだから、と。

|豆 知 識|

1. ラファエロの最も古い伝記は、ジョルジョ・ヴァザーリの『芸術家列伝』（1550年）に含まれているものだ。
2. 『アテネの学堂』では、プラトンが天を指して、抽象的・天上的な概念に関心を抱いていることを示しているのに対し、アリストテレスは地面に手を向けて、具体的な対象物と現世の出来事の方に興味があることを表している。
3. ラファエロは、地中に埋もれていたネロの黄金宮殿「ドムス・アウレア」などローマの遺跡の探検もしていた。

第18週 第4日(木)

123 科学 | アルバート・アインシュタイン

　私たちは、アルバート・アインシュタイン（1879〜1955）というと、黒い口ひげともじゃもじゃの白髪頭の老教授を思い描くが、数学と物理学に最大の貢献をしたのは、じつはまだ26歳のときだった。1905年、スイスのベルンで特許局の役人として働いていたとき、アインシュタインは四本の論文を書いた。その論文は、今では四本とも天才のなせる業と見なされている。1905年は「アンヌス・ミラビリス」つまりアインシュタインの「奇跡の年」と呼ばれている。

◆

　アインシュタインの第一の論文「光の発生と変脱とに関するひとつの発見法的観点」は、光はエネルギーの小さな塊である「エネルギー量子」がいくつも集まってできていると提唱している。このエネルギー量子は、今日では光子と呼ばれている。この理論によりアインシュタインは1921年にノーベル物理学賞を受賞した。

　第二の論文は、原子の存在を実験的に証明する方法をはじめて提示したものだ。1905年まで、物質を構成する最小単位として原子が存在するという考えは、さまざまな事象を説明するのに都合がよい理論上の概念にすぎなかった。アインシュタインは、液体に浮かぶ微粒子が示す「ブラウン運動」と呼ばれる動きを解明し、物質には何らかの基底構造がなければならないことを証明した。その基底構造こそ、近代科学が概念として唱えていた原子だった。

　アインシュタインの第三と第四の論文は、彼を最も有名にしたテーマである特殊相対性理論を扱っている。この理論は、エネルギーと質量の関係を説明するもので、それは有名な方程式 $E=mc^2$——ある物体のエネルギーは、その質量に光速の二乗をかけたものに等しい——で示される。これを大雑把に言い換えれば、質量はエネルギーの別な形ということである。

[豆 知 識]

1. 相対性理論に関するアインシュタインの論文は、この問題に16歳のときから取り組んできた成果だった。
2. アインシュタインは、第二次世界大戦中はアメリカのフランクリン・ローズヴェルト大統領に原子爆弾の製造を進言していたが、その後は核兵器廃絶を熱心に支持するようになった。彼はかつてこう述べている。「第三次世界大戦がどんな兵器で戦われるのか分からないが、第四次世界大戦は棍棒と石で戦うことになるだろう」。
3. アインシュタインはイスラエルの第二代大統領になるよう要請されたが、自分には人とうまく付き合う能力がないからと言って断っている。

第18週 第5日(金)

124 音楽 | フランツ・ヨーゼフ・ハイドン

　ウィーンで活躍した優れた宮廷作曲家たちの系譜の中で、フランツ・ヨーゼフ・ハイドン（1732〜1809）は古典派で最初の紛れもない寵児だった。オーストリアの小村ローラウで職人の息子として貧しい家に生まれたが、音楽の才能は幼いころから明らかで、八歳のときウィーンの聖シュテファン大聖堂の少年聖歌隊員になった。

◆

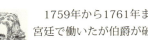

　1759年から1761年まで、ハイドンはモルツィン伯爵という地位の低い貴族の宮廷で働いたが伯爵が破産したため、解雇されてしまった。そのころにはもうハイドンの名はかなり知られていたため、ハンガリーの大貴族パウル・アントン・エステルハージ侯爵に雇ってもらうことができた。その後は人生の大半をエステルハージ家で過ごし、毎日八時間を作曲に費やすかたわら、屋敷で毎週オペラと交響曲を複数回上演するなど、侯爵家の音楽活動全般を監督した。
　ハイドンが生涯で作った作品数は驚異的で、彼の作品で現存しているのは、交響曲が104、弦楽四重奏が68、ピアノ・ソナタが47、オペラが26、オラトリオが4で、これ以外にも失われてしまった作品が何百もある。ハイドンは、交響曲の標準的な構成——テンポの異なる三つまたは四つの楽章から成り、弦楽器、四つか五つの管楽器、およびティンパニで演奏される——を確立したとされており、彼はこの構成をロココ様式のイタリア人作曲家たちの考え方をもとに発展させた。また、弦楽四重奏の形式を近代化したのもハイドンだとされている。彼は四重奏の主旋律を第一バイオリンの独奏にするのではなく、旋律と重要な主題をバイオリン、ヴィオラ、チェロの各パートが交代で演奏するようにした。ハイドンは晩年をロンドンとウィーンを往復しながら過ごした。後世にまで残る最も成熟した交響曲や弦楽四重奏曲を作曲したのはこのときである。また、彼の同時代人のうち最も才能にあふれていた若きヴォルフガング・アマデウス・モーツァルト（1756〜1791）と会って、影響を与えている。最後は音楽家生活から退き、77歳のときウィーンで亡くなった。

―――― 豆知識 ――――

1. バロック時代の大半の楽曲では、ひとつの楽章には曲想つまり情緒的雰囲気がひとつのみと決まっていた。ハイドンは、複数の表現場面が登場する楽曲つまり交響曲を書いた最初の作曲家のひとりだった。また、バロック時代の通奏低音をなくし、代わりにオーケストラの多くの楽器を使って、もっと複雑な管弦楽法を導入した。
2. エステルハージ家に仕えていたとき、ハイドンは20年間使用人部屋に住み、従僕用のお仕着せの服を着て、自分がかぶる使用人用のかつらに髪粉をきちんと振りかけていないと厳しく叱責されるという屈辱に耐えなくてはならなかった。
3. ハイドンは、1749年に声変わりすると聖シュテファン大聖堂の少年聖歌隊から追い出された。この一件からも、当時の音楽家がどういう身分だったか分かるだろう。彼は生計を立てる必要から、音楽のレッスンをしたり、裕福な市民の求めに応じて気晴らしのための音楽を作曲したり、イタリア人作曲家ニコラ・ポルポラ（1686〜1768）の召使い兼弟子として働いたりした。

130

第18週 第6日(土)

125 哲学 | バールーフ・スピノザ

バールーフ・スピノザ（1632〜1677）は、アムステルダムのマラーノ・コミュニティーで生まれた。マラーノとは、かつてスペインでひそかにユダヤ教を信仰していて、のちに追放された隠れユダヤ教徒のことである。1656年、スピノザはこのユダヤ教コミュニティーから破門され、のちに名前をラテン語風なベネディクトに変えた。そのため名前をベネディクトとする資料も多い。

◆

スピノザの哲学思想は、存命中も亡くなった後も、激しい議論を巻き起こした。1670年、彼は『神学・政治論』を刊行し、その中で、聖書は他の聖典と同じように、神ではなく人間が作った文書として解釈すべきだと訴えた。そして、宗教にとって真に重要なのは、神の本質に関することではなく、人々が道徳的に正しいことを実践できるよう物語や教訓を通じて導くことだと主張した。つまり、宗教とは道徳的・政治的な統制システムであり、どの宗教も、この目的を有効に果たしている限り、すべて正しいとスピノザは論じたのである。この考えは17世紀ヨーロッパでは激しい反発を招く恐れがあり、そのためスピノザは同書を匿名で出版した。

スピノザの哲学的努力の大半は、主著『エチカ』に注がれ、同書は1677年、彼がハーグで死んだ直後に出版された。この本でスピノザは、神、自然、精神、幸福実現について体系的に論じている。スピノザにとって、自然の中にあるものはすべて厳密かつ必然的な因果法則によって支配されていた。したがって、すべては必然的な法則の必然的な結果であり、いかなるものも現在の姿と異なる姿を取ることはできない。神は自然の総体にすぎず、独立した創造者ではないと、スピノザは思っていた。そして、世界には意味も目的もないと結論づけた。その上でスピノザは、『エチカ』の最終部で、この結論を踏まえ、それでもどうすれば人間は幸福になれるかを考察した。

人生の大半、レンズ磨きで生計を立てていたスピノザは、1677年にハーグで亡くなった。

豆知識

1. スピノザがユダヤ教コミュニティーから破門された理由については確かなことは分からないが、どうやら「霊魂は不滅だ」「神は目的があって世界を創造した」という考えを否定したためらしい。
2. スピノザは、幸福状態を「至福」（beatitudo）と呼んだ。

第18週 第7日（日）

126 宗教 使徒

　イエスに従った者たちのうち、行動をともにして教えを受けた者たちを弟子といい、イエスから自分の死後に教えを受け継ぐ者として選ばれた人を使徒という。

◆

　12人の使徒たちは、実質的に最初の伝道者だった。新約聖書の記述によると、この12人とは、イエスが十字架にかけられる前夜に晩餐をともにした者たちのことだ。また彼らは、復活したイエスがその姿を見せた者たちでもあった。

　12という数字は、かつてのイスラエル十二部族を反映している。イエスの支持者の中には、天の国の到来とともに古代イスラエルも復活すると信じている者たちもいた。

　使徒の中でも特に有名な者たちを紹介しよう。

ペトロ──本名をシモンといったが、イエスからペトロと名づけられた。イエスから指導者としての大きな役割を与えられ、のちに初代ローマ教皇と見なされた。イエスはペトロに「あなたはペトロ。わたしはこの岩の上に私の教会を建てる」（マタイによる福音書、16章18節）と述べている。この「岩」という言葉が、教皇制度を確立させたカトリック教徒が信じているようにペトロ本人を指していたのか、それとも単にペトロの信仰心を言ったのかは、今も議論が分かれている。

アンデレ──ペトロと兄弟であり、イエスに最初に従った者のひとりで、彼がペトロを説得してイエスの弟子にした。

ヨハネ──ヨハネによる福音書と、新約聖書にある四つの書を書いた著者とされている。

マタイ──文献によってはレビとも呼ばれており、マタイによる福音書を書いた著者だと考えられている。

トマス──イエスが死から復活したことを強く疑い、イエスの傷跡を実際に触ってみなければ信じないと言った。

イスカリオテのユダ──イエスを裏切った人物。逮捕の場面ではイエスに接吻し、それによって逮捕に来た者たちに、誰がイエスかを教えた。一説によると、その後ユダは罪の意識にさいなまれ、イエスが十字架にかけられてから三日後に復活するまでのあいだに自殺したという。

```
豆 知 識
```

1. モルモン教によると、イエスは復活したのち、南アメリカに渡って新たに12人の使徒を選んだ。このうち三人のニーファイ人は、死なずに今日も地上にとどまり、イエスの再臨を待っているという。
2. キリスト教の歴史では、十二使徒とは別に、伝道で活躍した宣教者にも使徒の称号が授けられてきた。この名誉は、特定の国・地域や民族にはじめてキリスト教を伝えた人に与えられる。

第19週 第1日(月)

127 歴史 | イギリスの北アメリカ植民地

　北アメリカにやってきたイギリス人入植者には、大きく分けて二種類のグループがある。第一のグループはイギリス人事業家で、彼らは17世紀初頭、かつて南アメリカに植民したスペイン人入植者たちに倣い、新大陸での富を求めて現ヴァージニア州ジェイムズタウンに植民地を築いた。紆余曲折はあったものの、ヴァージニア植民地は商業的に大成功を収めた。同じころ、もうひとつのグループである敬虔なイギリス人入植者たちが現マサチューセッツ州に到着した。このグループは、当時イギリスで認められていなかった信教の自由を求めてやってきたのである。

◆

　多くの歴史学者たちは、イギリス人入植者に二種類のグループがあったことが、アメリカ人のアイデンティティーに今も残る緊張状態の根源だと考えている。ニューイングランド地方に入植した人々は、熱烈な宗教心に駆られて、岩だらけのマサチューセッツの地に、全世界の見本となるような共同体を作ろうとした。ボストンに入植したピューリタンの指導者ジョン・ウィンスロップは、有名な説教の中で、自分たちの使命について「私たちは丘の上の町のようになるべきである。すべての人々の目が、私たちに注がれているのだから」と語っている。マサチューセッツ湾植民地は、聖書に基づく厳しい法律を施行し、不義密通を犯した者や不信心者と疑われた者を容赦なく処罰した。

　それに対してヴァージニア植民地の人々は、利益を上げる方にもっと熱心だった。ボストンで厳格な聖職者たちが社会道徳を強制しようとしたのに対し、1619年にはじめて開かれたヴァージニア植民地議会が最初に作ったのは、タバコの価格を統制する法令だった。

　いわゆる13植民地のうち、残る11の植民地でも、このイギリス人の相反するふたつの動機が見られる。ペンシルヴェニア植民地は、迫害を受けていたクエーカー【訳注：キリスト教のプロテスタント系教派】の避難所となった。またニューヨーク植民地は、最初はオランダの交易植民地だったのを、設立から50年後の1664年にイギリス軍が占領したものである。ふたつの異なるイギリス人入植者グループは、当初は互いに親近感をほとんど抱いていなかったが、どちらもイギリスの高圧的な支配には憤慨しており、それをきっかけに13の植民地はひとつにまとまっていった。

【 豆 知 識 】

1. メリーランド植民地は、1634年にイギリス人カトリック教徒の避難所として建設された。イギリスでは16世紀の宗教改革以降、カトリックは迫害されていた。
2. ヨーロッパの他の国々も、短期間ながら北アメリカに植民地を建設した。スウェーデン入植者は1638年、現在のデラウェアに植民地を建設したが、十数年しか続かなかった。現在のヴァーモント州も、最初に入植したのはフランス人で、その後18世紀に短期間ながら独立国となったのち、1791年に14番目の州としてアメリカ合衆国に加わった。
3. アメリカに入植した人の多くは、ヨーロッパで宗教上の迫害を受けていたにもかかわらず、新大陸に来ると今度は自分たちが信仰の異なる者を迫害した。例えばイングランドから逃げてきたマサチューセッツ植民地のピューリタンは、ボストンでクエーカー数名を、マサチューセッツから立ち去れという命令を無視したとして絞首刑にしている。

133

第19週 第2日(火)

128 文学 | 『高慢と偏見』

『高慢と偏見』（1813年）は、イギリス人小説家ジェイン・オースティン（1775～1817）の最も人気の高い作品だろう。オースティンの他の小説ともども、本作品は中産階級の生活に焦点を当てたという点で画期的だった。それまでのイギリス文学は、おもに貴族社会に焦点を当てていた。驚くほど現代的なプロットを持ち、喜劇的要素とアイロニーを満載していることで、本作は世代を超えて今も愛され続けている。

◆

　オースティンは、八人きょうだいの七番目だった。彼女は中産階級に属していた両親から読書と学問の大切さを教わった。一時期、女子寄宿学校に入学していたことがあり、当時のイギリスで彼女のような身分の女性がここまで高い教育を受けることはほとんどなかった。両親に促されて執筆活動を開始し、1796年には『高慢と偏見』の初稿を書き上げた。この原稿の刊行を出版社から断られると、オースティンはそれをしばらく放置して他の作品を執筆し、十年以上たってから手を加え現在の形にした。

　『高慢と偏見』は、若い女性エリザベス・ベネットを中心とした五人姉妹の恋愛物語である。オースティン自身と同じくエリザベスも、中産階級の出身だ。両親であるベネット夫妻は、かつて現在の屋敷を相続したが、子どもは娘ばかりで五人で息子がおらず、屋敷は限嗣相続つまり男性だけが相続できると定められていたため、いずれ屋敷は、貴族や金持ちにへつらうばかりの鼻持ちならない親戚コリンズ氏に奪われることになっていた。こうした不運な状況のため、ベネット夫人は娘たちをどこへ嫁がせようかと絶えず気を揉んでいる。

　ある晩、エリザベスは舞踏会でダーシーという名の裕福な青年と出会う。ふたりはひかれあうが、エリザベスはダーシーの高慢な態度に反感を抱き、ダーシーも中産階級であるエリザベスの母や妹たちの下品な振る舞いにうんざりする。その後は気まずい対立や、お互いへの誤解、自分が持っていた偏見への深い反省などの末に、エリザベスとダーシーは自分たちが愛し合っていることを悟り、最後には婚約する。

　『高慢と偏見』は、そのウィットと人間観察、豊かな人物造形で今も愛されている。勝ち気で独立心旺盛なエリザベスは、文学が生み出した最高のヒロインのひとりだ。ベネット夫人はおしゃべり好きな母親で、何かにつけては大げさに振る舞う癖があり、そんな妻の行動を、愛妻家のベネット氏は諦めの気持ちで耐えている。おそらく最も印象に残るのは、ダーシーの叔母で、何かにつけて自分の地位を自慢するキャサリン夫人だろう。彼女は、自分の甥が「家柄もなければ後ろ盾もなく、財産もない若い女性の身のほど知らずな野望」を受け入れるらしいと知って仰天する。こうした血の通った人物描写に、痛烈なユーモアとハッピーエンドを組み合わせたため、『高慢と偏見』はイギリス文学で最も愉快な古典のひとつとなっている。

豆知識

1. オースティンは1817年に若くして亡くなり、作家としての活動は短期間で終わった。彼女の小説『ノーサンガー・アビー』と『説得』は、1818年に死後出版された。

第19週 第3日(水)

129 視覚芸術 | バロック美術

　バロック時代とは、歴史学者の通説では、一般に1600年から1750年までを指す。この時期、プロテスタントの宗教改革とカトリックの対抗宗教改革を背景として、バロックの美術様式がさまざまな特徴を帯びながら西ヨーロッパ各地に広まった。バロック美術は通常、演劇的で、感情に訴え、ダイナミックで、荘厳な感じがすると形容される。

◆

　イタリアなどカトリック諸国のバロック美術は、その多くがプロテスタントに対する直接の反応だった。マルティン・ルターとその支持者たちはローマ・カトリック教会を、虚飾が多すぎ、偶像崇拝を広めているとして批判していた。これに対してカトリック教会は、聖画像の使用を擁護する一方、芸術家に以前よりも厳しいガイドラインを課し、聖書中の出来事を分かりやすく、生き生きと、写実的に描いた絵画を制作しなくてはならないと命じた。そのような絵画であれば、信者の信仰心を高める一助になるだろうと考えたのだ。他方、建築は、教皇の権力と、プロテスタント諸教派の反抗に対する勝利をたたえるものであるべきだとされた。

　イタリアにおけるバロック美術最大の成果は、新たなサン・ピエトロ大聖堂の完成だった。これは、非常に多くの芸術家が携わった一大プロジェクトだった。著名な彫刻家・建築家のジャン・ロレンツォ・ベルニーニ（1598〜1680）が、大聖堂全体の彫刻制作を監督し、列柱廊のある楕円形の正面広場を設計した。カルロ・マデルノ（1556〜1629）は正面のファサードを建設した。何人ものバロック画家が、大聖堂の内部を飾る祭壇画を制作した。

　オランダなどプロテスタント諸国では、バロックは少々違った方向に進んだ。オランダでは、教皇や君主ではなく、成立まもない共和国をたたえるのにバロック様式が使われた。また、空気感や人間の感情を絵画で表現することに対する関心も高まり、そうした特徴は、17世紀オランダ絵画で最も有名なふたりの画家レンブラント・ファン・レイン（1606〜1669）とヤン・フェルメール（1632〜1675）の作品に見ることができる。プロテスタントのイングランドでは、バロックはクリストファー・レン（1632〜1723）の建築に影響を与え、中でも1675年から1710年に再建されたセント・ポール大聖堂の設計にバロックの特徴を見ることができる。

　18世紀になると、バロックは徐々にすたれ、より装飾的なロココ様式に取って代わられた。

豆 知 識

1. もともと「バロック」という言葉は、この時代の美術を批判するための蔑称として19世紀に用いられたのが始まりだ。今日の日常会話では、「派手」「複雑」「奇抜」などの意味で用いられる。
2. イタリアのバロック画家カラヴァッジョ（1571〜1610、本名ミケランジェロ・メリージ）の『聖母の死』は、最初に展示されたときに物議を醸した。描かれた聖母マリアの腹部が膨れ上がっており、それが聖画として品位に欠けると見なされたからだ。言い伝えによると、カラヴァッジョは地元の娼婦をモデルに使ったのだという。

第19週 第4日(木)

130 科学 | チャールズ・ダーウィンと自然選択

　1842年、チャールズ・ダーウィン（1809〜1882）は『種の起源』の執筆を始めた。生物集団は時間とともに進化するという説を唱えたのは彼が最初ではなかったが、なぜ進化するのかという理論を唱えたのは、彼がはじめてだった。

◆

　イングランドのシュロップシャー州に住む裕福な紳士階級の家に生まれたダーウィンは、恵まれた子ども時代を過ごした。父は財産のある医師で、母は著名な陶芸家ジョサイア・ウェッジウッドの娘だった。生まれつき神経質だったダーウィンは、父の跡を継いで医師になることはできなかった。それでも父は、息子には何らかの知的職業に就いてほしいと考え、聖職者にさせようとした。ダーウィンは、自然観察や解剖学、地質学、植物学に熱中したが、宗教にはそれほど関心がなかった。ケンブリッジ大学クライスト・カレッジで神学を三年間学んだ後、ダーウィンのもとに聖職者の道から逃れるチャンスが訪れる。22歳のとき、イギリス海軍のビーグル号に、貴族の血を引くロバート・フィッツロイ船長の同行者として乗船することになった。フィッツロイ船長は、外洋で船を指揮する孤独さを恐れ、話し相手を必要としていたのである。

　それから五年間、ダーウィンは南太平洋の島々、南アメリカ、オーストラリアの各地を回った。このときガラパゴス諸島の珍しい生物など、各地で動植物を観察した結果が、のちの進化論の基盤となった。彼は、動物たちが環境に適応しているらしいことに気がついた。例えば、くちばしが細長い鳥は、細長い花の蜜を吸っている。これは偶然ではないとダーウィンは考えた。最も細長いくちばしを持った鳥が、生き残る確率が最も高く、ゆえに、その身体的特徴を次の世代に伝える可能性も最も高くなるはずだ。こうして、鳥はその花に適合するよう時間をかけて進化していく。くちばしが太くて短い鳥は、そのまま絶滅してしまうだろう。この自然選択のプロセスは、地球上に住むすべての生物の特徴を説明するのにも使えるはずだ。海藻からシロナガスクジラに至るまで、すべての生物集団は「適者生存」によって進化したのだと、ダーウィンは結論づけた。

豆知識

1. ダーウィンは、自分の発見を20年以上も公表しなかった。公表したら宗教にどれほどの衝撃を与えることになるかと、強く心配していたのだ。
2. 『種の起源』は、1859年にようやく出版されると、ベストセラーになった。
3. 『種の起源』出版後、ダーウィンはさまざまな消耗性の疾患に悩まされた。科学への信頼が固かった彼も、胡散臭い民間療法をいろいろと試しており、首を酢で濡らしたり、首に鎖を巻いたりしていた。

第19週 第5日（金）

131 音楽 | ハイドンの『ロンドン交響曲』

　フランツ・ヨーゼフ・ハイドン（1732～1809）は、1791年から1792年までと、1794年から1795年までの二度、ロンドンに長期滞在したとき、外国人作曲家としては80年前のヘンデル以来となる名声とマスメディアの熱狂的な注目を浴びた。

◆

　ハイドンは、ウィーンを出発する前は若き友人ヴォルフガング・アマデウス・モーツァルトと親しく交わっており、彼がイギリス滞在中に書いた作品からは、このふたりの作曲家が結んだ音楽的関係を通じて互いに影響を与え合っていたことがよく分かる。何しろハイドンは、あの高慢なモーツァルトが先輩として唯一敬愛していた作曲家であり、一方のハイドンも、謙遜して年下のモーツァルトに敬意を表していた。

　『ロンドン交響曲』は、ロンドンの演奏会場ハノーヴァー・スクエア・ルームで一連のコンサートを企画していた興行師Ｊ・Ｐ・ザーロモンの依頼で作曲された12曲の総称だ。前半の6曲は1791～1792年シーズンに演奏され、後半の6曲は1794～1795年シーズンに演奏された。これらの交響曲は、ハイドンの特に有名な作品の中でも、モーツァルトが交響曲にもたらした新機軸から多くの影響を受けた、和声の複雑な曲であった。

　交響曲第94番は『驚愕』と呼ばれているが、それは第二楽章の途中で全楽器による大音量の「バン！」という和音が鳴って、曲の感じを完全に変えてしまうためだ。当時の批評家の中には、たぶん冗談半分に、これは居眠りしている聴衆を起こすためだと言った者もいた。

　交響曲第103番は第一楽章が太鼓の連打で始まり（そのため『太鼓連打』と呼ばれることもある）、第104番『ロンドン』は、円熟した古典派交響曲の最高傑作と言っていいだろう。

```
豆 知 識
```

1. 真偽のほどは不明だが、ハイドンがロンドンへ出発するとき、モーツァルトは彼に「私たちはもう二度と会えないでしょう」と予言めいたことを言ったという。その後モーツァルトは、ハイドンが戻る前に亡くなった。
2. 交響曲第100番は、ティンパニとシンバルが鳴り響くことから『軍隊』と呼ばれている。
3. 『ロンドン交響曲』の作曲中、ハイドンはシュレーター夫人という名の未亡人と恋愛関係にあった。彼女は60歳を超えていたが、それでも「いまだに美しい」とハイドンは書いている。

137

第19週 第6日（土）

132 哲学 | アプリオリな知識

この世界についての私たちの知識は、大半が世界を経験することによって得たものだ。例えば、私たちが窓の外に木があるのを知っているのは、それを見たからである。木が生きていくには日光と水が必要なことを知っているが、それは科学者がそうした事実を注意深く観察してくれたおかげだ。一般に、私たちは身近な環境については、それを知覚することによって知り、世界についての科学的知識は、世界を観察し、実験を行うことによって獲得していく。

◆

しかし、私たちの知識の中には、このような意味での経験に基づかないものがある。例えば私たちは、独身男性は全員が未婚の男性であることを知っている。では、この知識が正しいと私たちが信じている根拠は何なのだろうか？ 何らかの経験に基づくものでないのは明らかだ。もし経験に基づく知識だとしたら、私たちひとりひとりがそれを知るため、独身男性を実際に調べて未婚の男性であるかどうかを確かめなくてはならない。しかし、実際はそうではない。ただ「独身男性」という言葉と「未婚の男性」という言葉の意味を知ることによって、私たちは、独身男性は全員が未婚の男性だと知るのである（もちろん、こうした言葉の意味を知るためには世界を経験する必要がある。しかし、ここで問題にしているのは、言葉の意味を理解した上で、独身男性は全員が未婚の男性だと信じる根拠を得るために、さらなる経験が必要かどうかということだ。もちろん、そんな必要はないだろう）。さらに言えば、私たちはどんな経験をすれば、独身男性は全員が未婚の男性であるということを否定するだろうか？ そんな経験が存在しえないのなら、このことを私たちが信じる根拠は、私たちの経験と無関係だということになる。

経験に基づかない知識のことを「アプリオリな知識」という。「アプリオリ」とはラテン語で「〜より先に」という意味で、つまり経験に先立つ生得的・先天的な知識ということだ。アプリオリな知識の例としては、ほかに数式がある。私たちは $1+1=2$ だと知っている。しかし、これは経験を通して知ったものではない。ある主張がアプリオリな知識かどうかを確かめるには、「この主張が経験と矛盾したら、主張の方を喜んで取り下げるだろうか？」と自問するといい。$1+1=2$ がアプリオリな知識だということは、どんな経験をしようとも、この主張を取り下げる必要はないということなのである。

豆 知 識

1. 論理と言葉の意味以外にアプリオリな知識がありえるのかどうかについて、哲学者の意見は分かれている。
2. 哲学者の中には、アプリオリな知識などまったく存在しないと考えている者がいる。彼らに言わせれば、数学や論理についての知識でさえ、究極的には経験に基づくものだという。

第19週 第7日（日）

133 宗教 | マグダラのマリア

マグダラのマリアは、イエスの最も有名な弟子のひとりであり、間違いなく最も議論されてきた女性信者である。聖書正典の福音書によると、マグダラのマリアがイエスの信者になったのは、イエスに七つの悪霊を追い出してもらってからだという。

◆

　おそらく最も重要なのは、マグダラのマリアはイエスが十字架にかけられた現場におり、イエスの復活を最初に目撃した人物だということだろう。イエスが死んで三日目の朝、マリアがイエスの墓へ行くと、中が空になっていた。すると彼女の目の前にイエスが姿を現した。マリアは、それが誰だか最初は分からなかったが、名前を呼ばれて気がついた。イエスはマリアに、他の弟子たちにこの奇跡を伝えるようにと命じた。

　マリアの生涯の詳細については、激しい議論の的になってきた。一部の学者は、マグダラのマリアは、じつは福音書に出てくる他の女性と同一人物だと主張している。例えば、ある福音書には、ファリサイ派の人の家に住む罪深い女が登場する。この女性は、売春の罪を犯していたと思われ、名前はないが、3〜4世紀ころから学者たちは、この女性こそマグダラのマリアだと主張するようになった。

　マリアの生涯についてはもうひとつ、イエスの妻だったとする仮説がある。この説を支持する証拠も否定する証拠もほとんどないが、支持派は、イエスが未婚だと明言されていない点を指摘している。マリアは、どの弟子よりもイエスに近い存在であり、当時のユダヤ人男性が独身のまま旅をしたり教えを説いたりするのは、きわめて珍しいことだったと思われる。一方、彼女がイエスの妻だったとする証拠はほとんどなく、未婚のまま説教師となることは、イエスの革命的な世界観を考えれば、それほど突飛なことではなかっただろうと思われる。

> ### 豆 知 識
>
> 1. 復活祭（イースター）のとき、卵に色を塗ったイースター・エッグを贈る習慣は、マグダラのマリアとローマ皇帝ティベリウスとのやり取りから生まれたという説がある。マリアは、イエスが十字架の上で死んだ現場と復活の現場にいたため、皇帝に謁見することになった。謁見の場でマリアは、イエスは死から復活したのだと言って、皇帝に卵を差し出した。皇帝が、イエスの復活など、この卵が赤くなることと同じくらい、ありえないことだと言うと、たちまち卵は赤くなったという。
> 2. マグダラのマリアは、ローマ・カトリック教会、東方正教会、および聖公会で聖人に列せられている。

139

第20週 第1日（月）

134 歴史 | ウェストファリア条約

　1648年冬、30年前から続く戦争と破壊に疲弊した主要ヨーロッパ諸国は、平和条約をまとめ上げるため、ドイツのウェストファリア（ヴェストファーレン）地方に集まった。三十年戦争は、ドイツでのカトリック対プロテスタントの宗教紛争として始まった。ウェストファリアでヨーロッパ諸国は、宗教を理由にこれ以上戦うのは無意味だとの結論に達した。各国は、自国がどの宗教を選び、どんな外交政策を取るかを自ら決定できるものとすることで意見が一致した。これ以降、敵対するヨーロッパ諸侯が、自国の奉じるキリスト教の教派を隣国に押しつけようとすることはなくなった。

◆

　さらに重要だったのは、この条約によって、現在まで外交関係の基本となっている国家主権の原則が正式に認められたことだ。1648年までは、ドイツの大小さまざまな地域（領邦）を治めていた領主たちは、神聖ローマ皇帝に従っていた。しかし、最終決定権を——特に宗教問題について——持つのは個々の領主なのか、それとも皇帝なのか、まったくはっきりしていなかった。ウェストファリア条約は、主権を持つのは個々のドイツ領邦であって、遠く離れた皇帝ではないことを明確にした。古くから続く神聖ローマ帝国は、権限の大半をはぎ取られた末、カール大帝が初代皇帝として即位した紀元800年から約1000年後の1806年、とうとう消滅した。

　国家主権という概念は、宗教紛争を終わらせ、ヨーロッパの安定に一役買ったが、戦争そのものをなくすことはできなかった。何のことはない、ヨーロッパの君主たちが神以外に戦う理由を見つけたからだ。実際、専門家の中には、ウェストファリア条約が各国に国内で起こることすべてに関する完全な決定権を与えた結果、かえってヨーロッパ諸国の対立は激化し、ヨーロッパの分裂が進んだとする意見もある。さらに彼らによれば、国家主権の概念は、他国で起こる人権侵害を無視する口実を世界の指導者たちに与えることにもなったという。よくも悪くも、国家主権という概念は、今も国際政治に欠かせぬ要素であり続けている。

┌─ 豆 知 識 ─┐

1. 条約交渉は、実際には離れたふたつの町で行われた。プロテスタントとカトリックが、どちらも相手と直接会うのを拒否して、それぞれが別の町に滞在したからだ。
2. アドルフ・ヒトラーがナチ体制を「ドイツ第三帝国」と呼んだのは有名な話だ。彼の考えでは、第一帝国とは神聖ローマ帝国で、第二帝国とは、1871年から1918年まで続いた短命のドイツ帝国であった。

140

135 文学 │ 『カンディード』

　中編小説『カンディード』（1759年）は、1650年ころから1800年ころまでヨーロッパを風靡した啓蒙運動が生み出した最高の風刺小説だ。作者はフランソワ＝マリー・アルエだが、ヴォルテールというペンネームで有名だろう。『カンディード』は、既成宗教、貴族制度、および何人かの啓蒙思想家の考えを徹底的に批判している。

◆

　啓蒙運動からは、傑出した著述家や思想家が登場したが、辛辣なウィットや鋭い風刺眼では、ヴォルテール（1694～1778）の右に出る者はいない。パリに生まれたヴォルテールは、若いころからパロディーの才能を発揮していた。パリのサロンでフィロゾーフと呼ばれた知識人たちと交わるうちに合理主義を身につけ、古くから続く宗教制度や政治制度を攻撃した。20代初めのころには摂政オルレアン公を怒らせてトラブルになりいったんは逃亡したが、パリに戻ったところを捕まって投獄された。釈放後、また別件で投獄されると、釈放後の1726年にイギリスへ亡命した。

　ヴォルテールが、30年間にわたって戯曲・小説・エッセイを数多く生み出したのちに執筆したのが、今でも有名な笑劇『カンディード』である。タイトルにもなっている主人公カンディードは、ドイツ人男爵の城館で育った、驚くほど無邪気な青年だ。彼を教育した家庭教師のパングロス博士は、自分たちは「存在しうるあらゆる世界の中で最善の世界」に住んでいると固く信じている。カンディードは、男爵の娘キュネゴンドに恋したため城館から追い出され、ヨーロッパ各地を旅して回る。その先々では、困難と苦難が滑稽なほど延々と続く。キュネゴンドは、目の前で家族をブルガリア軍に殺され、やがて性的奴隷として売り飛ばされる。パングロスは梅毒に感染し、のちに絞首刑に処されるが死に損なう。リスボンで大地震が起きて町が壊滅する。カンディードは何度も鞭打ち刑を食らう。それでも、カンディードもパングロスも、「すべては最善である」と信じて、底抜けに楽天的な世界観を守り続ける。

　『カンディード』は、ヴォルテールと同時代の哲学者で、徹底した楽天主義で有名なゴットフリート・ヴィルヘルム・ライプニッツ（1646～1716）の哲学を容赦なく嘲笑したものだ。ヴォルテールは、ライプニッツの思想はバカらしいほど楽天的で、現実を無視した哲学上の無意味な仮説にすぎないと考えていた。そのためこの小説の結末でカンディードは、一種の悟りを開いてパングロスの教えを否定する。代わりに彼は、充実感を得る方法は「自分の畑を耕す」こと——つまり、具体的な利益を生み出す現実的な事柄に従事すること——だと思うのであった。

豆知識

1. ヴォルテールの友人・知人には、プロイセン国王フリードリヒ二世やイギリスの作家ジョナサン・スイフトから、ロシアの女帝エカチェリーナ二世やイタリアの作家カサノヴァまで、ヨーロッパで名の知れた有名人がいた。
2. アメリカ人作曲家レナード・バーンスタインは、1956年に『カンディード』を原作とするオペレッタ『キャンディード』を制作した。この作品は今も人気でたびたび上演されている。

第20週 第3日（水）

136 視覚芸術 | レンブラント

　レンブラント・ファン・レイン（1606～1669）は、オランダ派で最高の画家であり、革新的で非常に優れた肖像画を描いたことで特に知られている。オランダの町ライデンに生まれ、アムステルダムのピーテル・ラストマンのもとで修業した。ライデンに戻って工房を開き、数年間作品を制作したのち、1631年に再びアムステルダムに移り死ぬまでそこで暮らした。

◆

　画家としての道を歩み始めた当初、レンブラントは当時人気のドラマチックなバロック様式の作品を描こうとしていた。しかし、ペーテル・パウル・ルーベンス（1577～1640）ら他のバロックの巨匠たちと張り合うことはできなかった。彼の絵画は、当時のイタリアやフランドルの画家たちの作品ほど、対象を理想化して描いてはいなかった。例えば『目を潰されるサムソン』（1636年）でレンブラントは、聖書の英雄サムソンを、戦いに敗れた哀れな人物として描いたため、この絵を贈られた人は不満に思い絵をレンブラントに送り返した。

　しかし肖像画、とりわけ集団肖像画では、レンブラントはすぐさま成功を収めた。例えば『トゥルプ博士の解剖学講義』（1632年）では、画面中央で進行中の人体解剖を見ている医師たちのさまざまな表情が描き分けられている。それまでは、医師を描く集団肖像画といえば、全員を一列に整列させて描くのが当たり前だった。1642年、レンブラントは最も重要な依頼を受ける。自警団の集団肖像画を描いてほしいと頼まれたのだ。完成した絵画『フランス・バニング・コック隊長とウィレム・ファン・ロイテンブルフ副官の市警備隊』は、自警団が本物の戦闘ではなく祭りの行列に行く準備をしているところを描いたものだ。本作は『夜警』の名で広く知られている。今は除去されているものの、かつては表面が黒ずんだニスで覆われていて、絵を見た人が、これは夜の場面を描いたものだと誤解したためだ。この絵は横幅が四メートル以上あり、現在はアムステルダム国立美術館で見ることができる。

　レンブラントのスタイルは、時代とともに大きく変化した。人物の感情表現は、初期の演劇的な要素を捨てるにつれて、次第に繊細かつ暗示的になっていった。数多く描いた自画像——合計で60点以上ある——も、画家として、また個人としての成長を反映している。初期のころの自意識過剰なポーズや派手な衣装は徐々になくなり、経験を積んだ巨匠の年を重ねた威厳と知恵が表現されるようになっていった。

　金銭的な苦境を何度も経験したのち、レンブラントは公的生活から半ば引退した。それでも重要な依頼は受け続けた。そうして制作された作品のひとつ『布地組合の品質監査官たち』（1662年）では、五人の監査官たちが顔を上げ、この絵の鑑賞者が来たせいで会議が中断されたかのような表情を浮かべている。

　レンブラントは、版画家としても有能だった。さまざまな技法や紙やインクを試し、いったん彫った銅板にも修正を加えたため、彼の版画の多くは他に類のないものとなっている。

　レンブラントは大きな工房を構え、多くの助手たちが彼と同じスタイルで絵を描いていたため、死後、多くの作品が誤って彼の作品とされた。1968年、オランダの美術史家チームが、そうした贋作を排除する目的でレンブラント・リサーチ・プロジェクトを立ち上げた。プロジェクトの結果、レンブラントの絵画のうち約350点だけが真作だと判定された。

142

第20週 第4日（木）

137 科学 | 重力

　重力（万有引力）は、宇宙の大きな謎のひとつだ。重力についての理論によると、この宇宙において質量のある物体は、すべて互いに引きあっており、その引く力（重力）は距離によって変化するという。質量が大きくなると、重力は強くなる。距離が大きくなると、重力は弱くなるのだ。しかし、宇宙にある物体は、どうしてすべて互いに引きあっているのだろう？　その答えは誰にも分からない。

◆

　普段の会話では、質量と重さは同じ意味で使っているが、厳密に言うと、このふたつはまったく違うものだ。質量は、ある物体中にある物質の量で決まる。同じ質量の枕とペーパーウエートでは、両者の大きさはずいぶん違う。これは、ペーパーウエートは枕よりも密度が高いからだ。つまり、ペーパーウエートの方が、物質がみっしり詰まっているのである。

　重さは、ある物質が重力場で受ける力によって決まる。質量は場所によって変わることはないが、重さは環境によって変化する。例えば地球上の物体は、地球の重力によって9.8メートル毎秒毎秒の重力加速度を受けている。もし、この物体を月面に運べば、物体の重さは軽くなる。月は地球よりも質量が小さいからだ。月は、重力が地球の六分の一しかないので、物体の重さも六分の一になる。体重60キログラムの人は、月では体重が10キログラムになるわけだ。

　私たちの体は、地球からの重力を受ける中で存在するようにできている。宇宙飛行士が宇宙空間で無重力状態——より正確には微重力状態——を経験すると、吐き気、方向感覚の喪失、頭痛、食欲減退、鬱血などの症状が出る。いわゆる宇宙酔いだ。通常、両脚を流れる血液は、重力に逆らって心臓まで戻って来なくてはならない。それが微重力状態では、重力の抵抗がないので血液が勢いよく上昇して脳まで流れ込んでしまう。いわば、長時間逆さまにつるされているような状態になり、そのせいで宇宙酔いが現れるのである。

豆 知 識

1. 宇宙飛行士は、宇宙空間で筋肉がやせ衰えるのを防ぐため、毎日数時間の運動が義務づけられている。
2. アイザック・ニュートン（1642〜1727）が、はじめて万有引力についての数学的理論を執筆したのは1687年のことだった。
3. ニュートンが木からリンゴが落ちるのを見て万有引力の法則を思いついたという話は、事実ではない。

143

第20週 第5日（金）

138 音楽　ヴォルフガング・アマデウス・モーツァルト

　ヴォルフガング・アマデウス・モーツァルト（1756〜1791）ほど、その生涯や音楽が伝説に彩られている作曲家はいない。モーツァルトは、オーストリアのザルツブルクで、身分の低い宮廷作曲家・音楽教育者レオポルト・モーツァルトの子として生まれ、子ども時代の大半を旅する神童として、ミュンヘン、ウィーン、ロンドン、パリ、ローマなど、各国の宮廷を回って過ごした。宮廷では、国王や王妃、貴族や教皇のために演奏したが、それは音楽家としての記憶力や腕前を披露する余興にすぎなかった。

◆

　ザルツブルクで過ごしたのち、モーツァルトは音楽家人生の大半を、神聖ローマ皇帝ヨーゼフ二世時代のウィーンで過ごした。彼にとって転機となった作品が『後宮からの誘拐』（1782年）だ。これは喜歌劇の一種オペラ・ブッファで、このジャンルはやがてモーツァルトが最も得意とするところとなる。その後も、ウィーンの有名なリブレット（台本）作家ロレンツォ・ダ・ポンテと協力して、三作のオペラ『フィガロの結婚』（1786年）、『ドン・ジョヴァンニ』（1787年）、『コシ・ファン・トゥッテ』（1790年）を次々と発表した。一生のうちに書いた作品数は、交響曲が約40、ピアノ協奏曲が30、バイオリン協奏曲が5で、これ以外にも、序曲、四重奏曲、フルート曲、オーボエ曲、クラリネット曲、合唱曲、その他さまざまなアンサンブルが何百曲とある。

　モーツァルトは情熱的な男だった。音楽はもちろん、パーティーにも、美食や高級ワインにも、ビリヤードや女性や賭け事にものめり込んだ。しかも、くめども尽きぬ才能の持ち主だった。ただ残念なことに、彼も、彼の移り気な妻コンスタンツェも、金銭にはまったく無頓着だった。モーツァルトは、生涯最後の10年間に最高傑作のほぼすべてを生み出したにもかかわらず、すでに多額の借金をしている相手に、また借金を頼まなくてはならないほど困窮していた。まともな食事も取らずに働きづめの毎日を送った末、モーツァルトはおそらくリウマチ熱が原因で、35歳で亡くなった。

　今日モーツァルトは、傲慢で子どもじみた天才だったと評価される一方で、古典派の時代では間違いなく最高の作曲家だったとも評されている。

豆知識

1. 19世紀、ロマン主義者たちはモーツァルトの後継者を自任して、彼は正当に評価されず、音楽ゆえに飢え死にしたという神話を作り上げた。実際には、彼は生前から天才として認められ、当時の作曲家の中ではトップクラスの収入を得ていた。
2. モーツァルトは、8歳で最初の交響曲を作曲し12歳のときに最初のオペラを作曲した。
3. モーツァルトの姉ナンネルは、幼いころはピアノの天才だったが、女性だったため、その才能を伸ばすことはできなかった。
4. モーツァルトが死ぬと未亡人になったコンスタンツェはデンマーク人外交官と再婚した。このデンマーク人の墓碑には、「モーツァルトの未亡人の夫」と記されている。

第20週 第6日(土)

139 哲学 | ゴットフリート・ヴィルヘルム・ライプニッツ

　ドイツのライプツィヒに生まれたゴットフリート・ヴィルヘルム・ライプニッツ（1646〜1716）は、14歳から大学で学び始め、博士課程を22歳という驚くほどの若さで修了した。しかしライプニッツは学究の道には進まず、何人もの貴族に仕えて、図書館長、外交官、鉱山技師、廷臣などとして活躍した。職種がこれほど幅広いのは、ライプニッツの知的関心の広さを反映したものだ。哲学・神学・数学で後世に伝わる大きな業績を残しただけでなく、ライプニッツは、化学、物理学、論理学、医学、植物学、光学、歴史学、言語学、法学、文献学、外交の各分野で重要な貢献をしている。アリストテレス以降の主要な哲学者の中で、これほど多岐にわたる学問分野で活躍した者はいない。

◆

　哲学に話を絞ると、ライプニッツは合理論者だった。彼が何よりも目指したのは、充足理由律（あらゆる正しい命題には、それが偽ではなく真である理由が存在するという考え）を守ることだった。
　ライプニッツは何事にも理由があると思っていたから、神が世界をほかでもない現在のような形に創造することを選んだ理由があるはずだと考えた。そして、それはこの世界が存在しうるあらゆる世界の中で最善の世界だからだと主張した。このことをライプニッツは、『弁神論』（1710年）で論じている。
　短めの著書『モナド論』（『単子論』）でライプニッツは、ユニークな理論を展開している。彼は、この世界は大きさを持たない非物質的なもの「モナド（単子）」が無数に集まって構成されていると主張した。その説によると、私たちの精神はモナドだが、私たちが自己意識を持っているのに対し、モナドはすべてが自己意識を持っているわけではない。机や椅子など物質的なものは、モナドではなく、モナドで構成されているものでもない。物質的なものが存在するのは、それをモナドが知覚するからである。いわば、物質はモナド共通の夢なのである。今日、こうしたモナド説を支持する人はほとんどいない。

[豆 知 識]

1. 微分法は、アイザック・ニュートン（1642〜1727）が発見者として広く知られているが、ライプニッツも微分法を生み出している【訳注：現在の通説では、微分法はニュートンとライプニッツがそれぞれ別に発見したとされている。また、現在使われている微分法の記号はライプニッツが考案したものである】。
2. ライプニッツは、簡単な加減乗除ができる機械式計算機を発明した。

第20週 第7日（日）

140 宗教 ｜ 最後の晩餐

最後の晩餐とは、イエスが死ぬ前夜に取った食事のことだ。多くの人が、この晩餐は過越祭の正餐だったと考えており、聖書中のマルコ、マタイ、ルカの三福音書でも、そのように記されている。

◆

　もし正餐だったとすれば、最後の晩餐があったのは、聖木曜日として記念されているように木曜日であり、イエスが十字架にかけられたのは、聖金曜日として記念されているとおり金曜日ということになる。しかしヨハネによる福音書では、最後の晩餐は過越祭の数日前だと書かれており、東方正教会はこのヨハネの説明を採用している。

　イエスは晩餐を12人の使徒たちとともにした。彼は、この晩餐と、その後に訪れる自らの死とのあいだに何が起こるかをあらかじめ知っていた。晩餐の席で使徒たちに、このうちのひとりが私を裏切ると告げたのである。使徒たちは口々に、それは私ではないと言い始めた。最後に、すでにイエスをサンヘドリン（ユダヤ人の最高法院）に引き渡す約束をしていたイスカリオテのユダが同じことを言うと、イエスは彼に、いや、あなたのことだと告げた。

　イエスは、食事をしている最中、弟子たちに向かって、このパンはわたしの体であり、このワインはわたしの血であると告げた。そして、天の国が訪れる日まで、自分がパンを食べたりワインを飲んだりすることはないだろうと言い、使徒たちに私の記念として私と同じように祈りを捧げてからパンとワインを飲食するようにと命じた。これが聖餐式（聖体拝領）の起源だ。イエスが最後の晩餐でワインを飲むのに使った杯は「聖杯」と呼ばれ、神秘的な力が宿っていると一部の人々に信じられている。この杯は、イエスが十字架にかけられたとき、アリマタヤのヨセフという人物が、滴り落ちるイエスの血を受けるのにも使われた。

　晩餐の最後でイエスはペトロに、あなたはこれから三度、私のことを知らないと言うだろうと予言した。ペトロは、たとえ自分が死ぬことになってもイエスのことを知らないとは言わないと言い張った。しかし、イエスが神を冒瀆したとしてサンヘドリンから有罪を宣告されたあと、ペトロが町から逃げ出そうとしていると、人に三回呼び止められた。そのたびに相手から、あなたはイエスの仲間だと言われたが、ペトロは三回とも、そんな人は知らないと言って否認した。やがて自分がしたことに気づくと、ペトロは恥ずかしさのあまり激しく泣いた。

第21週 第1日(月)

141 歴史 | フランス王ルイ14世

　ルイ14世（1638〜1715）は、1643年にわずか四歳で王位を継ぐと、その後72年の長きにわたってフランスを統治した。「太陽王」と通称されたこの王は、その長い治世で、対外的にはヨーロッパでフランスの勢力を拡大し、国内では自らの権力を強化した。壮麗なヴェルサイユ宮殿を拠点に、ルイ14世は中央集権的な絶対王政を確立して、フランス史上空前の権力を振るった。

◆

　在位中、ルイはフランス各地に新たな宮殿をいくつも建てる一方、ヴェルサイユ宮殿を拡張してヨーロッパ随一の豪華な居城とした。その時代には芸術と学問が花開き、フランスの領土は拡大した。
　ルイは「朕(ちん)は国家なり」と語ったと伝えられている。それまでフランスで王権を制限していた勢力——聖職者と貴族——は、野心的なフランス王によって、その権威を大きく削がれた。まずルイは、国内で反抗を続けるフランス貴族の力を奪うため、彼らをヴェルサイユに移住させた。ここで貴族たちは、宮廷内での策略や駆け引きに夢中になり、反乱を企てる余裕がなくなった。また、ルイはローマ教皇に迫って、フランス国内のカトリック教会に対する自身の統制拡大を認めさせた。さらに宗教的統一を推進するため、プロテスタントとユダヤ教徒への迫害を命じた。
　17世紀、スウェーデンなど他のヨーロッパ諸国はフランスに倣って絶対王政を確立させた。この政治体制は、数多くあった封建時代の名残を一掃したが、これによって国王が専制的に振る舞うことにもなった。ルイ14世とその後継者たちのそうした振る舞いが、やがて1789年に始まる流血のフランス革命へとつながっていった。

[豆 知 識]

1. アメリカ合衆国のルイジアナ州は、かつてはフランスの植民地で、ルイ14世にちなんで命名された。
2. ルイ14世は、自らをギリシア神話の太陽の神アポロンになぞらえていた。ヴェルサイユ宮殿にあった玉座の間は「アポロンの部屋」と呼ばれていた。

第21週 第2日（火）

142 文学 ｜ ポストモダニズム

「ポストモダニズム」という言葉は、文学であれ美術であれ何であれ、定義することがとにかく難しい。その理由のひとつは、ポストモダニズムがそれ自体でひとつのまとまった様式ではなく、モダニズムという既存の運動に対する反応だからだ。一般にポストモダニズム文学の特徴として、異なるジャンルや文体の垣根を意図的に曖昧にすること、新たな視点や、それまで取り上げられることのなかった視点を切り開くこと、高級芸術と低級芸術をいっしょくたにすることなどがあり、風刺とユーモアが盛り込まれることも多い。年代的にいつからいつまでというのは明確でないが、一般的には1940年代ころから始まったとされている。

◆

　20世紀前半、モダニズムの作家たちは叙述の視点や主観性の問題に取り組んでいた。その結果、多くの作家が、確かな真実というのは存在せず、そのため今の世界は手の施しようがないほど分裂しているとの結論に達した。ほとんどの作家は、こうした状況を脱工業化社会における人間疎外の不幸な結果と考えた。しかし、若い世代——ポストモダニズム世代——の作家の多くは、そう考えず、この分裂状態にこそ、新たな文学を切り開いて、それまでとは違う見方を発見するチャンスがあるのだと主張した。

　ポストモダニズムの作家たちは、このチャンスにさまざまな方法で取り組んだ。ある者は、喜劇的要素と風刺を利用した。トマス・ピンチョンの『競売ナンバー49の叫び』（1966年）は、意図的に無意味にした象徴と偽りの意味にあふれ、それによって本作は悲劇ではなくユーモアを読者に感じさせている。伝統的なジャンルの垣根を曖昧にしたり取り払ったりした作家もいる。トルーマン・カポーティの『冷血』（1965年）は、二名の殺害犯が引き起こした実際の殺人事件を、小説的な会話とテーマを使って解釈した作品で、事実上、本作によってノンフィクション・ノベルという新たなジャンルが生まれた。また、現代社会で個人が抱く不平不満に焦点を当てた作家も多い。ドン・デリーロの『ホワイト・ノイズ』（1985年）は、現代アメリカに見られる不条理なほどの情報過多と物の多さに切り込んでいる。

　叙述視点の問題を探る方法も、やはり作家によって異なっている。トニ・モリスンやマキシン・ホン・キングストンらは、モダニズム作家が無視していたと彼らが感じていたマイノリティーの視点から作品を描いた。すでにある物語を新たな視点から語り直した作家もいる。例えばジーン・リースの『サルガッソーの広い海』（1966年）は、シャーロット・ブロンテが19世紀に書いた小説『ジェイン・エア』に登場する人物の背景となる物語を語ったものだ。イタロ・カルヴィーノの『見えない都市』（1972年）は、現代都市論というレンズを通してマルコ・ポーロの話を読み直している。さらに、トム・ストッパードの『ローゼンクランツとギルデンスターンは死んだ』（1966年）は、大胆にもシェイクスピアの『ハムレット』を再解釈した戯曲である。このような、おもしろくて、しばしば大胆な実験的試みは、数十年前から今に至るまで続いており、そのため多くの人が、ポストモダニズム文学の時代はまだ終わっていないと考えている。

豆 知 識

1. ポストモダニズムを代表する作家は存在しない。例えば、ウンベルト・エーコ、ポール・オースター、サルマン・ラシュディ、ウラジーミル・ナボコフ、ガブリエル・ガルシア゠マルケスは、みなポストモダニズム作家と呼ばれている。

第21週 第3日(水)

143 視覚芸術 『真珠の耳飾りの少女』

オランダ美術史の研究家ルートヴィヒ・ゴールドシャイダーは、ヤン・フェルメール（1632～1675）の肖像画『真珠の耳飾りの少女』を、「北のモナ・リザ」と呼んだ。

◆

　　　　　　　　　　　暗い背景の前で少女が首をひねり、唇をわずかに開いて、絵の中からこちらをじっと見つめている。その目と口には、微妙なアクセントとして、わずかに白とピンクが塗られている。涙のしずくの形をした真珠の耳飾りに反射する光は、厚く塗られた絵具で表現されている。シンプルな金色のドレスからは時代も場所も分からないが、頭に巻かれたターバンのようなサッシュが、わずかに異国情緒を与えている。そのドレスとサッシュを見ると、フェルメールが布のひだを表現するのに長けていたことがよく分かる。

　『真珠の耳飾りの少女』は、フェルメールが三点か四点しか描いていない上半身像のうちの一枚だ。この作品は、レンブラントも描いていた「トロニー」と呼ばれる種類の絵画ではないかと考えられている。トロニーとは、特定の個人に似せて描くのではなく、性格や表情を重視して描いた絵のことだ。また本作は、ニューヨークのメトロポリタン美術館にあるフェルメールの『少女』、通称『ライツマンの少女』と対になる作品として描かれたのかもしれない。

　この絵のモデルについては、フェルメールの長女マーリアではないかとする説がある。また、フェルメールの後援者ピーテル・ファン・ライフェンの娘マグダレーナだとする説もある。作家トレイシー・シュヴァリエは、ベストセラー小説『真珠の耳飾りの少女』（"Girl with a Pearl Earring" 木下哲夫訳 白水社 2000年）で、この少女は、フェルメールに恋した小間使いグリートだったと想像した。この小説は映画化され、2003年に公開された。

　モデルの女性が誰なのか分からないことが、この絵の雰囲気に大きく貢献してきた。ただし、この絵の存在が明らかになったのは1881年のことにすぎない。この年、美術収集家アルノルドゥス・アンドリース・デス・トンベが、オークションでこの絵をわずか二ギルダー【訳注：約一万円】という安値で購入した。その遺言により、この作品はハーグのマウリッツハイス美術館に遺贈され、デス・トンベが亡くなった1902年以降、同館に展示されている。

　美術批評家ヤン・フェートがズバリと指摘しているように、『真珠の耳飾りの少女』という絵は、まるで「砕いた真珠の粉から調合されて」できたかのようである。

豆 知 識

1. マリリン・チャンドラー・マッケンタイアーがフェルメールの絵画をもとに作った詩集『静かな光の中で（仮）』（In Quiet Light）には、「真珠の耳飾りの少女」という題の詩がある。
2. 1994年、この絵はワシントンで開かれる大規模なフェルメール回顧展で展示するため、大々的な修復作業が行われた。

第21週 第4日(木)

144 科学 | ワクチン

ワクチンは、体に病気と戦う準備をさせるものだ。ワクチンはふつう、毒素を弱めた病原体か死んだ病原体、つまり病気の力を弱くした病原体でできている。体内の免疫系が毒素を弱めた病原体に出合うと、それ専用の抗体を作って、すぐさま退治する。その後、体に本物の病原体が入ってくると、免疫系は以前に作った抗体を「思い出し」、病気を簡単に撃退する。

◆

ワクチンが発明されたのは、ヨーロッパで天然痘が猛威を振るっていた1796年のことだった。イギリスの田舎医師エドワード・ジェンナー（1749～1823）は、おもしろいことに気がついた。牛の乳搾りをする農婦たちは、乳牛と接するうちに、天然痘より症状の軽い牛痘にかかることがあるが、牛痘にかかった農婦は、どうやら天然痘にかかりにくいらしいのだ。もしやと思ってジェンナーは、ある農婦の手から牛痘の膿を採取すると、それを八歳になる農家の少年に接種した。少年は牛痘になったが、すぐに回復した。そのあとでジェンナーが少年に天然痘を接種したところ、少年は天然痘にならなかった。これによってジェンナーは、牛痘を使えば人間を天然痘から守れるとの結論に達した。最初のワクチンは、じつは牛痘ウイルスだったのである。ちなみに「ワクチン」という言葉は、ラテン語で「牛」を意味する「ワッカ」から来ている。

ワクチンは、世界で最も致死率の高い病気のいくつか——麻疹（はしか）、耳下腺炎（おたふくかぜ）、風疹、結核、百日咳、天然痘——から人類を守ってきた。おもしろいのは、病気から身を守るには全員がワクチン接種を受けなくてもよいという点だ。集団免疫といって、ある集団のうち一定数の人がワクチンを接種すると、その人たちがバリアとなって病気の拡大を防いでくれるのだ。具体的な数値は病気によって異なるが、たいていの場合、全体の90%がワクチンを接種すれば、全員が摂取したのと同じ効果が得られる。

集団によっても、病気が広まりやすい集団と、そうでない集団とがある。アメリカで最も病気が広まりやすいのは、普段から互いに近い距離で過ごすことの多い、学校に通う児童たちだ。アメリカのエモリー大学の研究によると、児童の30%にインフルエンザの予防接種をしただけで、インフルエンザが地域全体に広まる確率が、90%から65%に下がった。児童の70%が予防接種を受けた場合、その確率は4%にまで落ちた。

> ### 豆 知 識

1. プロテスタントもカトリックも、当初はワクチンに反対していた。元イェール大学総長のティモシー・ドワイトは、かつてこう語っている。「神がはるか昔から、ある人物は天然痘で死ぬと決めておられたのなら、そのご決定を、ワクチン接種という術策で回避し、無効にするのは、じつに恐ろしい罪であろう」
2. 集団免疫は、人から人に感染する病気にしか当てはまらない。例えば、破傷風を集団免疫で防ぐことはできない。破傷風は、傷口に、破傷風菌のついた物が触れることで感染するからだ。

150

第21週 第5日(金)

145 音楽 モーツァルトの『レクイエム』

　1782年以降の生涯最後の10年間に、ヴォルフガング・アマデウス・モーツァルト（1756
～1791）は、ヨハン・ゼバスティアン・バッハとジョージ・フリデリック・ヘンデルの対位
法的作曲スタイルに強い関心を抱くようになった。彼は、バッハの『平均律クラヴィーア曲
集』と『フーガの技法』の楽譜を研究した。このふたつは、どちらも楽器や音楽形式の可能性
を探ることを目的とした、教育用の楽曲だった。

◆

　バッハの作曲技法を体得したモーツァルトは、葬送用のミサ曲である『レクイエム』（1791
年）の作曲に取り掛かった。冒頭の合唱から、「呪われた者」と「涙の日」までの合唱曲は、
暗くて力強いパッセージが含まれており、そこにバッハを強く連想させるような、主題の絡み
あった、どことなくフーガ的なアレンジが施されている。『レクイエム』は音の構造が複雑で、
そのことから、モーツァルトがこの楽曲に深く没頭し、これを生み出すため自分の心の暗黒面
を探ったことがうかがえる。作曲した経緯も、この曲にふさわしく、非常に不気味だ。

　1791年7月、ウィーンにあるモーツァルトの家に、グレーの服を着た見知らぬ人物がやって
きて、レクイエムを書いてほしいと依頼した。モーツァルトの死後、この人物はアマチュア
音楽家フランツ・フォン・ヴァルゼック伯爵の使者だったことが明らかになった。伯爵はモー
ツァルトにレクイエムを書かせ、それに自分の名前を書き込んで、自分の作品として世に出そ
うとしていたのである。そんな裏があるとはつゆ知らず、モーツァルトは手紙の中で、この見
知らぬ人物の姿が頭から離れず、休む間も惜しんで『レクイエム』に取り組んでいると書いて
いる。

　そもそもモーツァルトは、不健全な食習慣と働きづめのライフスタイルがたたったのだろう、
健康をかなり損なっていた。プラハへ行って、最後のオペラ『皇帝ティートの慈悲』の初演を
指揮したあと、最後の一日まで『レクイエム』の作曲を続けて亡くなった。この曲は、まさに
モーツァルト自身の死を悼むミサ曲となったのである。

豆知識

1. モーツァルトの弟子フランツ・ズュースマイヤーは、『レクイエム』を完成させると誓い、モーツァルトが最後の「涙の日」の冒頭に残した最低音部の草稿をもとに最後まで完成させた。
2. モーツァルトの生涯を描いたピーター・シェーファー原作の映画『アマデウス』（1984年）では、モーツァルトの同僚で、仕事をめぐってモーツァルトとは常にライバル関係にあったイタリア人作曲家アントニオ・サリエリが、仮面をかぶって『レクイエム』を依頼した見知らぬ人物として描かれている。演劇的にはすばらしいアイデアだが、歴史的事実ではない。
3. モーツァルトは、亡くなる前日の1791年12月4日の夜、友人の歌手たちを枕元に呼んで、『レクイエム』の個々のパートのリハーサルをした。

151

第21週 第6日（土）

146 哲学 | 時間

　アリストテレス以降、哲学者たちは時間の本質を理解しようとしてきた。アイザック・ニュートン（1642～1727）が絶対時間の概念を提唱して以来、多くの哲学者は、時間とは多くの部分に分かれたものだと考えた。つまり、時間はひとつながりでなく、個別に区切られたいくつもの「時間」があるというのだ。こう考える哲学者にとって、ある出来事が特定の時間に起きたというのは、その出来事が時間のその部分、つまり、ある単位を占めているということになる。

◆

　ゴットフリート・ヴィルヘルム・ライプニッツ（1646～1716）は、このニュートン的時間論に反対した。ライプニッツいわく、ある出来事は、別の出来事の前に起こるか、後に起こるか、同時に起こるかのいずれかである。時間とは、この関係を私たちが頭の中で整理するための方法にすぎない。この関係の中に存在する事物とは別に時間というものが存在するのではないと、ライプニッツは主張した。

　このライプニッツに対して、ドイツの哲学者イマヌエル・カント（1724～1804）は、時間はそれ自体で存在するものでもなければ、それ自体で存在する物事の関係を示すものでもないと反論した。時間とは、私たちの精神が私たちの経験した事柄を整理する方法にすぎないと、カントは主張した。私たちの精神の外で、私たちの認識とは無関係に、それ自体で存在する物事に、時間の中には存在しないと、カントは考えたのである。

　もうひとつ哲学で論じられているのが、人間はどのようにして時間を経験するのかという問題だ。よく「時間が流れる」という言い方をする。しかし、時間は本当に流れているのだろうか？　あなたが「今が現在だ」と言うときは、そう言ったのがいつであろうと、真実を述べていることになる。つまり現在とは、今あなたがいる時間のことである。なぜこれが正しいと言えるのか。ある哲学者たちは、それはあなたと私が、現在を生きているという点で特異な存在だからだと考えている。この立場に立つ哲学者によれば、時間は確かに流れるものだ。まず過去があって、次に現在があり、その後に未来が訪れるのである。

　それに対して別の哲学者たちは、「今」は「ここ」と同じようなものだと思っている。「ここ」は、どこか具体的な場所を指すのではなく、あなたが「ここ」と言ったときに、あなたがたまたまいる場所を指しているにすぎない。こう考える哲学者たちは、あなたと私は特異な存在ではないと考える。時間は流れるものではない。空間と同じで、いくつもの部分を持っている。そうした数多くの部分のひとつに私たちは生きている。そして、空間で私たちが占める部分が私たちにとっての「ここ」であるように、私たちが時間で占めている部分が、私たちにとっての「現在」なのである。

┌─ 豆 知 識 ─┐

1. 哲学者の中には、すべての時間——過去、現在、未来——は同時に存在していると考える者もいる。そうした哲学者によれば、恐竜も、先史時代の人類も、絶滅した鳥ドードーも、みな存在している。ただ、私たちが存在しているところに存在していないだけだ。

152

147 宗教 | イエスの磔刑

紀元30年ころ、ナザレのイエスは、ユダヤ人の宗教界が腐敗していると感じて激怒していた。エルサレムの神殿では、両替人や商人が、最も神聖であるべき場所で店を開いていた。過越祭の期間に弟子を引き連れて神殿に乗り込んできたイエスは、商売人たちの机や台をひっくり返して、人々の目の前で騒動を起こした。

◆

これに対して、ユダヤ人の最高法院サンヘドリンの大祭司ヨセフ・カイアファは、神を冒瀆した罪でイエスを逮捕した。カイアファがイエスを逮捕できたのは、使徒のひとりイスカリオテのユダがイエスを裏切って、どれがイエスかを教えたからだと信じられている。逮捕後もイエスは主張を曲げず、そのためサンヘドリンは彼をローマの総督ポンティオ・ピラトに引き渡した。

ここでポンティオ・ピラトは、イエス・キリストに十字架による死刑（磔刑）を言い渡した。なぜ、これほどの極刑を言い渡したのか、その理由はさかんに議論されている。最も広く受け入れられている説によると、ピラトが自らそう決断したのは、イエスが政治的反乱を扇動するのではないかと恐れたか、それとも単に残忍だったからだと考えられている。

判決を下した理由はともかく、ピラトはイエスを「ユダヤ人の王」と呼び、彼を処刑せよと命じた。イエスは、牢から処刑場であるゴルゴタの丘まで、十字架（重さは40キロ以上あったらしい）を自分で運んでいかなくてはならなかった。これについては、よくイエスが十字架を丸ごと運んでいるように描かれることが多いが、実際に運んだのは横棒だけだったはずだ。縦棒は処刑場の地面に固定されていたからである。ゴルゴタの丘はエルサレムの郊外にあり、ほぼ間違いなく、処刑された者をすぐに埋葬するためローマ当局が使っていた墓地だったものと思われる。

イエスが十字架にかけられているあいだ、アリマタヤのヨセフが近づき、最後の晩餐でイエスが使った杯で、滴り落ちるイエスの血を受けた。この杯は、聖杯と呼ばれている。イエスが死ぬと、ヨセフはイエスの遺体を降ろし、自分の墓に埋葬した。

> 豆知識
1. イエスの磔刑から数年後、ポンティオ・ピラトは、統治があまりにも残忍だとして、総督職を解かれた。
2. カトリック教会は、1965年の第二ヴァチカン公会議まで、ユダヤ人がイエスを殺したとする考えを公式に非難したことはなかった。
3. ローマ帝国の時代には何千人も十字架刑に処されたと言われているが、十字架刑で死んだ遺体は、今までのところ一体しか見つかっていない。たいていは十字架にかけられたまま腐敗したからだ。

第22週 第1日(月)

148 歴史 | ピョートル大帝

　ロシア皇帝のピョートル大帝（1672〜1725）は、ロシアを1682年から1725年まで統治し、その43年に及ぶ治世でロシアを世界の大国へと変えた。彼は、フランス王ルイ14世に倣って絶対君主として君臨した。さらに、首都サンクトペテルブルクには、ヴェルサイユ宮殿をもしのごうとして、新たにきらびやかな宮殿を建設した。

◆

　ピョートルが即位するまで、ロシアは完全にヨーロッパ的でもなければ、完全にアジア的でもなかった。ロシア人はキリスト教徒だった。しかし、大きく広がるその国土は、ヨーロッパ諸国をすべて足したよりも広く、中国やペルシアなど歴史の古いアジアの諸帝国と国境を接していた。かつてはロシアの大半が、モンゴル帝国の一部だったこともあった。

　ピョートルは、ロシアを完全にヨーロッパの一員にした。まず首都をモスクワから、彼が自らバルト海の沿岸に築いた都市サンクトペテルブルクに移した。ヨーロッパ諸国との関係強化に努め、服装面でヨーロッパの習慣を取り入れ、ロシアの指導者としてはじめて西欧を視察した。ロシアの軍と行政組織も、ヨーロッパの基準に合わせて再編した。

　ピョートル自身は、情け容赦がなく、短気で大酒飲みだった。「思慮分別に欠け、情緒不安定なところが、彼には非常にたびたび、非常に明らかに見られる」と、皇帝に会ったイギリス人は1698年に書いている。また、ピョートルは体格が大きく、身長が二メートル以上あった。

　1725年にピョートルが死んでから200年間、ロシア帝国はヨーロッパの大国であり続けた。しかし、皇帝による専制と、長く存続した農奴制（ロシアでは1861年まで廃止されなかった）により、ロシアでは強力な中産階級が育たなかった。ピョートルの子孫たちは、1917年に革命が起こるまでロシアを統治し続けた。

　　　　　　　　　豆 知 識

1. ピョートルは、ひげを生やす習慣をやめさせるため、伝統的なロシア風のひげを生やしたいと思う者には、貴族の場合100ルーブル、平民の場合1コペイカ【訳注：100分の1ルーブル】の税を課した。
2. 1917年の共産主義革命ののち、ロシアの首都はかつてのモスクワに戻った。サンクトペテルブルクは、革命の指導者ウラジーミル・レーニンに敬意を表してレニングラードと改名されたが、1991年のソヴィエト連邦崩壊後、サンクトペテルブルクの旧称に戻った。
3. ピョートルがサンクトペテルブルクに建てた宮殿は、現在、世界最大級の美術館であるエルミタージュ美術館になっている。

第22週 第2日（火）

149 文学 『すばらしい新世界』

　ディストピア文学というジャンル——悪夢のような反ユートピア的未来を描くフィクション——は、20世紀文学が新たに生み出した最大の成果のひとつだ。このジャンルの小説で最も有名なのはジョージ・オーウェルの『一九八四年』（"1984" 髙橋和久訳　早川書房　2009年）で、そこで描かれた全体主義的政治国家の姿に、冷戦時代の読者は恐怖した。しかし今日、ディストピア文学で最も難解かつ最も重要な作品は、専制政治ではなく科学とテクノロジーによって生まれる悪夢的社会を描いた、オルダス・ハクスリーの『すばらしい新世界』だろう。

◆

　1932年に出版された『すばらしい新世界』は、驚くほど未来を予見している。小説の舞台は未来のイギリスで、そこでは人間の胎児の「製造」が、政府の運営する孵化センターで厳しく管理されている。発育中の胎児は、ひとつひとつが優遇されるか、化学物質による容赦ない処理が行われるかして、将来、社会での地位と役割を決める厳格なカースト制度の中で適切な場所を占められるよう育てられる——あるいは、意図的に成長を阻害される。社会階級の最上位はアルファと呼ばれ、指導者や知識人となるべく訓練される。最下位はエプシロンで、もっぱら肉体労働に従事する。子どもたちは出生したあと、学校教育や睡眠時教育など心理学に基づく教化法によって、厳しく条件づけされる。その過程では、彼らは常に階級ごとに分離されている。

　このシステムは、強固な社会的安定を生み出しているが、そのために個人の人間性と自由意思は犠牲にされている。この非人間化は、遠く離れたアメリカ南西部から「野蛮人」——このシステムの外で生まれ育った数少ない人間のひとり——がロンドンに連れてこられると、悲劇的な結果を生む。彼は、それまでいろいろと耳にしてきた、この「すばらしい新世界」の一員になりたいと願うが、新たな環境への移行は少しも順調に進まない。

　『すばらしい新世界』は、科学をテーマとしながらも不朽の文学性を兼ね備えた数少ない小説のひとつである。以前から英語圏の学校や読書クラブの必読書だったが、近年、生命倫理やクローン技術への関心の高まりから、とりわけ大きく注目されるようになっている。ハクスリーが予見した、科学によって実現するかもしれない恐ろしい未来は、彼が生きた時代には、考えられないほど遠い先のことに思われたが、執筆から100年もたたない現在では、その不気味な姿が目の前にまで迫ってきている。

　　　豆 知 識

1. この小説のタイトルは、シェイクスピアの戯曲『テンペスト』から取られたものだ。劇中、それまで孤島で暮らしていたミランダが、外の世界ではじめて大勢の人を見て、こう叫ぶ。「ああ、すばらしい新世界／なんて多くの人がいるのかしら！」
2. ハクスリーの祖父は有名な生物学者で、チャールズ・ダーウィンの進化論と自然選択説を先頭に立って支持したひとりだった。
3. 1958年、ハクスリーはエッセイ『すばらしい新世界ふたたび』を出版し、その中で、世界は自分が『すばらしい新世界』で予想したディストピア的な未来へと間違いなく近づいていると述べている。

第22週 第3日(水)

150 視覚芸術 | タージ・マハル

　インドのアグラにあるタージ・マハルは、多くの人々から世界で最も美しい建築物だと考えられている。白い大理石でできた墓廟で、ムガル帝国の皇帝シャー・ジャハーンの后ムムターズ・マハルが第十四子を出産中に亡くなったあと、彼女を葬るため、1631年から1648年に建立された【訳注：その後も追加工事が1653年まで続いた】。

◆

　タージ・マハルは複合建築で、大門、庭園、墓廟本体、西側のモスク、および、モスクと左右対称になるよう東側に立てられた迎賓館の五つで構成されている。鏡のような水面の細長い水路が庭園を四分割しており、大門のちょうどいい位置から見ると、水面に墓廟が映って見える。
　タージ・マハルを設計した建築家が誰なのかは、よく分かっていない。一部には、ムガル宮廷で活躍していたイタリア人ジェロニモ・ヴェロネーオの設計だとする説がある。しかし、もっと有力な証拠によれば、設計したのはペルシア人建築家ウスタード・イーサー・ハーン・エフェンディで、細かい点は弟子のウスタード・アフマドに任せたようだ。設計には、カイロにあるスルタン・ハサン・モスクを参考にしている。
　建設には17年以上かかり、作業には二万人が従事した。建設に要した費用は、金(きん)の値段が一トラー（11.66グラム）あたり15ルピーだった当時で、3000万ルピーだったと言われている。装飾には貴石と半貴石が合計28種類使われ、これを含めて建築資材はアジア各地から運び込まれた。白大理石は、ラージャスターン地方にあるマクラナ産のものが使われた。
　墓廟は、白大理石を敷き詰めた一辺100メートルの四角い基壇の上に建てられている。建物全体は、幅の長さと高さが等しい（ただし、四隅にある尖塔ミナレットは除く）。ドーム部分は高さが44.4メートルで、建物のファサード（正面）とまったく同じ高さだ。この風船形のドームの内側には、もうひとつ、ひと回り小さなドームがあり、全体が二重構造になっている。何もかもが左右対称になっている中、唯一それを乱しているのがシャー・ジャハーンの石棺で、これは后の石棺の横に安置されている。中央入り口にある石には、「心の清らかな者」は「天国の楽園」に入るようにと招くクルアーンからの引用が刻まれている。言い伝えによると、シャー・ジャハーンは――晩年は息子に幽閉された――タージ・マハルと川を挟んだ対岸にもうひとつ自分用に黒大理石の墓を建てるつもりだったという。
　時とともに建物の傷みが激しくなっている。一時期、イギリスのインド総督ウィリアム・ベンティンクが、これを解体して売り払うべきだと提案したこともあった。1983年、タージ・マハルはユネスコの世界遺産に登録された。

　　　　　　　豆 知 識

1. インドの詩人ラビンドラナート・タゴールは、タージ・マハルを「永遠という顔に落ちた一粒の涙」と呼んだ。
2. 「タージ・マハル」という名は「王冠宮殿」という意味だ。

第22週 第4日(木)

151 科学 | マリー・キュリー

科学の世界で活躍した女性の話になると、必ずと言っていいほど最初に名前が挙がるのがマリー・キュリー（1867〜1934）だ。それも当然だろう。彼女は女性として最初にノーベル賞を受賞しただけでなく、史上はじめてノーベル賞を二度受賞した人物でもあった。

◆

マリー・キュリーは1903年、放射能研究の功績により、一度目のノーベル賞となるノーベル物理学賞を受賞した。その10年前、パリでキュリーと仲間たちはウランの性質を調べていた。彼女はウランが、木や肉体を通り抜けることのできる放射線を発しているのに気がついた。だが不思議なことに、ウランにどんな処理をしても——熱しても冷やしても、他の元素と化合させても——出てくる放射線の量は、常にウランの量に比例していた。キュリーは、放射線が出る現象つまり「放射能」——これは彼女が作った言葉だ——は、原子に固有の特徴であって、化学反応の結果ではないと判断した。

次にキュリーは、ウランを大量に含んだピッチブレンド（瀝青ウラン鉱）という物質を調べ始めた。ピッチブレンドからは、ウランだけでは説明できないほど多量の放射線が出ていたからだ。彼女と夫のピエール・キュリーは、ピッチブレンドから、放射性が非常に強い新たな元素をふたつ発見することに成功した。ひとつは、マリーの祖国ポーランドにちなんで「ポロニウム」と命名された。もうひとつは、ラテン語で「放射」を意味する言葉から「ラジウム」と名づけられた。

このラジウムとポロニウムの発見により、キュリーは1911年に二度目のノーベル賞となるノーベル化学賞を受賞した。現在のところ、異なる分野でノーベル賞をふたつ獲得したのは、ライナス・ポーリング（1901〜1994）を除けば、今も彼女しかいない。

[豆 知 識]

1. マリー・キュリーは、長年にわたって放射線を大量に浴び続けたため、1934年に白血病で亡くなった。
2. マリーとピエール・キュリーの娘イレーヌ・ジョリオ＝キュリーは、人工放射能を発見した功績により、1935年にノーベル化学賞を受賞した。
3. 孫娘が除染させるまで、マリー・キュリーの残したメモは放射線を発していた。
4. マリー・キュリーは、女性として史上はじめてパリ・ソルボンヌ大学の教授になった。

157

第22週 第5日（金）

152 音楽 │ モーツァルトの『ドン・ジョヴァンニ』

　ヴォルフガング・アマデウス・モーツァルトは、『フィガロの結婚』（1786年）が国際的に成功を収めると、プラハ歌劇場から新たな依頼を受けた。彼はリブレット（台本）作家ロレンツォ・ダ・ポンテと再びコンビを組み、今度はテーマとして、ジョヴァンニ・ベルターティの1775年の戯曲『ドン・ジョヴァンニ、または石の客』で描かれているドン・ファンの伝説を選んだ。

◆

　物語の主人公は、どうしようもない道楽者で女たらしのドン・ファン（ドン・ジョヴァンニ）だが、モーツァルトとダ・ポンテは、彼を好感の持てる人物に変えた。そうすることで、ふたりはオペラ・セリア（正歌劇）とオペラ・ブッファ（喜歌劇）を融合させ、結果として『ドン・ジョヴァンニ』（1787年）は、道徳劇でも悲劇でも喜劇でもなく、それを混ぜ合わせたものとなった。このため一部の歴史学者は、『ドン・ジョヴァンニ』がウィーンで不評だったのは、よく知られているとおりウィーン市民が保守的で、音楽上の決まり事に厳しかったからだと考えている。

　音楽は、モーツァルトらしい緊迫感と盛り上がりを持った短和音の主題で始まる。ドン・ジョヴァンニが殺人を犯す第一場にピッタリの、印象に残る序曲だ。そのあとオペラでは、主人公の感動的なセレナーデや、奇妙で滑稽な誘惑、彼の身に降りかかる道徳的悲劇が続く。最後の恐ろしい場面では、ドン・ジョヴァンニが悔悛を拒否したため、殺された男の亡霊が彼を地獄へと引きずっていく。感情に訴える衝撃という点では、『ドン・ジョヴァンニ』はおそらくモーツァルトの最高傑作だろうし、彼の類まれなる才能の証しは、本作品にもはっきりと表れている。

　『ドン・ジョヴァンニ』に代表されるオペラの新たなジャンルは、「ドラマ・ジョコーゾ」（滑稽劇）と呼ばれ、ウィーンを除くあらゆる都市で大成功を収めた。モーツァルトが1791年に亡くなるころには、『ドン・ジョヴァンニ』はヨーロッパ全土で最も広く上演されるオペラのひとつになっていた。

豆知識

1. 一説によると、『ドン・ジョヴァンニ』を見たあと皇帝ヨーゼフ二世はモーツァルトに「音符が多すぎる」と言った。それに対してモーツァルトは「必要な数しかありませんよ、陛下」と答えた【訳注：この話は『後宮からの誘拐』についての逸話だとの説もある】。
2. ダ・ポンテは、『ドン・ジョヴァンニ』の台本を書いている最中、後援者の家の一室に缶詰めになった。隣の部屋には、テーブルの上に常に食事とワインが用意してあり、さらにその隣の部屋には娼婦が待機していて、気分転換が必要なときにベルを鳴らして来てもらっていた。
3. このオペラの初演は、プラハでは1787年、ウィーンは1788年、ロンドンは1817年、ニューヨークは1826年だった。

第22週 第6日（土）

153 哲学 ｜ 認識論

認識論とは、知識を扱う哲学の一分野だ。プラトンにまでさかのぼる認識論が、おもに目指しているのは、知識とは何かを正確に定義することである。伝統的に哲学者たちは、知識とは「正当化された真なる信念」だと定義している。

◆

第一に、知識が信念であるとは、何かを知るためには、それが正しいと信じていなくてはならないという意味である。

第二に、知識が真でなくてはならないのは、偽であるものを本当に知ることはできないからだ。たとえ偽であることであっても、それを真だと信じることはできるし、それを知っていると信じることもできる。しかし哲学の定義に従えば、それは本当に知っているということにはならない。

第三に、真の知識が正当化されているというのは、その信念には理由がなくてはならないということである。例えば、あなたが1から1000までの数字の中からひとつを選び——仮にそれを463だとしよう——、友人が、それは463だと当てたとしたら、その友人は、あなたが463を選んだという事実を知っていたことになるのだろうか？　その友人は偶然正解したにすぎないのだから、そのことを知っていたとするのは間違いだと思われる。知識は偶然得られるものではない。何らかの真なる信念を形成しても、その信念が知識と見なされるには、理由が必要なのである。

最近になって哲学者たちは、「正当化された真なる信念」がすべて知識と見なされるのかを議論している。例えば、次のようなケースを考えてみよう。あなたは今、どこかの地方をドライブ中で、外に目をやると納屋が見える。あなたは「あれは納屋だ」という信念を形成する。これは間違いなく正当化された信念だ。それに、真なる信念でもある。ところが今見たのは、じつは本物の納屋ではない。あなたは知らないことだが、ここは偽納屋町といって、住人の大半は納屋を建てない。建っているのは、外見だけが納屋のように見える建物だ。よって、あなたは偽の納屋を見て偽なる信念を形成したのだから、それは知識ではないということになる。ゆえに、「正当化された真なる信念」がすべて知識だとは限らないのである。

豆 知 識

1. 「偽の納屋」のような事例を最初に提示したのは、哲学者エドマンド・ゲティアで、1963年の有名な論文「正当化された真なる信念は知識なのか？」（"Is Justified True Belief Knowledge?"）で取り上げられている。このゲティアの論文は認識論に革命をもたらしたが、何とたった三ページしかない！

2. 今も哲学者たちは、ある信念を知識と見なすためには、真であることと正当化されていること以外に、どんな条件が必要かを議論している。

3. 認識論では、これ以外にも、懐疑論の問題や帰納法の問題も扱う。

159

第22週 第7日（日）

154 宗教 ｜ イエスの復活

　イエスが十字架にかけられて死に、アリマタヤのヨセフの墓に葬られて三日後、聖母マリアとマグダラのマリアら数名の女性たちが、埋葬の儀式を執り行うため墓へ向かった。しかし墓に来てみると、中は空になっていた。翌日からイエスは何人もの弟子たちの前に姿を現し、自分が復活したことを示した。復活から約40日後、イエスは昇天して地上世界から永遠に去った。今日、イエスの復活は復活祭（イースター）で祝われ、その物語は、マタイ、マルコ、ルカ、ヨハネの各福音書でそれぞれ語られている。

◆

　キリストの復活は、大多数のキリスト教徒にとってはキリスト教信仰の核となる大きな柱だ。信徒の大半は、イエスの復活は実際に起こった出来事で、本当に死からよみがえったのだと信じている。

　この出来事については数多くの解釈があるが、その中で最も広く支持されているのが、刑罰代償説だ。それによると、神は、罪を犯した全人類を罰する必要があった。しかし、それを避けるため、神は汚れのないイエスを世に送り、イエスの教えを受け入れた人々が犯した罪を、イエスに肩代わりさせることにした。イエスは、弟子たちが帰依する見返りに彼らの罪を引き取って昇天したというのである。

　この考え方は、キリスト教の内部では広く受け入れられているが、一部のキリスト教徒や、キリスト教徒でない者の多くは、復活の物語は比喩にすぎないと考えている。その指摘によれば、確かに復活は聖書正典の四福音書すべてに書かれているが、その四つとも、復活を直接見たとは言っていない。それどころか、聖書中のどこにも、復活を目撃したと主張する人物は出てこない。リベラルなキリスト教徒は、イエスが実際に死からよみがえったとは信じていないが、そんな彼らにとっても、復活の物語は信仰の核となっている。それが希望を象徴しているからである。

─────── 豆 知 識 ───────

1. ちなみに、四福音書すべてが復活をさまざまな視点から描いているが、四福音書のあいだには矛盾する点がいくつかある。これを復活が事実ではなかった証拠だと言う者もいるが、だからこそかえって真実なのだと考える者もいる。もっとも、四人が同じことを目撃しても、その証言が完全に一致することなど、めったにないのだが。

2. 非キリスト教徒がイエスの復活について書いたとされる文書がいくつか存在する。例えばユダヤ人歴史家フラウィウス・ヨセフスの文書も、そのひとつだ。紀元98年にヨセフスは、イエスは復活したと書いている。ただし、彼の文書はある時期にキリスト教徒が編集したものであるため、その信憑性は疑問視されている。

3. イエスが墓から消えた理由については、復活説以外にも、イエスの埋葬された墓が浅かったため死体が動物に食べられたという説や、弟子が死体を盗んだという説がある。また、それほど信じられてはいないが、イエスは十字架では死なず、ただ気を失っただけで、やがて墓で意識を取り戻したのだとする説もある。

第23週 第1日（月）

155 歴史 | ベンジャミン・フランクリン

　ベンジャミン・フランクリン（1706〜1790）は、18世紀に最も有名かつ最も影響力のあったアメリカ人で、発明家・外交官・ジャーナリスト・政治家として活躍した。また、アメリカ独立宣言とアメリカ合衆国憲法の両方に署名した人物でもある。その長い生涯——まだピューリタンが市政を握っていたボストンで生まれ、産業革命前夜にフィラデルフィアで亡くなった——でフランクリンは、成立まもない若いアメリカ合衆国の文化と政治に、おそらく同時代人の誰よりも大きな貢献を果たした。電気の発見に貢献し、新聞を発行して大成功を収め、フランクリン・ストーブを発明した。当時の彼の名声は、同時期に活躍したアメリカ人政治家ジョン・アダムズいわく、「ニュートンやフリードリヒ大王やヴォルテールよりも大きく、その人徳は、この三人の誰よりも敬愛されていた」。歴史学者の中には、彼こそ「最初のアメリカ人」だと呼ぶ者もいる。

◆

　フランクリンの父ジョサイアは、17世紀末にボストンへ移民してきたろうそく職人だった。ジョサイアの第十五子として生まれたフランクリンは、12歳のとき、新聞の発行人をしていた兄の下で働き始めた。最初は印刷機を担当していたが、すぐに新聞記事を書くようになった。しかし、感謝をしない兄と働くのが嫌になり、フランクリンは17歳で南のフィラデルフィアに移った。フィラデルフィアでは、新聞を出版し、やがて市内で最も名の知れた市民のひとりになった。無限の才能と好奇心に恵まれていたフランクリンは、さらに病院、保険会社、哲学協会、大学（現在のペンシルヴェニア大学）を設立し、そのすべてが今も存続している。やがて彼は印刷業をやめて科学の世界に身を転じた。電気の性質を解明するのに貢献し、遠近両用メガネと、熱効率のよいフランクリン・ストーブを発明した。

　アメリカ植民地がイギリスの支配に不満を募らせていた1750年代と1760年代、フランクリンはイギリスに住んでいた。彼はイギリス議会に対し、アメリカ人の考えを代弁して伝えた。ロンドンから帰国したときには、植民地はイギリスと、たもとを分かたなくてはならないと確信するに至っていた。1776年、彼は自宅のあったフィラデルフィアで、アメリカ独立宣言に署名した。フランクリンは、生まれたばかりのアメリカ合衆国の駐フランス大使としてヨーロッパに戻ると、その科学的業績からフランスでは名士としてもてはやされた。若い国家アメリカが多くのヨーロッパ人から信頼を勝ち得たのは、ひとえにアメリカにこの偉大な科学者がいたからであった。フランクリンは、ペンシルヴェニア州フィラデルフィアに戻ってからも、ほぼ毎日仕事を続け、84歳で亡くなった。

豆 知 識

1. フランクリンの発明品のひとつに、ガラスでできた楽器「アルモニカ」がある。この人気は19世紀に衰えてしまうが、オーストリアの大作曲家モーツァルトが、この楽器のために曲をふたつ作曲している。

第23週 第2日（火）

156 文学 | ポストコロニアリズム

　ポストコロニアリズム文学とは、旧植民地出身の作家が書いた作品と、そうした地域出身の人々について書かれた作品とを指す。この文学の大半は、アフリカやアジア、ラテン・アメリカ、およびカリブ海地域にあったヨーロッパの主要な植民地がすべて独立を獲得した1950年代から1960年代以降に書かれたものである。

◆

　ヨーロッパ帝国主義の最盛期だった19世紀後半、ヨーロッパ人作家たちは、自国の世界支配を褒めたたえ、未開人を文明化するという、いわゆる「白人の責務」をうたい上げる傾向が強かった。その先頭に立つのがイギリス人作家ラドヤード・キプリングで、彼はしばしば、明らかに人種差別的な詩や小説を書いている。しかし徐々に、例えばジョーゼフ・コンラッドの『闇の奥』（1899年）やE・M・フォースターの『インドへの道』（1924年）などの作品が、ヨーロッパの植民活動に批判的な目を投げかけるようになっていった。

　第二次世界大戦後にアジアとアフリカで植民地解放が進むと、新たに独立した地域の作家たちは、植民地化が文化や社会や人々の心に残した影響を記録し始めた。そうした作家の多くは、人種・民族・国民意識の問題に取り組んだ。また彼らは、ヨーロッパが現地の民族分布を無視して人為的に国境を引いたために引き起こされた政治的・宗教的対立も考察した。批評家たちからは、ポストコロニアリズムの作品は「他者」という概念に焦点を当てることが多いとの指摘がある。この「他者」の概念は、評論家エドワード・サイードが、西洋人は東洋を一方的に異質なものと見なす傾向があると論じた画期的な著書『オリエンタリズム』（1978年）で明らかにしたことで知られている考え方である。

　ポストコロニアリズムは、多くの地域や作家を含んだ広範囲にわたる運動だ。有名な作品としては、アフリカではアラン・ペイトンの『叫べ、愛する国よ』（1948年）とチヌア・アチェベの『崩れゆく絆』（1958年）があり、アジアではグレアム・グリーンの『おとなしいアメリカ人』（1955年）、アニータ・デサイの『たそがれ時の遊び（仮）』（Games at Twilight／1978年）、サルマン・ラシュディの『真夜中の子供たち』（1981年）がそうであり、カリブ海地域の作品としては、V・S・ナイポールの『ビスワス氏の家（仮）』（A House for Mr. Biswas／1961年）、ジーン・リースの『サルガッソーの広い海』（1966年）、ジャメイカ・キンケイドの『アニー・ジョン』（1985年）などがある。

　1980年代後半以降は、新世代のポストコロニアリズム作家が登場し、同じテーマの多くを新たな視点から描いている。そうした作品の大多数は、例えばハニフ・クレイシの『郊外のブッダ』（1990年）やゼイディー・スミスの『ホワイト・ティース』のように、イギリスやアメリカに住む非西洋圏出身の移民に焦点を当てている。彼らは一般に、同じポストコロニアリズムでも、苦悩することが多かった前の世代よりも楽観的で、出身地から引き離された移民の状況を現代世界の現実として受け入れ、その肯定的な側面やコミカルな面を取り上げている。

豆 知 識
---

1. ポストコロニアリズムでは、女性作家も活躍しており、その多くは、旧植民地を背景にフェミニズム的なテーマや女性の社会進出を扱っている。
2. ポストコロニアリズムの作家の大半はマイノリティー出身だが、ともに南アフリカ人であるアソル・フガードやJ・M・クッツェーなど、白人作家も重要な役割を担っている。

157 視覚芸術 | 葛飾北斎

葛飾北斎（1760〜1849）は、西洋で最も知られている日本人芸術家だろう。

◆

貧しい家に生まれた北斎は、鏡師の家に養子となり、その後、彫刻師の下で木版技法を学んだ。18歳のとき、役者絵で有名だった浮世絵師、勝川春章の弟子となった。じっとしていられない性分の北斎は、1794年に春章の門下から離れ、放浪生活を始めた。名前を50回以上変えており、北斎を名乗るようになるのは46歳からだ。75歳のときには「画狂老人」と名乗っている。生涯で住んだ家は90を超える。

金銭に困ることも少なくなかった北斎は、人の注目を集めるようなことをよくやった。あるとき、将軍の前で谷文晁と絵の競い合いをすることになった。北斎は、自分の番になると、長い紙を広げ、太い筆で藍色の帯をさっと塗ると、鶏の足に朱色の絵具をつけて、紙の上を歩かせた。そして将軍に、「竜田川の紅葉でございます」と申し上げたという。

長年にわたって、北斎は500冊の画帳に三万点以上のスケッチを描いた。1814年から1878年にかけて出版された『北斎漫画』全十五編は、そうしたラフ・スケッチを集めたもので、実在するものから空想上のものまで、さまざまな画題がさまざまなスタイルで描かれている。最後の第十五編が世に出た1878年は、北斎が死んでから29年後のことだ。

しかし、北斎で一番有名なのは、何と言っても浮世絵だろう。江戸時代に始まる浮世絵は、文字どおり浮世の姿を描いた風俗画で、色ごとに版木を換えて刷る多色刷りの木版画である。北斎の浮世絵で最も有名なのが、『富嶽三十六景』のひとつ『神奈川沖浪裏』だ。自然の力と戦う漁師たちを——日本の伝統的な画題ではないが——描いた本作は、おそらく日本に入ってきたオランダの銅版画から影響を受けているものと思われる。

北斎の作品は、はじめてヨーロッパに紹介されると、ポール・ゴーギャンやフィンセント・ファン・ゴッホなどの画家たちに強烈なインパクトを与えた。ジェイムズ・ホイッスラーは、北斎はディエゴ・ベラスケス以降で最高の芸術家だと言っている。1951年にアムステルダムで開催された展覧会「レンブラント、ファン・ゴッホ、北斎」は、この日本の巨匠の20世紀における評価を高めるのに大きく貢献した。

> 豆知識

1. 北斎は、江戸時代を代表する春画（エロティックな絵）の名手で、その腕前は例えば春画帖『富久寿楚字』に見ることができる。
2. 『富嶽百景』で北斎は、富士山を複数の視点から見た、さまざまな姿で捉えており、彼が富士山を知り尽くしていたことをよく示している。
3. 北斎最大の作品は、大きさが200平方メートル以上ある。

第23週 第4日（木）

158 科学 | 催眠状態

　200年以上前から人々は、催眠状態とは何か、定義しようと努力してきた。私たちの大半が抱いているイメージは、こうだろう。太くて不気味な口ひげを生やして黒いシルクハットをかぶった男性が、私たちの目の前で懐中時計を振り子のように振りながら、薄気味悪い低い声で「あなたはだんだん眠くなる……」と語りかけてくる。しばらくすると、私たちは行動も考えも、記憶さえも、催眠術師にコントロールされてしまうのだ。

◆

　現代の精神科医たちは、催眠状態とは、暗示を非常に受けやすくなったトランス状態だと理解している。マインド・コントロールというよりは、誘導された白昼夢のようなものだ。催眠状態にある人は、自分が何の制約も受けていないように感じることが多いが、自分の意志に反することはやろうとしない。脳波計を用いた研究によると、催眠状態にある脳からは、睡眠や夢と関係のある低周波の脳波が大量に出ている。その一方で、完全覚醒と関係のある高周波の脳波は、減ってはいるが、完全に消えてしまってはいない。だから催眠状態に入ると夢を見ているような感じになるが、そうは言っても、催眠中は操り人形になってしまうわけではない。催眠状態になっていても、自分の頭で考えている。

　人を催眠状態にする基本的な方法は三つある。ひとつ目は凝視誘導法と呼ばれるもので、被験者が外界の刺激に反応しないよう、何かひとつの物体（例えば懐中時計）に注目するよう指示する方法だ。催眠研究の初期には一般的に用いられていた方法だが、今日ではほとんど使われない。大多数の人に有効な方法ではないからだ。二つ目は、例えば「立って、座って、まばたきして、立って」という具合に、矢継ぎ早に命令を浴びせかける方法である。これは、舞台でのショーや、尋問で用いられている。精神科医が患者を集中させて睡眠状態に導くのに用いるのは、三つ目の「段階的リラクゼーション法」だ。精神科医は、患者に向かって優しい声で、穏やかなイメージを抱くよう語りかけることで、患者が過食や喫煙など好ましくない習慣を捨てられる環境を作り出すのである。

[豆 知 識]

1. 近代的催眠研究の父とされているのが、18世紀にオーストリアで活躍した医師フランツ・アントン・メスメルだ。彼は、催眠術を神秘的な力だと信じ、これを「動物磁気」と呼んでいた。
2. 「催眠術」と同義語の「メスメリズム」（mesmerism）や、「催眠術をかける」という意味の「メスメライズ」（mesmerize）は、メスメル（Mesmer）の名に由来する。
3. 専門家の多くは、車の運転とテレビの視聴を催眠状態だと考えている。
4. 想像力の豊かな人ほど、催眠術にかかりやすい。

第23週 第5日(金)

159 音楽 | ソナタ形式

　音楽理論から見て、古典派の時代が残した最大の遺産は、ソナタ形式を最も重要な作曲構造として確立させたことだ。ソナタ形式は、ほぼ200年にわたって、数々の短い曲や、交響曲の楽章で標準的な形式として採用され、その影響は、ベーラ・バルトーク（1881〜1945）など20世紀の作曲家にも及んでいる。

◆

　ソナタ形式は、長い楽曲中に含まれる個々の楽章や、楽章のない短い楽曲で用いられる音楽上の形式のひとつだ。その起源は、バロック時代に使われていた二部形式にさかのぼる。

　バロック時代の作曲家たちは、通常、ひとつの楽曲または楽章で表現する感情はひとつのみに限り、主題や動機も、楽曲ひとつにつき、ひとつだけを展開させるのが常だった。それに対して古典派の作曲家は、対立する主題や感情を、ひとつの楽曲に盛り込むのを好んだ。それを実現させるための枠組みを提供したのがソナタ形式だった。ソナタ形式は、次のように進む。

提示部——短い序奏が付くこともあるが、ソナタ形式の楽曲または楽章は、まず提示部で始まる。ここでは、主題となる素材が、通常ふたつに分けて提示される。ひとつは主調で演奏される第一主題で、もうひとつの第二主題は、ふつう属調か近親調で演奏される。このふたつは、経過句と呼ばれる部分でつながれていることが多く、この経過句によって転調がスムーズに行われる。

展開部——和声的に不安定で、転調の多い部分だが、この展開部こそ作曲家にとっては腕の見せ所で、作曲家は新たな和声の中で主題を分解し、作り直し、並べ替える。

再現部——ここで、提示部で示した最初のふたつの主題に戻り、最後に主調で演奏する。この後に短いコーダを続けて終わりとすることも多い。

　ソナタ形式は解説的論文の構造といくつか共通点があり、それもあって多くの人は、ソナタ形式は理性と論理を重視する時代精神から生まれたものだと考えている。その起源が何であれ、ソナタ形式は、古典派の作曲家たちの業績の中でも、とりわけ長く影響を残したひとつである。

[豆知識]

1. 「ソナタ形式」という用語は、よく知られているものの、この形式を考案した作曲家たちが使っていた言葉ではなかった。音楽理論家ヨーゼフ・リーペルが著作の中で使ったのが初出で、それは1755年ころのことである。
2. ベートーヴェンは、交響曲のコーダを拡張して、主題をさらに発展させた長い展開部をもうひとつ作ったことで知られている。彼の真の才能は、そうしたコーダのいくつかで発揮されている。
3. ソナタ形式は複合二部形式とも呼ばれ、ソナタという名がついている楽曲に限らず、交響曲、協奏曲、弦楽四重奏曲、合唱曲など、数えきれないほどのジャンルで用いられている。

第23週 第6日(土)

160 哲学 | ジョン・ロック

　ジョン・ロック（1632～1704）は、イギリス最初の主要な経験論者であり、近代で最も重要な政治哲学者のひとりだ。1632年、イングランドの小村リントンに生まれたロックは、オックスフォード大学で学んだのち、当時の哲学・科学・政治の主要な運動の多くに加わった。王立協会——あのアイザック・ニュートンも会員だった科学者の団体——の創設メンバーであり、プロテスタントが、国王チャールズ二世と、その弟でカトリック信徒のジェイムズに対して行った反対運動で重要な役割を担った。

◆

　ロックの主要な哲学的著作は、『人間知性論』（1690年）である。ロックは、人間が生まれるときには、心は「タブラ・ラサ」（白紙状態）であり、知識はすべて後から経験によって得られると主張した。ロック流の心理学によれば、観念はすべて、外界の感覚的経験から得られるものだという。私たちは、観念を比較することができるし、観念を組み合わせて複合観念を作ることも、具体的な観念から一般的な観念を推論することもできる。しかし、すべての出発点は私たちの感覚であり、このことが、私たちが期待できる知識の範囲に大きな限界を設けている。例えばロックは、私たちが物事の根底にある真の本質を知ることができるかどうかについては、懐疑的だった。

　政治哲学の分野では、ロックは社会契約論を発展させるのに大きな役割を果たした。ロックによれば、人間はもともと、法律の存在しない「自然状態」にあり、そこでは腕力だけが権威の基盤であったという。しかし私たちは社会契約を結んで、自然権の一部を政府などの権力者に譲り、その代償として治安などの保証を得た。ロックが果たした重要な貢献とは、公正な社会契約には必ず一定の特徴があり、市民の生命・自由・資産に対する権利を尊重するものでなくてはならないと主張したことだ。こうした権利が侵害された場合、私たちには統治する権力者に対して、たとえそれが王であっても、抵抗する権利があるとロックは訴えた。

[豆 知 識]

1. ロックは、国王兄弟に反対するプロテスタント側の陰謀に加担していたため、イギリスを離れてオランダに亡命した。彼がイギリスに帰国するのは、名誉革命中の1688年のことだ。
2. ロックの思想は、アメリカ独立宣言の基盤となった。
3. ロックの社会契約論などの政治思想は、アメリカ独立革命の指導者たちに影響を与えた。

第23週 第7（日）

161 宗教 福音書

「福音」とは「よい知らせ」という意味で、一般には新約聖書の正典である四福音書を指すのに使われることが多い。この四福音書——マタイによる福音書、マルコによる福音書、ルカによる福音書、ヨハネによる福音書——は、イエスの教えを知る主要な典拠である。イエス自身は、現在分かっている限り著作を何ひとつ残していないからだ。福音書は、どれも紀元60年ころから110年ころにかけて書かれた。すべてギリシア語で書かれたと思われるが、マタイによる福音書は、もともとアラム語で書かれていたとの説もある。

◆

　四つの福音書の執筆順と相互関係は、非常に複雑だ。マタイ、マルコ、ルカの三冊は、どれもイエスの生涯の物語と教えを記し、同じ出来事を数多く取り上げているのに対し、ヨハネは、イエスの哲学的・神学的思想にもっと焦点を当てている。マタイ、マルコ、ルカはイエスの生涯を描いているので、この三冊はそれぞれ他の二冊を資料として使って書かれたのではないかと考えられている。

　現在の通説によれば、最初に書かれたのはマルコで、マタイとルカは、マルコを下敷きにしたと考えられている。また、マタイとルカは未発見の第二の資料、通称「Q資料」を使ったと推定されている。マルコは、イエスの誕生から始まるのではなく、イエスが教えを説き始めたときから、その人生を書き起こしている。マタイとルカは、イエスの誕生、洗礼者ヨハネの教え、イエスの教え、イエスの復活の物語を記している。ヨハネは同じ物語を多く含んでいるが、時系列に沿っていない場合が多い。

　この四福音書以外にも、正典ではない外典福音書が数多く存在する。大半は、最初の四福音書よりも後の時代に書かれ、そのためキリスト教世界では散発的にしか受け入れられなかった。その多くは、イエスを魔術師のように描きすぎているとして批判されている。例えば、イエスが粘土で鳥を作って手を振ると、粘土の鳥に命が吹き込まれたという話が語られている。ローマ・カトリック教会は、このような物語は異端的だと考えている。

豆知識

1. 紀元2世紀のリヨンの神学者エイレナイオスは、新約聖書に含めるべき福音書は四つのみとすべきで、それ以上であってはならないと主張したと言われている。なぜ四つなのか？　それは四が風の種類の数であり、東西南北の方角を示す数だからだという。
2. ヨハネによる福音書は、イエスが死んだ責任はユダヤ人にあると非難する主張のおもな根拠となっている。この福音書を書いた人物は、ほぼ間違いなくユダヤ人で、彼の非難の矛先は当時の特定のユダヤ人指導者に向けられていたはずが、それでもヨハネによる福音書の文章は、ユダヤ人を迫害する際の根拠に利用されてきた。
3. 福音書は新約聖書の主要な部分だが、新約聖書を構成する二七書のうちの四つでしかない。

第24週 第1日（月）

162 歴史 | ジョージ・ワシントン

「戦争で先頭に立ち、和平で先頭に立ち、同国人たちの心の中でも先頭に立った」

——ジョージ・ワシントン追悼演説より

◆

　　ジョージ・ワシントン（1732〜1799）は、アメリカ独立戦争を率いた司令官であり、アメリカ合衆国の初代大統領である。1775年にアメリカ独立革命が勃発する以前、ワシントンはヴァージニアに住む裕福な農場主だった。イギリス軍の一員として、フランス軍やアメリカ先住民と戦ったこともあったが、1760年代から1770年代前半には、イギリスの植民地支配に不満を抱くようになり、独立革命が始まったころには徹底した愛国派になっていた。大陸会議が反乱軍を率いる司令官にワシントンを全会一致で選出すると、彼は1775年7月3日、マサチューセッツ州ケンブリッジで指揮を執った。

　1775年当時、イギリスは世界一の強国であり、訓練の行き届いた兵士と傭兵を擁するイギリス軍は、ヨーロッパ屈指の軍隊だった。こうした不利な状況で、完全勝利を望むことは難しかったがワシントンは、完敗を回避することでイギリス軍を疲弊させることはできるはずだと見抜いていた。ワシントンの粘り強い戦いぶりにより、フランス、スペイン、オランダが植民地側に付くことに決めた。この状況にイギリスもついに観念した。アメリカ独立戦争で特筆すべきは、死者数が比較的少なかったことだ。対イギリス戦争全体を通じて愛国派が失った兵士は6824人で、これはアメリカ合衆国がその後の戦争で出す戦死者数に比べれば、ほんのわずかでしかなかった。

　その賢明な指揮官ぶりで、ワシントンは大きな人望を得たが、権力を握ろうとせずヴァージニア州の農場に隠棲した。それでも結局、1789年の大統領選に立候補することを承諾し、満票で当選した。大統領としてワシントンが残した最大の遺産は、彼がやらなかったことにある。在任中、彼は意図的に以後の大統領の指針となるよう数々の先例を定めた。仰々しい称号は拒否し、共和制の国家なのだから単に「ミスター・プレジデント」と呼んでほしいと主張した。1796年には三期目を目指して立候補するのを固辞し、それによって大統領は二期までという不文律を定めた。この不文律は、1940年にフランクリン・D・ローズヴェルトが三期目を目指すまで、歴代の大統領によって順守された。1799年にワシントンが亡くなったときには、「建国の父」を失ったことをアメリカ中が嘆き悲しんだ。

豆 知 識

1. アメリカ大統領のうち12人が将軍職の経験者だ。その最後は第二次世界大戦を指揮したドワイト・D・アイゼンハワーで彼は大統領を1953年から1961年まで務めた。
2. 大統領在職中、ワシントンはアメリカ政府の基礎固めとなる法律を成立させた。例えばワシントンが一期目に成立させた法律により、ドルがアメリカの公式通貨となり、首都の位置が確定し、大統領に助言を与える大統領顧問団が作られた。
3. ワシントンは、奴隷制度を倫理に反するものだと考えていたが、彼自身奴隷を所有しており、生前は、他者への手本として奴隷を解放すべきだと言われても拒絶していた。しかし遺言で、死後に奴隷を解放した。

168

第24週 第2日（火）

163 文学 | アントン・チェーホフ

　アントン・チェーホフ（1860～1904）は、短編小説の巨匠にして、最高の劇作家のひとりである。いくつかの代表的な戯曲と、数えきれぬほどある傑作短編小説で、彼は日常生活の中からすばらしい物語を掘り起こした。作品はおおむねシリアスなものだが、どれも常に喜劇と悲劇の微妙なバランスの上に話が展開していく。

　チェーホフは、ロシア南部の貧しい家庭に生まれた。彼の家族は、かつて農奴だったが、一世代前に金を払って自由身分を買い取っていた。モスクワ大学医学部で学んでいたとき、チェーホフは両親の家計を支えるためさまざまなペンネームを使って短編喜劇を多数書いて売った。1884年に医学部を卒業したあとも執筆を続け、20代後半には多くの読者を獲得していた。次第にチェーホフは重い主題を扱うようになり、戯曲の世界にはじめて足を踏み入れたころから批評家の目にも留まるようになった。

　今も語り継がれているように、チェーホフ作『かもめ』のサンクトペテルブルク初演（1896年）は、紛れもない大失敗だった。この戯曲は、誤って喜劇だと宣伝され、観客が非難の声を上げ始めると、チェーホフは居たたまれなくなって劇場から逃げ出し、ショックのあまり戯曲の執筆をやめてしまおうと思ったほどであった。しかし、その後の『かもめ』上演は好評を博し、以前の平凡な戯曲を書き改めた傑作『ワーニャ伯父さん』（1899年初演）で、さらなる栄誉も勝ち取った。その後に書いた『三人姉妹』（1901年初演）と『桜の園』（1904年初演）も、悲喜劇の傑作と評されている。この四つの戯曲は、世代間の対立など家族の問題を描き、舞台上での演技は最小限に抑えられている。重大事件は舞台の外で起こっており、演技ではなく登場人物の会話を通して伝えられる。

　チェーホフは戯曲で有名だが、短編小説にも秀作が多い。彼の短編では、鋭い観察眼で捉えた現実の憂鬱な側面を背景に、自分たちの退屈でつまらない日常生活にうんざりしている人物たちが登場する。物語の筋書きは、たいてい最小限に抑えられていて単純であり、最も重要な要素は筋書きの裏に隠され、最後に一件落着ということにはほとんどならない。200以上あるチェーホフの短編小説は、短編小説が現在のような文学の主要な形式になる上で欠かせない存在だった。

豆知識

1. チェーホフは、作家として絶頂期にあるときも医師の仕事を続けていた。それについて、彼はこんな名言を残している。「私にとって、医療は正妻であり文学は愛人だ。一方に飽きたら、もう一方と一夜を過ごすのだ」。
2. チェーホフの戯曲は、1920年代に英訳が出ると、イギリスとアメリカの演劇界でたちまち定番となり今も各地で公演が行われている。
3. チェーホフは、当時のロシアの批評家や知識人から、作品にもっと政治色を出せと迫られることが多かった。彼は、政治色を出すと作品の普遍性が損なわれると考え、これを一貫して拒み続けた。

第24週 第3日(水)

164 視覚芸術 | ロマン主義

　ロマン主義運動（1750〜1850）は、主として新古典主義への反応として生まれた。新古典主義の芸術家たちが、啓蒙思想で重んじられた理性・客観性・秩序・科学を非常に重視したのに対し、ロマン主義の芸術家は、幻想・直観・主観性・感情の世界に魅了されていた。アメリカ独立革命とフランス革命を引き起こした情熱に感化されて、ロマン主義者たちは、社会の因習よりも反抗と個人の自由を称賛した。また、工業化の急速な進展に幻滅し、自然の驚異と、より簡素で原始的な文化の純粋さを賛嘆した。新古典主義者がギリシア・ローマ美術の明確な線と優雅さを好んだのとは対照的に、ロマン主義者はゴシック建築の複雑さや、異国の文化の神秘的雰囲気に魅了されていた。

◆

　イギリスでロマン主義が登場するのは、1749年、小説家ホレス・ウォルポールがトウィッケナムにあった自邸ストロベリー・ヒルをゴシック風に改築しようとしたことに始まる。イギリス絵画でロマン主義を代表する作品には、ジョージ・スタッブスの『ライオンに襲われる馬』（1763年）、ヘンリー・フューズリの『悪夢』（1781年）、ウィリアム・ブレイクが自らの詩集に描いた挿絵などがある。イギリスのロマン主義は、ジョン・コンスタブルとジョゼフ・マロード・ウィリアム・ターナーの絵画で最高潮に達した。建築では、1836年に設計の始まったネオ・ゴシック様式の国会議事堂に、ロマン主義が最もよく反映されている。

　フランスのロマン主義は、ジャン＝ジャック・ルソーの著作とフランス革命に負うところが非常に大きい。この時代の著名なフランス人画家には、ジャン＝オーギュスト＝ドミニク・アングル、テオドール・ジェリコー、ウジェーヌ・ドラクロワなどがいる【訳注：この三名のうち、アングルのみ新古典主義者】。フランスのロマン主義建築を代表するのが、ピエール＝アレクサンドル・ヴィニョンが設計したマドレーヌ教会で、新古典主義的な外観の内部にビザンツ様式のドームが三つある【訳注：マドレーヌ教会は、一般には新古典主義建築の代表とされる】。このように過去の異なる様式を融合させるのが、この時代の建築の多くに見られる特徴である。

　ドイツでは、ロマン主義はヨハン・ヴォルフガング・フォン・ゲーテの小説『若きウェルテルの悩み』（1774年）の悩める主人公に負うところが大きい。カスパー・ダーヴィト・フリードリヒの『雪の中の僧院の墓地』（1817〜19年）とフィリップ・オットー・ルンゲの『一日の四つの時』（1809年）が、ドイツ・ロマン主義を代表する絵画だ。

　ロマン主義時代のスペイン最高の芸術家は、フランシスコ・デ・ゴヤである。

　アメリカでロマン主義を最も代表しているのがジョン・シングルトン・コプリーの作品で、劇的な場面を描いた傑作『ワトソンと鮫』（1778年）は、サメに襲われて生き延びたワトソン本人から依頼されて制作したものである。

170

163 文学 | アントン・チェーホフ

アントン・チェーホフ（1860〜1904）は、短編小説の巨匠にして、最高の劇作家のひとりである。いくつかの代表的な戯曲と、数えきれぬほどある傑作短編小説で、彼は日常生活の中からすばらしい物語を掘り起こした。作品はおおむねシリアスなものだが、どれも常に喜劇と悲劇の微妙なバランスの上に話が展開していく。

◆

チェーホフは、ロシア南部の貧しい家庭に生まれた。彼の家族は、かつて農奴だったが、一世代前に金を払って自由身分を買い取っていた。モスクワ大学医学部で学んでいたとき、チェーホフは両親の家計を支えるためさまざまなペンネームを使って短編喜劇を多数書いて売った。1884年に医学部を卒業したあとも執筆を続け、20代後半には多くの読者を獲得していた。次第にチェーホフは重い主題を扱うようになり、戯曲の世界にはじめて足を踏み入れたころから批評家の目にも留まるようになった。

今も語り継がれているように、チェーホフ作『かもめ』のサンクトペテルブルク初演（1896年）は、紛れもない大失敗だった。この戯曲は、誤って喜劇だと宣伝され、観客が非難の声を上げ始めると、チェーホフは居たたまれなくなって劇場から逃げ出し、ショックのあまり戯曲の執筆をやめてしまおうと思ったほどであった。しかし、その後の『かもめ』上演は好評を博し、以前の平凡な戯曲を書き改めた傑作『ワーニャ伯父さん』（1899年初演）で、さらなる栄誉も勝ち取った。その後に書いた『三人姉妹』（1901年初演）と『桜の園』（1904年初演）も、悲喜劇の傑作と評されている。この四つの戯曲は、世代間の対立など家族の問題を描き、舞台上での演技は最小限に抑えられている。重大事件は舞台の外で起こっており、演技ではなく登場人物の会話を通して伝えられる。

チェーホフは戯曲で有名だが、短編小説にも秀作が多い。彼の短編では、鋭い観察眼で捉えた現実の憂鬱な側面を背景に、自分たちの退屈でつまらない日常生活にうんざりしている人物たちが登場する。物語の筋書きは、たいてい最小限に抑えられていて単純であり、最も重要な要素は筋書きの裏に隠され、最後に一件落着ということにはほとんどならない。200以上あるチェーホフの短編小説は、短編小説が現在のような文学の主要な形式になる上で欠かせない存在だった。

豆 知 識

1. チェーホフは、作家として絶頂期にあるときも医師の仕事を続けていた。それについて、彼はこんな名言を残している。「私にとって、医療は正妻であり文学は愛人だ。一方に飽きたら、もう一方と一夜を過ごすのだ」。
2. チェーホフの戯曲は、1920年代に英訳が出ると、イギリスとアメリカの演劇界でたちまち定番となり今も各地で公演が行われている。
3. チェーホフは、当時のロシアの批評家や知識人から、作品にもっと政治色を出せと迫られることが多かった。彼は、政治色を出すと作品の普遍性が損なわれると考え、これを一貫して拒み続けた。

第24週 第3日(水)

164 視覚芸術 ロマン主義

ロマン主義運動（1750〜1850）は、主として新古典主義への反応として生まれた。新古典主義の芸術家たちが、啓蒙思想で重んじられた理性・客観性・秩序・科学を非常に重視したのに対し、ロマン主義の芸術家は、幻想・直観・主観性・感情の世界に魅了されていた。アメリカ独立革命とフランス革命を引き起こした情熱に感化されて、ロマン主義者たちは、社会の因習よりも反抗と個人の自由を称賛した。また、工業化の急速な進展に幻滅し、自然の驚異と、より簡素で原始的な文化の純粋さを賛嘆した。新古典主義者がギリシア・ローマ美術の明確な線と優雅さを好んだのとは対照的に、ロマン主義者はゴシック建築の複雑さや、異国の文化の神秘的雰囲気に魅了されていた。

◆

イギリスでロマン主義が登場するのは、1749年、小説家ホレス・ウォルポールがトウィッケナムにあった自邸ストロベリー・ヒルをゴシック風に改築しようとしたことに始まる。イギリス絵画でロマン主義を代表する作品には、ジョージ・スタッブスの『ライオンに襲われる馬』（1763年）、ヘンリー・フューズリの『悪夢』（1781年）、ウィリアム・ブレイクが自らの詩集に描いた挿絵などがある。イギリスのロマン主義は、ジョン・コンスタブルとジョゼフ・マロード・ウィリアム・ターナーの絵画で最高潮に達した。建築では、1836年に設計の始まったネオ・ゴシック様式の国会議事堂に、ロマン主義が最もよく反映されている。

フランスのロマン主義は、ジャン＝ジャック・ルソーの著作とフランス革命に負うところが非常に大きい。この時代の著名なフランス人画家には、ジャン＝オーギュスト＝ドミニク・アングル、テオドール・ジェリコー、ウジェーヌ・ドラクロワなどがいる【訳注：この三名のうち、アングルのみ新古典主義者】。フランスのロマン主義建築を代表するのが、ピエール＝アレクサンドル・ヴィニョンが設計したマドレーヌ教会で、新古典主義的な外観の内部にビザンツ様式のドームが三つある【訳注：マドレーヌ教会は、一般には新古典主義建築の代表とされる】。このように過去の異なる様式を融合させるのが、この時代の建築の多くに見られる特徴である。

ドイツでは、ロマン主義はヨハン・ヴォルフガング・フォン・ゲーテの小説『若きウェルテルの悩み』（1774年）の悩める主人公に負うところが大きい。カスパー・ダーヴィト・フリードリヒの『雪の中の僧院の墓地』（1817〜19年）とフィリップ・オットー・ルンゲの『一日の四つの時』（1809年）が、ドイツ・ロマン主義を代表する絵画だ。

ロマン主義時代のスペイン最高の芸術家は、フランシスコ・デ・ゴヤである。

アメリカでロマン主義を最も代表しているのがジョン・シングルトン・コプリーの作品で、劇的な場面を描いた傑作『ワトソンと鮫』（1778年）は、サメに襲われて生き延びたワトソン本人から依頼されて制作したものである。

第24週 第4日(木)

165 科学 | 認知的不協和

　1957年、スタンフォード大学の社会心理学者レオン・フェスティンガーは、論文『認知的不協和の理論』（"A Theory of Cognitive Dissonance"　末永俊郎監訳　誠信書房　1965年）を出版した。この本は、これまでに人間の行動について書かれた論文の中でも、とりわけ大きな影響を与えた。同書で提唱された理論は、非常に単純なものだ。私たちはみな、さまざまな信念・概念・思想を持っており、科学者はこれをまとめて「認知」と呼んでいる。ほとんどの場合、私たちが持つ複数の認知は、相互関係を持たない。例えば、オペラが好きだということと、1980年に誰が大統領に選ばれたかということには、何の関係もない。しかし、複数の考えや行動に相互関係がある場合、私たちは、これを矛盾なく両立させなくてはならないと切実に感じる。矛盾によって引き起こされる不協和状態に、脳が耐えられないからだ。脳を平衡状態に戻すためには、矛盾した認知や行動を変えなくてはならない。ふつうは行動よりも思考を変える方が簡単なので、私たちは考え方を変えることになる。

◆

　フェスティンガーは、喫煙を例に挙げた。タバコを吸う人が、健康リスクの話を聞いて、認知的不協和を経験したとしよう。解決策のひとつは、禁煙することである。しかし、行動を変えるのは難しいので、この喫煙者は、不協和によるストレスを軽減するため、むしろ喫煙についての考え方を変えるだろう。

　例えば、ストレス緩和や減量など、喫煙が健康に与えるとされるプラスの側面に注目しようとするかもしれない。「禁煙したら体重が増えるが、それも健康にはよくない」と考えるのだ。あるいは、喫煙の危険性を、例えば交通事故に遭うリスクなど、日常生活で遭遇する他のリスクと比較するかもしれない。「誰も気にせず毎日道路に出ているんだから、タバコを吸うことぐらいで悩まない方がいい」と考えるのである。こうして合理化することで、人は自分の行動と考えを一致させ、認知的不協和を減らすのである。

┌──────┐
│ 豆 知 識 │
└──────┘

1. 大学のサークルなどで恒例の新入生へのいたずらも、認知的不協和の原理が働いている。研究者によると、入会時のいたずらがひどければひどいほど、新入生は、このサークルに入れてうれしいと言う可能性が高い。社会心理学者は、これを「努力の正当化パラダイム」と呼んでいる。
2. 経済学者は、買い手が購入後に後悔するのは認知的不協和の一種だと考えている。
3. フェスティンガーは、うそと報酬の関係について、次のような発見もした。人は、報酬をもらってうそを言うとき、当人はそのうそをまったく信じていない。しかし、報酬なしで自ら進んでうそを言うときは、そのうそを自分で信じている場合が多い。報酬をもらっているという正当な理由なしに、うそを言う場合、人は認知的不協和を経験する。そのため、自分の言っていることを信じようとするのである。

171

第24週 第5日（金）

166 音楽 モーツァルトの『ピアノ協奏曲第21番』と『交響曲第41番』

　ヴォルフガング・アマデウス・モーツァルト（1756～1791）は、ウィーン時代にピアノ協奏曲を17曲、作曲した。そのどれもが、古典派の協奏曲を代表する最高の作品と考えられている。その多くは、ソナタ形式に手を加えたソナタ＝リトルネッロ形式を採用している。これは、ふつうのソナタ形式に、ヴィヴァルディによる協奏曲の作曲スタイルを組み合わせたものだ。この形式では、独奏部の演奏した主題が、総奏部で再び演奏される。

◆

　もしかするとソナタ＝リトルネッロ形式は、ピアノ協奏曲専用の形式として、聴衆に旋律をきちんと聞いて理解してもらうために発展したのかもしれない。当時のピアノは現在ほど音量が大きくなく、旋律が聞き取りにくかったと考えられるからだ。

　モーツァルトの『ピアノ協奏曲第21番』は、ウィーン時代の17曲中でも、とりわけすばらしい曲だ。第一楽章は明るく楽しげなモチーフで、緩やかな第二楽章は静かで美しく、ロマンチックやセンチメンタルと解釈されることが多い。最後の第三楽章は、技巧的・装飾的な楽節が続く。

　モーツァルトの『交響曲第41番』は、堂々としたハ長調で書かれており、第一楽章の壮麗さから『ジュピター』と呼ばれることも多い。この曲では、ソナタ形式を守りながらも、そのずば抜けた表現力を犠牲にすることなく作曲できるモーツァルトの力量が、いかんなく発揮されている。第一楽章で大きく響くトランペットとティンパニの音が、この曲に勝利の雰囲気を与え、最終楽章では、バッハを思わせる壮大なフーガが展開され、少なくとも六つの異なる主題が爆発的なフィナーレへと集約されていくが、それでいながら、一貫してソナタ形式の約束事をすべて守っている。

　この二曲とも、古典派のスタイルとソナタ形式の、最も円熟していて最も壮大な姿を、はっきりと示している。このような楽曲を作ったからこそ、モーツァルトは史上最高の作曲家だと多くの音楽理論家や歴史学者たちが主張しているのである。

【 豆 知 識 】

1. ケッヘル番号（K467や、K551など）は、1861年にドイツの音楽学者ルートヴィヒ・フォン・ケッヘルが、モーツァルトの作品と作曲時期を整理するために作ったものだ。現在では、モーツァルトの作品名を言うときは、必ずと言っていいほどケッヘル番号も添えられる。『ピアノ協奏曲第21番』はK467だ。
2. 『ジュピター』という名の由来はよく分からないが、モーツァルトがつけたのでないことだけは確かである。モーツァルトの息子は、フランツ・ヨーゼフ・ハイドンに『ロンドン交響曲』を依頼した興行師ペーター・ザーロモンが名づけたと言っている。
3. モーツァルトの『ピアノ協奏曲第21番』の叙情的な第二楽章は、1967年の悲恋映画『みじかくも美しく燃え』のサウンドトラックに使われた。そのため、この曲は映画の主人公の名を取って『エルヴィラ・マディガン協奏曲』と呼ばれることも多い。もっとも、これほど力強い楽曲にとっては、まったく似つかわしくない呼び名ではある。

172

第24週 第6日（土）

167 哲学 | 人格の同一性

　あなたが子どもだったころを思い出してほしい。違う点はたくさんあるが——今のあなたは、年を重ね、大きくなり、そしておそらく賢くなってもいることだろう——、それでも、あなたは子どものときのあなたと同じ人間だ。子どものあなたと大人のあなたは、同一人物なのである。そこで、人格の同一性という問題が、次の疑問を投げかける。「どのような条件なら、ある時期の個人が、別の時期の個人と同一人物であると言えるのだろうか？」。言い換えれば、「どのような種類の変化なら、それを人が経験しても、同じ人間として存在し続けることができるのか？」が問題なのである。

◆

　考えられる答えのひとつは、人間は有機体（身体）にすぎず、同じ有機体を保持する限り、同じ人間であり続けるというものだ。しかし、こんな思考実験をすると、どうなるだろう。ある科学者が、これからあなたの脳を取り出して自分の頭に移植する。その次に、科学者は自分の脳を取り出してあなたの頭に移植する。移植手術が終わったら、科学者はふたりのうちのどちらか一方に拷問を加える。どちらにするかの選択権は、手術の始まる前に、あなたに与えられる。あなたはひたすら自己中心的に考えて、どちらに拷問を加えるかを決めなくてはならない。拷問されるのは、あなたの肉体と科学者の脳を持った人物（A）とすべきか、それとも科学者の肉体とあなたの脳を持った人物（B）とすべきか？

　もしあなたが自分を単なる有機体だと思っているのなら、この手術が終わったあとも、あなたは依然としてAだ。そもそも脳は器官のひとつにすぎず、有機体は脳移植を受けたからといって消滅してしまうわけではない。そこで、もしあなたがこれはおかしいと思って、Aを拷問する方を選んだとしたら、あなたは暗に、自分は単なる有機体ではなく、自分の同一性は何か別の方法で決まっていると考えていることになる。

　この思考実験の意味は、ふたつある。第一に、この実験は時間を超えて保持される同一性の本質が明瞭ではないことを示している。現に私たちは、はじめ自分たちは有機体にすぎないと考えようとしていたが、思考実験によりこの考えに疑問を抱くようになった。第二に、人格の同一性をめぐる問題は、もっと大きな自己をめぐる問題と結びついている。私たちが自己中心的に行動していると言うとき、私たちはいったい何を気に掛けているのだろうか？　先の思考実験は、自己中心という考えが私たちの肉体ではなく、経験や記憶への関心と結びついていることを示している。

豆 知 識

1. イギリスの哲学者ジョン・ロック（1632～1704）は、人物Aと人物Bが、記憶など意識によってつながっているのであれば、ふたりは同一人物だと主張した。
2. 人間用の転送装置があるとしよう。あなたがこの装置に入ると、あなたは分解され、情報がビームとなって火星の宇宙ステーションに送られ、そこで物質的にあなたとうりふたつの人間が作り出される。あなたは、この装置を使って長距離旅行をしてみたいと思うだろうか？　火星で出現する人物は、装置に入ったあなたと同一人物なのだろうか？
3. この転送装置が、出力先であなたをひとりではなく、まったく同じあなたをふたり再生したとしたら、どうなるだろうか？　その場合、あなたは存続していると言えるのだろうか？　ふたりのうち、どちらがあなたなのだろうか？意識によってあなたとつながっている人間は、ふたりの方がいいだろうか、それともひとりでたくさんだろうか？

173

第24週 第7日（日）

168 宗教 ｜ カトリック教会

　ローマ・カトリック教会は、12億人以上の信徒を抱える、世界最大のキリスト教の教派だ。イタリア、アイルランド、スペイン、フィリピン、メキシコ、アルゼンチンなど、さまざまな国では国民のほぼ全員がカトリック信徒である。

◆

　カトリック世界は、ローマ市内にある小さな独立国家ヴァチカン市国が監督している。その頂点にいるのがローマ教皇だ。教皇はローマ司教でもあり、ペトロの後継者と考えられている。この教皇が、枢機卿たちの補佐を受けて、カトリック信徒を導いている。カトリック世界は、2500以上の司教区に分かれており、各司教区を司教が監督する。司教区内では、各教会を司祭または助祭が監督している。これがカトリック教会の位階制度だ。
　カトリック信仰の核となるのは、次に示す七つの秘跡の実践だ。

洗礼——原罪の許しを意味し、信徒の全身を水中に沈めたり、信徒の額に水を注いだりする。
堅信（けんしん）——すでに洗礼を済ませた人が、改めて信仰を告白するという意味を持つ。
聖体——イエス・キリストの体を食べ、血を飲む行為。カトリック信徒は、聖体拝領の儀式で
　　　　使われるパンとワインは、本当に体と血になったものだと信じている。
許し——罪の許しを求めること。
病者の塗油——危篤状態にある人に特別な油を塗って神の加護を祈ること。
叙階——聖職者に任命される人に恩恵を与えること。
婚姻——これから結婚する男女に恩恵を与えること。

　この七つの秘跡は、キリストから教会への賜物（たまもの）だと信じられており、これを行うことは救いへの道だと見なされている。カトリック信徒は、救いはキリストへの信仰と善い行いを実践することによってもたらされると信じており、プロテスタントのように、信仰だけで救われるとは思っていない。だから洗礼で清められたあとも、救いを確実に得るために、カトリック信徒はその後に犯した罪ひとつひとつについて許しを求めなくてはならないのである。
　歴史を通じてカトリック教会は、ヨーロッパはもちろん世界の他の地域でも、政治においてたいへん大きな役割を担ってきた。十字軍などの戦争に関与したこともあったし、中世のような混乱の時代には知識の安全な保管所となった。歴代の教皇や司教たちは、いつの時代も、俗世という舞台で主要な役割を演じていた。

```
豆 知 識
```

1. 東方正教会も、七つの秘跡を信じている（ただし、正教会では「機密」と呼ぶ）。しかし、正教会や他の教派は、聖体拝領ではイエスの体を本当に食べているのではないと思っている。
2. 2005年に選出された教皇ベネディクト16世は、教会の保守的な立場から外れないことを期待されていた。
3. 煉獄と地獄は、混同されることが多いが、カトリックの教義ではまったく違った意味を持つ。地獄が永遠に断罪された状態であるのに対し、煉獄は、死者が罪の許しをまだ得ていない場合、天国へ行く途中で罪を浄化するための場所である。

第 25 週 第 1 日（月）

169 歴史 | トマス・ペイン

　トマス・ペイン（1737〜1809）は、過激な内容の小冊子を書いた政治哲学者で、1776年の有名な著書『コモン・センス』は、多くのアメリカ人が、イギリスの支配に反対して独立戦争に加わるきっかけを作った。ペインはイギリスの君主制を嫌悪しており、共和制こそ最良の統治形態だと思っていた。ペイン自身は、専制政府に対する革命運動に魅了され、生涯を通じて民衆への扇動やプロパガンダを行った。その活動はアメリカだけにとどまらず、フランス革命にも参加し、フランス国王ルイ16世を倒した革命を擁護するため、『コモン・センス』に劣らず激烈な『人間の権利』を執筆した。

◆

　ペインは、自分を支持してくれる人と決まって仲たがいしてしまい、そのため、さまざまなことに尽力しても感謝されることは生涯あまりなかった。フランスへ渡ったときは、周囲の予想に反し、退位させた王の処刑に反対した。ただちにペインは、自分が支持した革命政府に逮捕され、死刑を宣告された。ペインがギロチンを免れたのは、まったくの幸運だった。処刑予定者がいる独房には扉にチョークで印がつけられているのだが、たまたま死刑執行人が、ペインの独房にあった印を見落としたのである。やがてアメリカに帰国したが、宗教について従来とはまったく異なる信条を抱いていた（彼は聖書を想像の産物と呼んでいた）ため、周囲から絶縁された。最後は貧困のうちに死んだ。

　ペインの文体は、一歩も引かず扇動的で、読者の気持ちを奮起させるところがあった。『コモン・センス』では、ジョージ3世を「高貴な野獣」と呼び、君主制を「悪」と断言している。アメリカの民主政体を打ち立てることで、世界各地で苦しむ他の諸民族を奮い立たせることができるだろうと、ペインは考えていた。「アメリカの大義は、大部分が、全人類の大義である」と書いている。疲れを知らぬペインのプロパガンダ活動は、彼を批判する者からさえ尊敬を勝ち取った。アメリカの第二代大統領ジョン・アダムズは、ペインを「豚か犬のような者」と呼んで蔑む一方、「ペインのペンがなければ、ワシントンの剣もむなしく振るわれるだけだっただろう」と認めている。

豆 知 識

1. ペインが死んで10年後、ある熱烈なイギリス人支持者が、イギリスに埋葬し直したいと思って、ペインの骨を掘り出した。しかし改葬は行われず、ペインの骨がどうなったかは、今も謎のままである。
2. ペインが『人間の権利』を書いたのは、イギリスの保守政治家エドマンド・バークによるフランス革命批判に反論するためだった。同書でペインは、フランス農民の悲惨な状況を考えれば革命は正当化されると主張し、バークが武装蜂起ではなく穏健で漸進的な改革を求めたことを、一笑に付した。
3. 13植民地のため「アメリカ合衆国」という名を考案したのはペインだと広く考えられている。

第25週 第2日(火)

170 | 文学 | ヴァージニア・ウルフ

イギリスの小説家・批評家ヴァージニア・ウルフ（1882～1941）は、モダニズム運動の重要な作家のひとりだ。ジェイムズ・ジョイスやウィリアム・フォークナーらと並んで、彼女は根本的に新しい叙述技法と問題意識で小説に革命を起こした。ウルフはイギリスの知的上流社会と交流したため、彼女自身が文化的アイコンになった。

◆

彼女はアデリーン・ヴァージニア・スティーヴンとしてロンドンの恵まれた家庭に生まれた。父親はケンブリッジ大学で学んだ作家・編集者で、彼女は父の書斎で本を読んで、独学で知識を身につけた。母親が1895年に亡くなってからは、精神衰弱と抑鬱症を発症しこれは生涯続いた。それでもプロとして執筆活動を始め、1912年にはレナード・ウルフと結婚した。1917年、夫妻はヴァージニアの作品や他の作家の著作を出版・販売する小さな出版社を始めた。

ウルフ夫妻はロンドンのリベラルな知識人たちと積極的に交流した。彼らは何十年にもわたって、毎週木曜の晩、ロンドン中心部のブルームズベリー地区にあったヴァージニアの姉ヴァネッサの家に集まった。常連客には、E・M・フォースター、リットン・ストレイチー、ジョン・メイナード・ケインズ、T・S・エリオット、オルダス・ハクスリーなどがいた。この集団はやがてブルームズベリー・グループと呼ばれるようになり、哲学、宗教、政治、美学、性の問題、文学などについて議論した。

当時の作家の例に漏れずウルフとブルームズベリー・グループも、第一次世界大戦の無意味な残虐性に衝撃を受けていた。やがて彼らは19世紀の写実主義文学の原理では、戦後の世界を描くことはできないと考えるようになり、この変わってしまった世界を解釈するための新たな枠組みを作り上げようと決意した。ウルフは自らその先頭に立ち、『ダロウェイ夫人』（1925年）で「意識の流れ」による叙述——登場人物の頭の中で途切れることなく続く思考の流れをそのまま描写する手法——を試みた。この作品のプロットは、パーティーの準備をする女性の行動を追うという単純なものだが、プロット以上に重要なのが登場人物たちの心の内なる動きである。叙述の視点は、さまざまな人の心をめまぐるしく行き来するが、この登場人物たちは、意味のあるレベルで心が通じ合ったり、考えが一致したりすることはほんのわずかしかない。

さらにウルフはあっという間に過ぎていく一瞬から、怒濤のごとく流れていく10年まで、時間の流れを人がどのように意識しているのかに関心を持っていた。小説『灯台へ』（1927年）は、延々と続く第一章ではある一日を詳細に描いているが、それよりはるかに短い第二章では何年もの時間経過を数ページで書いている。この時間の流れと意識の流れ両方の探究をさらに推し進めたのが小説『波』（1931年）で、これは六人の友人たちの、子ども時代から老年期までの声を追った実験的な作品である。

豆 知 識

1. 結局ウルフは心の病の重荷に耐えることはできなかった。1941年3月、夫宛ての書き置きを残しサセックス州の自邸モンクス・ハウス近くのウーズ川で入水自殺した。

第25週 第3日(水)

171 視覚芸術 | フランシスコ・デ・ゴヤ

フランシスコ・ホセ・デ・ゴヤ・イ・ルシエンテス（1746～1828）は、スペインのフエンデトードスで金細工師の息子として生まれた。スペイン国王カルロス四世の宮廷画家を務めたゴヤは、スペイン・ロマン主義を代表する芸術家となっただけでなく、現代の表現主義の先駆けともなった。

◆

若いころのゴヤについては、闘牛士だとか、ギター弾きだったとか、女性と恋愛遍歴を重ねたなど、数々の伝説に彩られている。彼は1775年マドリードに移り、サンタ・バルバラ王立タペストリー工場の下絵画家になった。

1798年、ゴヤは83枚の連作版画集『ロス・カプリーチョス（気まぐれ）』を刊行した。そのうち最も知られているのが、第43番の『理性の眠りは怪物を生む』で、ここでは悪夢を象徴する怪物たちが、机にふせて眠っている男の頭の周りに集まってくる様子が描かれている。これに先立つ1789年、スペイン王カルロス四世は、ゴヤを正式な宮廷画家に任命した。1799年、ゴヤは集団肖像画『カルロス四世の家族』を完成させた。この絵は一部の批評家から、王家をあざ笑って描いた絵だと考えられている（王家の人々は、着ている衣装は豪華だが、ややグロテスクで庶民のように見える）。ゴヤがこの絵の下敷きにしたのが、ディエゴ・ベラスケスの『ラス・メニーナス（侍女たち）』だ。やはりスペイン国王の宮廷画家だったベラスケスと同じく、ゴヤも自分の肖像をこの絵に描き込んでいる。絵の背景にあるイーゼルの前に立っているのがゴヤだ。1800年から1808年までに、彼は最も有名な二枚の作品、『裸のマハ』と『着衣のマハ』を描いている。これは、同じマハ（美女）の裸体姿と着衣の姿を捉えたものだ。

もうひとつ、ゴヤが描いた有名な二枚連作の絵画が、『マドリード、1808年5月2日』と『マドリード、1808年5月3日』で、これは1808年のナポレオンによるスペイン侵略を題材にしている。ナポレオンが兄をスペイン国王にすると宣言すると、5月2日、スペインの民衆はフランス軍を追い出そうとして蜂起した。翌日、その報復措置としてフランスの銃殺隊が、スペインの一般市民30名を処刑した。その六年後、ゴヤは、スペイン王に復位していたフェルナンド七世に、この二枚を献呈した。『1808年5月2日』がスペイン市民とフランス兵の衝突を描いているのに対し、『1808年5月3日』は、銃殺隊がこれから発砲しようとする前で、勇気ある男が恐怖におののきながらも、両手を高く掲げて自らの死を待つ様子が描かれている。

スペインの政治情勢に幻滅したゴヤは、1820年、田舎に買った屋敷、通称「キンタ・デル・ソルド」（聾者の家）に隠遁した（ゴヤは病気のため1792年に耳が聞こえなくなっていた）。彼はこの家の壁に、自らの絶望と熱に浮かされたような想像力を表現した、一連の悪夢的な絵画「黒い絵」を描いた。この壁画の中で、おそらく最も恐ろしげなのは『わが子を食らうサトゥルヌス』だろう。この絵画では、古代神話に登場する巨人が逆上し、わが子を食いちぎって血まみれの死体にしている場面が描かれている。

1824年以降、ゴヤは絵画を一点も制作していない。自らの意志でフランスに亡命し、1828年にボルドーで亡くなった。遺骨は、1899年にマドリードへ戻った。

177

第25週 第4日（木）

172 科学 | 生殖

　植物界と動物界における生殖方法は、大きく分けてふたつある。無性生殖と有性生殖だ。このうち、一方はリスクが高く、もう一方は手間がかかる。

◆

　無性生殖では、親がひとりいればいい。わざわざ時間とエネルギーを使って、つがいとなる相手を見つけたり、求愛したり、具体的な性行為に及んだりする必要はまったくない。無性生殖で一般的な形式は栄養生殖で、これはイチゴやアスペン（ポプラやハコヤナギの類）などで見られる。栄養生殖では、子は親の根や茎などから成長する。やがて親から離れる場合もあるが、そのまま一生、親にくっついていることもある。イチゴ畑やアスペンの林は、つるや根で結びついた、ひとつの大きな有機体と見なされることも多い。もうひとつ無性生殖の形式として一般的なのが砕片分離で、これは親が小さな破片に分かれ、そのひとつひとつが個体に成長するものだ。言ってみれば、親の死で新たな生命が生まれるのである。プラナリアなどの扁形動物が、砕片分離を行うことで知られている。

　無性生殖で生まれる子は、常に親と同一の遺伝子を持っている。これは不利に働くことが多い。遺伝的な多様性がないので、環境の変化に対応して進化するのが難しいからだ。無性生殖を行う生物は、安定した環境で繁殖する傾向にある。

　有性生殖は、もっと適応力がある。有性生殖では、二体の異なる親が自分の遺伝子を子に伝える。一般に、雄と雌それぞれが、自分の持つ遺伝子の半分を「配偶子」という特別な細胞に入れている。雄の配偶子はふつう「精子」と呼ばれ、雌の配偶子はふつう「卵」（または「卵子」）と呼ばれる。精子と卵が結合すると、どちらの親とも遺伝子の組み合わせが異なる新たな生命が生まれる。そのため有性生殖では、形質の種類が無性生殖よりも速いスピードで増えていく。これは、環境が変化しているときには大きな利点となる。概して高等生物は、すべて有性生殖を行う。しかし、その一方で、配偶子を作ったり、つがいとなる相手を見つけたりするのに大量のエネルギーを使わなくてはならない。

豆 知 識

1. ヒトデは、再生による無性生殖を行う。ヒトデの腕がちぎれると、その腕が成長して、まったく新たな個体になるのだ。
2. 生物の中には、有性生殖のコストが大きくなりすぎると無性生殖に変わるものがある。もしかすると、それが理由でセイヨウタンポポは無性生殖になったのかもしれない。
3. アブラムシとトカゲの中には、単為生殖といって、本来は有性生殖なのに受精せずに子を産むものがいる。

178

第25週 第5日(金)

173 音楽 | ルートヴィヒ・ヴァン・ベートーヴェン

　歴史の中でルートヴィヒ・ヴァン・ベートーヴェン（1770～1827）は、さまざまに評価されてきた。あるときは古典派の時代からロマン派の時代への橋渡し役、またあるときは悩み苦しむ天才、さらにあるときは、史上最高の作曲家という具合だ。しかし、同様の称賛を与えられているバッハやモーツァルトとは違って、ベートーヴェンは、自身の才能を開花させた伝統的な作曲技法から、大胆にも抜け出した。つまるところ、彼が残した真の遺産は、彼が西洋音楽で最初の偉大な音楽人だったことだ。彼は全身全霊を、自ら作曲したすべての楽曲に注ぎ込み、その音楽をはじめて聞く者すべての心に強く訴えかけたのである。

◆

　ベートーヴェンは成人後、腹痛や膵臓腫大、肝硬変に悩まされていた。1800年ころからは、作曲家にとって致命的な悪夢に襲われた。耳がだんだんと聞こえなくなっていったのだ。しかしベートーヴェンは絶望せず、以前の倍も働き、後援者の気まぐれよりも自らの燃える創作意欲を優先させて曲を作った。彼は手紙にこう書いている。「私の心の中にあるものは出てこなくてはならず、だから私は曲を作るのです」

　ベートーヴェンの音楽家人生は、三つの時期に分けられる。初期の作品の多くは、いかにもウィーン風な最初のふたつの交響曲を含め、どれもハイドンの楽曲に似ている。この初期の終わりを画するのが『交響曲第三番「英雄」』（1804年）だ。当初ナポレオン・ボナパルトに献呈するつもりだった画期的な作品であり、壮大で重厚な第四楽章で古典派の交響曲の限界を押し広げた。それまでウィーンでは、このような曲を誰も聞いたことがなく、「英雄期」とも呼ばれる中期でベートーヴェンは、オペラ『フィデリオ』や、すばらしいピアノ協奏曲数曲、バイオリン協奏曲一曲など、彼を代表する楽曲をいくつか作曲している。

　1810年ごろから始まる後期では、ベートーヴェンは世間からますます孤立していった。孤独で、常に女性を愛し、増す一方の体の痛みや、ひどくなる難聴に絶望を深くしていた。彼は1827年、ウィーンで友人に看取られて亡くなった。

豆知識

1. ベートーヴェンの父はドイツの町ボンの宮廷歌手だったが、大酒飲みで、子どもを虐待した。ルートヴィヒが子どものころ、父は息子をモーツァルト風の神童にしようとして、何時間も部屋に閉じ込めてチェンバロの練習をさせた。
2. 1802年、ベートーヴェンは弟に宛てて有名な手紙「ハイリゲンシュタットの遺書」を書いた。書いた町の名前からそう呼ばれている手紙で彼は、流麗だが、ときに難解な文体で、自分は始終絶望した状態で日々を過ごしており、音楽への愛と生きることへの情熱がなければ、きっと自殺しているだろうと述べている。

第25週 第6日（土）

174 哲学 ｜ 自由主義

自由主義とは、政治哲学において個人主義・平等・自由を重んじる古くからの立場のことだ。自由主義は、どのような種類の統治制度や政治制度が正当と認められるかを考える規範理論——現状がどうなっているかではなく、現状はどうあるべきかを説く理論——である。

◆

　自由主義の立場では、政治制度は、個人の利益を保証する限りにおいてのみ正当と見なされる。自由主義者は、個人には政治制度より優先される願望や欲求があり、政治制度の目的は、そうした個人の利益を実現することだと考えている。

　自由主義の理論が求める第二の要件は、すべての市民は政府から平等に扱われなくてはならないということである。こうした政治的平等は、貧富の大きな差があっても実現可能なのかについては、自由主義の内部でも大きく意見が割れている。ジョン・ロック（1632〜1704）やロバート・ノージック（1938〜2002）などの思想家は、人々は財産に対する自然権を持っている——つまり、財産に対する権利は、いかなる政府よりも以前から存在する——と考えた。ゆえに彼らは、政治よりも古い所有権を制限するのは、非常に限定的な場合にのみ認められると結論づけた。それに対して、政治哲学者ジョン・ロールズ（1921〜2002）ら他の思想家は、富の格差が大きいときには真の平等は実現しないと主張した。

　自由主義の政治理論で求める重要な第三の要件は、政府は市民の自由を守らなくてはならないということだ。自由主義者は、政府の価値は個人の利益を保証するのに役立つことにあると考える。この考えから、人々は政治制度とは無関係に自由を保持しており、この自由を政治制度が正当な理由なく制限することはできないという考えが導き出される。ただし、正当な理由なく自由を制限するとは具体的にどういうことなのかについても、自由主義者のあいだで意見が大きく割れている。

▶ **豆 知 識** ◀

1. 自由主義の立場を取らない政治哲学者は、集団または国家にも固有の権利があり、それも考慮に入れなくてはならないと考えている。そうした理論家たちは、個人の利益は正しい状況では集団の利益のため犠牲にしなくてはならないと主張するだろう。
2. 自由主義の政治哲学は、アメリカなどの政治的リベラリズムと同じものではない。哲学的に言えば、アメリカで主流の政治思想はすべて自由主義である。

第25週 第7日（日）

175 宗教 | 東方正教会

　東方正教会は、1054年の大シスマ、つまり教会の東西分裂でローマ・カトリック教会から別れた。

◆

　それまでキリスト教会では、長い間、アレクサンドリア、アンティオキア、コンスタンティノープル、エルサレム、ローマの五人の司教に特別な地位が認められていた。このうち、聖ペトロの後継者であるローマ司教が他の四人よりも上位にあるとされていた。しかし時代とともに、キリスト教世界の東方地域にいる司教たちは、言語、政治体制、神への礼拝方法などの違いから、次第にローマから離れるようになっていった。

　11世紀半ばに、両者の関係は悪化して限界点に達した。東西の両教会が、合意の見込みがそれほど持てないながらも交渉を進めていた最中、ローマ教皇レオ九世が亡くなり、権力闘争が勃発した。西方教会の代表団が、東方教会の指導者キルラリオス総主教を破門し、これによって生まれた亀裂は、その後も修復することはできなかった。

　東方教会は、成立する過程で、初期キリスト教の伝統を厳格に守るという意味で「正教会」と名乗るようになった。東方正教会は、カトリック教会よりも口承の伝統が強く、そのため書かれたテキストである聖書には、それほど頼らない。

　東方正教会では、人はもともと善であるが、誘惑に屈して悪になったと考える。よって、イエスが生まれる前に死んだ者は全員が地獄に落ちているが、キリストが人と神の両方の姿を取って地上に現れたことで、人類が天国に昇る道が開かれた。この効果は時間をさかのぼり、過去に地獄へ落ちた人も、全員が天国へ行けるようになった。また東方正教会では、救われる者と救われない者は神のみが選ぶと信じられている。そのため神の恩寵を受ける最善の方法は、キリストまでさかのぼることのできる東方正教会の伝統的な教えに従うことだと説いている。

　東方正教会の聖職者は、叙聖【訳注：聖職者に任命されること。カトリックの「叙階」に当たる】前に結婚している場合はその後も妻帯が認められる。それどころか、教会を指導する聖職者は、夫婦の相談に乗ることもあるため、結婚している方が望ましいと考えられている。

　今日、東方正教会は、いわば分権化している。地域や国ごとに正教会（例えばギリシアにはギリシア正教会）があって、そのそれぞれに総主教がおり、どの総主教も同じ権限を持っている。このように、ローマ・カトリック教会も東方正教会も、その起源はキリストまでまっすぐさかのぼることができるが、11世紀以降、東方正教会は西方のカトリック教会とは大きく異なる道を歩んでいる。

豆 知 識

1. 「ギリシア正教会」という言葉は、正式にはギリシア共和国にある正教会を指す言葉だが、東方正教会全体を指すのに使われることもある。
2. 東方正教会では、アダムとイブの完全無欠さに少しでも近づくため、断食が義務づけられていることが多い。これは、アダムとイブが誘惑に屈するまでは、エデンの園で手に入る果物だけを食べて生きていたことに由来する。断食は名誉なことだと高く評価されているのだ。

181

第26週 第1日(月)

176 歴史 | フランス革命

　1789年に倒される以前、フランスの君主制は腐敗と富の独占が進んでおり、中・下層階級の怒りを買っていた。フランスの農民が飢えに苦しむのをよそに、貴族たちはぜいたくな暮らしを送っていた。王妃マリー・アントワネットは、民衆が食べるパンにも事欠いていると聞かされると、「パンがなければケーキを食べればいいじゃない」と言ったと伝えられている。また当時、政治犯は捕らえられると、パリ中心部にあって恐怖の的だったバスティーユ監獄に送られた。

◆

　革命は1789年7月14日、政治犯解放を目指すバスティーユ襲撃で始まった。革命派は、フランス社会を根底から変えたいと考えており、そのため積極的に激しい暴力に訴えた。啓蒙思想の理想——自由・平等・友愛——に燃えて、革命派は世襲の君主制を倒すとともに、教会の権力も打破しようとした。さらに彼らは、暦をもっと合理的なものにしようとさえした。

　しかし、革命は暴力の泥沼と化し、無政府状態に陥った。わずか数年のうちに、数千人の男女がギロチンで処刑された。このギロチンは、啓蒙思想を奉じる革命の指導者たちが、少ない痛みで犯罪者の首を切ることができる近代的な処刑手段と信じて導入したものだ。ギロチンは高さが四メートルあり、血で赤く染まった姿でパリ中心部の中央広場に立っていた。この恐ろしい装置は、パリのチェンバロ製造業者が960リーヴルという値段で急いで造ったものだった。

　当然ながら、ギロチンで死んだ者の大半は犯罪者ではなく、新体制に異を唱えた政治的反対者にすぎなかった。国王ルイ16世の廃位後に恐怖政治が始まると、数千人が処刑され、やがて王と王妃マリー・アントワネットも1793年に処刑された。

　ヨーロッパ大陸で最も強力で最も敬愛されていた君主制が、過激な群衆によって倒されたというのは、ヨーロッパにとって大きな衝撃であった。かくして絶対王政の時代は終わりを告げた。

```
豆 知 識
```

1. 革命前、断頭による処刑は貴族だけの特権だった。単なる庶民は縛り首だった。
2. イギリスの思想家エドマンド・バーク（1729～1797）は、確かにフランスの君主制は腐敗していたが、それでもフランス革命は流血が多すぎて正当化できないと考えていた。その著書『フランス革命についての省察』（1790年）は、近代的保守主義の基礎をなす文書のひとつである。
3. フランス国歌『ラ・マルセイエーズ』は、革命派将校が1792年に書き、マルセーユ義勇兵が歌って広めたものだ。その歌詞は、フランス人に「彼らの汚れた血が／畑の畝を満たすまで」戦えと呼びかける物騒な内容だが、このフランス国歌の録音を、ビートルズは1967年の曲『愛こそはすべて』のイントロに使った。

第26週 第2日（火）

177 文学 │ 『白鯨』

　ハーマン・メルヴィルの『白鯨』（1851年）は、誰もが認めるアメリカ文学の名作だ。この小説は、今も西洋文化に大きな影を落としており、そのあらすじを知らない者はほとんどいない——ただし、最初から最後まで実際に読んだことのある人も、ほとんどいないだろう。皮肉なことに『白鯨』は、アメリカ文学の評価を高めるのに重要な役割を果たしたものの、出版当時は評価されず、メルヴィル（1819〜1891）が書いた他の多くの作品より一段下に見られていた。

◆

　小説の語り手である中年男性イシュメイルは、人生への不安から逃れるため、捕鯨船の一員となる。捕鯨の拠点であるマサチューセッツ州ニューベッドフォードにやってきて、捕鯨船ピークォド号での仕事にありつく。イシュメイルは、この船の孤独で謎めいた船長エイハブが、片脚を失っていると聞かされる。かつて、獰猛なことで知られた一匹の白いマッコウクジラ、通称モビー・ディックに食いちぎられたのだという。ピークォド号が海へ出て、はじめてエイハブは甲板に姿を現し、この航海の目的はただひとつ、モビー・ディックを、この広大な海のどこにいようとも必ず居場所を突き止め、殺すことだと宣言する。

　エイハブの執念により、ピークォド号は何千キロも航海し、アフリカの南端を回って東南アジアへ向かう。数々の不吉な兆候に見舞われながらも、エイハブはひるむことなく病的なまでにひたすら復讐を目指し、その間ずっと、例えば次のような、聖書に出てきそうな言葉を口にする。

「すべてを破壊しながら、決して征服することのない鯨よ、私はお前に向かって行く。死ぬまでお前を放さない。地獄の底からお前を突き刺す。憎しみゆえに、私は最後の息をお前に浴びせかけてやる」

　ようやくピークォド号は、太平洋の海域でモビー・ディックを発見する。その後の大激闘で、鯨は捕鯨船を破壊し、エイハブは殺され、船員も——イシュメイルを除き——全員が深い海へと引きずり込まれる。

　『白鯨』は、聖書や人間の運命、大洋での孤独など、数限りない話題についての哲学的考察を含んでいる。この白い鯨そのものも、文学で最大の謎めいた象徴のひとつであり、それが何を象徴しているのかについては、多種多様な説がある。エイハブは、この白鯨を世界のあらゆる悪を体現した存在と見なし、この悪に立ち向かって打ち破ることを自身の実存に関わる義務だと思い込んでいる。

　イシュメイルは、この白鯨を部分に分けて考えることで理解しようとし、『白鯨』の各章ごとに、頭部、潮を吹く噴気孔、尾などを取り上げて論じる。しかし、こうした努力にもかかわらずイシュメイルは、この生き物の巨大で測り知れない特徴は、人間の頭脳によっても文章によっても捉えることはできないと悟る。このため批評家の中には、この鯨を神の象徴と考える者もいる。つまり、人間が思い上がって、制御できないものを制御しようとしたり、理解できないものを理解しようとしたりすれば、必ず破滅が訪れることを我々に思い知らせる存在だと捉えているのである。

第26週 第3日（水）

178 視覚芸術 ジョゼフ・マロード・ウィリアム・ターナー

イギリス最高のロマン主義画家ジョゼフ・マロード・ウィリアム・ターナー（1775〜1851）は劇的な風景画を描き、自然の力を巧みに表現したことで特に知られている。

◆

ターナーは、ロンドンのコヴェント・ガーデンで生まれた。理髪師だった父は、息子が絵画に深い関心を持っていることに早くから気づいていた。1789年、ターナーは14歳で名門美術学校ロイヤル・アカデミー・オヴ・アーツに入学した。翌年にはアカデミーの展覧会に作品がはじめて出品された。1790年代は、主として水彩画を描いた。1796年には最初の油彩画『海の漁師たち』を発表した。

ターナーは1804年、ハーリー街に自身の展示ギャラリーを開くが、その後もアカデミーには顔を出し続けた。アカデミーではほぼ30年間——1808年から1837年まで——遠近法の授業も担当した。生涯を通じてターナーはイギリス内外を盛んに旅した。イギリス国内のウェールズ、ヨークシャー、湖水地方を訪ねたあと、スイスへ行き、さらに1802〜1803年はフランスに行って、ルーヴル美術館で絵画を研究した。この旅行中にターナーは、ティツィアーノ、カナレット、クロード・ロランなど、いにしえの巨匠たちのさまざまなスタイルで絵を描けるようになった。その後1819年にイタリアを旅行したときには、光と色彩の使い方について強い影響を受けた。1822年には、ターナーの国内での名声は確かなものになっていた。この年イギリス王ジョージ四世から、『トラファルガーの戦い』を描くよう依頼されている。

イギリスのロマン主義詩人たちの描く自然現象の描写に触発されて、ターナーは自然の姿を、畏敬の念を抱きながら描いた。描いた絵には、自作の詩を中心に、詩の引用を書き込むことが多かった。また、バイロン卿、ウォルター・スコット、サミュエル・ロジャーズらロマン主義の文人たちの作品の挿絵も描いている。

ロイヤル・アカデミーで教鞭を取ってはいたものの、生前のターナーはすべての人から称賛されていたわけではなかった。芸術で容認される限界を押し広げたことで批判されたが、彼には心強い味方もいた。それが美術批評家ジョン・ラスキンで、彼は1843年に刊行した有名な風景画論『近代画家論』でターナーを擁護した。

今日ターナーは、近代の芸術運動の重要な先駆けだったと見なされている。ロンドンの美術館テイト・ブリテンには、彼の作品の専用展示棟がある。1984年には、優れた現代芸術家の業績を表彰する目的で、彼の名を冠するターナー賞が設立された。

[豆 知 識]

1. 1840年にターナーは、現在多くの研究者が彼の最高傑作と考えている『奴隷船』（または『台風が近づいてくるため、死人と死に瀕する者を船外に投げ出す奴隷船』）を描いた。この絵は実際に起きた事件をもとにしており、その詳細はトマス・クラークソンの『奴隷貿易廃止の歴史（仮）』（The History of the Abolition of the Slave Trade／1808年）に記載されている。それによると、ある奴隷船の船長が、海に落ちて行方不明になった奴隷は損害賠償されるが、船上で死んだ奴隷は賠償の対象にならないことを思い出し、病気や瀕死状態の奴隷たちを海に放り出したのだという。

184

第26週 第4日（木）

179 科学 幹細胞

　幹細胞は、この世で最も厄介な病気のうち、パーキンソン病、アルツハイマー病、糖尿病、がんの謎を解くカギとなるかもしれない。この四つの病気はいずれも、損傷して修復や交換が必要になった組織が関係している。幹細胞は、他の特定の機能を持った細胞に分化するという特殊な能力を持っている。また長期にわたって分裂して自己複製を繰り返すこともできる。例えば、幹細胞をパーキンソン病に侵された部位に導入できれば、病気で損傷した神経細胞を交換できるかもしれない。

◆

　幹細胞には、基本的に胚性幹細胞と成体幹細胞の二種類がある。胚性幹細胞は、多能性細胞といって、体のどの細胞にも成長することができる。通常は、不妊治療後に廃棄された受精卵から採取する。卵は受精すると、細胞分裂を開始する。約五日で卵は、150個ほどの細胞の集まりである胚盤胞になる。胚盤胞の内側の細胞が、多能性を持った幹細胞だ。ヒトの胚性幹細胞の活用例は、ほとんど知られていない。1998年に実験室で培養できるようになっただけで、それ以上の研究は法律によってさまざまに制限されているからだ。そのため科学者は30年以上前から、医療目的には成体幹細胞を利用している。

　成体幹細胞は、人体の多くの場所——皮膚、脳、骨髄——で見つかるが、胚性幹細胞ほど万能ではない。成体幹細胞が持っている能力を多分化能といい、近縁の細胞群を形成することしかできない。例えば骨髄由来幹細胞は、骨細胞、軟骨細胞、脂肪細胞などにしかなれない。しかし、胚性幹細胞が他人から提供されるものであるのと違い、成体幹細胞は患者自身の体内から採取されることが多く、そのため免疫系による拒絶反応を起こす可能性が低い。

| 豆 知 識 |

1. 毛包（いわゆる毛穴）にも幹細胞があり、科学者の中には、ここの幹細胞を研究すれば、はげ治療につながるかもしれないと考えている人もいる。
2. 骨髄から採取した成体幹細胞は、1970年代から白血病とリンパ腫の治療に利用されている。
3. マウスでの実験では、幹細胞を使って抜けた歯の再生に成功している。

第26週 第5日（金）

180 音楽 | ベートーヴェンの『交響曲第九番「合唱付き」』

　ルートヴィヒ・ヴァン・ベートーヴェン（1770〜1827）は、1792年にフランツ・ヨーゼフ・ハイドンに師事し、その後アントニオ・サリエリのもとで学んだ。ベートーヴェンは不作法かつ傲慢な弟子で、周囲からは、鍵盤楽器で情熱的な即興演奏をすることで知られていた。そのベートーヴェンが、やがて円熟した作曲家となれたのは、音楽に対する熱意と愛情を古典派形式の論理と結びつけられるようになったからだと、多くの批評家たちは述べている。

◆

　それまで古典派の約束事を厳密に守っていたベートーヴェンが、守るのをやめたのは1810年、健康状態の悪化や、聴力の衰え、孤独などの苦しみによる深い絶望と疎外感の時期に入ってからのことだった。ピアノは1814年を最後に弾かなくなり、1819年以降、この大作曲家との会話はすべて筆談で進められた。

　こうした精神状態の中、自身の最期が迫っていた時期に書かれたのが、『交響曲第九番』別名『合唱交響曲』（1824年）だ。燃え盛る想像力の炎を見事に表現した本作は、ベートーヴェンが完全に聴力を失ったときに書かれた楽曲で、彼の音楽に対する愛情と芸術家としての情熱を最後に表現した作品となった。

　全体は四つの楽章から成り、演奏時間は一時間を超える。最初の第一楽章はドラマチックで、古典派の形式に緩やかに従っている。その次に第二楽章として、軽快だが激しい思いを内に秘めたスケルツォ（舞踏曲の形式）が続く。次の第三楽章は緩やかなアダージョだ。繊細で、うっとりするような長い静寂の時間が流れたあとで、嵐のような最終楽章へと入っていく。

『交響曲第九番』の最終楽章は、史上屈指の優れたフィナーレであり、ほとんど誰もが聞き覚えのある楽章だ。フル・オーケストラと同時にフル・コーラスを使った最初の交響曲である。この合唱部が壮大な生命賛歌『歓喜に寄す』（『歓喜の歌』）を歌い始めると、曲は徐々に幸福感に満ちあふれた猛烈なクライマックスへと向かっていく。

豆知識

1. 「歓喜よ、美しい神々の火花よ、楽園から来た娘よ／我々は燃えるように酔いしれて、天上の歓喜よ、おまえの神殿に入る」という一節を含む『歓喜に寄す』の歌詞は、ドイツの詩人フリードリヒ・シラーが書いた1785年の詩から取ったものだ。

2. 言い伝えによると、ベートーヴェンが『交響曲第九番』を完成させた数年後に亡くなったとき、ウィーンは嵐に見舞われていた。ベッドに意識がないまま横になっていたとき、外で雷が落ちると、いきなり上半身を起こし、天に向かって拳を振ると、そのまま倒れて死んだという。

第26週 第6日(土)

181 哲学 | 社会契約

社会契約とは、政治制度の起源と正当性を理解するため政治哲学で用いられる概念だ。

◆

　社会契約の背後にある考えは、こうだ。まず前提として、過去のある時期、人類には政府も法律もなかったと仮定する。この最初の人々は、自分たちの身体の安全を確保し、経済的繁栄の条件を生み出すため、ある合意を結んだ。法による安定・安全と引き換えに、すべての人が、もともと自分が持っていた自由の一部を政府に譲渡したのである。これが社会契約説の考え方だ。

　近代になって最初に社会契約説を展開したのは、イギリスの哲学者トマス・ホッブズ（1588〜1679）だ。その著『リヴァイアサン』（1651年）でホッブズは、政府が存在する以前の生活——彼はこれを「自然状態」と呼んだ——は、「孤独で貧しく、卑しく、残忍で短い」と述べている。したがって、人々が採るべき唯一の合理的な選択肢は、社会契約を結んで権威を支配者に与えることである。ホッブズによれば、自然状態はあまりにもひどく、よって、支配者がどれほど暴君で専制的であろうとも、彼に支配された方が自然状態のままでいるより望ましいという。だから、人民が抵抗する権利は認められない。さらにホッブズは、主権者には無条件の絶対権力を与えなくてはならず、この権力を制限したり抑制したりするものがあってはならないと主張した。

　イギリスの哲学者ジョン・ロック（1632〜1704）は、社会契約はただ人々の身体の安全を守りさえすればよいのではないと考えた。社会契約は、個人の生命・自由・財産に対する権利も尊重しなくてはならない。こうした権利を、社会契約によって成立した政治的権威が侵害した場合、市民には社会契約を破棄して反乱を起こす権利があると、ロックは考えていた。社会契約説の重要な理論家には、もうひとりフランスの哲学者ジャン＝ジャック・ルソー（1712〜1778）がいる。

─────[豆 知 識]─────

1. ドイツの哲学者イマヌエル・カント（1724〜1804）は、人間性が最高に完成された状態は、文明的な状況で生活するのでなければ実現不可能だと考えていた。そのためカントは、私たちには自然状態から脱して社会契約を結ぶ義務があると説いた。
2. ルソーの政治思想はフランス革命に影響を与えた。

第26週 第7日（日）

182 宗教 ｜ 宗教改革

　16世紀初頭、ヨーロッパで多くの人々がローマ・カトリック教会に不満を募らせていた時期に、マルティン・ルターが宗教改革を開始した。

◆

　ドイツの神学教授・説教師だったマルティン・ルターは、長年にわたって宗教文書を研究していた。その彼とカトリック教会との意見がまず衝突したのは、教会が実施していた贖宥についてだった。贖宥とは、罪の償いを免除することで、カトリック教会では古くから行われていた。当時、その証書である贖宥状は売買されていた。お金を払った見返りに、お金を出した者は煉獄で過ごす期間を短縮されるというのである。ルターは、救いを金で買うという発想に反対し、それは信仰にとって恐ろしく有害だと訴えた。

　1517年にルターは、贖宥状販売だけでなく、カトリック教会のあり方やローマ教皇の正統性にも異論を唱える内容の質問状『九五か条の論題』を、ヴィッテンベルク城教会の扉に釘で打ちつけた。ルターは、教会は本来の教義、すなわち、聖書の文言から直接導き出される教義を見失い、聖職者と一般信者とのあいだに不要なくさびを打ち込んだと考えていた。『九五か条の論題』を貼りだしたことで、ルターは大論争を巻き起こし、それはたちまちドイツの他の地域や、スイス、オーストリア、イングランド、スコットランドに飛び火した。議論が広がる中、ジョン・カルヴァンらの著作が、ヨーロッパの人々のあいだで反対運動をさらにあおった。

　多くの改革者たちの信条が時間とともにまとまってくるにつれ、プロテスタントという宗教思想が形を整えていった。この改革派の信仰の中核には、宗教的権威は聖書のみに存するのであって、ローマ教皇にはないとする考えがあった。この考えは、教会制度に大変革をもたらし、個人は聖職者を仲介者とすることなく神と直接関わることができることを強調した。

　やがてプロテスタントは、ルター派や、カルヴァン派、アナバプテスト派など、いくつもの教派に分裂した。一方カトリックは対抗宗教改革を開始し、さらに保守色を強めていった。

　　　　　　　　　　　┌─ 豆 知 識 ─┐

1. マルティン・ルターは、もともと大学の法学部で学んでいたが、22歳のとき、大学へ戻る途中で雷雨に遭った。雷が近くに落ちると、彼は「助けてください、聖アンナ！　修道士になりますから！」と叫んだ。彼は難を逃れると、約束を守って法学部をやめ、修道院に入った。
2. 宗教改革をさらに勢いづかせた事件のひとつに、イングランドが1529年に国王ヘンリー8世によりローマ・カトリック教会から分離したことが挙げられる。ヘンリーは自らイギリス国教会の首長となり、ローマ教皇が認めようとしなかった王妃キャサリンとの離婚を実現させた。
3. 『九五か条の論題』の原本についての証拠は何ひとつ残っていないが、専門家の多くは、教会の扉に貼りつけたという言い伝えは、決してありえないことではないと考えている。当時、各地の大学では付属教会の扉が今日の掲示板のように、さまざまな文書を貼りだすのに使われていたからだ。

第27週 第1日(月)

183 歴史 | トマス・ジェファソン

「力で正義を変えることはできない」　　　　　　　　　　　　　　——トマス・ジェファソン

◆

　　　　　　　トマス・ジェファソン（1743〜1826）はアメリカ合衆国第三代大統領であり、独立革命期のアメリカで最も影響力のあった人物のひとりだ。1776年の独立宣言では共和国の理想を類まれなる文章力で表現した。大統領になると、自分の主張と相いれないと分かっていたが、フランスからルイジアナ植民地を一エーカー（4046.86平方メートル）あたり三セントという破格の安値で買収することを認め合衆国の領土を倍増させた。

　ジェファソンは1743年、ヴァージニア植民地のシャドウェルに生まれ、独立革命前は弁護士だった。ジェファソンの興味は政治だけにとどまらず、建築家であり、発明家でもあった。若いころはウィリアム・アンド・メアリー大学で学び、在学中ジョン・ロックの哲学書を読んだ。大学時代の教育が彼の政治的見解に強い影響を与えていた。1776年にジェファソンは、フィラデルフィアで開かれた大陸会議に出席した。この会議は、本国イギリスに反抗する13植民地の代表者が集まる会議だ。各植民地の代表者たちは厳しい課税と抑圧を受け、イギリスからの独立を支持することに決めていた。会議の指導者たちは、33歳のジェファソンに、ジョン・アダムズとベンジャミン・フランクリンとともに、イギリス本国へ送る公式文書を作成するよう依頼した。そして生まれたのが、ロックら哲学者たちの思想を取り入れてイギリス支配を徹底的に非難した独立宣言だった。

　南部出身の農場主で奴隷所有者だったジェファソンは、自作農を基盤とした、中央政府の権限が弱く、教会と国家を厳密に分離する共和国を考えた。ジェファソンの考えは、後世の特に南部出身の政治家たちに影響を与え、彼らは強力な連邦政府に反対した。ただしジェファソンは、強力な連邦政府に反対を明言していたにもかかわらず、大統領になるとその権限を使ってフランスからのルイジアナ買収を承認した。この決断は現在多くの憲法学者から、大統領としての権限を逸脱したものだったと考えられている。

　大統領職を辞してからは、丘の上に建てた屋敷モンティセロで余生を送り、1826年7月4日に世を去った。奇しくもその日は彼の執筆した独立宣言がイギリス支配への反抗を高らかに呼びかけた日から50年後のことだった。

豆 知 識

1. ジェファソンの胸像は、セオドア・ローズヴェルト、ジョージ・ワシントン、エイブラハム・リンカーンとともにサウスダコタ州のラシュモア山の山肌に彫られている。
2. ジェファソンとアダムズは政敵どうしで大統領選では二度も対立候補として戦ったが、政界から引退後は友人になった。アダムズは、ジェファソンと同じ日に亡くなった。
3. ジェファソンは奴隷制は道徳的悪だと主張していたが、建国の父の例に漏れず、彼も奴隷を所有していた。ある歴史学者が実施した最新のDNA研究によると、ジェファソンは自分が所有する奴隷のひとりサリー・ヘミングズとのあいだに子どもを数人もうけていたことが判明している。

第27週 第2日（火）

184 文学 │ 『選ばれなかった道』

黄色い森の中で道がふたつに分かれていた。
残念だが両方の道を進むことはできない。
ひとりで旅する私はしばらく立ち止まり、
一方の道をできるだけ奥まで見ると、
道は先で折れて草むらの中に消えていた。

次に、もう一方を見た。
こちらも劣らず美しいし、
むしろよさそうに思えたのは、
草が生い茂っていて踏み荒らされていなかった
からだ。
もっとも、それを言うなら、ここを通った人々
によって
実際にはどちらもほとんど同じように踏み荒ら
されていたのだが。

あの朝、どちらの道も同じように、
まだ踏まれず黒ずんでいない落ち葉に埋もれて
いた。
ああ、私は最初の道を、別の日のために取って
おくことにした！
しかし、道が先へ先へと続いていることは分
かっていたから、
ここに戻ってくることは二度とないだろうと
思っていた。

この先、私はため息まじりに語り続けるつもり
だ。
今から何年、何十年先になっても言い続けるつ
もりだ。
森の中で道がふたつに分かれており、私は──
私は踏みならされていない方の道を選んだ。
そしてそれが、決定的な違いを生んだ。

◆

　アメリカの詩の中で、ロバート・フロストの『選ばれなかった道』（1916年）ほど何度も引用されながら、これほど広く誤解されている詩は存在しないだろう。誰もがこの詩を、自由意思を重んじる語り手の態度を高らかに歌い上げ、型にはまらず「踏みならされていない方の」道を進めと鼓舞する内容だと思っている。しかし、じっくりと読んでみると、この詩にはフロストの代名詞でもある、アイロニーを含んだ諦観に満ちていることが分かる。

　この詩で見過ごされているのは、どちらの道を選ぶかを語り手がまったくの気まぐれで決めていることだ。ふたつの道を選ぶ際の描写で、語り手は、どちらの道も基本的に同じであることを繰り返し強調している。一方の道はもう一方に「劣らず美しい」のであり、語り手は両者を区別したいと思っているが、「ここを通った人々によって／実際にはどちらもほとんど同じように踏み荒らされていた」ことを認めている。結局は気まぐれで選ぶのである。

　最後のスタンザに、フロストは皮肉なユーモアを盛り込んでいる。語り手は「今から何年、何十年先に」、老人になったとき、この物語を「ため息まじりに」繰り返し語り、自分は勇敢にも、人と違った道、つまり「踏みならされていない方の」道を選んだと主張するのだろう。しかし、それは誤りだ。その直前に語り手は、気まぐれで選んだと言っている。そもそも「踏みならされていない方の」道などなく、どちらの道も「同じように続いていて、／落ち葉には踏みつぶされて黒くなった跡はひとつもなかった」からだ。フロストは、人間には自分をよく見せようと思い、人生の不確かさを体裁よくごまかし、人生とは善し悪しを理解した上で意識的に選ぶ選択の連続だと見なすことで自らを慰めようとする傾向があることを見抜いていた。しかし、彼が結局指摘しているのは、現実の私たちは人生でどちらの道がよいのかを知ることはできず、この詩の語り手と同じように、当てずっぽうで道を選ぶことが多いということである。

第27週 第3日（水）

185 視覚芸術 | 印象派

印象派は、1870年代のフランスで始まった。印象派の画家たちが目指したのは、対象が人間の目に映ったときの視覚的印象を再現することだった。彼らは、移ろいやすい光の性質と、それが視覚に与える影響に何よりも強い関心を寄せていた。

◆

　それまでの芸術家たちが歴史や神話からテーマを選んでいたのとは異なり、印象派は自分たちの周囲にある日常の世界を描いた。実際、彼らは一貫して戸外で絵を描いた最初の画家たちだった。対象に当たる光の効果を捉えるには素早く描かなくてはならず、そのため、あらかじめ下絵を描いたり構図を考えたりすることはなく、自然をそのまま描いた。目に入る物が完全に静止していることはほとんどないと理解していたので、対象を明確な輪郭線では描かず、太くて淡いタッチで色を塗り、動いているような印象を作り出した。絵具をパレットで混ぜることはせず、絵具をそのままキャンバスに直接、隣り合うように軽く叩くようにして塗った。近くからだと色がバラバラに並んでいるように見えるが、遠くからだと混じり合って見えるのだ。

　印象派の発展に大きな影響を与えたのが、写真の発明だ。印象派は、まるで写真家のように、光学と光と色に関心を持った。また、世界を目に見える姿そのままに捉えることを重視した。

　それ以前の芸術家にも、ジョゼフ・マロード・ウィリアム・ターナー（1775〜1851）など、光の性質に並々ならぬ関心を寄せていた者はすでにいたが、一般に印象派の起源は写実主義とされる。フランス写実主義を代表するひとりが、エドゥアール・マネ（1832〜1883）だ。印象派の友人たちと同じく（ただし、一緒に作品を展示したことは一度もなかった）、マネは日常的なテーマと淡いタッチに魅力を感じていた。また、彼らと同じくマネも反抗的で、国家が支援する公的な美術アカデミーの規範を臆することなく嘲笑していた。

　1874年、毎年開かれている権威ある展覧会「サロン」から印象派が締め出されると、彼らは独自の展覧会を開いた。このグループには、クロード・モネ、オーギュスト・ルノワール、エドガー・ドガ、アルフレッド・シスレーなど、そうそうたるメンバーがいた。このとき出品されたモネの『印象・日の出』（1872年）と題された絵を見たルイ・ルロワという批判的な評論家が、この芸術家集団に対する蔑称として「印象派」という言葉を使い始めたと言われている。

　このグループは、合計八回の展覧会を実施し、最後の印象派展は1886年に開かれた。そのころになるとメンバーの多くは、のちに「後期印象派」と呼ばれる新たな様式で制作に取り組むようになっていた。それでも、現代のおもな美術運動の大半は、既存の伝統から離れようとした印象派の独立心と勇気から影響を受けている。

〖 豆 知 識 〗

1. 印象派は絵を描くのが早く、作品を一日で完成させることも多かったため、それまでの芸術家よりもはるかに多くの作品を残した。何しろ以前の芸術家は、ひとつの作品を仕上げるのに数週間をかけることも少なくなかった。今日、印象派の絵画は美術館の収蔵品や個人コレクションとして世界各地で数多く見ることができる。印象派の作品を特に多く収蔵している美術館としては、パリのオルセー美術館、シカゴ美術館、フィラデルフィアのバーンズ・ファウンデーションなどがある。

第27週 第4日（木）

186 科学 ｜ 電磁スペクトル

　電磁スペクトルとは、宇宙における電磁波の全帯域のことだ。「電磁波」とは光の別名だと考えればいい。すべての光は、光子で構成されている。光子とは、非常に小さくて質量のないエネルギーの塊で、真空空間を波として移動する。光子は、常に秒速2億9979万2458メートルという同じ速度で移動する。しかし、波長は長いものもあれば短いものもある。光子の波長が長く、波を作る回数が少ない（つまり周波数が小さい）ときは、低エネルギーを持つ。逆に光子の波長が短く、波を作る回数が多い（つまり周波数が大きい）ときは、高エネルギーを持つ。これは、アメリカン・フットボールの選手がボールをキャッチするためフィールドを走っていくのと似ている。ボールをキャッチするには、何があっても決められた時間にエンドゾーンに入っていなくてはならない。もし選手がかなり直線的に走れば、比較的少ないエネルギーでエンドゾーンに着ける。しかし、何度もジグザグに走らなくてはならない場合は、もっと多くのエネルギーを消費する。

◆

　電波は、電磁波のうち、波長が長くて周波数が低く、低エネルギーなものをいう。その波長は、約1メートルから100メートルまで、さまざまだ。エネルギーが非常に低いので、簡単に分かる形で物質と相互作用することは、めったにない。

　可視光線は、電波よりも波長が短く周波数が高い。可視光線は電磁スペクトルのほんの一部にすぎないが、この範囲内で太陽と恒星はエネルギーの大半を放射している。私たちの目が、可視光線の範囲にピッタリと調整されたアンテナのようになっているのは、おそらく偶然ではないはずだ。虹の色——赤、橙、黄、緑、青、藍、紫——は、光のこのわずかなスペクトル内に入っている。電磁スペクトルで紫のすぐ隣にあるのが紫外線だ。可視光線より高エネルギー・高周波の紫外線は、長時間さらされると目や皮膚がダメージを受けることがある。

> ### 豆 知 識
>
> 1. ガンマ線は、最も高エネルギーな電磁波だ。ガンマ線は、放射性崩壊の途中で原子の核から放出される。その波長は、理論上は、いくらでも短いものが考えられる。
> 2. 電磁スペクトルで電波と可視光線のあいだにあるのがマイクロ波だ。マイクロ波は、電子レンジで食品を温めるのに使われるほか、インターネットのワイヤレス接続にも利用されている。
> 3. 音も波として移動するが、光と違って真空中を移動できない。だから宇宙空間では音が聞こえないのだ。
> 4. 地球上にある物質の大半は紫外線を吸収するが、雪は紫外線を反射する。これが雪眼炎（雪目）の原因である。

第27週 第5日（金）

187 音楽 | ロマン派の時代

　19世紀ロマン派の時代の音楽は、燃えるような情熱が特徴だが、これは、同時代の文学・美術・思想がそうだったように、それに先立つ古典派の時代で冷徹な論理と理性が重視されていたことへの反動だった。モーツァルトやハイドンの音楽が、人々を喜ばせて元気づけるもので、調和が取れていて永続的だったのに対し、エクトル・ベルリオーズや、ヨハネス・ブラームス、グスタフ・マーラーなどロマン派の音楽家たちは、個人の感情表現を重視した。またロマン派は、歴史、神話、魔術、神秘主義、英雄的行為に深い敬意を抱いていた。彼らは、ベートーヴェン、シューベルト、ワーグナーの三人を偉大な作曲家と見なし、この三人を中心とする天才礼賛の流れを作った。

◆

　旋律は、ロマン派の音楽では徹底的に重視され、旋律を自然に展開させるためなら定められた形式を犠牲にすることも厭わなかった。交響曲が最高のジャンルとされ、多くの作曲家は、交響曲以外の作品はまったくと言っていいほど作らなかった。しかも、そうした交響曲は、演奏時間が大幅に延び、楽器編成も増え、派手で壮麗で、退廃的な雰囲気を強くしていた。

　リヒャルト・ワーグナー（1813〜1883）の楽劇は、北欧神話や中世の神話に彩られ、歌い手にかなりの声域と体力と声量を求める音楽が続く。作曲家たちは、楽器の演奏者に理不尽なほど難しい超絶技巧を求めるようになり、そのため彼らの曲を演奏できるのは世界で数人のソリストだけという事態になった。ときには作曲家本人しか演奏できないということさえあった。

　ロマン派の音楽に対しては、おもな批判として、作曲家たちが美的センスに欠け、音楽を極端に走らせているという指摘がある。しかし、19世紀には今に残る作品が数多く生み出され、さらにこの時期、イタリアとドイツでは優れたオペラ形式が花開いた。

豆知識

1. 作曲家ひとり当たりの作曲数は、ロマン派の時代には古典派の時代に比べて減少したが、曲の長さは長くなった。ワーグナーの『ニーベルングの指輪』（四部構成の楽劇）は、すべて演奏するのに15時間以上かかる。
2. 楽団の規模も大きくなった。グスタフ・マーラーの交響曲第八番『千人の交響曲』は、通常の管弦楽にさまざまな楽器を加えた大楽団、混声合唱二組、児童合唱一組、独唱者としてソプラノ三名、アルト二名、テノールとバリトンとバスが各一名という編成になっている。
3. ロマン派の時代の作曲家たちには、職業音楽家としての経歴がなかったり、古典派の天才たちを生み出したような正規の訓練を受けていなかったりする者が多い。例えばエクトル・ベルリオーズは、楽器の演奏はお世辞にもうまいとは言えなかったが、それでも非常に評価の高い楽曲を書いている。

193

第27週 第6日(土)

188 哲学 | ジョージ・バークリー

　ジョージ・バークリー（1685〜1753）は、アイルランドのキルケニーに生まれた。アイルランド国教会の聖職者となり、その後アメリカのロードアイランド植民地ニューポートに三年間滞在して、バミューダにネイティヴ・アメリカンのための大学を作ろうと尽力した。その計画が挫折したため帰国し、その後アイルランドのクロイン主教に叙任された。

◆

　バークリーの哲学的立場は、観念論と有神論への強い傾倒を特徴とする。バークリーの観念論とは、物質的なものは存在せず、ただ霊あるいは精神あるいは魂と、そうした精神にある概念や思想だけが存在するという考え方だ。つまり、私たちが何かを知覚するとき、それは外界の独立した事物を知覚しているのではなく、私たち自身の概念を知覚しているにすぎない。精神そのものであるか、精神によって知覚されるのでない限り、何物も存在しえない。バークリーは、次のように主張して観念論を支持している。例えば物質的なものの例として、誰にも知覚されず、考えられてもいない木を想像してみよう。ところが、いくら頑張っても、そんな木は想像できない。なぜなら、その木を想像するという行為そのものによって、あなたはその木について考えており、ゆえに、その木は誰かによって考えられているからだ。

　バークリーの観念論では、神が重要な役割を担っている。観念論者は、ジレンマに直面する。私たちの経験がすべて私たちの知覚の産物であり、外界の独立した事物への反応ではないとしたら、なぜ経験はすべてこれほど首尾一貫していて矛盾がないのだろうか？　バークリーは、それは神が、私たちが非常に調和の取れた経験をするようにしているからだと主張した。私たちの知覚と経験がこれほど規則的で法則に従っている理由は、神の存在で説明されるのである。

　バークリーは、神の存在を熱心に擁護していたが、その際は権威や聖書には頼らず、また、純粋な信仰にも頼らなかった。彼は、神を信じることは、純粋に哲学的な根拠に基づいて正当化されることを示そうとした。

豆 知 識

1. バークリーは、水に松根タールを混ぜたタール水は万能薬だと主張した。その効能をたたえる一編の詩を作っており、それは次の一節で始まる。

　決して枯れぬ松の木の、ありふれた樹液をたたえよう！
　値段は安いが、その効能は神の霊薬のよう。
　それを示して（効能はかくかくしかじかと）説明するには、
　古今の知恵がたっぷり必要。

第27週 第7日（日）

189 宗教 | コンスタンティヌス一世

ローマ皇帝コンスタンティヌス一世（275頃〜337）は、キリスト教がヨーロッパ全土に妨害されることなく広まるきっかけを作ったとされており、のちにキリスト教徒の歴史家からコンスタンティヌス大帝と呼ばれた。

◆

コンスタンティヌスが皇帝即位を宣言した紀元306年、キリスト教は認められていない宗教だった。コンスタンティヌスも、ローマの習慣に倣い、神々に従うことが苦悩を避ける唯一の方法だと信じていた。彼は、キリスト教徒が偶像を作らず、偶像礼拝も拒否していたため、それがローマの神々の怒りを招くのではないかと恐れていた。そのためキリスト教徒は政府の役職から締め出され、ローマ軍によって抑圧されていた。

しかし312年にコンスタンティヌスは、同年ミルウィウス橋の戦いで勝ってローマ帝国のうちラテン語圏である西半分を統一したあと、考えを変えた。言い伝えによると、出陣の準備をしていたとき、コンスタンティヌスは空にイエス・キリストのイニシャルを示すギリシア文字が浮かんでいるのを目撃し、続けて「これによって勝て」との文字が現れるのを見たという。ミルウィウス橋で勝利したあと、コンスタンティヌスはただちにキリスト教を認め始めた。

まずコンスタンティヌスは、イエスのギリシア語のイニシャルを組み合わせた記号を自身の紋章とした。さらに重要なのは、ローマ帝国のギリシア語圏である東半分を支配するリキニウス帝と手を組み、ミラノ勅令を発したことだ。

ミラノ勅令により、キリスト教徒は自らの宗教を信じる権利を認められ、没収されていた財産は返還され、公衆の面前で教えを説くことも許され、これによってキリスト教は広まっていった。さらに、日曜日が礼拝の日と定められた。ミラノ勅令は、キリスト教徒が社会と政治にますます参加していく道を開いたのである。

この時期に、ベツレヘムの降誕教会とエルサレムの聖墳墓教会が建てられた。コンスタンティヌス帝自身も死の床でキリスト教に回心したと考えられている。

豆 知 識

1. ミラノ勅令は、正式には勅令ではないし、ミラノで発布されたのでもない。なぜこの名で呼ばれるようになったのかは不明である。
2. キリスト教がローマ帝国で唯一の合法な国教となるのは、4世紀末のテオドシウス一世の時代である。
3. コンスタンティヌスはニケア公会議を開催させた。この公会議で325年に採択されたのが、「わたしは信じます。唯一の神、全能の父、天と地、見えるもの、見えないもの、すべてのものの造り主を。わたしは信じます。唯一の主イエス・キリストを」で始まるニケア信条だ。

第28週 第1日(月)

190 歴史 | ナポレオン・ボナパルト

　1789年の革命以降、フランスでは戦争と社会不安の10年を経て、1799年にナポレオン・ボナパルト（1769～1821）が権力を握った。わずか30歳だったナポレオンは、収拾がつかず混乱状態にあったフランスをしっかりと掌握し、やがて1804年には自ら皇帝に即位した。そもそも彼は、フランスの指導者になりそうな人物ではなかった。地中海に浮かぶコルス（コルシカ）島に生まれたナポレオンは、9歳まではフランス語を話すことさえできなかった。しかし、この青年将校は革命派を支持し、国王処刑後に権力を握った人々の信頼を勝ち取った。1790年代にイタリアとオーストリアで次々と軍事的勝利を収めた結果、ナポレオンはフランス民衆のあいだで人気が高まり、のちに権力を奪取したときには、フランス国内で反対の声は、事実上まったく起こらなかった。

◆

　ナポレオンの時代、フランスは積極的な外交政策を推進し、革命をヨーロッパの他の地域に輸出した。ナポレオンの軍隊は、ヨーロッパで古くから続く君主制国家を、ひとつまたひとつと倒していった。フランス人は、共和国の偉大な理想——自由、平等、友愛——は普遍的なものであり、必要なら力で強制してもかまわないと思っていた。実際、ヨーロッパ各国では多くの庶民がナポレオンの軍隊を、自国の王や王妃による圧政からの解放者として歓迎した。作曲家ルートヴィヒ・ヴァン・ベートーヴェンは、早くからナポレオンを尊敬しており、ナポレオンが軍隊を率いてドイツにやってきたら自身の交響曲第三番を捧げようと考えていた。

　ナポレオンは民法典を作り変え、それをヨーロッパの征服地にも押しつけた。これがいわゆるナポレオン法典で、所有権など民事に関する事柄が定められており、西ヨーロッパの多くの国では今も法体系の基盤となっている。

　ナポレオンが目指したフランス帝国は、1812年ロシア遠征に失敗すると、崩壊し始めた。1813年にナポレオンは、イギリス、ロシア、スペイン、オーストリアなど多くの国々が参加した対仏大同盟と戦って敗れ、退位を余儀なくされた。いったん皇帝位に返り咲くものの、1815年にワーテルローの戦いで決定的な敗北を喫する。もっとも、それまでナポレオンがまとっていた理想の姿は、この時点ですっかり色あせていた。ナポレオンのフランス軍はヨーロッパの各地で略奪をしていた。例えばパリのルーヴル美術館に収蔵されている至宝は、ヴァチカンやドイツの美術作品など、その多くがナポレオン軍によって奪われたものだ。ヨーロッパ各地をナポレオンが通ったあとには、幻滅したかつての支持者たちが残った。

豆 知 識

1. ナポレオンは、ワーテルローで敗れたあと、南大西洋の小島でイギリスが支配するセント・ヘレナ島に流された。
2. 伝説とは異なりナポレオンは背がそれほど低くなかった。身長は167センチで、当時の平均的なフランス人男性より少し高いくらいだ。157センチしかないと言い始めたのはイギリス人だった。

191 文学 │ 『緋文字』

『緋文字』(1850年) は、19世紀アメリカの小説家・短編作家ナサニエル・ホーソーン (1804〜1864) の最も知られた作品である。ホーソーンの作品の多くがそうだがこの小説も、植民地時代のニューイングランドを舞台に社会的・道徳的問題を扱っている。本作では象徴がふんだんに使われており、寓意文学の好例となっている。

『緋文字』の主人公ヘスター・プリンは、17世紀のピューリタンの町ボストンに住む若い女性だ。彼女はイギリスで年上の男性と結婚していて、夫は彼女のあとからアメリカに来ると約束していたがいつまでたってもやってこない。彼女は夫の船が途中で難破したのだと考えた。ボストンでヘスターは、姦通によって妊娠し、生まれた娘をパールと名づけた。ヘスターは、厳格なピューリタンである町の指導者たちから、子どもの父親の名前を明かせと迫られるが決して男の名を告げない。彼女は住民から交際を断たれ、姦通 (adultery) を示す恥ずべき印——金糸で縁取りをした緋色の「A」の文字——を身につけることを強制される。社会的孤立と苦難に耐えながら、ヘスターはパールを愛情深く育て、決して絶望せず、町の人々には何の恨みも抱かない。最後にはまだ生きていたヘスターの夫と、子どもの父親の正体が明らかとなる。

ホーソーンは、マサチューセッツ州セーレムに最初に入植したピューリタンの家族の子孫だったため、ピューリタンの厳格な生き方と寛容さに欠ける道徳律は、役に立つどころか害をなす方が多かったことを痛いほど知っていた。彼の直接の先祖であるジョン・ホーソーンは、有名な1692年のセーレム魔女裁判で20名近くの人々に死刑を宣告した裁判官のひとりだった。『緋文字』全編を通じてホーソーンが、ピューリタンの指導者たちの思いやりに欠ける厳格さを、ヘスターの優しさと無私の心と対比させながら否定的に描いているのも当然だろう。

『緋文字』は、象徴と寓意にあふれている。この象徴の多くは明白で分かりやすく、そのため英文学の基本の教材としてこの小説がよく使われる。ホーソーンには、登場人物の名前を使って意味や雰囲気を付け加える傾向があった。例えば、罪の意識にさいなまれる牧師はアーサー・ディムズデールであり【訳注:ディムズデール (Dimmesdale) は「(心の中の) 薄暗い谷」(dim dale) を連想させる】、正体不明の老医師はロジャー・チリングワースだ【訳注:チリングワース (Chillingworth) は「身の毛のよだつ」(chilling) と「価値」(worth) に分けられる】。それに緋文字そのものも、この小説で最も複雑な象徴として機能している。当初はヘスターの恥辱と疎外を象徴するものだったのが、最後には彼女の力強さと高潔さを示す印となっている。

豆知識

1. ホーソーン (Hawthorne) は、もともと名前をナサニエル・ハソーン (Hathorne) といったが、最初に作品を出版し始めたとき、名前にwを付け加えた。
2. ホーソーンはボウディン大学で学び、学生時代の親友のひとりに、のちにアメリカ合衆国第14代大統領となったフランクリン・ピアースがいる。

第28週 第3日(水)

192 視覚芸術 | 『ホイッスラーの母』

ジェイムズ・マクニール・ホイッスラーが描いた有名な肖像画——通称『ホイッスラーの母』——は、典型的な母親像となっている。

◆

　ホイッスラー（1834～1903）は、マサチューセッツ州ローウェルに生まれた。子ども時代は外国暮らしが続いた。父が鉄道技師として働いていたロシアのサンクトペテルブルクで六年間を過ごし、その後イギリスに移って三年間暮らした。アメリカに帰国すると、ウェスト・ポイント陸軍士官学校に入学した。しかし三年目のとき化学の試験に落第すると、退学させられた。1854年、ホイッスラーは首都ワシントンに移ってアメリカ沿岸測地測量局に採用され、そこでエッチングを学んだ。1855年にはヨーロッパに渡り、最終的にはロンドンに居を定めた。

　1863年、ホイッスラーの母アンナ・マティルダ・マクニール・ホイッスラーがやってきて同居を始めた。あるとき、いつものモデルが病気になったので、ホイッスラーは母親の肖像画を描いた。この作品は、『灰色と黒のアレンジメント：母の肖像』というタイトルがつけられ、1872年にロンドンのロイヤル・アカデミーで展示された。作品のタイトルが示すように、ホイッスラーは母親の個性よりも、構図の形態要素の方を重視していた。本人も、ある文章で「母の肖像画なので私にとっては興味深い作品だ。しかし、一般の鑑賞者は、これが誰の肖像画なのか、気にもかけない」「音楽が音の詩であるように、絵画は色や形の詩であり、主題は、音や色彩のハーモニーと何の関係もない」と語っている。

　絵の中でアンナは黒いドレスを着て、白いキャップをかぶっている。キャップには透き通った垂れ飾りがあり、スパニエル犬の耳のように垂れ下がっている。ホイッスラーは、絵の中で質感の違いを表現するため、さまざまなタッチを使い分けている。本来は母が立っている姿を描くつもりだったが、長い時間ポーズを取り続けることができなかったので構想を変えた。アンナの暗い衣装は喪に服していることを表している。1849年に夫がロシアで亡くなってから、彼女にずっと黒い衣服を身につけていた。

　この絵は1883年にパリで再び展示され、1890年フランス政府が購入した。当初はリュクサンブール美術館に展示されたが、美術館の方針によりホイッスラーが死んで10年後にルーヴル美術館に移された。現在はパリのオルセー美術館に展示されている。

豆知識

1. この絵は、アメリカの母親たちをたたえる目的で1934年アメリカの郵便切手の図柄に採用された。
2. この絵を元ネタにしたパロディーがいくつも作られている。パロディーで母親のポーズを取った者には、アニメ『ロッキー＆ブルウィンクル』の主人公ブルウィンクルや、バービー人形、元大統領ロナルド・レーガンなどがいる。
3. ホイッスラーは粗い亜麻布のキャンバスを好んで使った。これだと余分な絵具がそのまま落ちてくれるからだ。

第28週 第4日(木)

193 科学 | 概日リズム

　すべての生き物は、生まれながらに体内時計を持っていて、この体内時計によって覚醒と睡眠、代謝、心拍数、血圧、体温がコントロールされている。私たちの日常的な生物機能のパターンは、24時間を一サイクルとする概日リズムに合わせられている。この生まれながらのテンポが数時間狂っただけで、その影響はすぐに感じられる。大陸を端から端まで飛行機で移動した人は、体のほてりや寒気、胃痛、頭痛、めまい、イライラ感、突然の高揚感のあとに来るだるさなどを経験することが多い。こうしたジェット機疲れ（時差ぼけ）はジェット機とは関係がない。体の自然なリズムが乱されたせいなのだ。

◆

　哺乳類では、体内時計は視交叉上核（suprachiasmatic nucleus　SCN）にある。SCNとは、視床下部にある神経細胞の集まりだ。視床下部は脳の一部で、ここで体温、水分と電解質の量、摂食行動、およびホルモンの生産を調整している。SCNは、目の組織のうち、光についての情報を受け取る網膜とつながっている。外が暗ければ、SCNは、体を眠らせるホルモン「メラトニン」を分泌せよと命令する。外が明るければ、メラトニンの生産をやめさせる。だが、脳は環境の変化に順応するのが遅い。季節が次第に変化していくことには対応できるが、時間帯をまたいだ移動に対処できるようには進化しなかった。だから時差ぼけになるのだ。

　冬になると、SCNは暗い時間が長くなったことに対応するため、メラトニンを、夜の初めと夜の終わりの二回に分けて生産する。このため冬には多くの人が、起きたくないのに真夜中に目が覚めてしまう。その結果、多くの人は冬のあいだは一晩ぐっすり眠るのに時間がかかる。これはもしかすると、外が寒い時季は布団の中にいる時間を長くしてあげようという自然の配慮なのかもしれない。

　SCNが事故や病気で損傷した場合、人間は睡眠／覚醒サイクルを完全に失ってしまう。しかし、SCNが正常なら、光がなくとも体は概日リズムを引き継いだ自由継続リズムに従って機能し続ける。動物と人間は、途切れることなく一定時間眠り、途切れることなく一定時間覚醒した状態を繰り返すが、体のリズムは25時間サイクルに変わる。このことから科学者たちは、SCNは外界からの刺激だけに頼って時を刻んでいるわけではないと考えている。

豆知識

1. 「概日」とは「おおむね一日」という意味である。
2. 私たちが最もぐっすり眠っているのは、体温が最も低くなる真夜中過ぎである。体温は、午前六時から午前八時のあいだに上がり始める。
3. 体力と、痛みに対する耐性は、午後にピークを迎える。
4. 心臓発作は、朝に起こる確率が最も高い。

199

第28週 第5日（金）

194 音楽 | フランツ・シューベルト

　1827年、ルートヴィヒ・ヴァン・ベートーヴェンの葬儀でフランツ・シューベルト（1797〜1828）は、嘆き悲しみながら松明を掲げていた。その行為は、彼が思っている以上に象徴的なものだった。シューベルトは翌年に亡くなり、苦しみながらもひたむきに曲を作り、若くして命の炎が燃え尽きたロマン派の作曲家というイメージを引き継いだからだ。

◆

　ウィーン郊外のリヒテンタールに生まれたシューベルトは、子どものころ、モーツァルトの主要なライバルでベートーヴェンの師匠のひとりでもあったアントニオ・サリエリに師事して、バイオリンと歌唱法とピアノを学んだ。シューベルトは作曲に夢中になり、毎日何時間もひとり座って曲を書き続けていた。父親は音楽教師で、息子フランツにも同じ道を進むようにと熱心に説いた。フランツは父の説得に負けて1813年に教師となるが、時間の大半は作曲して過ごし、その手を止めるのは、彼が作曲するのを邪魔した生徒を叱るときだけだった。

　ロマン派の作曲家には交響曲の達人がかなり多かったが、シューベルトはそうではなかった。むしろ彼は、ドイツ語で「リート」と呼ばれるロマン主義的な芸術歌曲の伝統を切り開いた。シューベルトは生涯で600曲以上の歌曲を作った。そのひとつ『魔王』（1815年）は、ヨハン・ヴォルフガング・フォン・ゲーテの詩をもとにした作品で、魔王の出現が幼い少年の死を予感させる暗くて恐ろしい曲だ。連作歌曲『冬の旅』（1827年）は、シューベルトの最高傑作だと考えられている。

　シューベルトは、ロマン派の時代の典型的なボヘミアンだった。金には生涯苦労したが、自分の音楽に完全に没頭し、自分の歌曲を何十曲も、価値に見合うよりもはるかに安値で売った。毎日、午前中に数時間作曲すると、夜はシューベルトの仲間たちを自称する親友たちの小グループと楽しく過ごした。彼らはシューベルトの最新作を演奏し、詩を朗読し、ウィーンのビア・ガーデンやカフェで酒を盛んに飲んだ。

　シューベルトは美男子でなく、女性に特に興味があったわけでもなかったが、1822年、当時ヨーロッパ中央部の売春婦たちのあいだに広まっていた梅毒に感染した。その後、創造力が枯れるよりもはるかに早く、31歳で亡くなった。

[豆 知 識]

1. 1822年、シューベルトは有名な『未完成交響曲』の作曲を開始した。死んだとき、友人のひとりアンゼルム・ヒュッテンブレンナーが、その自筆譜を引き取って37年間、人知れず保管していた。1865年にウィーンで初演されると、大喝采を浴びた。
2. シューベルトは、友人から借金したり、友人の家に住まわせてもらったりすることが多かった。自分の住まいを持ったことはほとんどなかった。
3. シューベルトは、ゲーテのほか、ヴィルヘルム・ミュラーなど当時のドイツの詩人の作品をもとに歌曲を作った。

第28週 第6日（土）

195 哲学 | 観念論

哲学でいう観念論者とは、実在は精神に依存していると考える人のことだ。

◆

　観念論者が「○○は精神に依存している」と主張するとき、それは「もし、ある事物について考える精神が存在しなければ、その事物は存在しない」ということである。これは極端な立場だ。日常生活で私たちは、客観的な事物の世界が存在するのは当然であり、私たちがその事物についてどう考えるかに関係なく、そうした事物はそういうふうに存在していると思っている。

　哲学者ジョージ・バークリー（1685〜1753）などの観念論者は、人間の知覚とは無関係に客観的事物の世界が存在するというふうに単純には考えない。バークリーは、私たちが事物について考えていないときでも、その事物が存在するのは、神が考えているからだと主張した。観念論にはこれとは別に、超越論的観念論というものがある。これは、イマヌエル・カント（1724〜1804）とアルトゥル・ショーペンハウアー（1788〜1860）の立場だ。

　カントは、人間の精神に依存せずに存在するものがあることを認めた。そうしたものを、カントは「物自体」と呼んだ。しかし、カントによれば、私たちが実際に経験する事物は物自体ではなく、物自体が現れた姿つまり現象にすぎない。そして、現象は私たちの精神にしか存在しない。ショーペンハウアーは、このカントの考え方を認めたものの、物自体が複数存在するという考えは否定した。ショーペンハウアーにとって、実在の究極的な本質は、分化していない単一の「意志」──生存しようとする盲目的な力──であり、この盲目的意志が時間と空間の中でさまざまな個体から成る世界として私たちの前に現れると説いた。

　現代哲学では、観念論は事物の存在ではなく、事物の特徴の一部について取り入れられていることが多い。例えば、現代哲学者の多くは、価値──善や美など──は精神に依存しており、外界の事物が価値を持つのは、その事物には価値があると私たちが信じているからにすぎないと主張している。これに対して、価値について実在論的立場を取る哲学者もいる。そうした哲学者は、善や悪、美や醜などは、私たちが経験するしないに関係なく、この世に実在すると考えている。

豆 知 識

1. かつて学者たちは、哲学の歴史は実在論者と観念論者のあいだで繰り広げられてきた長い論争だと考えていた。こうした思想の流れに従えば、最初の実在論者はアリストテレス（紀元前384〜前322）であり、最初の観念論者はプラトン（前427頃〜前347）となる。ただし、こういう考え方を認める哲学史家は、今ではほとんどいない。
2. ショーペンハウアーは、自分の超越論的観念論の起源はヒンドゥー教の思想と文学に見出すことができると主張した。

201

第28週 第7日（日）

196 宗教 | ジョセフ・スミスとモルモン教

　ジョセフ・スミス（1805〜1844）は、ヴァーモント州の農家に生まれた。彼が後年語ったところによると、10代半ばのころ、はじめて霊的な体験をし、イエス・キリストと父なる神と会った。三年後、スミスのもとに天使モロナイがやってきて、農場に金版（黄金の板に書かれた本）が隠されていると告げたという。

◆

　金版を手にすることは長年禁じられていたが、1827年ついにスミスはモロナイから、金版を見て翻訳することを許された。金版は古代エジプト文字の一種で書かれており、これをスミスは神の助けを借りて訳したと信じられている。翻訳した内容を親類に口述で書き取らせている最中、スミスが口ごもったり言い直したりすることはほとんどなかった。

　こうして翻訳されたのが『モルモン書』で、モルモン教徒は、これを聖書と並ぶ神の言葉だと信じている。『モルモン書』は、古代の預言者リーハイについて語ったもので、リーハイは紀元前600年に神から北アメリカへ行けと命じられた。南北アメリカ大陸では神が預言者を選び続けたと、同書は述べている。

　1830年に翻訳を終えて新たな信仰を確立すると、スミスはただちに自分の教えを広め始めたが、そのため行く先々で大きな騒動を引き起こした。彼はゆっくりと、だが着実に西へと進み、ヴァーモント州からニューヨーク州とペンシルヴェニア州を経て、ミズーリ州に向かい、やがてイリノイ州にたどり着いた。1844年、スミスは敵対する新聞の発行を妨害した罪で投獄された。その後、暴徒によって殺された。スミスの死後は、ブリガム・ヤングが跡を継いで、教会をはるか西のユタ州ソルトレークシティに移した。

　モルモン教会こと、末日聖徒イエス・キリスト教会は、自分たちは正教会でもカトリックでもプロテスタントでもなく、イエス・キリストが地上に建てた最初の教会を復活させたものだと主張している。スミスは現代の預言者の最初の人物であり、その後にヤングが続き、以後、現在の大管長まで、預言者は代々続いているとモルモン教徒は信じている。この現代の預言者は、神から直接メッセージを受け取る力を持っていると信じられている。

　モルモン教には数々の教義があり、例えば純潔を重んじ、慎み深い服装を身につけ、家族の祈りを実践するようにと説いている。「知恵の言葉」と呼ばれる食事に関する規定によると、モルモン教徒はアルコール、タバコ、コーヒー、茶が禁じられている。ただ、モルモン教徒についておそらく最も知られているのは、複数結婚と呼ばれる一種の一夫多妻制だろう。確かにかつては認められていたが、1890年に一夫多妻は教会によって禁じられた。

豆 知 識

1. イリノイ州でスミスはノーヴーという町を建設した。その人口は1845年時点で同州のシカゴに匹敵するほどだった。
2. モルモン教は、世界最大の伝道活動を実施しており、専任の宣教師が全世界で5万1000人、活動している。

第29週 第1日(月)

197 歴史 | アイルランドのジャガイモ飢饉

　1841年から1851年というわずか10年のあいだに、アイルランドの貧しい農民数十万人が、近代ヨーロッパ史上最悪規模の飢饉で餓死した。ある推計によれば、エメラルド島との美称を持つアイルランドの人口は20％も減少したという。この飢饉はきわめて悲惨な人災であり、アイルランドの国外にも大きな影響を与えた。飢えに苦しむ農民たちが大量にアイルランドから脱出し、その多くはよりよい暮らしを求めてアメリカ合衆国へ渡った。これが、アメリカへの大きな移民の第一波のひとつとなった。

◆

　アイルランドでは、何世代も前からジャガイモが育てられ、同国の主要作物となっていた。しかし1840年代、ジャガイモ疫病菌によってジャガイモが枯れると、アイルランドの農民の多くはジャガイモ以外に食べる物がなかったため、大規模な飢饉が始まった。

　飢饉が発生した当時、アイルランドは世界最強の帝国イギリスの一部だった。当時の人も後世の歴史家も、その多くが、大飢饉になったのはイギリス政府の犯罪的な怠慢のせいだと考えている。イギリスで当時最も有名だった風刺作家のひとりジョナサン・スイフトは、この危機的状況に対する政府の不十分な対応を批判して、有名な論文『貧民救済のための私案』を書いた。その中で彼は、あくまでもジョークとして、アイルランド人は赤ん坊を食料として富裕層に売れば万事解決すると提案した。

　アイルランドは、1169年にイングランドの侵攻を受けた。その後イギリス領になり、1922年にようやく独立を勝ち取った。しかし、北アイルランドの六州はイギリス領として残った。北アイルランドがイギリスにとどまるべきか、それともアイルランドと一緒になるべきかをめぐっては、意見の対立が続いている。ただし、北アイルランドでの暴力的な衝突は、1998年のベルファスト合意以降、減少している。

豆 知 識

1. ジャガイモは、アイルランド原産ではないし、ヨーロッパ原産でもない。スペイン人探検家が、南アメリカでジャガイモを育てる先住民と遭遇し、ヨーロッパへ持ち込んだものだ。ヨーロッパに伝わると、ジャガイモは瞬く間に広まった。
2. カトリック教徒であるアイルランド難民が、飢饉中とその後にアメリカの諸都市に到着すると、一部のアメリカ人は、自国がプロテスタントとしての宗教的性格を失うのではないかと恐れ、排他的な反応を示した。カトリック諸国からの移民に反対する人々は、ノー＝ナッシング党という政党を結成し、短期間ながら1850年代に盛んに活動した。
3. アイルランド人によるアメリカへの移民は、20世紀に入っても続いた。アメリカ国勢調査局によると、現在アメリカ人のうち、アイルランド人を祖先に持つという人は3400万人いる。その数は、アイルランドの総人口の約10倍だ。

第29週 第2日（火）

198 文学 | ウォルト・ホイットマン

　ウォルト・ホイットマン（1819～1892）は、アメリカ人で最初の偉大な詩人であり、アメリカで高まり始めていた文学の力に大きく貢献した人物である。その作品は、自由詩の先駆けとなったという点で、とりわけ影響を残した。自由詩とは、**厳格な韻律や押韻の形式を捨て、もっと自由で変則的な構造で詠まれた詩のことだ。自由詩は20世紀の詩人に好まれ、今も広く使われている。**

◆

　ホイットマンは、ニューヨーク市のブルックリンで育ち、ここで教師やジャーナリストとして働きながら、演劇を中心にニューヨークの生み出す文化活動を満喫して過ごした。20代後半に、ミシシッピ川流域を数か月かけて旅し、アメリカ中央部の雰囲気を肌で感じた。ブルックリンに戻ると大量の詩を書き、詩集『草の葉』の初版（1855年）を自費出版した。
　『草の葉』は膨大な詩集で、収録されている詩は、民主主義、兄弟愛、アメリカの風景、人体などを称賛するものが多い。一部に人種差別的な肉体表現があったり、行間から同性愛がそれとなく、またときにはあからさまに読み取れたりしたため、多くの人からわいせつだと非難された。この詩集で最も有名な詩は、巻頭の『ぼく自身の歌』で、この詩が冒頭の数行から、この詩集全体の雰囲気を決定づけている。

　　ぼくは、ぼくを祝福して、ぼく自身を歌う。
　　ぼくが身につけるものを、君も身につける。
　　ぼくに属する原子はすべて、君にも属しているのだから。

　　ぼくはのんびりして、魂を招く。
　　気ままにくつろぎ、のんびりしながら、夏草のとがった若草をじっと見つめる。

　　ぼくの舌、ぼくの血のあらゆる原子は、この土、この空気から形作られ、
　　この地で両親から生まれ、その両親も同じくこの地で生まれ、そのまた両親も同様の、
　　その、今は37歳で健康状態も申し分ないぼくは、出発する。
　　死ぬまで止まらないようにと願いながら。

　『草の葉』には、ラルフ・ウォルドー・エマソン（1803～1882）とヘンリー・デイヴィッド・ソロー（1817～1862）の影響で当時アメリカの芸術界を席巻していた超越主義の特徴が数多く見られる。ニューイングランドで生まれた超越主義は、知識人たちの楽観的な哲学思想で、個性と独立心を重視し、俗世間を超越した霊魂の純粋さを追求すべきと訴えるのが特徴だった。
　ホイットマンは、生涯で『草の葉』を何度も繰り返し改訂し、新たな詩を加えたり、すでにある詩に手を加えたりしており、1892年の、いわゆる臨終版が、最終的な決定版となった。ホイットマンの詩は、南北戦争とエイブラハム・リンカーン暗殺に対する深い悲しみを反映して、次第に深刻なものに変わっていった。リンカーンに捧げた悲痛な哀歌『先頃ライラックが前庭に咲いたとき』（1865～1866年）は、彼が書いた最高の詩のひとつと評価されている。

第29週 第3日（水）

199 視覚芸術 | エドガー・ドガ

　エドガー・ドガ（1834〜1917）は、印象派の芸術家の中で最もよく知られている人物のひとりだ。画家・素描家・彫刻家・写真家・収集家と、さまざまな顔を持つドガだが、踊り子を描いたことで特に有名になった。

◆

　パリの裕福な銀行家の家に生まれたドガは、当初は法律を勉強するつもりだった。しかし、ルーヴル美術館で絵画を模写したのをきっかけに芸術家になろうと決心し、1854年から修業を始めた。2年後、ドガはイタリアに移って数年を過ごし、ルネサンスの巨匠たちの絵画を模写して画家としての基礎を築いた。当初は古典的な主題に引かれていたが、そうした中でもドガは、実際の人体を模範にして人体像を描いた。初期の作品である『スパルタの少年少女』（1860年）は、古代的な主題を19世紀的な背景の中で描いたものである。

　同世代の多くの芸術家たちと同じく、ドガも写真の発明から強い影響を受けていた。カメラを使った実験を行い、作品を描く前の習作段階でカメラを利用することも多かった。また、日本の浮世絵からも影響を受け、特に浮世絵が構図全体のバランスを意図的に崩している点や、中心線を基本としていない点に関心を持った。1861年、彼は写実主義の画家ギュスターヴ・クールベとエドゥアール・マネに会うと、このふたりに触発されてパリの日常生活を描き始めた。

　1865年から1874年のあいだにドガは、感情を排した客観的な目で対象を捉えようとする独自のスタイルを築き上げた。1868〜70年に描かれた『室内（強姦）』では、ドガは絵を見る者に、秘密の瞬間に入り込んでしまったかのような感覚を与えている。ドガは、印象派展に七回出品した。印象派を当初から支持していたが、「印象派」という言葉を嫌い、自らは写実主義者あるいは自然主義者と名乗っていた。

　1880年から1893年にかけて、ドガの実力は最高潮に達した。さまざまな画材を試した末に、もっと流れるような効果を得るため、パステルにテンペラやグワッシュを組み合わせた。有名な小説家エミール・ゾラの社会主義的な考えに影響を受けて、労働者を共感的に描いた肖像画も制作した。1884年の『アイロンをかける女たち』は、その一例だ。1886年の最後の印象派展以降、ドガは仲間の展覧会に作品を出すのをやめ、代わりに個人の美術商と手を組んだ。晩年は、自然な色よりも鮮明な色を使うことが多くなった。視力が衰えてふさぎがちになり、1912年には絵画の制作をやめてしまい、その五年後に亡くなった。

　ドガは自分の作品に対して誰よりも批判的で、かつて手紙にこう記したこともあった。「私は、どうやらみなに厳しく当たっていたようだが、それは疑念や不機嫌から、いささか粗暴に振る舞ってしまうからだった」

豆 知 識

1. 1872年10月、ドガはパリを離れ、母の出生地であるアメリカのニューオーリンズに五か月間滞在した。1873年には『ニューオーリンズの綿花取引所』を描いている。
2. ドガは詩も書いた。その大半はソネットという形式である。

第29週 第4日(木)

200 科学 | 睡眠

　人間は進化の結果、人生の約三分の一を無意識のまま横になって過ごすようになったが、そんな状況で捕食者に襲われたらひとたまりもないことを考えると、奇妙なことに思える。しかし睡眠は、食料・水・住居と並んで私たちの生存には必要不可欠なものだ。一晩眠らずに過ごすと、私たちは疲れて怒りっぽくなる。それが二晩続くと、記憶が途切れがちになり、集中力が落ちる。三晩も続くと、意識が混濁し始める。健康な人は食事を一か月以上取らなくても生きていけるが、睡眠を取らなければ二週間もしないうちに死んでしまう。

◆

　では、睡眠の何がそんなに重要なのだろう？　確かなことは分からないが、睡眠が筋肉と臓器を修復し、脳内の情報を整理し、記憶を作り出しているのは間違いないようだ。脳内の電位変動を測定する脳波計を使った研究によると、睡眠はいくつかの段階に分かれている。通常、私たちが覚醒しているが特に何も考えていないときは、脳からは、一秒間に約10回振動するアルファ波が出る。深く集中しているときは、振動数が約二倍のベータ波が出る。

　睡眠の第一段階に入ると、アルファ波はランダムになり、振幅のリズムが増減する。これは眠りが浅い段階で、すぐに目を覚ますことがある。時間がたつにつれ、脳波は長く、ゆっくりになる。40分ほどすると、振動数が一秒間に3.5回以下のデルタ波が出る。これが深い眠りの段階で、このときに筋肉が再生する。また、この段階では眠っている人を起こそうとしてもなかなか起きない。やがて脳波は再び速くなり始め、40分ほど後にはアルファ波の状態に戻る。しかし覚醒せずに、体はレム睡眠という段階に入る。

　レム（REM）とは「急速眼球運動」（rapid eye movement）のことで、眼球が、まるで動いている物体を見ているかのように、激しく上下左右に動く。このレム睡眠の最中に、私たちは夢を見る。平均的な若者で、一晩に四〜五回、レム睡眠を経験する。

豆 知 識

1. レム睡眠がないと、すぐに意識が混濁する。
2. 赤ん坊は、一晩の半分以上をレム睡眠で過ごす。
3. ウシは立ったまま眠ることができるが、夢は横になったときにしか見ない。
4. クジラとイルカは、眠っているときも泳ぎながら呼吸しなければならないため、脳は半分ずつ交代で眠る。

206

第29週 第7日(日)

203 宗教 | ムハンマド

ムハンマド（570頃～632）は、イスラム教徒によると、神の言葉をこの世に伝える最後の預言者だという。アラブ人はみなそうだが、ムハンマドの家系も、アブラハムの長子イシュマエルにさかのぼることができる。イスラム教徒（ムスリムとも言う）は、ムハンマドの受けた啓示はモーセやイエス・キリストなど他の預言者が受けた啓示に連なるものだと信じている。

◆

ムハンマドはメッカに生まれた。当時メッカは、偶像崇拝が行われていたカアバ神殿を中心とした、活気あふれる都市だった。ムハンマドは、生まれる前に父を亡くしており、若いころは商人である伯父とともにアラビア半島各地を旅し、のちに自分も商人になった。思慮深く、瞑想を好む人物として知られるようになったムハンマドは、40歳のころ、メッカ近くのヒラー山にある洞窟へ行ったときに幻視体験をした。天使ガブリエルが現れて彼に語りかけ、これから伝える韻文を暗記して唱えよと命じたのである。この韻文が、のちにクルアーン（コーラン）となった。天使ガブリエルは、その後も生涯にわたってムハンマドのもとを訪れ、ムハンマドはガブリエルの教えを説き始めた。しかし、ムハンマドは生涯を通じて読み書きができず、そのため彼が受けた啓示は、すべて口頭で伝えなくてはならなかった。

ムハンマドの教えの中核となる教義は、一神教だ。唯一の神しか存在しないとする教えに、メッカの強力な指導者たちは激怒した。メッカは、偶像崇拝を行うカアバ神殿によって繁栄していたからだ。やがてムハンマドは、支持者とともにメッカを逃れてメディナへ移住せざるを得なくなった。メディナに来ると、イスラム教はたちまち多数派の宗教になった。しかしムハンマドは、非イスラム教徒を追放したりはせず、税を払えば自分たちの宗教を引き続き信仰してもよいと認めた。

メディナの勢力が増してくると、メッカの有力者たちは警戒感を強めた。緊張が高まり、ついに両市は戦端を開いた。ムハンマドとメディナは、数では劣っていたものの、勝利を収めた。その後もムハンマドはさらに征服事業を進めてアラビア半島を統一した。

ムハンマドは、632年にメディナで亡くなった。口伝によると、ムハンマドが死ぬとき、天使ガブリエルが再び彼の前に現れたという。ガブリエルはムハンマドを自分の馬に乗せて、メッカからエルサレムへ連れていった。そこでムハンマドはアブラハム、モーセ、イエスらと会い、それから天使の馬に乗って天国へ向かい、最後の休息の地へと昇っていったと伝えられている。この最後の昇天が行われたのが神殿の丘であり、ここは今では（メッカとメディナに次ぐ）イスラム教第三の聖地となっている。

ムハンマドが誰を後継者に選んだのかという問題は、激しい議論の対象となり、これをきっかけにイスラム教徒はスンナ派とシーア派に分かれた。スンナ派によると、後継者に選ばれたのはアブー・バクルという人物だった。それに対してシーア派は、ムハンマドは娘婿のアリーを後継者に選んでおり、アブー・バクルはアリーを押しのけて権力の座に着いたのだと主張している。

第30週 第1日（月）

204 歴史 ｜ 植民地主義

スペインによる南北アメリカ大陸の植民地化は、1492年のクリストファー・コロンブスの航海から始まった。その約100年後、イギリスの商人と宗教難民が新大陸にやってきた。しかし、ヨーロッパによる植民地化の時代は17世紀では終わらず、アメリカだけにとどまるものでもなかった。イギリスの商人や植民地開拓者たちは、大航海時代に地球上を駆け巡り、インドや中国、太平洋の島々に新たな入植地を建設した。

◆

19世紀後半、ヨーロッパ列強——フランス、イギリス、ドイツ——はアフリカを「発見」した。わずか数十年のあいだに、ヨーロッパの主要諸国はアフリカを分割して現地の住民を植民地支配の下に置いた。フランスは、西アフリカの大部分を占領した。イギリスは、南アフリカと、アフリカ東沿岸部の大半を支配した。それ以外の地域では、ドイツ、ポルトガル、ベルギーが支配権を主張した。

ヨーロッパ植民地帝国の夢をかき立てていたのは、飽くなき欲望と、西洋文明を広げたいという欲求だった。鉄道など新たなテクノロジーを備えて広大なアフリカを統制しやすくなった西洋諸国は、アフリカの資源を利用し始めた。イギリスの詩人ラドヤード・キプリングの有名な言葉にもあるように、ヨーロッパ諸国は、我々には文明を広めるという「白人の責務」があると勝手に思い込み、それでかなりの利益を得ても何の問題もないと思っていた。

アフリカの住民にとって、ヨーロッパ人の到来は大災厄以外の何物でもなかった。多くのヨーロッパ人は、アフリカの黒人を人間とも思わず、アフリカの人々を大量に殺戮した。1902年の有名な小説『闇の奥』で著者ジョーゼフ・コンラッドは、植民地主義によって、文明人であるはずのヨーロッパ人が怪物に変わり、現地のアフリカ人を搾取・殺害している実状を描いた。地域によっては数百万人が死んだ場所もある。ベルギー領コンゴでは、1000万人が死ぬまで働かされたと推計されている。ドイツ領南西アフリカでは、地元住民が植民地支配に抵抗したため、住民全員が皆殺しの標的になった。ヨーロッパ諸国は、第二次世界大戦後にようやくアフリカの植民地支配を断念したが、その時点でアフリカは分断と貧困に苦しむ大陸に変わっていた。

{ 豆 知 識 }

1. 第一次世界大戦の勃発直前、アフリカで自由な独立国だったのは、わずかにエチオピアとリベリアの二か国だけだった。このうち、西アフリカにあるリベリアは、アメリカの解放奴隷によって1847年に建国された小国だ。
2. ヨーロッパ諸国の大半は、第二次世界大戦後にアフリカの植民地が独立するのを平和裏に認めたが、フランスは、地中海に面するアルジェリアを何としてでも領有し続けようとした。激しい戦争が1950年代半ばから1962年まで続き、数十万のアルジェリア人が命を落とした末に、ようやくアルジェリアは独立を勝ち取った。この独立戦争の様子は、1966年の有名な映画『アルジェの戦い』で描かれている。
3. 19世紀半ば、イギリス人探検家デイヴィッド・リヴィングストンは、ナイル川の水源を探してアフリカを旅した。彼の探検隊は数年間、外界と音信不通になったが、1871年にジャーナリストのヘンリー・モートン・スタンリーがタンザニアで彼を発見した。このときスタンリーが探検家に呼びかけた有名な一言が、「リヴィングストン博士ではありませんか？」だ。

210

第30週 第2日(火)

205 文学 | チャールズ・ディケンズ

作品数の多さと名声の高さで、ほとんどの作家はチャールズ・ディケンズ（1812～1870）の足元にも及ばない。その膨大な作品群は、15作以上の主要な長編小説と、数えきれぬほどの報道記事と論説から成っている。ディケンズの作品を文学ではないと言って貶す者は当時からいたが、彼はそうした批判を無視し、社会意識の高い物語作家であることにやりがいを見出していた。熱烈なファンとなった一般読者は、それに応えてディケンズをヴィクトリア時代で最も愛された人物のひとりに挙げた。

◆

ディケンズは子ども時代、父が公務員として働いていたチャタムとロンドンで過ごした。両親は金遣いが派手で債務者刑務所へ入れられてしまい、当時12歳のディケンズは学校をやめ、靴墨工場で働かざるを得なくなった。このときの経験から、彼は生涯を通じて貧しい者に共感を抱きそれは作品にもよく表れている。ディケンズは、工場を辞めることができると、しばらく教育を受けたのち、法律事務所の事務員となり、その後ジャーナリストになった。

最初の小説『ピクウィック・ペーパーズ』（『ピクウィック・クラブ』とも）（1836年）を発表すると、ディケンズはすぐさま有名になった。彼の作品の多くがそうだが、この小説も月刊誌に連載され、彼に思わぬ大金をもたらした。続く五年間、ディケンズは猛烈な勢いで書き続け、連載小説をさらに四つ完成させた。そのひとつが、路上生活を送る孤児の少年を主人公とした、今や古典となっている『オリヴァー・ツイスト』（1837～1839年）である。

その後も、道徳物語『クリスマス・キャロル』（1843年）から、自ら「お気に入りの子ども」と呼んだ自伝的小説『デイヴィッド・コパーフィールド』（1849～1850年）まで、新作を発表するたびに、ディケンズは世間から高く称賛された。この時期の作品はどれも貧困など社会問題への関心を示しているが、そうした関心はのちの小説でさらに高まり、中でもイギリス法制度の無能ぶりを取り上げた『荒涼館』（1852～1853年）や、工業化の暗黒面を描いた『ハード・タイムズ』などに、その傾向を見ることができる。ディケンズのキャリアは、歴史小説『二都物語』（1859年）と喜劇的な物語『大いなる遺産』（1860～1861年）で頂点に達した。

ディケンズの作風は、文豪の名にふさわしい大作から、お涙ちょうだいの感傷的な物語までじつにまちまちだ。これほど一貫していないのは、ディケンズが作品を連載小説として発表したこと――および、報酬がたいがい語数で決まっていたこと――が理由としては大きい。しかし、ディケンズは読者を喜ばせることを常に意識して執筆しており、それで質より量が優先されることになってもかまわなかった。彼の作品は今も読者を喜ばせ続けている。

豆知識

1. ディケンズの多作ぶりは執筆に限らず、妻キャサリン・ホガースとのあいだに子どもを10人もうけている。

第30週 第3日(水)

206 視覚芸術 | ポール・セザンヌ

ポール・セザンヌ（1839〜1906）は、後期印象派を代表する主要な芸術家のひとりと考えられている。その風景画と静物画は、20世紀初頭のキュビスムとフォーヴィスムの発展に影響を与えた。

◆

エクス＝アン＝プロヴァンスの裕福なフランス人一家に生まれたセザンヌは、当初は故郷近くの学校で法律を学んでいた。この学校で後の小説家エミール・ゾラとはじめて出会い、ふたりは親友になった。1861年に法学を捨てて画家になろうと決心し、パリに移るが、美術学校エコール・デ・ボザールの入試に失敗してしまう。そこで画塾アカデミー・スュイスで学び始めた。この画塾でカミーユ・ピサロと出会い、彼から生涯にわたって作品に影響を受けることとなった。1874年、セザンヌは印象派に加わり、第一回印象派展に『現代のオランピア』を出品した。この絵は、ある批判的な批評家から「抑制を失ったロマン主義」の作品だとして酷評された。

セザンヌは、その後も印象派展に二度出品する一方、公的な展覧会であるサロンにも絵を出品し続けたが、どれも入選しなかった。彼は印象派について、フォルム（形）と構成を無視していると批判的に考えており、友人宛ての手紙で「私は印象派を、美術館の芸術作品のように、社会に通用する永続的なものにしたい」と書いている。そこで独自のスタイルを発展させ、これが後に後期印象派と呼ばれるようになった。彼は、自分が思う現実をより正しく捉えた姿を表現するため、フォルムを簡素化し、遠近法をゆがめた。例えば『果物入れ、グラス、リンゴのある静物』（1879〜1882年）でセザンヌは、果物入れの中心から脚を少しずらし、果物が偏って置かれた皿のバランスを脚がうまく取っているかのように描いている。

1882年、セザンヌは子ども時代を過ごしたエクスの家に戻った。晩年になると、彼はテーマを重視しなくなり、代わって純粋なフォルムだけに集中するようになった。セザンヌは抽象絵画に向かっていたのであり、実際、手紙で「自然の中に、円筒形と球形と円錐形を見出し、それらをすべて、物体または平面のあらゆる側面が中心点に向かって後退するよう、遠近法の中に配置しなくてはならない」と書いている。1900年以降は、近くのサント・ヴィクトワール山の景色を何枚も描いたが、ここでも、風景の客観的な姿ではなく、それをどう感じ取ったかを表現するため、色の塊を使ったり、視点を変えたりして描いた。

セザンヌが1906年に亡くなったとき、パブロ・ピカソはキュビスムの傑作『アヴィニョンの娘たち』（1907年）の制作をすでに開始していた。その構図は、セザンヌに負うところが非常に大きかった。

[豆 知 識]

1. セザンヌは、1866年にエミール・ゾラと絶交した。フランスの新聞『フィガロ』でゾラがセザンヌを、偉大な才能を流産した人物と評したからだ。
2. ピカソはセザンヌを「私たち全員の父」と呼んだ。

第30週 第4日（木）

207 科学 | 血液

　平均的な成人で、約五リットルの血液が血管を流れている。ところで、血液とはいったい何だろうか？　血液は、人体が生きていく上で欠かせない重要な四つの成分からできている。赤血球、白血球、血小板、血漿の四つだ。

◆

　赤血球は、酸素を肺から体の全組織に運ぶ。ふつう赤血球は、中央がへこんだ穴のないドーナツのような形をしているが、細い毛細血管を通るときには形を変えることができる。赤血球は酸素を運ぶだけでなく、細胞の呼吸で排出される二酸化炭素を回収する。赤血球は、酸素を運んでいるときは鮮やかな赤色をしており、これが血液特有の赤い色を作っている。酸素のない血液は暗褐色だが、光が肌を通過するときの影響で、静脈の血は青く見える。

　白血球は、免疫系という、体内で細菌・ウイルス・寄生虫を殺して感染症と戦うシステムの一翼を担っている。白血球にはいろいろな種類があるが、最も一般的なのは好中球とリンパ球だ。好中球は、敵を生きたまま丸のみにする。そのあと敵を分解・殺菌してしまう。この一連の過程を貪食という。リンパ球は、もっと複雑で繊細な働きをする。体内に侵入した新たなウイルスや細菌を破壊するため、形を微調整するのだ。これには時間がかかるが、リンパ球は以前にかかった病気のことを記憶している。ある細菌との戦い方をいったん覚えてしまえば、次に来たときは必ず退治できるのである。

　血液を構成する三つ目の成分である血小板は、傷をふさぐ化学物質を含んでいる。体に擦り傷や切り傷ができると、血小板は出血を止めるため、かさぶたを作るのを促進する。赤血球と白血球と血小板は、すべて骨髄で同じ幹細胞から作られる。

　血漿は、赤血球と白血球と血小板を全身に運ぶ液体成分のことだ。90％が水分で、残る10％が、タンパク質、電解質、ブドウ糖、ビタミン、ホルモン、コレステロールの混合物だ。このように血液には、体が生きていくのに欠かせないものがすべて含まれているのである。

[豆 知 識]

1. ヒトの赤血球の数は、平均すると男性で一立方ミリメートル当たり520万個、女性で一立方ミリメートル当たり460万個だ。
2. 血液は冷凍すれば最大10年間保存できる。
3. ユダヤ教の食物規定では、血液を摂取することはいかなる形でも禁じられている。伝統的には、塩漬けと酢漬けによって食肉から血を抜いている。
4. 中国や日本の俗説では、男性が鼻血を出すのは性的に興奮した証拠とされる。

213

第30週 第5日（金）

208 音楽 | エクトル・ベルリオーズ

　極端なロマン派だったエクトル・ベルリオーズ（1803〜1869）は、自己中心的で常に誰かに恋していた。その波乱万丈な生涯は、いわば彼の音楽の完璧な伴奏であった。

◆

　フランスのグルノーブル近くの町で堅実な家庭に生まれたベルリオーズは、医師だった父の意向でパリの医学部へ進学したが、パリでロマン派の精神に心奪われた。現実的な母親の訴えを振り切って、ベルリオーズは学業を辞めパリ音楽院に入学した。

　1827年、シェイクスピアの『ハムレット』の上演を見たことがベルリオーズの人生を変えた。主要な登場人物オフィーリアを演じるアイルランド人女優ハリエット・スミッソンに一目惚れし猛烈に求婚したのである。彼女に断られると、ベルリオーズは音楽で彼女の心を勝ち取ろうと決心する。こうして生まれたのが、19世紀で重要な楽曲のひとつである標題音楽『幻想交響曲』（1830年）だった。この作品は希望に燃えた若い作曲家の物語だ。彼は美しい乙女に夢中になるが、思いが届かぬ絶望から、アヘンを飲み自殺しようとする。ところがアヘンが致死量に足らず、死ぬ代わりに目まぐるしく変化する五つの幻覚を見る。この幻覚がそれぞれ五つの楽章と対応している。第一楽章で彼は思い人に会い、情熱に圧倒される。第二楽章では、舞踏会で踊る彼女と再会する。第三楽章は、牧場の静かな場面だ。第四楽章で、彼は愛する人を殺し、ギロチンで処刑される。そして第五楽章では、作曲家の死体が魔女の宴でもてあそばれているところへ死んだ彼女が再び現れるが、その姿は醜悪を極めている。この場面で流れるのは、彼女を象徴していた主題がゆがめられた旋律と、中世に死者のために歌われた聖歌『怒りの日』だ。

　『幻想交響曲』では、「イデー・フィクス」（固定楽想）という斬新な技法が用いられている。これは曲中で思い人を象徴していた単純で魅惑的な旋律のことで、この旋律は楽章ごとに変形されて繰り返される。ベルリオーズがハリエットに取りつかれていたように、『幻想交響曲』もこの主題に取りつかれているのである。数年後ベルリオーズはハリエットとついに結婚するが、時間がたって醒めてしまったふたりの愛は長く続かなかった。

豆 知 識

1. パリ音楽院でベルリオーズの師だったジャン＝フランソワ・ル・シュウール（1760〜1837）は、ベルリオーズを天才だと言っていた。ベルリオーズはこの言葉に励まされ、スケールの大きな曲を作ったら大々的に上演しようという無茶な思いを実現させた。1844年にパリで、オーケストラと合唱団を合わせた大アンサンブルを指揮した。参加した音楽家の数は1000人を超え、演奏には七人の補助指揮者が必要だった。
2. ギターとフルート以外ベルリオーズは楽器ができなかった。ピアノは下手で、作曲家がふつう使うバイオリンなどの楽器は何ひとつ演奏できなかった。
3. 保守的なパリ音楽院に反発したベルリオーズは、新聞などに批評を書き生活費を稼いでいた。彼は文章の才能にも恵まれており、彼による記事は今も多く残っている。

214

第30週 第6日（土）

209 哲学 ｜ 帰納法

　ある事柄について、「過去に○○だった」という事実から、「それは常に○○である」または「今後も常に○○であるだろう」という結論を導き出す推論のことを、帰納法という。例えば私たちは、太陽は今までずっと朝になれば昇っていたので、明日の朝も昇るだろうと考える。また、今まで見てきた本はすべてページがあるのだから、すべての本にはページがあると考えている。私たちが世界について抱いている考えの大半は、帰納的な推論に基づいているのである。

◆

　帰納法は、演繹法ほど確実ではない。演繹法とは、例えば、ソクラテスは人間であり、すべての人間はいずれ死ぬのだから、ソクラテスもいずれ死ぬという結論を導く推論のことだ。この場合、事実によって結論は証明されている。しかし帰納法を使う場合、過去の事実が未来のあり方を決めるとは限らない。太陽が爆発するか何かして、昇らない可能性だってある。

　帰納法を用いる場合、この根拠なら必ずこの結論が導き出されるというわけではないが、その結論になる可能性はきわめて、または、かなり高い。それでも、次のような疑問は残る。可能性がどうあれ、過去と同じことが未来にも起こると考えてよい正当な理由は、はたして何なのだろうか？

豆 知 識

1. 帰納法の問題点を最初に提起したのは、デイヴィッド・ヒューム（1711〜1776）だ。彼は、帰納的な推論によって真理に到達できると考える理由はないとの結論に達した。
2. 1950年代、哲学者のネルソン・グッドマン（1906〜1998）は、「帰納の新しい謎」と名づけた問題を提起し、事物の特徴のうち、どれが帰納的な推論の正当な根拠となり、どれがならないのかと問いかけた。

第30週 第7日（日）

210 宗教 | クルアーン

　クルアーン（コーラン）はイスラム教徒の聖典で、神が人類に与えた最後の啓示だと信じられている。神（イスラム教ではアッラーという）から天使ガブリエルを通じて預言者ムハンマド（570頃～632）にもたらされ、彼からすべてのイスラム教徒に伝えられた。クルアーンは、114のスーラ（章）と6200以上のアーヤ（節）で構成されている。ムハンマドは読み書きができなかったので、啓示を声に出して語り、それを誰かに書きとめてもらわなくてはならなかった。

◆

　クルアーンの原語は、古い形のアラビア語だ。アラビア語は、文字が子音字だけで、母音字がない。そのため語句の意味がすぐ曖昧になり、時代とともに解釈し直されてきた。古形を保つクルアーンは崇敬され、そのアラビア語は、神の言葉であることから理想形とされている。さらにクルアーンは、正しく理解するため常にアラビア語で書かれなくてはならないと信じられている。そのためクルアーンの翻訳は、単なる要約か解説書と見なされる。

　イスラム教徒の学者たちは、クルアーンはそれ自体でひとつのジャンルだと考えている。多種多様なスーラを持つクルアーンには、散文と韻文から、押韻と反復まで、あらゆる文体が含まれている。スーラは、ひとつを除いてすべて「慈愛あまねく、慈悲深きアッラーの御名において」という言葉で始まる。

　スーラの内容も千差万別だ。物語、法や人倫に関する教え、人間の本質に関する心理学的な教え、神の本質に関する宇宙論的な教えなどが含まれている。スーラの配列は年代順ではなく、大まかに言って、長さの順に長い章から並べられている。さらにクルアーンは、ムハンマドがメッカ時代に受けた啓示と、メディナ時代に受けた啓示のふたつに分けることができる。メッカ啓示は比較的短いものが多いのに対し、メディナ啓示は長く、法的な問題を扱ったものが多い。

　スンナ派が認める第三代正統カリフのウスマーン・イブン・アッファーンは、クルアーンの正典化に着手した。ほとんど口承で伝えられていたため、書物となったクルアーンには複数の版が作られていたのである。公式のクルアーンを作るため、ウスマーンは多くの学者を集めると、複数のテキストを編集して唯一の標準版を作った。そして、この標準版をイスラム帝国のすみずみに届け、ほかの版はすべて破却させた。

［ 豆 知 識 ］

1. クルアーンにはいくつか矛盾した記述があるが、イスラム教徒の学者たちは、こうした「間違い」は、ムハンマドとすべてのイスラム教徒が信仰の道をほどよいペースで進んでいけるようにという神の配慮にすぎないと主張している。
2. クルアーンを暗唱している人を、「守護者」を意味する「ハーフィズ」（単数形）または「フッファーズ」（複数形）と呼ぶ。

216

第 31 週 第 1 日（月）

211 歴史 | アンドルー・ジャクソン

　アンドルー・ジャクソン（1767～1845）は、アメリカの第七代大統領で、在任期間は1829年から1837年までだった。彼は、当時大統領に当選した中で誰よりも異彩を放っていた。現サウスカロライナ州で生まれたジャクソンは、独立戦争時、13歳で大陸軍に加わりイギリス軍と戦った。アメリカの独立後は、テネシー州で法律家・政治家として活動し、1812年の米英戦争では再び軍に入って部隊を率い、ニューオーリンズの戦いではイギリス軍に奇襲をかけて大勝利を収めた。この軍功によりジャクソンは国民的英雄となった。しかし経歴に問題が多く——ジャクソンはテネシー州で決闘をして訴訟の相手数名を殺し、離婚歴のある女性と結婚していた——大統領選に出馬しても当選は無理と思われていた。1829年まで大統領職は、マサチューセッツ州かヴァージニア州出身の品行方正なエリートたちで独占されていたからだ。

◆

　経歴問題もあり、ジャクソンははじめて出馬した1824年の大統領選で、マサチューセッツ州の政治家一家の大物であり、第二代大統領ジョン・アダムズの息子、ジョン・クインシー・アダムズに敗れた。この年の選挙は物議を醸した選挙だった。当時アメリカ大統領の選挙制度は、今ほど民主的ではなく、多くの州ではそもそも有権者に投票権が与えられておらず、各州の州議会が選挙人を指名し、その選挙人が選挙人団を結成して大統領を投票で選んでいた。1824年時点で一般投票を認めていた州ではジャクソンがアダムズを難なく破っていたが、下院の決選投票で、アダムズが逆転して選出されたのである。

　怒ったジャクソンは、続く四年間、選挙制度の民主化を求めるキャンペーンを実施した。その目的を推進するため新たに民主党を結成し、1828年の選挙でアダムズをやすやすと破った。ジャクソンの当選はアメリカの政治制度が変わる先駆けとなり、上流階級だけがホワイトハウスを支配することはなくなった。大統領選で新たに選挙権を持った有権者たちによって民主党初の大統領となったジャクソンは、ネイティヴ・アメリカンをジョージア州から追放し、合衆国銀行【訳注：アメリカ建国当初に設立された中央銀行】を廃止するなど、彼を支持した有権者たちの求める政策を推進した。

豆知識

1. 1928年——ジャクソンの初当選から100年の年——以降、ジャクソンの肖像が20ドル紙幣に採用されている。ジャクソンが、連邦準備制度理事会【訳注：アメリカの実質的な中央銀行】の前身である合衆国銀行に反対していたことを考えれば、皮肉な名誉である。
2. ジャクソンは自分はトマス・ジェファソンを手本にしていると言っていたが、ヴァージニア州出身で風格のあるジェファソンは、この粗野なテネシー人を嫌っていた。彼はジャクソンについて「彼の激情は恐ろしい。あれは危険な男だ」と書いている。
3. 大統領になったジャクソンは、いかなる州も連邦法を覆したり、連邦から離脱したりすることはできないと主張した。この連邦維持を絶対視する方針は、エイブラハム・リンカーンなど多くのアメリカ人の考え方を形作るものになった。

第31週 第2日(火)

212 文学 | ヘンリー・ジェイムズ

19世紀後半、アメリカがヨーロッパと肩を並べる強国になると、大西洋を挟んで欧米の作家たちは、旧世界と新世界の衝突を記録するようになった。中でも、最も鋭い眼差しで事態を観察した作家がヘンリー・ジェイムズ（1843～1916）だった。

◆

生粋のアメリカ人だが、のちにイギリスに帰化したジェイムズは、国外に住むという経験を体現する人物だった。彼は、ニューヨークで学者の家に生まれた。父で同名のヘンリーは著名な理論家・神学者で、兄のウィリアムは、のちに有名な哲学者となる人物だ。ジェイムズは子ども時代の異なる時期に、ロンドン、パリ、ジュネーヴに住むという国際色豊かな体験をしたのち、一家はロードアイランド州ニューポートに居を定めた。ジェイムズはハーヴァード・ロー・スクール在学中に物語や書評を執筆し、やがて著述業に専念するようになった。20代と30代には、作家修業になると思ってヨーロッパ各地を広く旅行し続けた。

ジェイムズの最初の主要な小説『アメリカ人』（1877年）は、彼のその後の作品にも多く見られる、がさつだが純朴な新世界と、上品だが退廃的な旧世界の衝突を描いている。本作は、成金となったアメリカ人実業家がフランスの陰湿で傲慢な貴族社会に入り最後には破滅してしまう話だ。同じく『デイジー・ミラー』（1879年）でも、若くてわがままなアメリカ人女性が、外国で上流社会のしきたりを無視して振る舞うが、結局は悲劇的な結末を迎える。また『ある婦人の肖像』（1881年）は、アメリカ生まれの女性相続人がヨーロッパで財産を狙う者たちの餌食になるという話である。

ジェイムズは、国籍が違う人々の習性を鋭く見抜く目と、散文家としての優れた才能を持っていた。彼は長く絡み合った文章を書くのを好み、その傾向は作家人生を通じて明らかだが、とりわけ『大使たち』（『使者たち』）（1903年）など後期の小説で顕著に表れている。彼の作品は、どれも細部への描写に強いこだわりが見られ、登場人物の心理的な動機と人間関係の力学に特別な注意を払われている。こうした点からジェイムズは、その小説は確かに19世紀の写実主義的伝統にしっかり収まっているものの、20世紀に生まれた心理小説の初期の先駆者と見なされている。

豆知識

1. ジェイムズは小説以外にも『フランスの田舎町めぐり』（1884年／"A Little Tour in France" 千葉雄一郎訳 図書出版社 1992年）や、『イギリス旅行記（仮）』（English Hours／1905年）、『イタリア旅行記（仮）』（Italian Hours／1909年）など旅行記も刊行している。
2. 数十年間ヨーロッパで暮らしたのち、ついにジェイムズは1915年にイギリス国民になる決心をする。彼はその翌年、ロンドンで亡くなった。
3. 映画会社マーチャント・アイヴォリー・プロダクションは、ジェイムズの小説を原作とした映画を何本か作って成功を収めた。おもなものに、『ヨーロピアンズ』（1979年）、『ボストニアン』（1984年）、『金色の嘘』（2000年）などがある。

213 視覚芸術 | オーギュスト・ロダン

オーギュスト・ロダン（1840〜1917）は、多くの学者から人体を写実的に表現した最後の偉大な彫刻家だと考えられている。『考える人』などで知られるロダンは、ミケランジェロの巨大な未完の傑作に見られる流麗な線と大きさを手本としていた。

◆

ロダンは、パリの美術学校プティット・エコールで1854年から1857年までデッサンを学んだ。その後エコール・デ・ボザールを受験するも不合格となり、やむなく職人、陶器の絵付け師、宝石細工師などをして生計を立てていた。1864年、彼はアルベール=エルネスト・カリエ=ベルーズの工房に入り、同年『鼻のつぶれた男』を完成させた。自然主義への関心が表れている作品だが、公的な展覧会であるサロンからは、未完成だとして拒絶された。1870年には、カリエ=ベルーズに従ってブリュッセルへ行き、この地に独立した工房を構え彫刻家として奮闘することになった。

1875年、イタリア旅行でロダンははじめてミケランジェロやドナテッロなどの古典古代の彫刻に触れた。それを受けて制作したのが『青銅時代』（1875年）だ。この作品はあまりにも真に迫っていたため、本物の人体から型を取って作ったと勘違いする者さえいた。1880年、ロダンはフランス政府から、装飾美術館の門扉を青銅で作ってほしいとの依頼を受けた。このとき、フィレンツェのサン・ジョヴァンニ洗礼堂にあるロレンツォ・ギベルティ作の有名な『天国の門』からインスピレーションを得て制作を目指したのが『地獄の門』だ。ロダンはこの門のため180体以上の人間像を鋳造したが、未完のまま亡くなった。

1884年、ロダンのもとにカレー市民から、1347年にイングランド軍による包囲を終わらせるため犠牲になった六名の市民をたたえる記念碑を作ってほしいと依頼が来た。そうして作られた『カレーの市民』だったが、この作品は市民を英雄ではなく犠牲者として表現しているとして批判された。1891年には、小説家オノレ・ド・バルザックの肖像を作ってほしいとの依頼を受けると、バルザックの人となりを知るため、七年を費やして彼の銀板写真を集め、行きつけの仕立屋に話を聞き、彼の自宅周辺の地形さえも調べた。しかし、『カレーの市民』と同じく、バルザック像も伝統から逸脱していると見なされた。そうした批判にロダンは、「私の信条は、形だけでなく人生も再現することだ」と反論した。多くの批判を受けながらも、ロダンはフランス政府から大きな依頼を受け続けた。

1895年、ロダンはブリヤン荘を購入し、そこでヨーロッパの名士として暮らし、外国の大学から名誉学位を授与された。1908年、彼はパリのビロン邸に移った。この建物はロダンが死ぬ前年の1916年に、将来ロダン美術館にすることが決定された。1919年に改装された同館は、今も多くのロダンの作品を収蔵している美術館である。

豆知識

1. ドイツ語詩人ライナー・マリア・リルケは、1905年から1906年までロダンの秘書を務め、のちにロダンについての評論を出した。

214 科学 | 電池

　電池とは、簡単に言えば、電気活性物質を詰めたものだ。電気活性物質とは、化学物質のうち、相互に反応して、原子の中にある負の電荷を帯びた小さな粒子、電子を生じる物質のことである。ある物質から別の物質へ電子が流れることで、電流が生まれ、それが電灯をつけ、テレビや車、カメラ、人工衛星、携帯電話、コンピューターを動かしている。電子が流れる道を回路という。家庭にある電源コードも、回路のひとつだ。

◆

　ほとんどの電池は、四つの部分でできている。正極、負極、電気活性物質、そして電解質だ。電気活性物質の反応によって、電子は電池の片側に集まり、そこが負極（マイナスの印が付いている側）になる。電池の反対側は電子が少なくなり、これが正極（プラスの印がついている側）になる。通常なら、電荷のバランスを取るため電子は負極から正極へまっすぐ流れるのだが、電池の真ん中にある電解質が、障害物の役割を果たす。電解質があるため、電子は電池の中を通って反対側へ流れていくことができない。その代わり電子は、負極と正極をつなぐ回路を通っていかなくてはならない。

　負極と正極を直接つなぐと、電気活性物質は電子を猛スピードで生み出し、電池の電気はあっという間になくなってしまう。しかし、大半の電池は電気負荷——電灯、テレビ、ラジオといった家電製品など——と接続されているので、電子は少しずつ流れる。しかし、いずれ電気活性物質は電子を生じなくなる。充電式電池の場合、外部電源を使って電子を逆流させれば、電気活性物質に逆の反応を起こさせて、負極と正極の電子バランスを元どおりにすることができる。これが、夜間に携帯電話を充電器に挿しているあいだに起きていることだ。

[豆 知 識]

1. ある証拠によると、何と紀元前250年に、原始的な電池がバグダードに存在していたらしい。
2. 初の近代的な電池は、1800年にアレッサンドロ・ヴォルタが発明した。電圧を意味する「ボルテージ」や電圧の単位「ボルト」は、彼の名前に由来する。
3. 現在、紙のように薄い超薄型電池が開発中だ。たいていの物に印刷できて電気を起こすことのできる導電性インクを使った電池で、とても薄くて丸めることもできる。
4. 電池業界の売上高は、全世界で年480億ドルに及ぶ。

第31週 第5日（金）

215 音楽 ロベルト・シューマンとクララ・シューマン

　ロベルト・シューマン（1810〜1856）の生涯は、作曲家としての才能に彩られている一方で、情緒不安定に伴う苦しみにも満ちたものだった。ピアニストとして有名なクララ・ヴィーク・シューマン（1819〜1896）と結婚したが、精神衰弱と幻覚に悩まされ、精神科病院に収容されながらも、数多くの歌曲と室内楽を作曲した。

◆

　ロベルトとクララが出会ったのは、彼女が九歳のとき、ライプツィヒにいた父フリードリヒ・ヴィークの元でロベルトがピアノを習っていたときのことだ。ロベルトは、法律家を目指すのをやめて音楽家の道を進んでおり、当時は『新音楽時報』というドイツ語の雑誌を創刊して、「音楽の俗物」を攻撃し、エクトル・ベルリオーズやフレデリック・ショパンを擁護していて、のちには同誌でヨハネス・ブラームスも支持した。

　1840年、ロベルトとクララは父の反対を押し切って結婚した。ヴィークは、ロベルトが情緒不安定ではないかと思っていた。以前にもたびたび——おそらく梅毒のせいで——精神衰弱に陥っていたし、1833年には自殺未遂を起こしていたからだ。結婚して一年目に、ロベルトはふたりの愛をたたえるリート（ロマン主義的な歌曲）を140曲作った。クララ自身も卓越したコンサート・ピアニストで、しかも当時一流のソロ・ピアニストを何人か育てている。また、自分で曲もいくつか書いた。

　しかし、ふたりの結婚生活はすぐに厳しく辛いものになった。クララに迫られてロベルトは1841年に交響曲を二曲書き、一曲目は高く評価されたが、二曲目はそれほど好評ではなかった。さらにクララはロベルトに、指揮者になるよう勧めたが、彼には才能がほとんどなく、オーケストラを前にして、今スコアのどこを演奏しているのか分からなくなることもしばしばだった。さらに悪いことに、精神衰弱が次第に頻繁に起こるようになった。友人フェーリクス・メンデルスゾーンに招かれて新設のライプツィヒ音楽院の教師になったものの、仕事ぶりはあまりにひどく——講義は曖昧で理解不能だった——辞職せざるを得なかった。

　1844年、クララはロベルトを連れてヨーロッパの長期演奏旅行に出かけたが、その途中でロベルトが重度の精神衰弱で倒れ、やむなくふたりはドレスデンに移り、そこで五年を過ごした。1853年から1855年のあいだに、ロベルトはだんだんと精神状態がおかしくなり、幻聴が聞こえたり、夜にひとりカフェに座って隅で口笛を吹いたりした。1854年にはライン川で投身自殺を試みたため精神科病院に収容され、二年後にそこで亡くなった。

豆 知 識

1. ロベルト・シューマンは、若いころ指の一本が麻痺したためピアノの演奏を断念しなくてはならなかったが、一説によると、その原因は、指を鍛える装置を使ったためだという。ただし、麻痺の原因は梅毒治療に使った水銀のせいだった可能性の方が高い。
2. ロベルト・シューマンは、『新音楽時報』での批評のため、自分の性格のふたつの側面を表す「オイゼビウス」（瞑想的で夢見がち）と「フロレスタン」（衝動的で活発）というふたりの人物を作り出した。

第31週 第6日（土）

216 哲学 | 因果関係

　ある男が、窓ガラスに向かってレンガを投げると、窓ガラスが割れる。レンガが原因で窓ガラスが割れたのである。私たちは世界を、何かが原因となって別の何かを引き起こすというふうに考えている。しかしそもそも、何かが原因で別の何かを引き起こすとは、いったいどういうことなのだろうか？

◆

　ひとつの答えは、「Xが原因でYが起こるとは、Xのような事象が起こると、通常それに続いてYのような事象が起こるということである」というものだ。こうした考え方を、因果規則性説という。しかし、この説には欠陥がある。例えばパン屋さんは、パンを焼くため、毎朝、日が昇る前に起きる。しかし、パン屋が起きることが原因で日が昇るわけではない。ある事象が別の事象のあとに起こることが多いからといって、因果関係があるとは限らないのだ。

　ほかにも「Xが原因でYが起こるとは、Xが起こらなければYが起こらないということである」という説がある。これを因果反事実説というが、これにも欠陥がある。例えば、ある男が窓ガラスに向かってレンガを投げ、その一秒後にあなたも同じ窓ガラスにレンガを投げたとしよう。もし男のレンガが先に窓ガラスに当たれば、その男のレンガが原因となって窓ガラスは割れる。しかし、彼がレンガを投げなくても、どのみち窓ガラスはあなたの投げたレンガが原因で割れるのである。

　このように、因果関係とは何かを説明するのは、非常に難しい。このため哲学者の中には、そもそもこの世に原因というものは存在しないと主張する人もいる。

豆知識

1. 「予定調和」とは、神が世界を創造したとき、まるで因果律に従って相互作用し合っているかのように見える姿で、事物が自身の状態を変化させるように作ったという考え方だ。この予定調和説を主張した最も有名な哲学者が、ゴットフリート・ヴィルヘルム・ライプニッツ（1646〜1716）だ。
2. 「機会原因論者」は、ライプニッツに反論し、この世で神のみが唯一の原因であり、神によって創造された事物には、自身に影響を及ぼす能力すらないと主張した。彼らによれば、自然法則は、この世界を変えるのに神が自らの意志で選んだ法則にすぎない。機会原因論者の中で最も有名なのは、ニコラ・ド・マルブランシュ（1638〜1715）である。

第31週 第7日（日）

217 宗教 ｜ イスラム教の五行

五行は、すべてのイスラム教徒が実践しなくてはならない五つの義務のことで、五柱ともいう。

◆

第一はシャハーダ（信仰告白）で、イスラム教でアッラーと呼ばれる神を信じると宣誓することを指す。イスラム教の信仰告白文は、「アッラー以外に神はなし。ムハンマドはアッラーの使徒である」だ。これがイスラム教の基礎であり、この世で真の悪はただひとつ、この宣誓を認めないことだと信じられている。

第二はサラート（礼拝）だ。イスラム教徒は礼拝を一日に五回、夜明け・正午・午後・日没・夜半に行わなくてはならない。礼拝では、まず浄めの儀式として、両手・顔・両足・足首などを洗う。次に、メッカの方角を向いて礼拝する。礼拝はどこで行ってもよいが、男性はモスクに集まって礼拝することが多い。それに対して女性は、モスクに入ることを禁じられていたり、禁じられていなくても、モスク内の隔離された場所を使わなくてはならなかったりする。金曜日には、男性はモスクに集まり、イマーム（宗教指導者）の説教を聞く。礼拝の言葉は暗記し、アラビア語で唱えなくてはならない。

第三はザカート（喜捨）である。来世で報酬を得る目的で、イスラム教徒は、イスラム教をさらに発展させたり、貧しい者を助けたりするために、収入の一部を寄付しなくてはならない。その割合は、おおむね収入の2.5%だが、中には、神の恩寵をもっと得るため、それより多い額を自発的に寄付するイスラム教徒もいる。

第四は、サウム（またはスィヤーム）と呼ばれる断食だ。イスラム暦（太陰暦）で九月に当たるラマダーン月に、イスラム教徒は日の出から日没までのあいだ、飲食、喫煙、性交が禁じられる。ラマダーン月は、ムハンマドが最初に啓示を受けた月だ。この月のあいだ、イスラム教徒は普段よりも多く祈りを捧げ、クルアーンを読む。

最後となる第五の義務はハッジ（メッカ巡礼）である。イスラム教徒は、男女を問わず、生涯に一度はメッカへ行くことが求められている。巡礼へ行くときは、質素な巡礼服を着用する。それによって、階級や文化の差を示すものを排除するのである。この巡礼は、ムハンマドが対メッカ戦に勝利してメッカに戻り、カアバ神殿の偶像を破壊した故事を象徴している。今日、カアバ神殿は巡礼の儀式の中心となっている。

豆知識

1. 非イスラム文化圏に住んでいるイスラム教徒は、この五行を実践するのが難しいと感じることが多い。特に礼拝は、毎日五回（そのうち二回は勤務時間内）それまでしていたことをやめて実践しなくてはならないのだから、なおさらだ。
2. 五行には、習慣を通してイスラム教徒に自分の信仰を常に再確認させる効果がある。神への信仰を思い出すだけでなく、イスラム教徒としての自覚を養う助けにもなる。
3. 五行にはいくつか例外規定がある。例えば、適切な手段を持たない者は、喜捨やメッカ巡礼を行わなくてもよい。また、病人、子ども、高齢者、および妊婦は断食をしなくてもよい。

223

第32週 第1日(月)

218 歴史 | マシュー・ペリー提督と日本

　アメリカ海軍のマシュー・ペリー提督（1794～1858）率いる軍艦四隻の艦隊が、1853年に東京湾に投錨したとき、ペリーは、日本という謎に包まれた国をほとんど理解していなかった。アメリカ海軍のペリー遠征隊がやってきたとき、日本は諸外国に対して国をかたくなに閉ざしていた。ヨーロッパとアメリカは19世紀前半に産業化を急速に進めていたが、日本は依然として孤立した島国であり、西洋人にとっては世界で未踏の地域だった。将軍を頂点とする幕藩体制のもと、日本人は、ペリー来航まで、外国人とは限定的にしか交流していなかった。

◆

　アメリカ大統領ミラード・フィルモアは、アメリカの商圏を拡大することに熱心であり、江戸幕府を脅してアメリカとの貿易を開始させようと考え、ペリーを日本に派遣した。アメリカの軍艦に大砲を突きつけられては、幕府に選択の余地はほとんどなかった。条約が結ばれ、その後すぐ他の西洋諸国とも同様の条約が締結された。

　幕府にとっては不本意な開国だったが、やがて日本は熱心に近代化に取り組み始めた。前近代的な島国は、50年のうちに、主要な工業国家へと変容した。史上空前のスピードで、日本は軍事力と経済力で西洋列強に追いつき、やがて追い抜いていった。20世紀初頭には、ヨーロッパの大国ロシア帝国と戦争を行い、勝利するまでになった。

　ペリーは、1812年の米英戦争で戦った軍人で、海軍での長い軍歴の中で、海賊や奴隷商人と戦ったのち、日本遠征を成功させて歴史に名を残した。彼の業績については、今も賛否が分かれている。ペリーの遠征をきっかけに始まった一連の出来事で、日本は世界有数の強力な経済大国になったが、日本が西洋によって屈辱的な形で生活様式を変えさせられたことに憤っている日本人も多い。

┌─ 豆 知 識 ─┐

1. ペリーは、ロードアイランド州ニューポート出身である。同市では毎年ペリー遠征を記念して黒船祭が開かれている。「黒船」とは、アメリカ海軍の船に日本人がつけた呼び名だ。

2. ペリー遠征隊が掲げていたアメリカ国旗は保存され、1945年の第二次世界大戦終結時、日本がアメリカ海軍軍艦ミズーリで降伏文書に調印したときに、同艦に飾られた。

3. ペリーの兄オリヴァー・ハザード・ペリーも、1812年の米英戦争で軍艦を指揮してイギリス軍と戦った海軍の英雄だった。彼は、ある戦いの勝利のあとに「我々は敵と遭遇し、敵は我々のものになった」と叫んだことで知られている。

第32週 第2日（火）

219 文学 │ 『荒地』

　T・S・エリオット（1888〜1965）の『荒地』（1922年）は、20世紀の詩を代表する悪夢的な大作であり、この一作に、第一次世界大戦後の西洋で生まれた恐怖、人間疎外、幻滅のすべてが凝縮されている。仏教とヒンドゥー教の神話、オウィディウス、聖書、聖アウグスティヌス、アーサー王伝説、ダンテ、シェイクスピアなど、数多くの古典への言及にあふれ、古代の信仰と儀式が現代世界の実存の危機と魅惑的に交差する作品となっている。

◆

　モダニズム時代の作品の例に漏れず、『荒地』も主として第一次世界大戦への反応として書かれたものだ。数百万もの命が無意味に失われたことで、ヨーロッパは動揺し、この蛮行の多くは人間が作ったテクノロジーと機械文明によってもたらされたのだという自覚が生まれた。世界はいきなり非人間的で宗教的に不毛の地となり、文明は自己崩壊していくかに思われた。『荒地』でエリオットは、これほど荒廃した土地で救いと再生は見つかるのか問うた。この詩は、冒頭から日照りと不毛のイメージに満ち、それに対抗する自然と人類の双方による再生への試みが描かれる。

　　四月は一番残酷な月だ。
　　ライラックが不毛の地から芽生え、
　　記憶と欲望は混じり合い、
　　元気のない根は春の雨で目を覚ます。

　詩の語り口調は突然変わり、読む者はまるで見知らぬ者たちの集団に放り込まれたか、知らない場所に置き去りにされたかのような戸惑いを感じる。こうした不気味な口調は読者に直接向けられているが、語り手の正体はいつまでたっても不明のままだ。

　　違ったものを見せてやろう。
　　朝にきみのあとをついていく影でもなければ、
　　夕べに君の前に立ちはだかる影でもない。
　　一握りの塵に入った恐怖をきみに見せてやろう。

　『荒地』は、アーサー王伝説とその伝説に登場する漁夫王からの影響が強い。漁夫王とは、かつては強力な王だったが、負傷して体が不自由となりその王国も不毛の荒地となってしまった人物だ。円卓の騎士パーシヴァルが一連の任務を果たして、ようやく漁夫王の傷は癒え、王国は再生される。エリオットは『荒地』の大半を費やして、どうすれば現代世界は同様の再生を見出すことができるかを明らかにしようとする。最終的に、わずかな望みが一見何の脈絡もなく戻ってくるが、それは、かすかな望み、──詩の最後の語り手も全人類と同じく、現状を受け入れた上でないとすがりついていることのできない──破れやすい望みであった。

第32週 第3日（水）

220 視覚芸術 『考える人』

オーギュスト・ロダン（1840〜1917）による記念碑的傑作彫刻『考える人』（1880年）は、世界で最も知られた芸術作品のひとつだ。この作品は、天才的芸術家や考えにふける人の象徴となっている。

◆

この作品は、1880年にフランス政府からの依頼で制作を目指した、新設される装飾美術館の門扉『地獄の門』のために作られたものだ【訳注：このときの装飾美術館建設計画は、結果的に中止となった】。もともとは中世イタリアの詩人で、『地獄の門』全体のモチーフとなった『神曲』の作者ダンテを表現した像だった。

オリジナルの彫刻は、高さが70センチほどしかない。ロダンは、40歳くらいの筋肉質な男性をモデルに使った。この40歳というのは、ロダン自身が『地獄の門』の制作を開始した年齢でもあった。『考える人』は、開いた右手の甲にあごを載せている。両肩は、考えの重みで文字どおり沈み込んでいる。体は緊張しており、そのことは両足の指が台をしっかりとつかんでいることから明らかだ。この像は門扉の上列中央に配置される予定だったため、全体が前のめりになっており、頭と両手と膝が両足よりも前に飛び出している。

1902年、オリジナルよりはるかに大きな（高さ約2メートル）自立したバージョンが、ロダンの監督の下、アンリ・ルボッセによって鋳造され、アメリカのルイジアナ購入100周年を記念してミズーリ州セントルイスで開かれた万国博覧会で展示された。しかし、ロダンはこの鋳像の受け取りを拒否した。別の鋳像が1904年にパリのサロンに出品され、賛否両論を浴びた。『考える人』がようやく公共の場所に設置されたのは、1906年4月のことだ。数年後に政治的危機が起きたとき、この像は社会主義のシンボルとされた。そのため1922年、公的行事の妨げになるという口実でロダン美術館の庭に移された。現在、『考える人』の鋳像は何体もあって、世界各地で見ることができ、そのほぼすべてが、オリジナルと同じく屋外に設置されている。

豆知識

1. 『考える人』を作る際、ロダンはミケランジェロを明確に意識しており、特にサン・ピエトロ・イン・ヴィンコリ教会（ローマ）の『モーセ像』とサン・ロレンツォ聖堂（フィレンツェ）の『ロレンツォ・デ・メディチ像』を念頭に置いていた。
2. ムードンにあるロダンの墓には、『考える人』の鋳像が置かれている。

226

第32週 第4日（木）

221 科学 | 摩擦力

　摩擦力とは、動いている物体の表面が、他の物体の表面とこすれ合うとき、動いている物体の運動を妨げるように働く力のことである。例えば、ボールを芝生に転がすと、だんだんとスピードが落ちて止まるが、これは摩擦力によるものだ。

◆

　アイザック・ニュートンの運動の第一法則によると、運動している物体は、外部からの力を受けない限り、運動を続ける。もし真空空間でボールを投げると、真空中では摩擦が起きないので、ボールはいつまでも進み続ける。しかし、地球上には摩擦がゼロの表面などない。常に何かが邪魔をする。空中にボールを投げても、空気がボールと摩擦を起こし、熱を生み出してボールの速度を下げてしまう。

　摩擦力は、物体の表面で分子が非常に複雑に相互作用することで発生する。一般に、表面がざらざらしていると、例えばギザギザした板の切り口に紙やすりをかけるときなど、摩擦力は大きくなる。逆に表面が滑らかだと、アイスホッケーのパックがリンクを滑るときのように、摩擦は小さくなる。しかし、これには例外もある。表面が非常に平らで滑らかな金属板を二枚合わせると、表面が文字どおりくっついてしまう。この現象を冷間圧接という。この場合、運動に対する摩擦抵抗は非常に大きくなっている。

　摩擦力にはさまざまな種類があるが、日常生活でふだん経験するのは、静止摩擦力と動摩擦力だ。静止摩擦力とは、例えば床の上に置いてあるソファーのように、相対的に静止しているふたつの物体のあいだに働く摩擦力である。動摩擦力は、床の上でソファーを押すときのように、ふたつの物体が相対的に運動していて、互いに相手をこすり合っているときの摩擦力だ。一般に、静止摩擦力の方が動摩擦力よりも大きい。だから家具を動かすとき、最初のひと押しには力が要るが、いったん動き出したら、それほど力を入れなくても押し続けられるのだ。

─── 豆 知 識 ───

1. 手をこすり合わせると、摩擦力によって手が暖かくなる。
2. オイルなどの潤滑剤は、表面の摩擦力を減らす物質だ。潤滑剤と摩擦力を研究する分野をトライボロジー（摩擦学）という。
3. 車や自転車のブレーキは、摩擦力を大きくすることで機能する。
4. スニーカーの靴底は、歩道への摩擦力を増やすようにできており、そのため地面を足でしっかり押して前に進みやすくなっている。

227

第32週 第5日（金）

222 音楽 | フレデリック・ショパン

　フレデリック・ショパン（1810～1849）の作品集は、ピアニストなら誰もがマスターしなくてはならない曲ばかりだ。彼の曲は、同時代の作曲家のような卓越した壮麗さはないが、繊細さと美しさと味わい深さに満ちている。ショパンは、コンサートホールよりも上流階級の客間で好まれた唯一無二の作曲家だった。

◆

　1810年、ポーランドのワルシャワ郊外でフランス人の父とポーランド人の母のあいだに生まれたショパンは、父が経営する貴族向け寄宿学校の生徒たちに囲まれて育った。彼は、貴族の子弟たちの態度を多く身につけ、青年期には、紳士気取りで取り澄ましていて、風采を気にし、ずいぶん女性っぽいという評判を得た。ショパンは、10代のころからマズルカとポロネーズという、ポーランドの民族舞踊をもとにした短い曲を作り始め、それを貴族の居間で演奏してワルシャワの寵児となった。1830年、彼はワルシャワを離れてウィーンへ行き、その後パリへ移って名声を得た。

　パリでショパンは、大規模なコンサートに挑戦したが彼の作曲スタイル——音量と和声と不協和音を繊細かつ微妙に使い分ける——はコンサート向きではなかった。1835年以降、彼は洗練された上流階級の客間以外ではほとんど演奏しなくなった。上流階級の人々は、彼の演奏スタイルとダンディーで気取った性格に夢中になった。

　パリに来てからショパンは、最大のライバルであるフランツ・リストも含め、何人もの芸術家や知識人と親交を深めた。何より大きかったのは、小説家で男装の麗人ジョルジュ・サンドと激しい恋に落ちたことだ。1838年から1839年の冬に彼女はショパンとマヨルカ島で休暇を過ごした。マヨルカ滞在中、ショパンは持病の結核が悪化したが、24の前奏曲を作るだけの気力と体力はあった。ふたりはフランスに戻ってサンドの別荘に移ったものの、ショパンの病状は悪化した。ショパンのイライラと病気に嫌気が差してきたサンドは、1846年に彼と別れた。ショパンは、どの作曲家にも劣らぬほど多くの重要なピアノ曲を残して1849年に亡くなった。

豆 知 識

1. ショパンはワルシャワを離れるとき、ポーランドの土を詰めた銀の壺を持っていった。彼が故国に戻ることはなかったが、この壺は民族主義の揺るぎない証しとして、彼とともに埋葬された。
2. 民族主義は、ショパンの生涯を通じて大きなテーマであり、彼は基本的に自身の作曲する音楽を通して故国への愛を表現した。ショパンには、ポーランドの民族舞踊や宮廷舞踊を取り入れた曲が多く、例えば、そのひとつ『軍隊ポロネーズ』こと『ポロネーズ第三番イ長調』は、1831年にポーランド民衆がロシア支配を覆そうと蜂起して失敗した事件を記念した曲だ。こうした点にもポーランドへの深い愛が表れている。
3. ショパンは、チェロ協奏曲を一曲、他の楽器のための小品を数曲、書いているが、それ以外はすべてピアノ独奏用の曲だった。

第32週 第6日（土）

223 哲学｜悪の問題

次の四つの主張について考えてほしい。

神は全能である（神の力でできないことはない）。
神は全知である。
神は完全な善である。
この世に悪が存在する。

◆

　昔から有神論者——神の存在を信じる人——は、この四つの主張を受け入れてきたが、多くの哲学者は、この四つは矛盾していると主張している。もし神が全能なら、神は悪のない世界を作ることができたはずだ。また、悪のない世界の方が悪のある世界よりも善なのに、完全な善である神が悪の存在する世界を意図的に創造したのは、いったいどういうことなのだろうか？

　これに対する答えのひとつは、「この世に悪が存在するのは神の責任ではない」というものだ。この考えを支持する人は、神は世界を創造したが、悪は人間が作り出したと主張する。人間は自由意思を持っており、神が悪を防ぐには、人間に自由意思を与えるのをやめるほかない。しかし、人間が自由意思を持たない世界は、現実の世界よりもはるかに悪い。ゆえに神は最善の選択をして、自由意思を持った人間を創造し、その結果、悪が存在することになったというのである。

　もちろん、この説で自然の悪——ハリケーン、地震、津波など死と苦しみをもたらす天災——の問題が解決されるわけではない。神は自然世界を、何の落ち度もない人々の命を奪う災害が現実よりも少ないものとして創造することもできたはずだ。では、なぜそのような世界を創造しなかったのだろうか？

　この問題にゴットフリート・ヴィルヘルム・ライプニッツ（1646〜1716）は、有名な「この世界は存在しうるあらゆる世界の中で最善の世界だ」という主張で答えた。確かにこの世界には、悪い特徴がいくつもある。例えば、多数の犠牲者を出す大型ハリケーンがそうだ。しかし、大型ハリケーンのない世界は、この世界よりも悪いとライプニッツは主張する。そうした世界には、例えば、天気の変化を支配する見事な自然法則が存在しないからだ。

豆知識

1. 神が完全な善であることと、この世に悪が存在することを、どう両立させるかという問題を、神義論または弁神論という。
2. 一部の哲学者は、神が選ぶ候補の中に、存在しうる最善の世界は存在せず、最善でない数々の世界の中から神はひとつを選ぶと考えている。そうした人々は、もし神が最善の世界を選ばなくてはならないとしたら、それは神が選択の自由を持っていることと矛盾すると論じている。

229

第32週 第7日（日）

224 宗教 | シャリーア

シャリーアとはイスラム法のことで、イスラム教においては、信仰の実践と深く結びついた、根本的に重要なものである。

◆

　現代のイスラム哲学者サイイド・フセイン・ナスルは、次のような類推でシャリーアを説明している。まず、大きな円を想像してほしい。その円の円周すべてがシャリーアである。ひとりひとりのイスラム教徒は、この円周を出発点として、円の半径——これがタリーカ（道）に当たる——を通って、円の中心——これがハキーカ（真理）に当たる——へ進んでいかなくてはならない。イスラム教徒は、シャリーアを守っていなくてもイスラム教徒と見なされるかもしれないが、シャリーアから出発しなければハキーカに到達することができない。

　社会の領域で、シャリーアの枠外にあるものは何ひとつない。シャリーアは、神と人間の関係について規定したイバーダートと、人間どうしの関係について規定したムアーマラートのふたつに分けられる。ムアーマラートは、社会的・政治的・経済的関係のすべてを網羅している。シャリーアの規定には、次の五つの類型がある。

義務——例えば、日々の礼拝
推奨——例えば、喜捨
許容——例えば、野菜の摂取
忌避——例えば、離婚
禁止——例えば、殺人、豚肉やアルコールの摂取

　時代が下るに従い、さまざまな法学者が次々と登場し、スンナ派では、法学派が四つ生まれた。それでも、シャリーアの大半と、イスラム教の基本的な儀礼すべてについては、五つある法学派——スンナ派の四法学派とシーア派の一法学派——のすべてで見解は一致している。

　シーア派とスンナ派では、イジュティハード（シャリーアの解釈）の概念をめぐって考えが大きく異なっている。スンナ派は、10世紀以降「イジュティハードの門は閉鎖された」として、シャリーアの再解釈には消極的だ。それに対してシーア派は、定期的にイジュティハードの見直しを実施するのは自分たちの義務であり、必要ならイスラム法を時代に合わせて修正しなくてはならないと考えている。

[豆 知 識]

1. シャリーアは神（アッラー）の定めた変えることのできない法だと考えられており、法解釈を支持しているシーア派も新たなイスラム法を作らないよう注意している。
2. イスラム教徒は豚肉を食べてはならないし、それ以外の肉も、アッラーの名において殺されたものでなければ食べてはならない。ほかに猿、犬、および大半の肉食獣も食べるのを禁じられている。

230

第33週 第1日(月)

225 歴史 | ジョン・ブラウン

　ジョン・ブラウン（1800〜1859）は、奴隷制廃止を訴えた活動家で、1859年奴隷の反乱を起こそうとした罪でヴァージニア州当局により処刑された。軍事的な側面から言えばブラウンは失敗したが、社会運動という点から見ると、彼の蜂起は奴隷制を終わらせようという本気度を表していた。わずかな支持者らとブラウンは、ヴァージニア州ハーパーズ・フェリーにあった連邦政府の武器庫を占拠した。そうすればこの一帯の奴隷たちが自分たちに合流するだろうという甘い考えを抱いての決行だったが反乱は実現せず、数日後に捕らえられ絞首刑になった。

◆

　奴隷制廃止運動は19世紀初頭から広がりを見せ、ブラウンは暴力的な急進派に属していた。1859年時点で北部では大半の人が奴隷制に反対していたが、過激なブラウンに賛同する者はほとんどいなかった。エイブラハム・リンカーンを含む穏健な北部人の多くは、奴隷制の即時廃止まで求めていなかった。対してブラウンや、ボストン出身で奴隷制廃止運動指導者の文筆家ウィリアム・ロイド・ガリソンなど、急進的な人々は、奴隷制を道徳的悪と見なし、即刻廃止を要求していた。ガリソンは、穏健派を皮肉交じりに「自宅が火事の人に、穏健な口調で火事と知らせる」連中だと批判した。

　一方の南部人は、穏健派であれ急進派であれ、奴隷制廃止論者を北部の出しゃばり連中と見なしていた。南部人にとって、奴隷制は聖書で認められた制度であり、南部の農業経済に欠かせないものだった。サウスカロライナ州出身の著名な政治家で、アメリカの上院議員や副大統領を務めたジョン・C・カルフーンは、奴隷制は悪ではなく、むしろ「絶対的善」だと言った。だからブラウン蜂起の知らせが南部に伝わると、パニックが広がった。ブラウンの蜂起は軍事的には失敗だったが、政治的には成功だった。恐怖を抱いた多くの南部人は、北部から分離するのが奴隷制を維持する唯一の方法だとの結論に達した。1860年の大統領選挙でエイブラハム・リンカーンが北部の奴隷制廃止論者の支持を得て当選すると、南部諸州は連邦を離脱し、これを契機に南北戦争が始まって、やがて奴隷制は廃止された。

　ブラウンは間違いなくテロリストであり、ブラウンの奴隷制廃止運動は賛否が分かれている。ハーパーズ・フェリー襲撃の数年前、ブラウンはカンザス州で奴隷制を支持する一家をめった切りにして殺している。しかし一方、ブラウンのテロ行為が、今日の正義を実現するのに役立ったのも事実である。

豆知識

1. ブラウンはコネティカット州とオハイオ州で、厳格なキリスト教徒の父に育てられた。彼が奴隷制に反対したのは明らかに宗教的な信念に基づくものだった。ヴァージニア州の絞首台で彼はこう言った。「今、私ジョン・ブラウンは、この罪深き国の犯罪は、流血なくしては決して消え去らないだろうと強く確信している。今思うに、私は愚かにも、それほどの血を流さなくとも実現できるだろうと高をくくっていたのだ」
2. 南北戦争中、北軍の兵士は『ジョン・ブラウンの死体』というタイトルの行進曲を歌っていた。ボストンの奴隷制廃止論者ジュリア・ウォード・ハウがこれに新たな歌詞をつけた歌、『リパブリック賛歌』は、今もアメリカで人気のある愛国歌だ。

第33週 第2日（火）

226 文学 ｜ マルセル・プルースト

　フランスの小説家マルセル・プルースト（1871～1922）は、もっぱらたったひとつの作品によって記憶されている。しかし、そのわずか一作によって彼の評価は不動のものとなった。その巨編小説『失われた時を求めて』は、今も20世紀文学の最高傑作のひとつであり続けている。

◆

　プルーストは、パリの裕福な家庭で生まれ育ち、大学では文学と法律を徹底的に学んだ。若いころから華やかな社交界に出入りし、ベル・エポック（美しい時代）と呼ばれた19世紀末にパリのエリートたちが集う場所に足しげく通った。1896年に最初の短編集を刊行したあと、プルーストは自伝的小説『ジャン・サントゥイユ』を執筆し、これが後の傑作の基礎となった。

　健康状態が悪化し、両親の死の深い悲しみも癒えぬ中、プルーストは1909年に『失われた時を求めて』の執筆を開始した。この小説は、まさしく巨編で、長さは3000ページ以上あり、登場人物は2000人を超す。1913年から1927年にかけて七篇に分けて出版された本作は、それまで世に出た、どの小説とも違っていた。実際、いくつかの出版社は第一篇の原稿を持ち込まれたものの、どうしていいか分からず出版を断っている。

『失われた時を求めて』は、基本的には自伝的小説で、あらすじは、ひとりの青年が、どのようにして今の自分になったのかを探し求め、若いころの記憶を取り戻して追体験し、最終的に小説を書く準備をするというものだ。文学作品であると同時に、哲学的・心理学的な著作でもある。物語の途中で語り手は、愛、アイデンティティー、セクシュアリティーの曖昧さ、美学、芸術など、さまざまなテーマについて考える。大半の人は語り手をプルーストの分身だと思っているが、プルーストは、読者が著者と語り手を同一人物と見なすべきかどうかについて、答えを曖昧なままにしている。

　タイトルが示しているように、この小説は時間と記憶に深い関心を寄せている。プルーストは、時間とは特定の形を持たずに流れていく一個のまとまりであって、いくつもの瞬間が順序正しく並んで直線的に進んでいくものではないと考えていた。それまで失われていた記憶が、何かの感覚がきっかけとなって、語り手の脳裏にパッと戻ってくることも多い。特に有名なのは、語り手が、以前よく紅茶に浸して食べていたフランス菓子マドレーヌを味わった瞬間、子ども時代の経験を鮮明に思い出すという一節だ。こうした試みはプルーストの死後も長く受け継がれ、数えきれぬほどのモダニズム作家たちが、記憶と時間についてプルーストが考えたことを、自身の代表作でさらに深化させた。

豆 知 識

1. 当初プルーストは『失われた時を求めて』の第一篇を、両親から相続した遺産を使って自費で出版した。
2. 有名なドレフュス事件（1894～1899年）では、プルーストは、スパイの濡れ衣を着せられて投獄されていたユダヤ系フランス人の陸軍将校アルフレッド・ドレフュスのため、かなりの時間と金銭を使って再審請求を支援した。

227 視覚芸術 | クロード・モネ

第33週 第3日(水)

クロード・モネ（1840〜1926）は、印象派の中心人物のひとりだった。モネといえば、フランスのジヴェルニーにある自庭の睡蓮を描いた多くの絵画が有名だ。

◆

パリに生まれたモネは、五歳のときノルマンディー海岸にある町ル・アーヴルに移り住んだ。幼いころに自然や海に触れたことが、画家としての人生に大きな影響を及ぼした。やがてモネは、戯画を描くのがうまいと地元で評判になり、戸外で風景画を描く画家ウジェーヌ・ブーダンの目に留まって、その影響を受けた。モネは、アルジェリアで二年の兵役を務めたのち、1862年に両親の許可を得て画家の道を進むことになり、パリへ移った。パリでは、シャルル・グレールのアトリエで学び、ここでのちに印象派となるオーギュスト・ルノワールとアルフレッド・シスレーや、オランダ人風景画家ヨハン・ヨンキントと出会った。

1865年、1866年、および1868年に、モネは公的な展覧会サロンに作品が入選した。しかし1860年代後半には、のちの印象派につながる新たな技法を模索していた。例えば1869年、彼とルノワールは一緒に有名な舟遊び場ラ・グルヌイエールで絵を描いている。横に並んだ二名の画家は、どちらも水面に映る光と色の移ろう姿を捉えるために、小さな筆触を並べていくという手法を使った。

1870年、モネはカミーユ・ドンシューと結婚し、プロイセン・フランス戦争を避けてロンドンへ移った。九か月にわたるロンドン滞在中、モネはテムズ川の絵を何枚も描き、のちに彼の画商となるポール・デュラン＝リュエルと出会った。1872年、モネはパリ近郊のアルジャントゥイユに戻り、そこに六年間住んだ。1874年、自ら中心となって第一回印象派展を開き、印象派という名の由来となった作品『印象、日の出』（1872年）を出展した。

1883年、モネはパリの北西にあるジヴェルニーに移り、自宅に自分で庭を設計した。これが、晩年に数多く絵に描いて有名になった庭である。モネはジヴェルニーに移ってからも、ロンドン、ヴェネツィア、ルーアンと、各地を幅広く旅し続けた。1890年代には、積みわら、大聖堂、ポプラ並木など、同一のモチーフを一日の時間帯ごとに描いた連作を制作し始めた。こうした連作に取り掛かっているときは、一度に最大で八枚を描き、一枚当たりに費やす時間は一時間にも満たなかった。

モネが亡くなってからも、その影響力と人気はとどまるところを知らない。2004年、ロンドンの国会議事堂を描いた絵の一枚が、2000万ドル以上で売れた。ジヴェルニーにある彼の自宅と庭には今も毎年多くの観光客が訪れる。モネの作品はパリのオランジュリー美術館やマルモッタン・モネ美術館など、世界中の美術館に展示されている。

豆知識

1. かつてモネはできることなら目が見えないまま生まれてきて、突然目が見えるようになればよかったと語っている。そうすれば世界を先入観なく見ることができると考えたのだ。

第33週 第4日（木）

228 科学 | 太陽と核融合

　太陽は、薪がたき火で燃えているような感じで燃えているのではない。じつは太陽は、巨大な原子炉のようなものだ。太陽からのエネルギーは、核融合——ふたつの小さな原子核が合わさってひとつの大きな原子核になる反応——で生み出されている。基本的に太陽は、水素原子を融合させてヘリウム原子にすることでエネルギーを作り出す。また、ヘリウムが融合してベリリウムになる反応や、ベリリウムが融合してリチウムになる反応も起きている。

◆

　太陽は、質量と重力が途方もなく大きく、そのため太陽の中心部である核は高温・高圧になっている。この高温・高圧という環境が、核融合の起こる条件だ。通常の環境では、水素原子の核にある陽子は、すべて正の電荷を帯びているため、互いに反発し合う。しかし、太陽中心部の圧力は非常に高く、電磁力に打ち勝って水素原子をくっつける。ふたつの水素原子が融合してヘリウムになるとき、二個の水素原子の合計質量のごく一部が、大量のエネルギーに変換される。この変換は、アインシュタインの有名な方程式 $E＝mc^2$ に従って進む。つまり、放出されるエネルギーは、失われた質量に光速の二乗をかけた値に等しいのだ。このように核融合は、ごく少量の燃料から驚くほど膨大な量のエネルギーを生み出すので、科学者たちは何十年も前から、地球上で制御された核融合反応を起こそうと努力し続けている。しかし、常温核融合は今もSFの世界にとどまったままだ。

　過去45億年間で、太陽は当初持っていた水素の約半分を消費した。水素を使い果たしたとき、太陽の核は重力のため収縮し、温度が上がって外層を膨張させる。そのとき太陽は赤色巨星となり、地球を飲み込んで蒸発させてしまうだろう。

$\boxed{\text{豆 知 識}}$

1. 太陽は、一秒間に約六億トンの水素をヘリウムに変換している。
2. その過程で、太陽は質量のうちおよそ400万トンを失い、そのすべてがエネルギーに変換される。
3. 太陽からのエネルギーは、光子として地球に運ばれる。太陽の核で生まれた光子は、さまざまな気体分子と相互作用しながら太陽の表面まで出てくる。これに要する時間は、約10万年から20万年だ。
4. 光子が太陽の表面から地球に到達するのに要する時間は、約八分である。

234

229 音楽 | ニッコロ・パガニーニとフランツ・リスト

放蕩・退廃・天才崇拝といったロマン主義の意識を鮮やかに表しているのが、初期ロマン派の超絶技巧奏者、ニッコロ・パガニーニ（1782～1840）とフランツ・リスト（1811～1886）の生涯である。

◆

パガニーニは、イタリア出身のやせこけた名バイオリニストで、バイオリンの演奏があまりにうまかった——特に、長くて複雑な技巧的楽節を得意とした——ため、その演奏技術を手に入れるため悪魔と契約を結んだと噂されることもあった。パガニーニの名声は、1828年パリでのリサイタルに始まった。ここで彼は聴衆の女性たちを魅了し、批評家をうならせた。しかしパガニーニは、優れた作曲作品をあまり残さずニースで亡くなった。ほかの超絶技巧奏者と同じく、彼の作品も大半は自身の技量を誇示することを目的としていて、恐ろしい速さの独奏部と必要最低限の伴奏しかなかった。彼はバイオリン協奏曲を六曲作ったが、そのうちよく演奏されるのは二曲だけだ。

ハンガリー出身の才能あふれるピアニスト、フランツ・リストは、1824年にパリにやってくると、パガニーニの演奏に感銘を受け、「ピアノのパガニーニ」になると誓って、二年間、自宅に閉じこもって猛練習を積んだ。ついにリストが目標を達成して演奏を始めると、彼が生まれつき芝居気の多いことが明らかになった。演奏の最後にしばしばヒステリーの発作を装い、それによって自分は音楽にすっかりのめり込んで我を忘れているのだという印象を強めようとした。このリストの作戦は女性に効いた。リストは、自分に夢中になったパリの上流階級のあいだで何人も恋人を作り、マリー・ダグー伯爵夫人やロシア貴族のカロリーネ・ツー・ザイン=ヴィトゲンシュタイン侯爵夫人と恋愛関係になった。特にカロリーネは生涯の伴侶となり、彼女の影響でリストは穏やかなカトリック信仰を深めた。

このふたりの作曲家にしてソリストは、何よりも、ロマン派音楽の焦点を作曲から演奏へと移し、そうすることで音楽をそれまで以上に古典派の美学から引き離したのであった。

豆知識

1. パガニーニはいろいろと演出をしたが、一番有名なのは、猛烈な勢いで演奏している最中に、バイオリンの弦が三本、次々と切れて、残った一本だけで演奏を続けるという演出だ。
2. 真偽のほどは定かでないが、パガニーニは子どものころ指のリーチを伸ばすため指の股を裂いたという話もある。
3. リストは後年、ローマ教皇に会って女遊びの罪を懺悔したが、教皇はリストの告白を途中で遮ってこう言った。「リストよ、それで十分だ。懺悔の続きはピアノに向かって行いなさい」

第33週 第6日（土）

230 哲学 | 意思の自由

　ある行動に対して道徳的な責任を負うには、その行動を自由に行える状況でなくてはならない。例えば、目の前の湖におぼれている人がいるが、あなたは地面の杭に縛られていて身動きが取れないとしたら、おぼれている人を救助しなかったからといって、あなたが道徳的に非難されることはない。同様に、あなたが何らかの方法で洗脳されて、ある犯罪を実施せよと命じられた場合も、あなたの自由は奪われていたのだから、罪を犯したことに対して責任はないと言っていいだろう。

◆

　科学の世界では、この世界は決定論に支配されているという立場を取ることが多い。つまり、この世界のこれまでの姿と、それを支配する物理法則を踏まえれば、実現しうる未来の姿は一通りしかないと考えるのである。この考え方を、あなたの行動にも当てはめたらどうなるだろう。あなたが何らかの行動を取る直前の瞬間、この世界のこれまでの姿と、宇宙の物理法則を踏まえれば、可能な結果はひとつしかない。だとすれば、未来の一瞬一瞬にあなたが何をするかは、物理的には今この瞬間にすでに決定されていることになる。

　このような決定論は、道徳的責任を否定するものなのだろうか？　もしあなたが道徳的に悪い行動を取った場合、あなたは法廷の場で、物理法則と、これまでの宇宙の歴史のせいで選択の余地がなかったと主張することはできるだろうか？

　もしあなたが自由意思と決定論は両立しないと思っているなら、決定論と道徳的責任の、どちらか一方を否定しなくてはならない。もし決定論を否定したら、この世界には、私たちのような自由な行為者によってもたらされる、純粋な因果的非決定論が存在すると信じなくてはならない。世界が今後どのような未来を歩むかは、自然法則によって決定されてはおらず、私たちが自分の行動によって決めていくことになる。一方、もし道徳的責任を否定したら、世界は決定論に従っており、ゆえに私たちに自由意思はないと考えなくてはならない。

┌─ 豆 知 識 ─┐

1. 自由意思と決定論は両立すると考える哲学者を、両立論者という。それを否定する哲学者を非両立論者という。
2. ゴットフリート・ヴィルヘルム・ライプニッツ（1646〜1716）は、有名な両立論者で、私たちの行動はすべて因果関係によって決まっているが、それでも私たちは自由だと考えていた。

第33週 第7日（日）

231 宗教 | シーア派とスンナ派

　イスラム教で最大の分裂となったシーア派とスンナ派の対立は、ムハンマドの死後すぐに起こった。ムハンマドは、632年に亡くなったとき、後継者をはっきりと決めていなかった。誰が——具体的には、アリーとアブー・バクルのどちらが——ムハンマドの跡を継ぐかをめぐる論争は、分裂へと発展した。

◆

　シーア派は、ムハンマドはガディール・フンムという場所で説教を行い、その中で、自身のいとこで、娘婿でもあるアリーについてしきりに語り、彼を褒めたたえたと主張している。そして、ムハンマドが褒めたたえたことを、アリーに全イスラム教徒を指導するよう求めたのだと解釈している。よってシーア派は、アリーは初代の指導者（イマーム）だったと信じている。彼らは、自分たちだけがムハンマドの当初の教えを忠実に守ってきたのであり、スンナ派は道に迷っているのだと考えている。さらにシーア派は、将来のイマームは全員が、アリーと、その妻でムハンマドの娘ファーティマを通じてムハンマドの血統を受け継ぐ子孫でなくてはならないと主張している。

　これに対してスンナ派は、確かにムハンマドはガディール・フンムで説教をしてアリーを褒めたたえたが、それはアリーをイスラム教の次の指導者にするという意味ではなかったと主張する。その代わり彼らは、多少の内紛ののち、アブー・バクルが初代カリフ（「後継者」の意）になったと考える。アブー・バクルはムハンマドの親友で、ムハンマドの妻の父親でもあった。かつてムハンマドがメッカを逃れてメディナへ向かったとき、同行したのはアブー・バクルだけだった。しかも、ムハンマドが不在のときはアブー・バクルが礼拝を先導したこともあり、そのためスンナ派は、ムハンマドは彼を後継者に選んでいたと考えている。

　両派は数百年にわたって別の道を歩んできたため、両者の溝も広がっている。この対立は、もともとは同じ信仰体系を持つ、ふたつの集団の政治問題として始まったのだが、現在では、もはやそれだけにとどまらない。分裂状態があまりに長く続いたため、教義やイスラム法や儀礼も、さまざまな点で変化してきた。こうした違いを生んだ大きな原因は、ハディースにある。ハディースとは、ムハンマドと彼に付き従った者たち（「教友」という）の教えを記録して物語る口伝伝承のことだ。シーア派は、起源をムハンマドとアリーにさかのぼることのできるハディースのみを本物と認め、他の典拠から生まれたものは認めない。そのため、スンナ派が神聖と見なしていてもシーア派では尊重されないハディースは多い。

豆 知 識

1. スンナ派は、アリーを初代カリフとは認めないが、アブー・バクル、ウマル・イブン・アル＝ハッターブ、ウスマーン・イブン・アッファーンに次ぐ第四代の正統カリフだと見なしている。
2. 今日、スンナ派は最大の宗派で、イスラム教徒の約90％を占める。シーア派は二番目に大きな宗派で、約9％を占める。ただし、この統計は信頼性に欠ける。シーア派は多くの地域で抑圧されており、この数字が信者の総数を正しく反映しているとは考えられないからだ。
3. ハッジ（メッカ巡礼）は、普段は別々に暮らしているスンナ派とシーア派が同じ場所に集まる数少ない行事のひとつだ。なお、ハッジのときは、イスラム教徒は全員が質素な巡礼服を着用するので、民族や社会的地位の違いは分からなくなる。

237

第34週 第1日(月)

232 歴史 | エイブラハム・リンカーン

　アメリカ史上最も偉大な大統領とたたえられるエイブラハム・リンカーン（1809〜1865）は、南北戦争（1861〜1865年）で国を率いて連邦を守り、奴隷制度を終わらせた。ケンタッキー州に生まれたリンカーンは、イリノイ州に移り、1860年に大統領に選ばれた。しかし1865年、狂信的な南部支持者に劇場で暗殺されるという最期を遂げた。数日前に、ロバート・E・リー将軍率いる南軍がアポマトックス・コートハウスで降伏したばかりだった。リンカーンの指導の下、北軍は内戦に勝利したが、そのリンカーンは生きて平和を見届けることはできなかった。

◆

　リンカーンは、背が高くやせこけていて、魅力に乏しくいつもふさぎ込んでいた。現代の学者は彼が抑鬱症だったのではと考えている。大統領になるまで、リンカーンの政治経験といえば、州下院議員を数期務めたのち、1847年から1849年まで連邦下院議員を一期務め、1855年に連邦上院議員選に立候補して落選したことだけだった。

　幸先よいスタートではなかったが、リンカーンは、それまでに大統領に当選した中で、最も決意が固く、最も演説がうまい人物のひとりだった。リンカーンは何としてでも連邦を守らなくてはならないと考えていた。アメリカ合衆国がなくなれば、合衆国が体現している共和制の理想は「地上から消え去ってしまう」だろう。そう感じていたリンカーンは、戦争の辛苦に耐えるようアメリカ人を説得する感動的な演説をいくつも行った。1864年には、内戦終結を公約に掲げる対立候補を破って大統領に再選された。この勝利は、深刻な戦禍にもかかわらず、リンカーンが連邦の大義を拠り所としてアメリカ人を団結させ続けられたことを反映していた。

　リンカーンは、軍隊経験はほとんどなかったが、将軍たちの命令を覆すのに何の躊躇もしなかった。ただユリシーズ・S・グラント将軍だけを、北軍の指揮を任せるに足るリーダーだと思って信頼していた。グラントにはアルコール依存症だという噂があったが、これについてリンカーンは名言を残している。「グラントが飲んでいるウイスキーのブランドを教えてくれ。ほかの将軍たちにも一樽送ってやりたいから」

　リンカーンは生前、南部諸州の連邦復帰を寛大な条件で認めたいと考えており、反乱の指導者も処罰しない方針だった。彼が暗殺されたことで、副大統領アンドルー・ジョンソンが大統領に昇格した。グラントは、リンカーンが生きていれば「南部が持つことのできた最良の友になっていたことだろう」と述べ、さらにこう続けている。「彼は心が優しく、寛大で、柔軟な気質を持ち、すべての人を幸福にしたいと願い、何より合衆国の人々すべてが全員平等に完全な公民権を再び享受する姿を見たいと願っていたことを、私はよく知っていた」

豆知識

1. リンカーンの暗殺犯ジョン・ウィルクス・ブースは、有名なシェイクスピア俳優で、元イギリス首相トニー・ブレアとは遠い縁戚関係にある。ブースは、暗殺後メリーランド州に逃れたものの、北軍兵士に追いつめられ射殺された。

第34週 第2日(火)

233 文学 『見えない人間』

　文学の世界では、鋭い社会批判と画期的な文学技法を両立させた小説は、めったに存在しない。それを見事に成し遂げたのが、ラルフ・エリスンの『見えない人間』(1952年)である。本作は、20世紀に生きるアフリカ系アメリカ人の人生を、読者を動揺させるほど詳細に描くと同時に、英語という言語をジャズのリズムと融合させた斬新な手法を取り入れている。これによって、白人読者にも黒人読者にも衝撃を与えるという偉業をやってのけた。白人は、語り手の怒りにうろたえ、黒人は、エリスンが白人だけでなく黒人も容赦なく非難していることに驚愕した。当然ながら、『見えない人間』は議論を巻き起こしながらもベストセラーとなり、全米図書賞を受賞した。

◆

　オクラホマ州に生まれたエリスン(1914〜1994)は、ジャズ・ミュージシャンを目指し、アラバマ州のタスキーギ学院(現タスキーギ大学)に入って正規の教育を受けた。学院卒業後は、大恐慌時代に政府が進めた文学プロジェクト「連邦作家計画」で職を得た。1936年にニューヨーク市へ移り、詩人ラングストン・ヒューズや小説家リチャード・ライトら黒人作家と親交を深めた。

　『見えない人間』の主人公「僕」は、南部出身の優秀な黒人学生だ。「僕」は、大学の奨学金を得るため、地元の白人グループから人前で侮辱されるのに耐えたあとで、黒人である大学学長が、狡猾でずる賢い男で、あからさまに人種差別的な白人たちと変わりないことに気づく。「僕」はハーレムへ行き、そこで演説家としての能力を高く買われて、ある政治組織に加わる。しかしここでの体験も幻滅で終わる。組織内で彼の影響力を恐れ、自分たちの権力を脅かす存在と見なした黒人と白人双方から襲われたのである。『見えない人間』は、白人の人種差別を容赦なく描き出す一方で、アフリカ系アメリカ人のコミュニティーも批判している。「僕」は黒人社会の中で、互いに裏切り、足を引っ張りあい、公民権運動よりも自分の勢力拡大を気にする自己中心的な黒人たちに、数えきれないほど出会う。やがて「僕」は、自分は「見えない人間」なのだと悟る。彼が会う人々は、全員が人種差別か利己主義のどちらかに目をくらまされていて、彼を否定的な偏見で見るか、自分たちの目的を達成するための道具としてしか見ていない。ひとりの人間として見てもらえないことに失望した「僕」は、地下に潜り、そこで自分の人生についての物語を書く——自分の話を聞いてもらうには、そうするよりほかなかったのである。

| 豆 知 識 |

1.『見えない人間』は、エリスンが書いた唯一の小説だ。彼がほかに刊行したのは、『影と行為』(1964年)("Shadow and Act" 行方均・松本昇・松本一裕・山嵜文男訳、南雲堂フェニックス、2009年)と、『準州への旅立ち(仮)』(Going to the Territory／1986年)という二冊の評論集のみである。
2.『見えない人間』の登場人物のうち数名は、ブッカー・T・ワシントンやマーカス・ガーヴィーなど実在した黒人政治指導者をモデルにしている。

239

第34週 第3日(水)

234 | 視覚芸術 | オーギュスト・ルノワール

印象派で最も重要な画家のひとりオーギュスト・ルノワール（1841〜1919）は、余暇に興じる人々の姿や、女性や子どもの愛らしい肖像を描いたことで知られている。

◆

ルノワールは仕立屋の息子で、13歳のとき、扇を装飾したり陶器に花の絵を描いたりする仕事に就いた。ルーヴル美術館で模写をして技量を高めると、1861年、美術学校エコール・デ・ボザールに入学した。一年後にルノワールは、スイス生まれのアカデミック画家シャルル・グレールのアトリエに入り、そこでのちに印象派となるクロード・モネ、アルフレッド・シスレー、フレデリック・バジーユらと出会った。1860年代には公式の展覧会サロンに何度か作品を出品していたが、1874年、サロンに反発した印象派が開いた第一回印象派展に参加して、印象派の一員になった。それからの10年、印象派の考え方はルノワールのスタイルに大きな影響を与えた。『ムーラン・ド・ラ・ギャレット』（1876年）では、情景をそのまま切り取ってきたかのような画面構成にすることで、絵の中の世界が外界とつながっているかのように見せている。

ルノワールは、『ムーラン・ド・ラ・ギャレット』を1877年の第三回印象派展に出品した。1878年には、再びサロンに出品し、上流社会の人々から後援を受けるようになった。経済的な苦境から脱すると、ルノワールは各地を幅広く旅するようになり、1881年には北アフリカを訪れ、1882年からは長期にわたってイタリアを旅した。イタリアでルノワールはラファエロや古典古代の彫刻に見られる古典主義を研究し、これをきっかけに印象派の主観的な芸術観に疑問を抱くようになった。それまでルノワールは、移ろう色彩や光の変化、緩やかな筆のタッチに興味を持っていたが、1883年以降は、それに代わって立体感やフォルムや輪郭線への関心を高めていった。

1900年にルノワールは、公的立場の人々からも高く評価されるようになった証しとして、レジオン・ドヌール勲章を受章した。しかし、その直後から健康状態が悪化し始めた。1894年にリウマチ性関節炎を発症して以降、ルノワールは次第に手足が利かなくなり、1910年には絵筆を手に縛りつけないと絵すら描けない状態だった。さらに悪いことに、家族の不幸が彼を襲った。1915年、息子でのちに有名な映画監督となるジャンが、第一次世界大戦で重傷を負い、直後にルノワールの妻が亡くなった。こうした苦難の中でも、ルノワールは絵を描き続けた。70歳からは彫刻への挑戦を始め、助手のリシャール・ギノに自分のイメージする像を鋳造させている。

ルノワールの芸術家としての心構えは、次に示す彼の言葉に凝縮されている。
「神々の楽園としての地上世界。それを私は描きたいのだ」

豆 知 識

1. イタリアでルノワールは、15世紀フィレンツェの画家チェンニーノ・チェンニーニが書いた『絵画術の書』と出会い、大きな影響を受けた。
2. 有名な出版業者ジョルジュ・シャルパンティエは、ルノワールを著名人に紹介し、ルノワールは彼らから肖像画の依頼をたくさん受けた。

第34週 第4日（木）

235 科学 | 虹

虹は、太陽光が雨粒を通過して曲がったときにできるものだ。この曲がる現象を屈折といい、光が大気中の水滴を通過するときに起こる。

◆

　光は、水滴を通って屈折すると、分散して異なる波長を持った光の成分つまり色に分かれる。読者の中には、虹は七色——赤・橙・黄・緑・青・藍・紫——だと教わった人がいるかもしれないが、実際には空に浮かんで光を反射する水滴の数だけ色は存在する。虹には、色のスペクトルがすべてあり、ひとつひとつの色は見る角度を変えれば観測できる。

　虹は、地平線から40〜42度の高さに、観測者から見て太陽の反対側にできる。日没時には、太陽光の入射角が低いので、地上の観測者はしっかりとした半円形の虹を見ることができるが、正午は太陽が頭上に来るので虹を見ることはできない。飛行機からだと、観測者の上にも下にも雨粒があるので、全円の虹を見ることができる。

　雨粒内で光が二度反射すると、二重の虹ができる。内側のはっきり見える虹を主虹（しゅにじ・しゅこう。「一次の虹」とも）といい、外側の虹を副虹（ふくにじ・ふくこう。「二次の虹」とも）という。副虹は、主虹よりもぼんやりとしていて、二度反射しているため色の順序が主虹の逆になる。副虹は、主虹よりも約10度高い位置に現れる。

豆 知 識

1. 三次の虹や四次の虹が観測されたこともあり、理論上は十三次の虹まで存在する。
2. 月光も、明るいときは虹を作ることがある。ふつう月虹は、ぼんやりとした白い弓状となって現れる。
3. 虹をくぐることは物理的に不可能だ。虹は、そこに存在するように見えるだけで、実際にそこに立っているわけではないからだ。
4. ギリシア神話の虹の女神イリスは、天からのメッセージを地上に伝える神だ。

241

第34週 第5日（金）

236 音楽 | ヨハネス・ブラームス

　伝統的な形式の諸規則を守って交響曲を作曲した最後の巨匠のひとりヨハネス・ブラームス（1833～1897）は、古典派でもありロマン派でもある作曲家だ。19世紀の交響曲形式に精通していた一方で、旧時代の巨匠たちにも敬意を抱いていた。ブラームスの音楽は、彼の性格——感受性が強く、保守的だが、決して冷淡ではない——にマッチしており、ブラームスの死はロマン派の時代の死を示すものとなった。

◆

　ドイツのハンブルクの貧しい家庭に生まれたブラームスは、幼いときからピアノを習い、20歳のとき、ハンガリー出身の優れたバイオリニスト、エドゥアール・レメニーとともにヨーロッパの演奏旅行に出かけた。この旅行中、ブラームスはフランツ・リストやリヒャルト・ワーグナーと出会ったが、彼の最大の親友となり、その音楽を長く支持してくれたのはロベルト・シューマンだった。年長であるシューマンは、自分の雑誌『新音楽時報』でブラームスを天才だと絶賛し、ブラームスは崩壊同然だったシューマン一家の一員のようになった。シューマンは、亡くなるまでの二年間、精神に異常をきたして妻クララにつらく当たることが多く、そんなクララをブラームスは優しく慰め、やがて彼女を激しく愛するようになった。しかし、その恋が成就することはなかったと伝えられている。
　ブラームスは、遍歴する指揮者・ソリストで、ヨーロッパの主要都市を絶えず行き来していた。彼はシューマン夫妻のため『ピアノ協奏曲第一番　ニ短調』（1859年）を作曲し、その第二楽章をクララに捧げる一方、第一楽章はロベルトの最初の自殺未遂——ライン川への投身——を連想させるものとなっている。1876年には最初の交響曲を書いて大成功を収め、1888年までに、さらに三つの交響曲を完成させた。
　ブラームスは、その交響曲のほか、『ハンガリー舞曲集』や、その他の絶対音楽——標題音楽と違って、音楽的な要素だけで芸術表現を目指す音楽——の管弦楽曲で有名になった。彼は、バッハやパレストリーナ【訳注：P.46の「ルネサンス音楽」参照】の対位法や古典派の交響曲形式を熱心に研究したが、感性に訴えるロマン派形式の旋律を描く才能を失うことはなかった。

　　　　　　　　　豆 知 識

1. 若いころ、ブラームスはハンブルクの海辺にある売春宿でピアノを演奏しており、それがきっかけで売春婦たちに終生好意を持っていた。
2. クララ・シューマンは、かつてブラームスが「私はあなたを地上の何よりも愛しています」と書いた手紙を送った相手だが、ブラームスの最も信頼する批評家でもあった。実際彼女の忠告に従って、『ピアノ四重奏曲第三番』の調を嬰ハ短調からハ短調に変更している。
3. ブラームスは、フランツ・リストのコンサートで居眠りをしてしまい、そのためリストに嫌われた。

第34週 第6日(土)

237 哲学 | イマヌエル・カント

「何度も絶え間なく熟考すればするほど、新たに高まってくる感嘆と畏敬の念で心を満たしてくれるものがふたつある。私の頭上にある星々の輝く空と、私の内にある道徳法則だ」
——『実践理性批判』

◆

イマヌエル・カント（1724〜1804）は、当時プロイセン領だったケーニヒスベルク（現ロシア領カリーニングラート）に生まれた。終生その地で暮らし、生まれた町から遠くへ出かけたことは一度もなかった。馬具職人の息子だった彼は、ケーニヒスベルク大学の教授に出世し、のちにドイツ最大の哲学者と見なされるようになった。

中年期まで、カントは注目されるような業績は何も挙げていなかった。それが、比較的高齢の57歳のとき、最も有名な著作『純粋理性批判』（1781年）を刊行した。『第一批判』とも呼ばれる同書でカントは、形而上学は、世界がそれ自体どのような姿をしているのかを説明するのではなく、私たちが世界をどのように経験しているのかを説明する場合にのみ、科学的になれると主張した。世界がそれ自体でどのような姿をしているのかを、私たちは絶対に知ることができない。例えば時間と空間は、世界それ自体の客観的な特徴ではなく、私たちの経験の形式だとカントは論じている。

『第二批判』こと『実践理性批判』（1788年）でカントは、すべての人に適用される普遍的な道徳法則が存在し、その道徳法則が、私たちが何をしたいかに関係なく、私たちが何をすべきかを命じるのだと主張した。この道徳法則が、私たちに自由意思があることを示し、善なる神が存在することと、死後の世界が存在することを信じる理由を与えてくれる。もちろん、『第一批判』で示したとおり、私たちが自由であることも、神が存在することも、死後の世界が存在することも、私たちは決して知ることができない。そのためカントは、「信仰の場所を作るために、知を破棄しなければならなかった」と書いている。

カントの著作は、これ以外にも『判断力批判』（1790年）や、道徳哲学や政治哲学、宗教、美学、歴史、自然科学などについての短い著作や評論が数多くある。カントの言う「批判体系」は、自然科学と道徳と宗教を合理的に正当化すると同時に、人類が確実に知ることのできる範囲に制限を加えることを目的としている。

豆 知 識

1. カントは何よりも哲学者として知られているが、講義は――教育学、論理学、数学、自然科学、地理学など――ほぼあらゆるテーマについて行い、物理学と自然科学では重要な著作を数冊出している。
2. 言い伝えによると、カントは非常に規則正しい生活を送っていて、散歩の時間も決まっており、ケーニヒスベルクの人々はカントが散歩する姿を見て時計を合わせていたという。

第34週 第7日（日）

238 宗教 | スーフィズム

スーフィズムとは、従来のイスラム教がクルアーンの語句を非常に重視していたことへの反動として起こった運動だ。この運動の担い手たちは、のちにスーフィーと呼ばれるようになるのだが、彼らはクルアーンの字面ではなく、その精神を大事にすべきだと訴えた。

◆

スーフィーは、イスラム教にはふたつの側面があると考える。ひとつは外面的な側面で、例えば正しい行為をすることがこれに当たる。もうひとつは内面的な側面だ。スーフィーはイスラム教を、根本的には個人的な信仰だと思っている。単に正しいことをすればいいのではなく、正しい心構えを持つことを重視するのだ。

スーフィーが理想とするのが、敬虔で徳の高い生涯を送ったムハンマド（570頃〜632）である。どのスーフィーも、ムハンマドを精一杯模倣しようと努力するが、中には、もっと高い目標を掲げ、ムハンマドが神の啓示を受けることができたのと同じレベルの心の平安状態に到達しようとするスーフィーもいる。

最初にスーフィー教団が生まれたのはムハンマドの死後で、教団の指導者たちは、ムハンマドの生涯と、彼が家族や友人たちに普段どのように接していたかについての話を語り始めた。こうした話は、ほかの人々の信仰心を高め、語り手は人々の支持を集めた。

教団の多くは、クルアーンの一節を唱える儀式を行い、それは今も見ることができる。また、踊るデルヴィーシュと呼ばれるメヴレヴィー教団のように、旋回しながら修業する教団もある。各教団には、指導者としてシャイフと呼ばれる導師がいる。教団ごとに儀式が違っているのは、神に通じる道が複数あることを示しているが、どの教団も何かと引き換えにではなく純粋に神を愛するという、同じひとつの目標を目指している。

スーフィーがよく例に挙げるのが、ラービアという女性の話だ。彼女は8世紀に生きた女奴隷で、信仰心があまりに強かったためそれに感化された主人が彼女を解放したほどだった。言い伝えによると、ラービアは神に向かってもし私が地獄を恐れるがゆえに神を愛するなら、私は地獄で焼かれるべきだし、もし天国へ行きたいがゆえに神を愛するなら、天国へ行くのを拒否されるべきだと言ったという。スーフィーは、神との純粋な合一を目指すのである。

$$\boxed{\text{豆 知 識}}$$

1. 「スーフィー」という言葉は、「羊毛」を意味する「スーフ」という語を語源としている。これは多くのスーフィーが、質素な羊毛の服を着ることを選んでいたからだ。
2. スーフィーの中には、イエス・キリストは愛の福音を説いたのだから立派なスーフィーだと考える者もいた。
3. スーフィズムは、クルアーンの文言だけでなく、権力者の多くを軽視したため、宗教的権威と衝突することが多かった。スーフィーと非スーフィーの衝突をよく示しているのが、著名なスーフィーであるハサン・アル＝ハッラージュの逸話だ。彼は、「我は真理なり」と宣言した。ただし、これは「我は真理を見る」というのが解釈としては正しいようだ。ともかく、不幸だったのは「真理」を意味する言葉が神の名前のひとつでもあったことだ。ハサン・アル＝ハッラージュは「我は神なり」と言ったと信じられ、神を冒瀆したとして処刑された。
4. 最大のスーフィー教団のひとつを創設したアブドゥルカーディル・ジーラーニーは、子どものころ隊商で移動中、盗賊団に襲われたことがあった。盗賊たちはその場にいる全員に金を要求したが、幼いジーラーニーを無視した。しかし、ジーラーニーの母は息子のシャツにお金を縫いつけておいた。彼は盗賊を呼んで自分もお金を持っていると告げると、盗賊たちは少年の正直さに恐れ入り、全員がその場でイスラム教に改宗したという。

239 歴史 | アポマトックス・コートハウス
――ユリシーズ・S・グラントとロバート・E・リー

　1865年4月9日の午後、北軍の司令官ユリシーズ・S・グラントは愛馬シンシナティにまたがって、ヴァージニア州の町アポマトックス・コートハウスにある小さな農家へ向かった。中で待っていたのは、敵将である南軍司令官ロバート・E・リーだ。四年に及んだ戦闘の末、ついにリーは疲弊した南軍に余力は残っていないと判断した。四方を北軍に囲まれて、南軍は包囲を突破できずにいた。礼儀正しく握手を交わしたあと、リーは降伏文書に署名した。南北戦争が終結した瞬間だった。

◆

　1861年に始まった南北戦争は、アメリカ史上最も多くの死傷者を出した戦争である。55万人以上の兵士が戦死し、数十万人が負傷した。激突する両軍を率いたリー将軍とグラント将軍は、両陣営の勇猛果敢と悲劇を体現する人物となった。

　グラント（1822～1885）は、製革業者の息子としてオハイオ州に生まれ、ウェスト・ポイント陸軍士官学校を最下位に近い成績で卒業した。南北戦争でグラントが頭角を現すまでは、父親でさえ息子に失望していた。アメリカ・メキシコ戦争に従軍したのち陸軍を離れ、数々の事業を起こすものの、ことごとく失敗し、1850年代には父親の元に戻って皮革店で働いた。そこへ南北戦争が起こり、グラントは自分が唯一得意だったこと、つまり戦争に戻るチャンスを手にした。アルコール依存症だったグラントだが、いかなる犠牲を払っても勝利するのだという固い決意によって、エイブラハム・リンカーンの信頼を勝ち取り、1864年、リンカーンから北軍全体の指揮を任された。

　リー（1807～1870）は、グラントとは対照的に、ヴァージニア州の裕福で立派な一族の出身だった。ウェスト・ポイント陸軍士官学校を次席で卒業し、特に規律で一度も減点されなかったことで知られている。当時の南部には、自分の行動を名誉にかけて律すると宣言しておきながら実践しない者が多かったが、リーは名誉を重んじ、誓ったことを必ず守った。陸軍では抜群の功績を上げ、アメリカ・メキシコ戦争にはグラントとともに従軍した。南部諸州の離脱には反対だったが、故郷のヴァージニア州が連邦を離れると、新たな南部連合のために働くのは自分の名誉に関わる義務だと思った。

　グラントは、歴史的な瞬間となったアポマトックスでの午後について、回想録にこう記している。「かくも長きにわたって勇敢に戦い、ある目的のためにこれほど苦闘してきた敵が降伏するのを見て、私は喜ぶ気になれなかった。たとえその目的が、私が思うに、これまで人民が戦ってきた中で最悪の目的のひとつだったとしてもである」

　豆 知 識

1. 北部で圧倒的な人気を集めたグラントは、1868年にアメリカ合衆国大統領に選ばれたが、歴史学者からは、史上最低の大統領のひとりと評価されている。

第35週 第2日（火）

240 文学 │ 『吠える』

　アメリカ人は、1950年代をノスタルジックに振り返り、「男は仕事、女は家庭」という生活スタイルが当たり前だった理想的な時代として美化する傾向が強い。しかしこの時代においても、アメリカ社会の底流には反抗と不満が渦巻いていて、文学ではこうした反抗精神がビート世代となって現れた。代表するのがアレン・ギンズバーグ（1926～1997）である。ギンズバーグの詩『吠える』は、ビート世代の感受性が最も凝縮された作品のひとつである。

◆

　ギンズバーグはニュージャージー州北部で生まれ育ち、コロンビア大学に進むと、人生の大半をマンハッタンで過ごした。コロンビア大学在学中、ジャック・ケルアックとウィリアム・S・バローズという、のちに同じくビート世代の主要な作家となる人物と盟友になった。大学卒業後、ギンズバーグは各地を旅し、自身のユダヤ人としてのルーツに、仏教の禅の教えや、左派政治、ジャズ、危険な麻薬常用癖まで融合させた。『吠える』（1956年）は、ギンズバーグが発表した最初の主要な作品で、まるで取り乱したかのように、感情をむき出しにして激しい非難を浴びせ続ける詩であり、1950年代アメリカの、表面的には完璧に見える社会状況に衝撃を与えた。この詩は、次のように始まる。

　僕は見た。僕の世代の最良の精神が狂気によって破壊され、飢え、苛立ち、裸のまま、強烈な薬を求めて夜明けに黒人街をのろのろとさまよい歩く姿を。
　天使の頭をしたヒップスターたちは、古代以来の天とのつながりを求めて、夜という機械にある星々の発電機と接続しようと恋い焦がれる。
　金もなく、ボロボロの服を着たまま、うつろな目で、深夜になっても眠りもせず、お湯の出ないアパートの超自然的な暗闇の中でタバコをふかし、都会の上を漂いながら、ジャズに耳を傾ける者たち。
　高架鉄道の下で脳みそを天に向かってさらし、ムハンマドの天使たちが安アパートの屋上を酔っぱらって歩いていくのを見る者たち。

　この詩はおもにアメリカの物質主義的な生活にターゲットを絞っているが、麻薬中毒や、検閲、同性愛、スピリチュアルなものについての議論にも話が及んでいる。出版直後にわいせつだとして発禁処分になったが、法廷闘争ではアメリカ自由人権協会がギンズバーグの支援に回り、カリフォルニア州裁判所の判事は、『吠える』に「欠点を補うだけの社会的重要性」があるとし、出版を認めた。
　形式の上では、『吠える』は、旧世代のアメリカの詩人ウォルト・ホイットマン（1819～1892）とウィリアム・カーロス・ウィリアムズ（1883～1963）からの影響が見て取れる。一文が長く、自由な韻律と写実的で強力な言葉遣いを特徴とする『吠える』は、感情を衝動的に吐き出しているような印象を与える。実際、その怒りと絶望のトーンは、ヴェトナム戦争の時代にアメリカを揺るがすことになる、社会の激変を正確に予告するものであった。

第35週 第3日(水)

241 視覚芸術 | メアリー・カサット

メアリー・カサット（1844〜1926）は、フランスの印象派展に作品を出したアメリカ人画家で、女性と子どもを描いた作品と、アメリカの一般大衆に印象派を紹介したことで、特によく知られている。

◆

現在はピッツバーグ市の一部であるアレゲーニーで裕福な家庭に生まれたカサットは、子ども時代の数年をドイツで過ごした。16歳のとき、フィラデルフィアのペンシルヴェニア美術アカデミーで絵の勉強を始めた。1866年にはヨーロッパに渡り、以後、終生その地にとどまった。しばらくイタリアで過ごしたのち、カサットはパリに居を定めた。1878年まで、彼女はもっぱら女性を専門に描いた。その多くはパリの室内を背景にした絵で、そうした作品をアメリカで発表したほか、フランスでも、1870年と、1872年から1876年までのサロンに出品した。

カサットは、エドガー・ドガとギュスターヴ・クールベの斬新な作品に衝撃を受け、次第に作風を変えていった。1879年ドガに招かれて印象派に加わってからは、1886年の最後の印象派展まで、作品を出品し続けた。ドガは1878年に彼女の作品『青い肘掛け椅子の上の少女』に手を加えてさえいる。1877年、カサットの母と姉がパリに移り住んだ。以後、カサットはそれまでの自由気ままなボヘミアン的生活スタイルを捨て、家族中心の生活に切り替えた。しかし、それで画家としての抱負がしぼむことはなかった。1886年以降、カサットは次第にデッサンに重きを置くようになった。日本の浮世絵に触発されて、1890年代には18枚の多色刷り連作版画を制作した。有名な絵画『湯浴み』（1892年）には、東洋美術の抽象的な線描に西洋絵画のテーマを組み合わせる彼女の才能がよく表れている。画中の母と子は、調和の取れた色遣いと、中央に集まる力強い画面構成によって、一体感を出している。ドガは冗談交じりにこの作品を「幼子イエスと、イギリス人乳母」と呼んだ。

カサットは、その生涯を通じて女性の権利向上に貢献した。1892年、彼女は依頼を受けて、翌年に開かれるシカゴ万国博覧会の女性館のため、近代の女性を描いた壁画を制作した。1915年には、女性参政権に対する人々の関心を高めるためニューヨークの画廊ノードラーで開催された展覧会に、18作品を出展した。

またカサットは、印象派がアメリカに受け入れられるのにも一役買った。裕福な後援者に、画家仲間の作品を買ってくれるよう説得し、購入作品を選ぶ際は助言した。さらに、美術収集家ヘンリーとルイジーンのハヴマイヤー夫妻の個人コンサルタントとして働き、夫妻が集めた印象派の巨匠たちの作品は、現在ニューヨーク市のメトロポリタン美術館に展示されている。

独力で芸術家として成功したカサットは、パリ郊外に邸宅シャトー・ド・ボーフレーヌを購入した。後年は、母子というテーマにますます集中していった。1900年には白内障を患うが、その後も15年間、絵を描き続けた。

--- 豆 知 識 ---

1. 1878年、カサットはスペインに行って、ディエゴ・ベラスケスとバルトロメ・ムリーリョの作品を研究し、スペイン的なテーマの作品を何点か描いた。

247

第35週 第4日（木）

242 科学 音波

　音は、物質中を縦波の圧力波となって伝わる振動のことである。音は、波の典型的な特徴——周波数、波長、速度、振幅——をすべて備えている。ただし、電波やマイクロ波、可視光線などの電磁波とは異なり、真空中を移動することはできない。伝わるためには仲介となる媒質が——気体でも液体でも固体でもよいので——必要となる。

◆

　音は、ある物体が振動することから始まる。振動によって、物体の周りの粒子が動き、それがまた周囲の粒子を動かす。こうして、一回の振動で圧縮と減圧を繰り返す連鎖反応が始まる。圧力の波は、最初の振動の向きと同じ方向に直線的に伝わっていく。ばねのおもちゃ、スリンキーが伸びたり縮んだりしながら進んでいくようなものだと思ってもらえばいい。これを縦運動という。一秒当たりの圧力の変動数を周波数といい、圧力が最大になる点と点の長さを波長という。私たちは、高い周波数は高い音として知覚し、低い周波数は低い音として知覚する。

　音波の速度（音速）とは、一定の方向に音波が進むときの、単位時間当たりの移動距離をいう。音速は、音波が伝わる媒質によって大きく変わる。一般に、固体は気体や液体よりも粒子の相互作用が強いので、固体を通る方が音は速く伝わる。列車が近づいてくるかどうかを知りたいときに、線路のレールに耳を当てて音を聞くのは、このためだ。列車の振動は、空気よりも金属製のレールの方を速く伝わるのである。

　音の振幅とは、音波が作る圧力の大きさのことだ。最初の振動に使われたエネルギーが大きければ大きいほど、振幅も大きくなる。私たちは、振幅を音の大きさとして知覚する。音波の移動距離が長くなるにしたがって振幅は減っていく。振幅はだんだんと小さくなって、やがて何も聞こえなくなる。

〔 豆 知 識 〕

1. 周波数を表す代表的な単位が、ヘルツ（Hz）だ。一秒に一回の振動を1ヘルツとする。ヒトの耳は、およそ20ヘルツから2万ヘルツまでの周波数を聞き取ることができる。
2. イヌとイルカは、高周波数から生まれる高音を聞き取る能力に特に優れている。イヌは最大4万5000ヘルツまで聞き取ることができるし、イルカは20万ヘルツまで聞こえる。
3. ゾウは、低い周波数を聞き取れる。最低で5ヘルツの音も聞こえる。
4. ヒトが振幅を知覚する能力は、年齢とともに衰える。高齢になるとしばしば補聴器が必要になるのは、そのためだ。

第35週 第5日(金)

243 音楽 | ジュゼッペ・ヴェルディ

　ジュゼッペ・ヴェルディ（1813〜1901）は、イタリア・オペラを代表する作曲家だ。オペラは大きく分けてドイツ・オペラとイタリア・オペラがあるが、イタリア人であるヴェルディは、ドイツ・オペラの作曲家とは違い、様式と全体的な情感——魂のこもった旋律と、人間中心のストーリーと、愛国心に訴える内容——を体得して、イタリア・オペラの伝統を完璧に体現する存在となっている。

◆

　イタリアのパルマ県で学問のない宿屋の息子として生まれたヴェルディは、若くして成功を収めた。26歳のとき最初のオペラ『オベルト』が、ミラノのスカラ座で初演されたのである。スカラ座といえば、ミラノで最も有名な劇場であり、イタリアの歌手や作曲家なら誰もが目指す夢の舞台だ。その後は二作ほど失敗が続くが、バビロニア王ネブカデネザル（ナブッコ）のエルサレム攻略にまつわる史劇『ナブッコ』（1842年）で再びミラノ市民の心をつかんだ。その後八年間にわたってヴェルディは13作のオペラを書いて一財産を築いた。続く10年間は、ペースこそ落としたものの、彼の代表作とも言える『リゴレット』（1851年）、『トロヴァトーレ』（1853年）、『トラヴィアータ（椿姫）』（1853年）を作曲した。

　ヴェルディが登場するまで、最も称賛されていたイタリア・オペラの作曲家はジョアキーノ・ロッシーニだった。ロッシーニの作品は、大半が陽気なカプリッチョ（奇想曲）で、ソロ歌手を目立たせる楽節が多かった。イタリア・オペラは、ヴェルディのほか、ヴィンチェンツォ・ベッリーニやガエターノ・ドニゼッティなど、1830年代に隆盛を極めたベル・カント（「美しい歌」）形式の作曲家たちによって完成した。

　ヴェルディが書いたオペラは、魂のこもった旋律と、登場人物中心のストーリーに満ちている。ストーリーは、愛と失恋と悲劇を扱うが、ドイツ・オペラよりも軽快だ。ドイツ・オペラではリヒャルト・ワーグナーとその追随者たちが非現実的な幻想の世界を扱い、大規模で奇抜な作品を多く作ったのに対し、ヴェルディはもっと直接的で現実的な感情表現を重視し、等身大の登場人物に心の内を歌で表現させるのを好んだ。

豆知識

1. 当初ヴェルディは、「音楽の才能がない」としてミラノ音楽院への入学を認められなかった。そのため個人教授を受けなくてはならなかった。
2. イタリアがオーストリアからの独立を模索していた時期、公共の場所に「ヴェルディ万歳！」という落書きがあちこちに見られた。ヴェルディ（Verdi）のつづりが、「ヴィットーリオ・エマヌエーレ、イタリア国王」（Vittorio Emanuele, Rey d'Italia）の頭文字と一致していたので、ヴェルディにかこつけて、のちに統一イタリア王国の初代国王になる人物をたたえていたのである。
3. イタリア・オペラの巨匠ヴェルディが残した最大の貢献のひとつに、ヴェルディ・バリトンがある。これは、一番の聞かせどころとなるアリアを、伝統的にはテノールに任せていたのを、朗々と響くバリトンに歌わせるよう作曲する様式のことだ。

第35週 第6日（土）

244 哲学 | 定言命法

　次のふたつの命令を比べてみてほしい。ひとつ目は「もし暖かくしていたいのならコートを着なさい」。二つ目は「人を殺すな」だ。ひとつめの命令には、それに従うべき理由が示されていて、もし暖かくしていたいのなら、そうすべきだと命じている。もし暖かくしていたくないのなら、この命令に従う理由はない。それとは違って、「人を殺すな」という命令は、誰かを殺したいと思っているかどうかに関係なく、全員に適用されると、ほとんどの人は信じている。

◆

　ドイツの哲学者イマヌエル・カント（1724〜1804）は、人間と、「人を殺すな」という命令などの道徳法則との関係を説明するのに、「定言命法」という言葉を使った。カントは、無条件の道徳法則——何をすることが許されるのかを示す法則で、私たちの欲求に関係なく私たち全員に適用される——が存在すると考えていた。したがって、道徳法則は命令形——「○○をせよ（または、するな）」と、やはり私たちの欲求に関係なく命じる形式——で表現される。

　カントは、道徳法則を特定するための方法をいくつか説明しているが、最も有名なのは普遍的立法の原理と呼ばれるものだ。カントは、「あなたの意志の格率が、常に同時に、普遍的立法の原理として妥当するように行為せよ」と説く。あなたの意志の格率とは、あなたの行為の理由または基本原則のことだ。例えば、あなたが友人からお金を借りて、返す気がないのに返すと約束した場合、あなたの格率は「金を手にするためには偽りの約束をせよ」となるだろう。

　普遍的立法の原理とは、「あなたがすべての人に、この格率に従って行為してほしいと望むことができないのなら、その行為は道徳法則に反していることになる」という原理だ。もし誰もが金を手にするために偽りの約束をすれば、約束を信じて金を貸す者はいなくなるだろう。つまり、あなたが偽りの約束をする場合、あなたは、同様の約束をする人の全員がうそをついているわけではないと望んでいるはずだ。そうでなければ、うそをついたところで何の得にもならないからだ。ゆえに、偽りの約束は道徳法則に違反しているのである。

豆 知 識

1. カントのいう定言命法を特定するもうひとつの方法が、人間性の原理で、それは次のようなものである。「あなたの人格や、他のあらゆる人の人格の内にある人間性を、常に同時に、目的として扱い、決して手段としてのみ扱わないように行為せよ」
2. カントが定言命法の理論をはじめて明らかにしたのは、1785年の著書『道徳形而上学の基礎づけ』である。
3. カントは、自殺は定言命法に反していると考えていた。ちなみに、マスターベーションも定言命法違反だ！

250

第35週 第7日(日)

245 宗教 | 正統カリフ

　　スンナ派の伝承によると、ムハンマドの死後イスラム教徒を指導した最初の四人を、正統カリフといい、ムハンマドの教えを忠実に守る指導者だったと見なされている。

◆

　初代カリフは、アブー・バクルだ。アリーを支持するシーア派からの反対はあったものの、アブー・バクルはムハンマドが死んですぐカリフに即位した。彼はムハンマドの親友にして妻の父親であり、ムハンマドが不在のときは礼拝の先導役を務めることも多かった。アブー・バクルは、632年から634年までカリフを務めた。その在位は短かったが、アリーとその支持者たちと衝突したという点で、その後の歴史に重大な影響を及ぼした。

　アブー・バクルは死ぬ直前——一説には毒殺されたと言われている——、後継者にウマル・イブン・アル＝ハッターブを指名した。ウマルは634年に第二代カリフとなり、644年まで在位した。彼が選ばれると再びシーア派は、真のカリフはアリーだと主張したが、その声は届かなかった。そのため今もシーア派は、ウマルも簒奪者だと見なしている。しかしスンナ派は、ウマルを偉大な指導者として尊敬している。彼が称賛されているのは、世襲の王朝を建てることを拒み、息子を後継者にするのを認めなかったからだ。その代わりウマルは、アリーを含む六人を指名し、この六人に自分たちの中から互選でカリフを決めよと言った。

　ウマルが、彼に対して個人的な恨みを抱く者に暗殺されると、後継候補者たちはウスマーン・イブン・アッファーンをカリフに選び、その治世は644年から656年まで続いた。ウスマーンの業績として一番知られているのは、クルアーンを統一したことだろう。また、彼はイスラム帝国の領域をかなり拡大させ、その広い領土を支配するため一族の者を登用し始めた。この一族登用策は、北アフリカを中心にイスラム帝国全土で不満を招いた。やがて兵士たちが、イスラム教徒の怒れる群衆を率いてカリフの自宅を襲い、ウスマーンを殺害した。

　ウスマーンの死後、ようやくアリー（アリー・イブン・アビー・ターリブとも呼ばれる）がイスラム世界のカリフになった。しかし、そのころイスラム世界は混乱状態に陥っていた。アリーは、その在位に反対する多くのスンナ派を避けるため、首都を現在のイラクに移した。アリーは661年まで在位したが、やはり彼も反対派によって暗殺された。アリーの死で、正統カリフ時代は終わりを告げた。その跡を継いだムアーウィヤ一世は、世襲王朝を開いた。

[豆 知 識]

1. 暗殺されたウマル、ウスマーン、アリーの三カリフは、神聖な儀式を行っている最中に殺されたと言われている。殺されたとき、ウマルはモスクで礼拝を先導しており、ウスマーンはクルアーンを読んでいる最中であり、アリーは朝の礼拝中だった。
2. カリフ制は20世紀の第一次世界大戦（1914〜1918年）まで続いた。最後のカリフ、アブデュルメジド二世は、1944年にパリで没した。

第36週 第1日（月）

246 歴史 | 大陸横断鉄道

　1869年まで、ニューヨーク市からサンフランシスコへ行くのは長くて危険な旅だった。アメリカの東海岸と西海岸のあいだには大草原が広がっていたからだ。これは四か月から六か月かかる困難な旅で、そのため多くの旅行者は陸路ではなく、南アメリカの南端を回る海路を取っていた。

◆

　1869年春に開通した大陸横断鉄道は、アメリカの東半分と西半分をつなぎ、西部の荒野を越えて物資や人々を簡単に運べるようにしたことで、アメリカ経済に大変革をもたらした。鉄道は、発明されてまだ40年ほどしかたっていなかったが、アメリカをひとつにまとめ、商業規模を拡大させた。さらに、西部に新たな白人入植者の波をもたらし、その結果、西部に住むアメリカ先住民部族は、ますます隅に追いやられた。

　建設はユニオン・パシフィック鉄道とセントラル・パシフィック鉄道という民間企業二社によって進められたが、大陸横断鉄道はもともと政府のプロジェクトだった。南北戦争中、エイブラハム・リンカーン大統領はカリフォルニア州との接続を改善する必要があると決断した。同州では、州昇格前の1849年に金が発見されると、これをきっかけに探鉱者たちが西へ押し寄せてゴールドラッシュが起こり、翌1850年に州になっていたのである。政府は両鉄道会社に巨額の資金を供与して、建設を急ピッチで進めさせた。

　鋼鉄製の二本のレールをアメリカ大陸の端から端まで敷設するのは難事業だった。鉄道のルートは、荒涼とした平原を抜け、大きな川を何本もまたぎ、雪をかぶったロッキー山脈を越えていく。中国とアイルランドからの移民たちが、一日に何と15キロ以上のペースで線路を敷いていった。大陸横断鉄道は、7年に及んだ建設作業の末に完成し、昔はたいへんだった東西横断の旅は、わずか6日で済むようになった。

┌─ 豆 知 識 ─┐

1. セントラル・パシフィック鉄道の経営陣のひとりに、リーランド・スタンフォードがいた。彼は後年、鉄道事業で築いた財産でカリフォルニア州にスタンフォード大学を設立した。
2. 両社が東西から建設を進めた鉄道は、1869年5月10日に現ユタ州プロモントリー・サミットで連結され、記念として最後のレールは黄金の犬釘で固定された。しかし、現在のユニオン・パシフィック鉄道はプロモントリーを通っておらず、歴史的に貴重なレールも、第二次世界大戦中の1942年に撤去され、戦争のため溶かして再利用された。
3. セントラル・パシフィック社が中国人労働者に払った給料は、当初は月27ドルだったが、やがて月30ドルに増額された。アイルランド人労働者は、月35ドルを稼いでおり、しかも無料の食事と宿舎まで付いていた。
4. 西部の厳しい地形のため、障害物を迂回するのではなく、またいで通る形でレールを敷設しなくてはならないことも多かった。例えばユタ州では、線路は曲がりくねったウィーバー川を31回もまたいでいる！

252

第36週 第2日(火)

247 文学 | テネシー・ウィリアムズ

アメリカの演劇界で、ユージン・オニールを最も偉大な悲劇作家と呼び、アーサー・ミラーを優れた社会的良心とするならば、テネシー・ウィリアムズ（1911〜1983）は、抒情詩と主題における偉大な革新者と言えるだろう。彼は、言語表現とその内容の限界を極限まで押し広げた劇作家だった。その作品は、ウィリアム・フォークナーの小説と並んで、アメリカの南部文学を代表する最高傑作と考えられている。

◆

崩壊寸前のウィングフィールド一家を描いた、きわめて自伝的な作品『ガラスの動物園』（1944年）で、ウィリアムズははじめて大きな成功を収めた。この戯曲では、理想の高い母親の高圧的な態度に、毎日の仕事に疲れ果てている息子も、身体に障害を持つ娘も、嫌気が差している。とりわけ娘は現実から目を背け、ガラス細工の動物コレクションを相手にして幻想世界に引きこもっている。この作品がシカゴで初演されたとき、すっかり夢中になった演劇批評家たちは、ぜひ見に行くようにと人々に訴え、当初はガラガラだった劇場はすぐ満員になった。

ウィリアムズの次の主要な作品『欲望という名の電車』（1947年）が映画化されると、彼の戯曲は舞台だけでなく映画でも成功することが証明された。戯曲の主人公ブランチ・デュボワは、南部出身の気位が高い美女だが、過去の秘密を暴露され、さらに粗野な義弟スタンリー・コワルスキーに体を犯されて、精神が崩壊する。この作品によってウィリアムズは1948年にピューリッツァー賞を受賞し、名声は不動のものとなった。『電車』のあとに発表した『熱いトタン屋根の猫』（1955年）は、表向きは何不自由なく見える南部人一家の性的関係や家族関係の裏に隠された虚偽が無残にも明かされる物語だ。この作品でウィリアムズは再びピューリッツァー賞を手にした。

ウィリアムズが作品で取り上げたテーマ——暴力、性的欲求不満、精神疾患、近親相姦、アルコール依存症、同性愛——は、当時としてはスキャンダラスなものばかりで、観客は衝撃を受けた。その一方で、ウィリアムズの言語表現は、アメリカ演劇を飾る最も斬新なもののひとつだった。彼の登場人物たちは、多くの観客には耳なじみのない流暢な南部方言を話し、それが彼らの苦しみに神話的な重みを加えている。そうした言葉は、ウィリアムズの同時代人の多くが使っていた非常に写実的な対話とは、まったく違うものだった。

〔 豆 知 識 〕

1. ウィリアムズは、本名をトマス・ラニーア・ウィリアムズという。「テネシー」というニックネームは、彼の父方の家族が古くからテネシー州に住む一族だったことから、大学時代の友人がつけたものだ。

2. ウィリアムズは、1958年に映画化された『熱いトタン屋根の猫』（主演はポール・ニューマンとエリザベス・テイラー）に強い不満を抱いていた。原作戯曲では男性主人公の同性愛が中心テーマだったにもかかわらず、撮影会社の検閲担当により、それに言及した部分がことごとく削除されたからだ。

3. ウィリアムズは、父親の命令で靴工場で働いていたとき、スタンリー・コワルスキーという名の男と同僚になった。この男がインスピレーションとなって、『欲望という名の電車』を象徴する登場人物が生まれた。

253

第36週 第3日（水）

248 視覚芸術 | 後期印象派

「後期印象派」という言葉は、美術批評家ロジャー・フライが1910年に開催したロンドンでの展覧会（「マネと後期印象派」）のために作ったものだ。この言葉をフライは、印象派以降の現代美術家をまとめて指す名称と考えていた。だから彼の展覧会には、アンリ・マティスやパブロ・ピカソ、ジョルジュ・ブラックらの作品もあった。

◆

　現在では、「後期印象派」はもっと狭い意味で使われている。この用語は、おおむね1886年から1905年のあいだにポール・ゴーギャンやポール・セザンヌなどの画家によって生み出された芸術を指す。この芸術家たちは、印象派が外面的な見た目に集中するあまり、その意味内容を疎かにしていると感じていた。

　さらに、印象派は光と色のみにこだわっているとも考えていた。後期印象派は、自然主義と具象芸術を意図的に退けた。代わって、輪郭線と構成と構図の価値を復活させたいと願った。また、芸術の情緒的価値に、より強い関心を寄せていた。後期印象派の画家たちは、芸術を自己表現の手段と考えていたのである。

　後期印象派は、その後20世紀に登場する多様な美術様式への橋渡し役となった。セザンヌは、サント・ヴィクトワール山を描いた絵や、後期の静物画の多くに見られるように、対象を幾何学的なフォルムに還元したが、その取り組みは、キュビスムの発展に不可欠だった。ゴーギャンは、強烈な色彩を創造的に使い、原始的な文化に関心を抱いていたが、そうした態度はフォーヴィスムに影響を与えた。フィンセント・ファン・ゴッホの精神性と、主題に対する主観的なアプローチは、象徴主義の人々から支持された。この三人の芸術家は、様式に統一的な特徴はほとんどないが、感情を視覚形式で表現したいという思いで、全員がつながっていた。

|豆知識|

1. 印象派の画家たちが集団で行動しがちだったのに対し、後期印象派の画家たちは他人に頼らず、孤独になりたがる傾向があり、ゴーギャンやゴッホのように、深刻な抑鬱症に苦しむ者も多かった。
2. 後期印象派は、現実世界の移ろいやすい印象よりも、構成や構図に関心があったため、作品にじっくりと取り組む傾向が強く、事前に完成品の構想を練るため素描を何枚も描くことが多かった。

第36週 第4日（木）

249 科学 | X線

　1895年、ドイツの物理学者ヴィルヘルム・レントゲンは、真空管の中を流れる電子ビーム（陰極線）の実験をしていた。真空管は、黒の厚いボール紙で覆われており、電子ビームの光を完全に遮断しているはずだった。ところが奇妙なことに、レントゲンが電子ビームを放出するたび、部屋の反対側にある蛍光紙が発光し始めた。彼はまったくの偶然から、未知の放射線を発見したのである。この放射線は、ある種の物質はやすやすと透過するが、別の物質には遮断される。レントゲンが真空管の前に自分の手を掲げてみると、放射線は手の皮膚を透過したが骨に吸収され、蛍光紙には、手の骨の形がくっきりと残った。彼はこの放射線を、未知の光線であることからX線と呼んだ。それがそのまま名前となった。

◆

　X線は、可視光線と同じで電磁波の一種だ。X線も可視光線も、光子と呼ばれる小さなエネルギーの塊で運ばれる。光子は、負の電荷を帯びた原子構成粒子である電子の運動によって作られる。電子は、電子軌道と呼ばれるルートに沿って原子核の周りを回っている。電子が、エネルギーの高い軌道から低い軌道へ移るとき、エネルギーが光子となって放出される。可視光線とX線の違いは、X線の方が光子を多く持っており、そのためエネルギーも多いということにある。

　私たちの皮膚のやわらかい組織は小さな原子でできており、低エネルギーである可視光線を簡単に吸収する。高エネルギーのX線は、そのまま通り抜けてしまう。しかし、骨に含まれるカルシウムは金属元素であり、ほかの金属元素と同じく、X線を遮断・吸収する。鉛は大きな原子で、X線を完全に吸収する。そのためX線を使う科学者は、X線から身を守るため鉛製の防護エプロンを使う。さもないと、X線に長時間さらされた場合、がんになる恐れがあるからだ。

豆 知 識

1. X線装置を使っても人の衣服を透視することはできないが、20世紀初頭の政治家たちは、透視できるのではないかと心配し、X線装置を法律で禁止しようとした。
2. 医学界や科学界では、X線は発見者の名を取ってレントゲン線と呼ばれることが多い。
3. 恒星と超新星とブラックホールはX線を出しているが、そうしたX線は地球の大気を通過できないため、科学者は宇宙空間にある望遠鏡を使わなくては観測できない。
4. じつは、暗闇に慣れたあとなら、ヒトの目でもX線をぼんやりとだが見ることはできる。X線は、薄暗い青灰色に光って見える。

255

第36週 第5日（金）

250 音楽 | ヴェルディの『トラヴィアータ（椿姫）』と『アイーダ』

　ジュゼッペ・ヴェルディ（1813～1901）がイタリア・オペラの巨匠としての名声を確立させた中期三大傑作のひとつ『トラヴィアータ（椿姫）』は、「堕落した女」である高級娼婦ヴィオレッタの物語だ。ヴィオレッタは、裕福な青年アルフレードと恋に落ちるが、アルフレードの父ジェルモンはふたりの交際に反対し、結婚を認めない。やがてヴィオレッタは、結核を患い、最後には延々と続くアリアを歌いながら、ゆっくりと悲劇的な死を遂げる。フランチェスコ・マリア・ピアーヴェの台本による本オペラは、表現力豊かなアリアがふんだんに盛り込まれ、ソプラノのオペラ歌手なら誰もが持ち歌にする定番の独奏曲が何曲か含まれている。本作は、今も世界各地で広く上演されている。

◆

　『アイーダ』（1870年）は、ヴェルディのオペラではおそらく二番目に有名な作品だろう。このオペラは、1869年にエジプトの太守（支配者）からスエズ運河の開通と新たな歌劇場の完成に合わせて作ってほしいと依頼されたものだ。ヴェルディは完璧主義者だったため、作品は期限に間に合わず、歌劇場のこけら落としにはヴェルディの『リゴレット』が上演された。その一年後、彼は約束を果たし、エチオピア出身の奴隷娘アイーダが、エジプトの将軍ラダメスと恋に落ちるオペラを制作した。これも『トラヴィアータ』と同じく情熱と悲劇に満ちた、階級の差を超えた恋愛物語だ。劇中に演奏される『凱旋行進曲』は、ヴェルディの最も有名な曲のひとつである。

　初演の際、エジプト側は大金を出して、フランス製の衣装を買い、300人以上の出演者を雇った。ラダメスの兜と剣は、純銀で作られた。ヴェルディは、初演には出席しなかったが、この話を聞くと不機嫌になったという。このように上演されては、自分の作品は芸術ではなく単なるエンターテインメントに堕してしまうと思ったからで、その後の数年間は田舎の自宅に引きこもり、オペラを書かず庭いじりや動物の世話をして過ごした。しかし、1874年に有名なミサ曲『レクイエム』で表舞台に復帰し、オペラをさらに二作品書いたのち、1901年に亡くなった。

豆 知 識

1. 『トラヴィアータ』の台本は、アレクサンドル・デュマ・フィス（1824～1895）の小説・戯曲『椿姫』を原作としている。デュマ・フィスは、自分のかつての情人で、のちにフランツ・リストの愛人になった高級娼婦マリー・デュプレシをモデルに『椿姫』を書いた。
2. 『トラヴィアータ』の初演では、結核でやせ衰えて死んでいくヴィオレッタ役を演じたプリマドンナは、太った女性だった。最後の場面で彼女が崩れ落ちると、床から大量のほこりが舞い上がり、舞台が見えなくなった。
3. 『アイーダ』の初演にエジプト太守イスマーイールはハーレムの女性たちを連れてきた。その人数があまりにも多かったため、一階から三階までのボックス席がすべて埋まってしまった。

256

第36週 第6日（土）

251 哲学 | 功利主義

　功利主義とは、私たちはいかに振る舞うべきかについての考え方だ。功利主義者によると、私たちはこの世界で快楽の総体が最大になるようなことを常に行うべきだという。功利主義を最初に提唱したのは、イギリスの経済学者・哲学者ジェレミー・ベンサム（1748〜1832）で、それをのちにジョン・スチュアート・ミル（1806〜1873）が体系化した。

◆

　現代の哲学者は、功利主義を結果主義のひとつと考えている。結果主義は、「どのような行為を実践するのが、道徳的に正しいのか？」という問いに答えるものだ。この問いに結果主義は「それは、最善の結果を生む、あらゆる行為である」と答える。ただ、この答えが成り立つためには、私たちは、世界のどのような状態が他の状態よりも客観的に「より善」なのかを知っていなくてはならない。哲学者の中には、そんなことは不可能だという者もいる。

　功利主義者は、善とは何かについて快楽主義的見解を持つ結果主義者である。彼らは、快楽のみが客観的な善であると考える。ほかの結果主義者は、善には快楽だけでなく、尊敬や平等も含まれると考えている。

　どのような快楽を重視するかは、個々の功利主義者によって異なっている。ベンサムは、「偏見を抜きにすれば、プッシュピン遊び【訳注：ピンをはじく子どもの遊び】は、音楽や詩の技芸と同じ価値を持つ」という有名な言葉を述べている。彼は、快楽とは質ではなく量で測るべきだと考えていた。それに対してミルは、知的欲求を満足させる方が、単なる感覚的欲求を満足させるよりも優れていると考えていた。彼は「満足した豚であるより、不満足なソクラテスである方がよい」と書いている。

豆 知 識

1. ベンサムは、新たなタイプの刑務所として、看守は囚人を全員監視できるが、囚人からは看守の姿が見えない建物を設計し、これをパノプティコン（一望監視施設）と命名した。そしてパノプティコンを実際に建設しようとしたが、うまくいかなかった。

2. ミルは、完璧な功利主義者を育てようとした父親とベンサムによる教育実験の成果だった。彼は三歳でラテン語を学び始め、八歳からはギリシア語を学んだ。しかしのちに彼は、自分はこんな厳しい教育を受けたせいで抑鬱症などの情緒障害になったのだと言った。

第36週 第7日（日）

252 宗教 ムハンマドの妻たちと娘

　ムハンマドは、まだ独身だった25歳のとき、ハディージャという女性と知り合った。彼女は40歳で、二度の結婚経験を持つ寡婦だった。ハディージャはメッカでムハンマドと結婚し、イスラム教に最初に改宗した女性となった。彼女は、ムハンマドが天使ガブリエルからたびたび啓示を受けていることを打ち明けると、親身になって彼を支え、積極的にイスラム教を広める後押しをした。

◆

　ハディージャは、ムハンマドの子どもを六人産んだ。六番目の子である娘ファーティマは、長じると、のちに第四代カリフ（スンナ派による）または初代イマーム（シーア派による）になるアリーと結婚した。ファーティマは、ムハンマドが632年に世を去った直後に亡くなった。

　メッカ時代のムハンマドは、妻をひとりしか持たなかった。しかし、彼の教えを批判する者たちから逃れてメッカからメディナに避難したあと、支持者たちは結束を強め、率直な意見を言うようになった。彼らはムハンマドを指導者として尊敬し、多くの妻をめとってほしいと期待した。そこでハディージャの死後、彼は支持者の言葉に従うことにした。その後ムハンマドは何人もの妻を持ったが、その多くは政略結婚だったと考えられている。そうした妻の中で最も重要なのが、アブー・バクルの娘アーイシャだ。アブー・バクルはムハンマドの親友で、スンナ派からは、のちにイスラム教徒を指導する初代カリフになったと認められている人物である。

　スンナ派は、アーイシャはムハンマド最愛の妻だったと考えており、ムハンマドは彼女の膝に頭を載せて亡くなったと語り伝えている。その後アーイシャは、アブー・バクル（父親）、ウマル・イブン・アル＝ハッターブ、ウスマーン・イブン・アッファーンと三代のカリフを支持した。しかしアリーがカリフに即位すると、彼女はそれに反対し、軍勢を率いて今日のイラクでアリーと戦った。アリーは、アーイシャの軍勢をやすやすと破ったが、彼女がメディナに戻って余生を過ごすのを許した。

第37週 第1日(月)

253 歴史 | ネイティヴ・アメリカン

　ネイティヴ・アメリカン（アメリカ先住民）であるネズパース族は、数千年前から現アメリカの太平洋岸北西部で暮らしており、この地域に19世紀から入植してきた白人たちと、当初は友好関係を築いていた。1855年の条約で、ワシントン準州とオレゴン準州に、ネズパース族居留地が設けられた。ところが1863年、アメリカ政府は、ネズパース族の土地に白人をもっと入植させるスペースを確保するため、居留地の面積を大幅に減らす新条約をネズパース族に押しつけようと考えた。

◆

　この背信行為に激怒したネズパース族は、1877年に武装蜂起した。アメリカ陸軍は、この反乱を鎮圧するため、南北戦争中に南部で破壊の限りを尽くして悪名を馳せたウィリアム・ティカムセ・シャーマン将軍を派遣した。数か月の戦闘で追いつめられたネズパース族のジョゼフ首長は、疲弊した戦士たちを集め、アメリカ軍に降伏することにすると告げた。「聞け、我が首長たちよ！」と首長は言った。「私は疲れた。心は憂い、悲しみに暮れている。太陽が今いるこの時点から、私はこれ以上もう戦わぬ」

　ジョゼフ首長の感動的な降伏の言葉は、印刷されて当時広く読まれ、彼の部族のみならず、かつてアメリカ西部に存在したが、今や滅びてしまった全文明への追悼の言葉と見なされた。19世紀末までに、組織的な抵抗はすべて鎮圧された。1890年にサウスダコタ州ウーンデッド・ニーで起こったスー族大虐殺は、アメリカ連邦軍とネイティヴ・アメリカンとの最後の武力衝突だった。

　居留地に押し込められたネイティヴ・アメリカンは、今でもアメリカ国民の最貧困層に属している。ネイティヴ・アメリカンの三分の一は、貧困線以下の暮らしをしている。1890年にウーンデッド・ニーの虐殺があった場所であるスー族のパイン・リッジ居留地は、アメリカで最も貧しい地域だ。アメリカ政府は、進歩の名のもとにネイティヴ・アメリカンを彼らの土地から追い立てたが、西部にあるネイティヴ・アメリカンのコミュニティーは、今も破壊から立ち直れずにいる。

豆 知 識

1. アパッチ族の偉大な戦士ジェロニモは、南西部で白人に抵抗した最後の首長のひとりだった。敗れたものの世界的に有名になったジェロニモは、1905年セオドア・ローズヴェルト大統領の就任パレードに登場した。
2. ネイティヴ・アメリカンの祖先は、約1万5000年前に、ロシアのシベリアから海を越えてアラスカに渡ったと考えられている。

259

第37週 第2日(火)

254 文学 | ウィリアム・シェイクスピア

ウィリアム・シェイクスピア（1564～1616）は言語の壁を超えて世界で最も優れた劇作家と見なされている。彼は過去400年のあいだ西洋文化に多大な影響を与えた。

シェイクスピアの私生活についてはほとんど分かっていない。イングランドのストラトフォード＝アポン＝エイヴォンで生まれ、そこで短いながら正規の教育を受けたようだ。アン・ハサウェイという女性と結婚したあと、ロンドンに移って劇作家としての道を歩み始め、グローブ座で役者兼演出家として働いた。ちなみにグローブ座は、彼と劇団の出資者たちとの共同所有だった。シェイクスピアの才能は生前から広く認められ、その劇作品は貴族にも庶民にも大人気だった。

シェイクスピアといえば、何よりも38の戯曲を書いたことが有名だ。彼の戯曲は、研究者によりいくつかのカテゴリーに分類されている。『リチャード二世』や『ヘンリー五世』などの史劇は、実在する歴史上の人物――その多くはイングランド王――を取り上げ、リーダーシップや、人としての高潔さあるいは卑劣さとは何かを掘り下げている。『ハムレット』『マクベス』『リア王』などの悲劇は、個々の人物の行動や決断の誤りが、取り返しのつかない結果をもたらす様子を描いている。『夏の夜の夢』や『空騒ぎ』などの喜劇は、恋愛をめぐる陽気な場面と探り合いの場面が交互に現れ、人違いが起こって話はさらに盛り上がり、たいてい最後は結婚で大団円を迎える。このほか『尺には尺を』や『テンペスト』など、異なるジャンルの要素が混在していて分類するのが難しい作品もある。その後数百年にわたり、これら38の多様な戯曲は、時代を超えて演出家と俳優が再解釈する豊かな出発点となり、彼らはシェイクスピアの作品を通して自分たちの時代の問題を探ろうとした。

戯曲以外にもシェイクスピアは、数多くの詩を書いており、恋愛、芸術、美などをテーマとしたソネットが154編残っている。こうした詩が文体や形式に影響を与えただけでなく、シェイクスピアが編み出した英単語や英語表現は数えきれないほどある。その種類は、「lackluster」（輝きのない）や「sanctimonious」（敬虔ぶった）といった今では日常的に使われている語彙から、「at one fell swoop」（一挙に）や「pomp and circumstance」（威風堂々）など詩的な雰囲気のある表現まで幅広い。イングランドの人々は、このような英文学と英語に与えた影響を認め、シェイクスピアが死んだときには、最も偉大な知識人をひとり失ったと考えた。実際、『ハムレット』中のセリフではないが、おそらく世界は「あのような方には、二度と会えないだろう」。

豆知識

1. 一部の戯曲と詩については本当にシェイクスピアが書いたのか異議もあるが、それを支持する確かな証拠は見つけられていない。
2. シェイクスピアの時代、劇中の役は、女性の役も含め、すべて男優が演じていた。この慣習のため、喜劇によっては――例えば『お気に召すまま』のように――女性登場人物たちが正体を隠すため男装するので話がややこしくなった。

第37週 第3日（水）

255 視覚芸術 ｜ ポール・ゴーギャン

ポール・ゴーギャン（1848〜1903）は、後期印象派の主要人物だ。今日ゴーギャンは、タヒチの絵、フィンセント・ファン・ゴッホとの関係、20世紀芸術に与えた影響などで人々の記憶に残っている。

◆

ゴーギャンは、左派ジャーナリストの息子としてパリに生まれた。母方の祖母はペルー貴族の娘である。ゴーギャンの父が政治的理由でパリを離れなくてはならなくなったとき、一家はペルーのリマに移りそこでゴーギャンは子ども時代を四年過ごした。

ゴーギャンが美術の勉強を始めたのは、比較的遅かった。はじめは商船の船員になり、その後パリで株式仲買人になった。最初のうちは芸術品を集めているだけだったが、やがて余暇に絵を描くようになった。1876年、彼は作品を公的な展覧会サロンに出品した。1879年には印象派に加わった。

1882年に株式市場が暴落すると、ゴーギャンはコペンハーゲンに移って防水布製造工場の販売代理人として働いた。その後すぐに、彼は本格的に美術に取り組み始めた。落ち着きがなく、せっかちな性格だったゴーギャンは、静かで生活費のかからない場所を求めて、あちこちを転々とした。1886年には、ブルターニュ地方の田舎町ポン・タヴァンに六か月滞在した。そこからルーアン、コペンハーゲン、パナマ、さらにカリブ海のマルティニク島へと移った。1888年にポン・タヴァンに戻ると、『説教のあとの幻影（ヤコブと天使の戦い）』を描いた。ゆがんだ遠近法と、写実的というより象徴的な描写によって、ゴーギャンは説教がそれを聞いた者の心に与えた衝撃を捉えようとしたのである。キャンバス上の硬い輪郭線と鮮明な色彩からは、彼が日本の浮世絵や中世のステンドグラスに魅了されていたことがよく分かる。

1888年、フィンセント・ファン・ゴッホは、ゴーギャンをアルルに招いて共同生活を始めた。ゴッホはこの地に芸術家のコロニーを作りたいと願っていたのである。しかし、ふたりは気が合わず、最後は、けんか別れした。その後数年間は、ゴーギャンはブルターニュとパリを足しげく行き来した。もっと原始的な生活スタイルを望んだ彼は、1891年タヒチに向けて出発したが、タヒチには先住民の工芸品がなく、ゴーギャンはがっかりした。それでも、かつて目にしたジャワ島の彫刻や前コロンブス時代の土器に触発されながら、ゴーギャンはタヒチの風景や伝統を描き始めた。

1893年、ゴーギャンはパリに戻って『ノアノア』を執筆した。これは南洋での体験を理想化して書いた話で、同書に彼は、わざと粗雑に仕上げた版画を挿絵として掲載した。フランスには二年滞在したが、あからさまな異国趣味のせいで、友人の多くと疎遠になった。作品の評判が芳しくないことに失望したゴーギャンは、持ち物をすべて売り払って1895年タヒチに永住した。

二年後、陰鬱な印象を持つ傑作『我々はどこから来たのか、我々は何者なのか、我々はどこへ行くのか』を描いたあとに自殺未遂を起こした。その後、パリの画商から定期的に金が届くようになると、1901年、さらに離れたマルキーズ諸島に移り、そこで1903年に亡くなるまで暮らした。

261

第37週 第4日(木)

256 科学 | 原子

　原子は、ある元素の化学的特性をすべて持った最小単位である。原子という考え方そのものは、紀元前530年にまでさかのぼる。古代ギリシアの哲学者デモクリトスが、それ以上小さく分割できないほど微細な物質の粒子のことを原子と定義したのが最初だ。現代の原子説は、原子には構成粒子——電子、陽子、中性子——があると考えるが、基本的な考え方は古代の原子説と同じだ。原子は、すべての物質を作る基本単位なのである。

◆

　現代の原子説によると、すべての元素は原子でできており、ある元素の原子はどれも同じである。水素、炭素、酸素、ナトリウム、カリウム、金、ウランなどの元素は、化学反応によって結合して化合物を作る。例えば、水素と酸素は化合して水になり、ナトリウムと塩素は化合して塩化ナトリウム（食塩）になる。
　基本的に原子は、原子核と、その周りを回る電子でできている。ただし、原子の内部は大部分が何もない空間だ。原子核とは、中性子と陽子がギュッと集まってできた原子の中心部分である。中性子は電荷を持たず、質量は陽子よりもわずかに多い。それに対して陽子は、正の電荷を帯びている。原子中の陽子の数で、その原子がどの元素であるかが決まる。水素は陽子が1個で、ウランは陽子が92個ある。元素は、核融合と核分裂によって陽子を得たり失ったりするが、化学反応で陽子の数が変わることはない。
　電子は、負の電荷を帯びた粒子で、質量はほぼゼロに近い。電子が原子核の周りをどのように動いているかは、化学と物理学で最も議論され続けている問題のひとつだ。初期の原子モデルでは、電子は、地球が太陽の周りを公転するのと同じように原子核の周りを回っていると考えられていた。それが今では量子力学の発展により、電子は電子軌道と呼ばれる複雑な波となって移動しており、原子核の周囲を、それぞれ異なったエネルギー・レベルで回っていると、科学者たちは考えている。

豆知識

1. 現在の宇宙生成理論によると、ビッグバンのあとの宇宙は、高温すぎて原子は生成できなかったと考えられている。原子の誕生は、ビッグバンから37万9000年後の、温度が3000ケルビン（セ氏2727度）にまで下がってからだったようだ。
2. 初期の宇宙では、原子のうち75％が水素原子、24％がヘリウム原子であり、残る1％がその他の原子だったと考えられている。
3. 陽子と中性子は、クォークと呼ばれる、もっと小さな粒子でできている。電子は、それよりさらに小さい粒子レプトンでできているらしい。
4. 地球上では92種類の元素が自然界に存在すると考えられていたが、20世紀になって、94個の陽子を持つプルトニウムも地球の自然界に存在することが科学者によって発見された。

257 音楽 | リヒャルト・ワーグナー

　リヒャルト・ワーグナー（1813〜1883）は芸術全体に大きな貢献を残し、それは彼が主張した総合芸術という概念——音楽・美術・舞踏・演劇・詩・哲学を統合した総合的な芸術作品という考え——に表れている。その後、数世代の思想家・芸術家・音楽家たち、T・S・エリオット、アルノルト・シェーンベルク、アーネスト・ヘミングウェイ、パブロ・ピカソなどは、ワーグナーを支持しその影響を受けた。

◆

　競争心が人一倍強く自己中心的なワーグナーは、ライプツィヒに生まれ、ライプツィヒ大学に進学した。1833年、兄の世話でヴュルツブルクの合唱指揮者の仕事を得、これが挫折の多かった前半生での数少ない成功のひとつとなった。ヴュルツブルク時代、彼はオペラ『リエンツィ』（1842年）と『さまよえるオランダ人』（1843年）を書いて、それなりの成功を収めたが、浪費がひどく債務者刑務所で過ごしたこともあった。

　やがてワーグナーはドレスデンのザクセン宮廷に移り、『タンホイザー』（1845年）と『ローエングリン』（1848年）で才能を開花させた。1849年、彼は革命運動を支援したため逮捕状が出された。ワーグナーは国外に逃れ、ワイマールにいたフランツ・リストが恩赦を得るため尽力した。その後もワーグナーは、有名な『ニーベルングの指輪』のほか、『トリスタンとイゾルデ』（1859年）、『ニュルンベルクのマイスタージンガー』（1867年）、『パルジファル』（1882年）などを作曲した。ワーグナーは、自分はドイツ音楽の精神を体現する者だと自任していた。彼は社会主義者であり、リストとともに「未来の音楽」という考えを構築した。これは、ドイツ音楽の優位性を声高に主張し、和声・構造・楽曲で革命的な手法を提唱する理論だった。

　ワーグナーほど、その音楽を聞く者を葛藤させる作曲家はいなかった。革命的な才能ゆえに彼の音楽を愛しながらも、その鼻持ちならない性格に反感を抱く者がいる一方、彼の性格は気にせず、ただ楽曲が異常に長く複雑であることを嫌う者も多かった。ワーグナーは、1876年自らの作品だけを上演する音楽祭をバイエルン州の町バイロイトで開催した。ワーグナーは、ヴェネツィアで心臓発作のため亡くなった。

豆知識

1. ワーグナーは、徹底した反ユダヤ主義者だった。1850年に刊行した『音楽におけるユダヤ性』で、彼は当時のユダヤ人を攻撃し、その中には、かつて仲のよかった作曲家ジャコモ・マイヤベーアも含まれていた。
2. ワーグナーは、親友ビューローの妻でフランツ・リストの娘でもあるコジマ・リスト・フォン・ビューローを誘惑し結婚したため、リストは何年もワーグナーとは口も利かなかった。一方ビューローはその後もワーグナーの楽劇を指揮し、彼の方が才能があるのだからコジマと一緒になる権利があると認めて、ワーグナーとの交友を続けた。

258 哲学 | G・W・F・ヘーゲル

第37週 第6日(土)

ゲオルク・ヴィルヘルム・フリードリヒ・ヘーゲル（1770～1831）は、ドイツのシュットガルトに生まれた。彼は、当時ドイツで哲学の中心地だったイェーナ大学で教職に就きたいと願ったが、その計画はナポレオン・ボナパルトの侵攻により頓挫した。ヘーゲルはイェーナを離れ、何年ものあいだ新聞の編集者や高校の校長などの仕事をしながら過ごし、やがてハイデルベルク大学の教授となり、のちにベルリン大学へ移った。最晩年にはドイツで最も有名な哲学者となり、その講義を聞きに学生たちが押し寄せるほどだった。

　ヘーゲルの哲学体系は、恐ろしいほど複雑だ。一般的な特徴をいくつか拾ってみよう。まずヘーゲルは歴史を非常に重視していた。ヘーゲルにとって、歴史とは精神——ドイツ語で「ガイスト（Geist）」——が自らを精神として認めるようになる過程だった。これでヘーゲルが何を言わんとしているのかは、説明するのが難しい。ある解釈によると、精神とは人類が生きていく際の拠り所となる規範全体のことだとされる。規範とは、私たちが何をすべきか、あるいは何をすることが許されるかを示す規則——社会の道徳規範（モーレス）——のことである。「精神が自らを精神として認めるようになる」とは、歴史の進展を通じて、人類は集団として、自分たちこそが自分たちの生活を支配する規範の制定者であると自覚し、こうした規範は歴史全体を通じて明確な理性のために生まれ、理性のために改良と改変を重ねてきたと知ることだという。

　ヘーゲルは、規範の体系を「意識の形式」とも呼んでいるが、この体系が歴史を通じてどのように変化するのかについても、非常に興味深い理論を構築した。彼は、規範が自らを否定すると主張したのである。規範の体系が自らを否定するとは、体系が自らの基準に従えば正当化されない、つまり合理的でない状態になり始めたことを意味する。この事態が発生すると、規範の新たな体系が生まれ、これが、以前の「意識の形式」が抱えていた諸問題をすべて解消する。だから、政治・倫理・宗教・美学・哲学のいずれであれ、歴史を通じて人々の生活を支配してきた規範の体系を調べれば、意識の形式が連続しており、そこでは、ある形式から次の形式へと合理的な理由で移行しているのが分かる。つまり、私たちの世界を調べれば、私たちの規範は理性に支配された歴史的経過の産物であることが明らかとなると、ヘーゲルは論じている。

　豆知識

1. ヘーゲルは、自身の哲学体系は意識の形式の最終形態であり、もはや乗り越えられることのない決定的な規範の体系だと信じていた。だから、彼の考える「歴史」は終わったと思っていた。
2. ヘーゲルは、意識の形式が自己否定し新たな意識の形式を生み出すプロセスを「弁証法」と呼んだ。
3. かつてヘーゲルはナポレオン・ボナパルトを見て「馬に乗った世界精神」だと言った。

第37週 第7日（日）

259 宗教 ｜ ムアーウィヤ一世

　ムアーウィヤ・イブン・アブー・スフヤーン（602頃～680）はムアーウィヤ一世とも呼ばれ、アリーの跡を継いで正統カリフ時代のあとにイスラム教徒を支配した最初の指導者になった。

◆

　ムアーウィヤはメッカに生まれた。父は、ムハンマドの教えに強硬に反対しており、反ムハンマド運動の中心人物となっていた。しかしムハンマドがメッカを征服して偶像崇拝を一掃すると、ムアーウィヤは父とともにイスラム教に改宗し、ムアーウィヤはムハンマドの書記になった。やがてイスラム帝国が拡大していくと、ムハンマドはムアーウィヤとその兄をシリアに派遣し、同地で兄弟はイスラム軍を率いてビザンツ帝国と戦った。

　ウマルがカリフの時代、ムアーウィヤはシリア総督に任命された。総督となった彼は強力なシリア軍を編成し、ビザンツ軍の侵攻を撃退しただけでなく、キプロス島とロードス島を占領した。

　最後の正統カリフとなるアリーが即位すると、ムアーウィヤの目標は劇的に変わった。アリーは、第三代カリフのウスマーンを殺害した者を処罰しないことにしたが、ムアーウィヤはこれを、アリー自身がウスマーン殺害に関与していた証拠と見なした。彼はシリアで反アリー派を集め始めた。この反乱を阻止するため、アリーは軍勢を率い、スィッフィーンの戦いでムアーウィヤと戦った。ムアーウィヤは、危うく戦闘に敗れそうになったものの、アリーの兵士たちを説得して戦いをやめさせ、信仰心の厚い者たちによる調停協議で勝者を決めることにさせた。この調停中、ムアーウィヤはアリー軍に働きかけて、多くの兵士をアリーに背かせた。こうしてアリー派が混乱する際に、ムアーウィヤは大勢の支持者をエジプトに送って同地を押さえた。

　アリーが死んだ時点で、シリアとエジプトを支配するムアーウィヤは、最も有力なイスラム教徒であり、彼がアリーの後継となるのは当然の結果だった。その治世は、661年から680年まで続いた。それまでのカリフと違い、ムアーウィヤは後継者に息子のヤズィード一世を指名した。ムアーウィヤは、王朝は建設したいが旧来の伝統を破棄することは避けたかったので、忠誠心の厚い有力者を集め、彼らに次のカリフを投票で選ばせることにした。もちろん、この選挙人団はムアーウィヤの意を受けており、彼の息子を次代カリフに選んだ。かくして世襲王朝が始まり、その第一号であるウマイヤ朝は、661年から750年まで続いた。

豆知識

1. 歴代カリフのうち、最初の三人はアラビア半島を拠点に統治した。アリーは首都をイラクに移し、ムアーウィヤはシリアのダマスカスから統治した。
2. 伝承によると、ムアーウィヤはアリー軍を調停に応じさせるため、槍の穂先にクルアーンの紙片を結びつけて停戦を迫った。これを見たアリー軍の兵士たちは、聖典を傷つけるのを恐れて、戦いをやめた。

第38週 第1日（月）

260 歴史 ｜ オットー・フォン・ビスマルク

オットー・フォン・ビスマルク（1815〜1898）は、19世紀の政治家・外交官で、近代国家ドイツの建設者と考えられている人物だ。19世紀半ばまで、ドイツはさながらパッチワークのように、互いに対立し合う小国家群に分かれていた。このドイツの分裂状態は、神聖ローマ帝国が残したものだ。この帝国は、徐々に数十の小国にバラバラになっていき、とうとう1806年に消滅していた。ビスマルクは、のちのドイツ皇帝ヴィルヘルム一世の宰相として、この小国家群を統合して統一帝国を築いた。

◆

ビスマルク本人は、ドイツ諸国の中でも比較的強国だったプロイセンに、軍人の息子として生まれた。30代になると、保守派政治家として政界に入った。ドイツ統一という目標には、当初は懐疑的だったが、やがて全力で取り組むようになった。

プロイセン宰相（首相）に任命されると、ビスマルクは外交手腕と実力行使の脅しを組み合わせて、統一に反対する勢力を駆逐した。また、高まりつつあったドイツ人の民族意識もあおった。1870年、ビスマルクはフランスを挑発して戦争を開始し、この戦争を通じて他の多くのドイツ諸国にプロイセンとの統合を受け入れさせた。1871年、プロイセンがたちまちフランスに勝利したあと、統一ドイツ帝国が成立した。

以後ビスマルクは皇帝から全面的に信頼され、国政の中心となって新たなドイツ帝国を動かした。ビスマルクは自由主義者ではなかったが、帝国強化のため数々の改革を実施した。共通の通貨を作り、さまざまな行政改革を実施し、統一を強固なものにするため帝国全土に適用される単一の法体系を制定した。

しかし、ビスマルクが築いたドイツ帝国は短命に終わった。ヴィルヘルム一世が1888年に没すると、跡を継いだヴィルヘルム二世は即位後まもなくビスマルクを引退に追い込んだ。ビスマルクという大黒柱を失ってドイツの外交政策は悪い方へと向かっていった。1914年、ヴィルヘルム二世はドイツを第一次世界大戦に引きずり込むという最悪の選択を行い、この決断が帝国を滅ぼすことになった。さらに、ビスマルクが19世紀にドイツ民族統一のため利用した民族主義の力は、20世紀に入って破滅的な結果をもたらした。

┌─────────┐
│ 豆 知 識 │
└─────────┘

1. ビスマルクは、不屈の意志と固い決意から「鉄血宰相」と呼ばれた。
2. ビスマルクは、二度も暗殺未遂に遭っている。一度目は1866年、学生に命を狙われ、二度目は1874年、桶職人に襲われた。
3. 彼の名を取ったドイツの巨大戦艦ビスマルクは、1941年、第二次世界大戦の一大海戦でイギリス軍に沈められた。
4. アメリカのノースダコタ州はドイツ系アメリカ人の割合が多く、州都はビスマルクの名を英語読みしたビスマークである。

266

第38週 第2日（火）

261 文学 | フョードル・ドストエフスキー

　　フョードル・ドストエフスキー（1821〜1881）は、誰もが認める心理小説の巨匠だ。40年に及ぶ作家生活を通して、彼は人間の本質を、それまでになく見事に捉えて——しかも、彼ほど見事に捉えた者は、いまだ出てきていないだろう——表現し、とりわけ罪の意識、絶望、死への執着などの精神状態を巧みに描いた。

◆

　　ドストエフスキーは、人生の中で苦難や悲劇に直面したが、それはすべて彼の小説を豊かにする材料となったようだ。彼は、モスクワで厳格なロシア正教徒の家に生まれ、1839年に父親が急死したときには、激しいショックを受けた。父親の勧めに従い工兵学校に進学して卒業したものの、工兵の仕事が気に入らず、作家になる決心をした。処女小説『貧しき人々』（1846年）は批評家から大絶賛されたが、1849年に極左の出版事業に携わっていたとして逮捕された。死刑執行直前に皇帝の「特赦」で許されるという茶番を経て、シベリアの強制収容所に送られて四年を過ごした。このときの衝撃的な体験は、ドストエフスキーの作品の文体と内容に、消すことのできない跡を残した。

　　1860年代にドストエフスキーは次々と作品を発表し、外界の人々と関係を築けない不機嫌で神経症的な世捨て人を主人公とした中編小説『地下生活者の手記』（1864年）や、老婆を殺した青年の罪悪感と苦悩を詳細に描いた初期の傑作『罪と罰』（1866年）などを執筆した。とりわけ『罪と罰』は、その心理的深さと、罪を犯したあとで犯人の心に生じる自己非難こそ社会が与えることのできるどんな罰よりもはるかに厳しいという結論で、よく知られている。

　　年を重ねるにつれ、ドストエフスキーは若いころの無神論的な政治思想を退け、先祖のルーツであるロシア正教の教えに回帰した。小説『白痴』（1868〜1869年）では、キリストを思わせる悲劇的人物を描き、後期の最高傑作『カラマーゾフの兄弟』（1879〜1880年）は、ロシア正教の倫理観に満ちていて、今まで書かれた最も重要なキリスト教小説と呼ばれている。この長編小説では、父親を殺された三兄弟が、善と悪やキリスト教信仰の問題に、三人三様にまったく違った角度から取り組む。

　　ドストエフスキーの文体を濃密でユーモアがほとんどないと言って批判する者もいるが、人物描写が微に入り細にわたっているのは確かで、特に犯罪者や精神的に不安定な者など社会の周縁に押しやられた者たちの心を探るのに長けている。こうした性格描写は、文学的な遺産であるだけでなく、フリードリヒ・ニーチェからアルベール・カミュまで、20世紀の虚無主義や実存主義の哲学者にも影響を与えた。

豆 知 識

1. ドストエフスキーは生涯を通じて癲癇に苦しみ、特にシベリアの強制収容所時代は症状が著しく悪化した。

267

第38週 第3日(水)

262 視覚芸術 | フィンセント・ファン・ゴッホ

フィンセント・ファン・ゴッホ（1853～1890）は、オランダを代表する芸術家のひとりであり、虐げられ誤解された天才を象徴する人物となっている。生前に売れた絵画は一枚しかないが、今や彼の作品には一財産と言えるほどの値がつけられている。

◆

　ゴッホは、プロテスタントの牧師の息子としてオランダのズンデルトに生まれた。1869年には、画商グーピル商会の店員としてハーグで、次いでロンドンで働いた。仕事はうまくいかず、1875年に商会を辞めて牧師になる勉強を始めた。一時期ベルギー南西部の炭鉱労働者に教えを説く仕事をしたが、貧しい者に持ち物を全部与えてしまうため牧師から解雇されてしまう。彼の上司たちは、ゴッホがキリストの教えを忠実に守りすぎることが気に入らなかった。ゴッホが画家として活動したのは、1880年から1890年のわずか10年間にすぎない。彼は印刷物を模写したり本を読んだりして独学で学んだ。写実主義の画家から影響を受けていることは、『ジャガイモを食べる人々』（1885年）からも明らかだ。この作品はテーマの点でも技法の点でも、フランス人画家ジャン＝フランソワ・ミレー（1814～1875）に負うところが非常に大きい。

　1886年、ゴッホはオランダを離れてパリへ向かい、画商で、ゴッホの生涯の大半を支えた弟テオのアパートに身を寄せた。テオを通してゴッホはクロード・モネ、ポール・ゴーギャン、カミーユ・ピサロ、ジョルジュ・スーラなどの画家と出会った。当時の画家の多くと同じく、彼も日本の浮世絵に関心を持った。二年間集中的に絵画制作に取り組んだのち、ゴッホはフランス南部のアルルに移り、農夫を描く夢を実現させようとした。1888年10月には、ゴーギャンを招いて共同生活が始まった。しかし同年のクリスマス・イヴに口論になり、ゴッホは自分の左耳を切り落とした。新聞報道によると彼は切った耳をなじみの娼婦に贈ったという。彼が精神疾患（おそらく一種の癲癇）を患っていたことを示す最初の兆候だった。

　1889年5月、ゴッホは自らサン＝レミの精神科病院に入院し、同年ここで彼の最も有名な作品、『星月夜』を描いた。12か月後、彼はパリ郊外の村に転居し、村の医師ポール＝フェルディナン・ガシェの世話になった。深刻な鬱症状に陥ったゴッホは、1890年7月に銃で自分の胸を撃ち亡くなった。ゴッホの死後、評価は急上昇した。1901年に開かれた展覧会では、彼の絵が71点展示された。1987年、彼の『アイリス』は47ポンドで売れた。その三年後、『医師ガシェの肖像』は当時としては最高額となる8250万ドルで購入された。今日、ゴッホが描いた1250点の絵画と1000点の素描は世界各地に散らばっているが、作品を最も多く所蔵しているのはアムステルダムのゴッホ美術館である。

豆知識

1. 一説によるとゴッホの最後の言葉は「悲しみはいつまでも終わらない」だったという。
2. 研究者には、ゴッホは両極性障害（いわゆる躁鬱病）を患っていたと考える者と、彼の精神疾患はアブサンの飲みすぎが原因だと主張する者がいる。またゴッホは自分の絵具をなめすぎたのだという研究者もいる。

第38週 第4日（木）

263 科学 ｜ 元素
—— 金属、非金属、半金属

　元素とは、化学反応では別の物質に変化できない物質のことだ。すべての元素は、それぞれ決まった数の陽子（正の電荷を帯びた原子構成粒子）を持った原子でできている。例えば、炭素原子はどれも陽子を６つ持っているし、金原子はどれも陽子を79個持っている。地球上には93種類の元素が自然に存在しているほか、人工的に作ることのできる元素が20種類以上ある。元素は大きく分けて、金属、非金属、半金属の３つに分類される。元素の４分の３は金属だが、自然界でよく見かけるのは非金属の方である。

◆

　金属は、電子（負の電荷を帯びた極小の原子構成粒子）を簡単に共有したり放出したりするという特徴がある。金属原子は、電子を放出すると、正の電荷を帯びた陽イオンになる。金属は、電子の海を泳ぐ陽イオンにたとえられることが多い。自由に動き回る電子の力で金属原子は結びついているが、その結びつき方は柔軟で、そのため延性（引っ張ると延びる性質）と展性（叩くと広がる性質）という金属特有の性質が生まれる。同じ理由で、金属は熱と電気を伝えやすく、他の元素と容易に化合物を作る。室温では、光沢のある固体であるものが多い。

　非金属は、電子を受け取って強固な化学結合を作るものが多い。また金属と違い、もろくて壊れやすい。非金属は、たいてい光を反射せず、電気や熱もあまりよく通さない。しかし、優れた絶縁体になる。知られている非金属は13種類しかないが、地球上の生命のほぼすべてが、そのうちの６つ、すなわち水素、炭素、窒素、酸素、リン、硫黄でできている。ほかの非金属は、大半が他の元素とはほとんど反応しない不活性気体である。

　半金属とは、金属の性質の一部と非金属の性質の一部を併せ持っている元素だ。例えばケイ素（シリコン）とゲルマニウムは、半導体といって、特定の条件でのみ電流を通す物質である。そのため、このふたつはコンピューターや計算機で盛んに利用されている。

豆 知 識

1. 水銀は、常温で液体である唯一の金属だ。
2. 金属の酸化物は塩基性（アルカリ性）だが、非金属の酸化物は酸性である。
3. ほとんどの金属は空気中の酸素とよく反応する。例えば鉄がさびるのは、このためだ。ナトリウムの単体は、酸素に触れるとすぐに反応して光沢を失う。パラジウム、プラチナ、金は、酸素と反応しない数少ない金属で、そのためこうした金属は、高価で美しい装身具に使われている。

第38週 第5日(金)

264 音楽 | ワーグナーの『ニーベルングの指輪』

　リヒャルト・ワーグナーの傑作と言えば、『指輪』の通称で知られる巨編『ニーベルングの指輪』（1874年完成）だ。『ラインの黄金』『ヴァルキューレ』『ジークフリート』『神々のたそがれ』の四部から成る楽劇で、すべて演奏するのに17時間近くかかるため、四夜連続で一部ずつ上演される。一部の研究者からは、オペラ史上の最高傑作だと評されている。

◆

　ワーグナーがこの作品に取り掛かり始めたのは1848年のことで、その目的は、古代ギリシア悲劇の魅力を再び捉えることのできる巨大な作品を作ること——すなわち、音楽・美術・舞踏・演劇・詩・哲学を統合して一個の巨大な「総合芸術」にすること——であった。

　ワーグナーは、ゲルマン・北欧神話の主人公ジークフリートの伝説をもとに、４つのリブレット（台本）を書いた。そのあらすじは、こうだ。神々の王ヴォータンは、巨人族の力を借りてヴァルハラ城を建設する。その報酬を支払うため、ヴォータンは小人族のアルベリヒから強力な力を秘めた指輪をだまし取る。アルベリヒは指輪に呪いをかけるが、それでもヴォータンは指輪を求め続ける。物語の大半は、ヴォータンの息子ジークムントと孫ジークフリートの冒険を軸として展開し、さまざまな勢力が、龍によって守られた指輪を取り戻そうと奮闘する。もうひとり重要な登場人物がヴォータンの娘でヴァルキューレ（天を駆ける女性騎士）のブリュンヒルデだ。最後には、呪いによって全員が滅び、ヴァルハラ城は炎上し、世界の新時代到来が予告されて、幕となる。

　音楽は、信じられないほど豪華で複雑だが、これはライトモチーフ（示導動機）——登場人物や感情、事柄、精神状態などを暗示する短くて美しい旋律——という考えに基づいているからだ。それぞれのライトモチーフは、場面が変わるたびに繰り返し作品に登場する。これほど長大な作品をあえて上演しようという歌劇場はどこにもなかったため、ワーグナーは自ら企画した1876年のバイロイト音楽祭で、本作の全曲初演を実現させた。

＿＿＿＿＿＿ 豆 知 識 ＿＿＿＿＿＿

1. 『指輪』に登場するヴァルキューレの姿をもとに、太ったソプラノ歌手がヴァイキングの兜をかぶり真鍮製のブラジャーをつけて歌うという有名なオペラの風刺絵が描かれた。
2. 『ヴァルキューレ』で演奏される有名な『ヴァルキューレの騎行』は、フランシス・フォード・コッポラ監督の有名な映画『地獄の黙示録』（1979年）で、ヘリコプターからの降下シーンで流された。
3. 『指輪』の原案となった北欧神話は、Ｊ・Ｒ・Ｒ・トールキンの『指輪物語』三部作（1954～1955年）と、その後に大ヒットした映画『ロード・オブ・ザ・リング』（2001～2003年）の原案でもある。

270

265 哲学 | カール・マルクス

「これまで哲学者たちは、世界をさまざまに解釈してきただけだった。しかし重要なのは、世界を変えることである」
——カール・マルクス『フォイエルバッハに関するテーゼ』(1845年)

◆

　カール・マルクス（1818〜1883）は、思想としての共産主義の生みの親であり、他のどの哲学者よりも20世紀に大きな影響を与えた。1818年ドイツのトリーアで、キリスト教に改宗したユダヤ人一家に生まれたマルクスは、当初は研究者の道を進もうとしたが、過激な政治思想のため大学に就職できなかった。マルクスはジャーナリストとして数年間働いたのち、1848年にドイツで起きた三月革命に参加した。この革命が失敗に終わるとロンドンに亡命し、死ぬまで同地で過ごした。

　マルクスの歴史理論によると、歴史や政治の変化は経済的な生産手段によって説明されるという。どの時代にも、社会には、食料や住居などの経済財（経済活動の対象となる有形物）を生産する決まった手段がある。この生産手段が、具体的な経済制度を決定する。例えば農業では、土地を耕すため多くの人手が必要であり、それを監督する人間は少なくていい。こうした経済制度が、次に政治制度を決定する。農業の場合、農民は土地を所有する領主のために働き、領主は収穫の一部を得る代わりに、農民たちを他の貴族から保護してやる。経済制度と政治制度が、発展を続ける生産力の妨げとなったとき、革命が起こる。

　どの経済制度にも分業が存在するため、人々は階級に分けられる。マルクスは資本主義——彼はこれを、財を生産者自身が使用するためではなく交換するために生産する経済制度だと説明した——を、長い歴史的展開の結果だと見なしていた。資本主義では、階級対立が深刻化して、やがて限界点に達する。膨大な数の労働者（プロレタリアート）が劣悪な環境で働く一方で、生産手段を所有するごく少数の人々（ブルジョワジー）が裕福になる。マルクスは、資本主義はいずれ自滅するだろうと予言した。いわく、資本主義が繁栄するにつれて、ますます多くのプロレタリアートが、悪化する一方の生活環境で暮らしていかざるを得なくなる。やがて労働者たちは革命を起こし、それまでとは違う協力的な経済制度——各人が自らの能力に応じて与え、自らの必要に応じて受け取る制度——を打ち立てるだろうと、マルクスは考えたのである。

豆知識

1. マルクスは、著書の多くをドイツ人実業家の息子フリードリヒ・エンゲルス（1820〜1895）の協力を得て執筆した。ふたりの共同作業による著作のひとつ『資本論』は数巻から成る大部の書で、マルクスはこれを自身の代表作と考えていた。
2. マルクスは、資本主義崩壊後の真の共産主義が実現するまでの過渡期を「プロレタリアート独裁」と呼んだ。

第38週 第7日（日）

266 宗教 | ガザーリー

アブー・ハーミド・ムハンマド・イブン・ムハンマド・アル゠トゥースィー・アル゠ガザーリー（1058～1111）、通称ガザーリーは、イスラム世界で最も影響力を持った神学者・哲学者のひとりだ。彼は、現イランの一部であるトゥースに生まれた。

◆

　ガザーリーは、スンナ派の四法学派のひとつシャーフィイー学派の法学を学び、同学派の教師となった。33歳のとき、すでに一流の法学者として世に認められていたガザーリーは、バグダードにあるニザーミーヤ学院の主任教授に任命された。彼は同職を四年務め、在職中は常に高く評価され続けた。

　ガザーリーの主要な著作のひとつに『哲学者の自己矛盾』（"Tahāfut al-Falāsifah"　中村廣治郎訳註　平凡社東洋文庫　2015年）がある。この著書でガザーリーは、世界の出来事は、そのときの神の気分で決まると主張した。これはすなわち、自然界の因果律における他の原因をすべて排除し、あらゆるものを神の手に委ねるということである。

　同書でガザーリーは、プラトンやアリストテレスなど古代の哲学者と、彼らの思想を受け継ぐイスラム哲学者を批判した。彼によれば、こうした哲学者たちは、宗教的な問題に答えるのに理性を使うという誤りを犯しているという。もし神の存在など宗教に関する絶対的な真理を理性で証明できるなら、誰もがこうした真理を認めるはずだ。そうでないのだから、理性的な思考は宗教問題に答える根拠にはなりえないとガザーリーは考えていた。

　1095年、ガザーリーに信仰上の転機が訪れる。彼は学院を辞めてアラブ世界の各地を旅した。ダマスカス、エルサレム、メッカ、メディナ、エジプトを訪れてバグダードに戻り、最後には故郷のトゥースに帰った。この時期からガザーリーは、数あるスーフィー教団のひとつに従うようになった。

　以前からガザーリーは、神の真の本質は知ることができないとするアシュアリー学派神学を奉じていた。同学派は現在、ガザーリーの『哲学者の自己矛盾』を自派の最も重要な著作と見なしている。だから、この旅の途中でガザーリーが最終的に、スーフィズムの神秘主義が神とつながる最善の道を提供してくれるとの確信に至ったのも、決して飛躍した結論ではなかった。ガザーリーは支持者が非常に多かったので、彼が当時勃興してきたスーフィー教団の思想を取り入れたことにより、スーフィズムは社会の主流で信頼を得たと考えられている。

豆 知 識

1. 哲学的に言うと、ガザーリーの著作は哲学的懐疑論に相当する。同様の思想は、ジョージ・バークリーやデイヴィッド・ヒュームによりイギリスでも生まれたが、ガザーリーの方がそれより700年も早い。
2. ガザーリーを批判した中心人物のひとりにイブン・ルシュド（西洋ではアヴェロエスの名で知られる人物）がいる。彼がガザーリーを批判した書は、タイトルを『自己矛盾の自己矛盾』という。

第39週 第1日（月）

267 歴史 ｜ エリザベス・ケイディ・スタントンと女性参政権運動

「人類の歴史は男性によって女性が繰り返し傷つけられ権利を奪われてきた歴史です」
——**エリザベス・ケイディ・スタントン「所感宣言」、**
1848年セネカフォールズ会議にて

◆

　エリザベス・ケイディ・スタントン（1815〜1902）は、19世紀のアメリカで活躍した奴隷制廃止論者・禁酒運動家であり、女性の権利向上を訴え続けた女性でもあった。ニューヨーク州北部に生まれたスタントンは、人生のすべてを女性参政権（選挙権）運動に費やしたが、生きているあいだにその目標を達成することはできなかった。スタントンが亡くなって18年後、ようやくアメリカの女性は投票権を手に入れた。

　アメリカで女性参政権運動が本格的に始まった1848年当時、女性が選挙で投票するという考えは、多くの人にとって荒唐無稽なものだった。女性参政権は、太平洋にあるイギリス領の小島ピトケアン島で認められていただけだった。アメリカの大学で女子学生を受け入れていたところはほとんどなく、女性の権利は厳しく制限されていた。しかしこの年、スタントンらは、女性の権利実現のための道筋を立てるべく、ニューヨーク州セネカフォールズで会議を開くことにした。セネカフォールズ会議でスタントンは、ルクリーシア・モットとともに「所感宣言」を起草し、これに出席者たちが署名した。トマス・ジェファソンの「独立宣言」を意図的にまねて書かれた「所感宣言」は、「すべての男性と女性は平等に作られている」と訴えている。

　女性参政権論者たちは、世間から女性が政治に参加するのは淑女らしからぬ行為だと見なされていた時代において、自分たちの大義を真剣に考えていた。スタントンは結婚するとき、誓いの言葉から「従う」という言葉を削除してほしいと強く求めた。後の時代の進歩派と同じく、初期の女性運動家たちも保守的な人々からの嘲笑に耐えなくてはならなかった。アメリカ人は、男性も女性も、その多くが女性参政権論者を、奴隷制廃止論者と同じで、社会や伝統をひっくり返すことに熱中している我慢ならないリベラルな北部人の新種くらいにしか考えていなかった。

　1920年、アメリカ合衆国憲法修正第十九条が批准されて、女性に選挙権が認められた。スタントンは、生きて批准を目にすることはできなかったが、同志たちは彼女に敬意を払うのを忘れなかった。同じ運動家スーザン・B・アンソニーは、こう述べている。「みなさんに理解していただきたいのは、この女性が私の右にいなかったら、これだけのことを私が成し遂げることは絶対にできなかっただろうということです」

豆 知 識

1. アメリカで女性に選挙権を恒久的に認めた最初の州は、1890年に連邦に加入したワイオミング州だった。
2. 初期の女性参政権運動家には、アンソニーも含めクエーカーが多かった。クエーカーとは、イギリスとアメリカにいる平和主義的なキリスト教の小教派で、クエーカーには奴隷廃止運動や禁酒運動で指導者を務めた者も多い。
3. 今も女性の選挙権を制限している国は、ブルネイやサウジアラビアなどわずかに存在する。

第39週 第2日(火)

268 文学 │ 『ロリータ』

　ウラジーミル・ナボコフの『ロリータ』（1955年）は、最もすばらしく、かつ最も物議を醸した20世紀小説のひとつだ。当初は、この小説に対する否定的な意見ばかりが前面に出て、その文学的価値はかすんでいたが、騒ぎが収まると、読者も批評家も、『ロリータ』がその内容だけでなく、語りのスタイルや技法でも新境地を開いた作品だったことに気がついた。

◆

　ロシアで生まれたナボコフ（1899～1977）は、イギリスで教育を受け、同国で執筆活動を開始した。数冊の小説を出したあと、アメリカに移って大学教授になった。その過程で、読者によって好き嫌いが分かれる、知識人であることを意識したわざとらしい語り口調を編み出した。

　『ロリータ』は、中年の大学教授ハンバート・ハンバートが12歳の少女に抱いた、ゆがんだ性的欲望を描いた作品だ。パリで育ったハンバートは、アメリカに移住すると、ある未亡人の家で、幼い娘ドローレスが庭で日光浴しているのを目撃し、その家に部屋を借りることにする。ドローレス（愛称「ロリータ」）といつも一緒にいたいがために、未亡人と結婚までするがすぐに未亡人は死んでしまう。ハンバートとロリータは肉体関係を持つが、移り気な少女ロリータは関心を失う。やがてハンバートは、自分の肉欲が思いがけず真の愛に変わったことに気づくが、ロリータは彼の求愛をはねつける。

　語り手であるハンバートは、言葉が巧みで表現力も豊かだが、妄想が多くてまったく信用できず、優雅で詩的な言葉遣いで事実をねじ曲げ、幼い少女への性的欲望という不穏な本質を隠している。彼の説明では、誘ったのはロリータの方で、彼が「ニンフェット」と呼ぶ、性的にませた思春期の少女たちへの欲求は、悲恋に終わった幼いころの恋愛体験の副産物にすぎないという。次に示す、ハンバートが語る有名な冒頭部分は、言葉遊びを多用しつつも不安を招く本作品全体の調子を決定づけている。

　ロリータ、我が命の光、我が腰の炎。我が罪、我が魂。ロ・リー・タ。舌の先が口蓋で三度ステップを踏み、三ステップめで歯をタンと叩く。ロ。リー。タ。

　1955年に『ロリータ』を書き上げたものの、ナボコフはアメリカで刊行してくれる出版社を見つけることはできなかった。結局フランスで出版され、フランスでは傑作だという評価と、完全なわいせつ本だという評価に分かれた。多くの国で発禁処分になり、アメリカでもなかなか出版されなかったが、1958年に刊行されるとベストセラーになった。今日『ロリータ』は、セクシュアリティーと抑圧を鋭く掘り下げた文学作品であり、ポストモダニズム文学の特徴である「信頼できない語り手」という叙述技法を使った最重要な作例であるとして、高く評価されている。

豆知識

1. 若いころからナボコフは、ロシア語、英語、フランス語を自由に操った。初期の作品はおもにロシア語で書かれているが、後期の作品は、『ロリータ』も含め、英語で書かれている。

274

第39週 第3日（水）

269 視覚芸術 『星月夜』

『星月夜（糸杉と村）』は、フィンセント・ファン・ゴッホの絵の中でも特によく知られている一枚だ。単純なテーマ──星がきらめく夜空の下の、プロヴァンスの風景──を描いているが、精神性の非常に強い作品だと解釈されることが多い。

◆

　ゴッホ（1853〜1890）は『星月夜』を1889年6月19日の夜、サン゠レミの精神科病院に入院中に描いた。画面（73.5×92センチ）を大きく占めているのは、渦巻く雲と星々と月が浮かぶ、広大な夜空だ。その下には小さな村が見え、村を守るように立つ教会は、尖塔を夜空に突き刺すように伸ばしている。静かに眠る村は、なだらかな山々に囲まれている。そして画面の左には、火炎のような姿をした糸杉が、空にそびえ立っている。

　ある研究者によると、『星月夜』からは、ゴッホがアメリカの詩人ウォルト・ホイットマン（1819〜1892）を敬愛していたことがうかがえるという。ホイットマンの作品について述べた手紙の中で、ゴッホは「星の輝く巨大な天空という、結局は神としか呼べないものと、そして、世界の頭上のあるべき場所にある永遠」と書いている。

　この作品を、ゴッホは自然を直接見て描いたのではなく、前もって描いた数枚の素描をもとに制作している。完成した絵では、実際のサン゠レミ教会の形を修正し、故郷オランダの教会建築でよく見られる尖塔を付け加えている。

　この絵については多種多様な解釈がされてきた。ある研究者は、教会の暗い窓と扉は、インスピレーションが見つかるのは既存の宗教ではなく、巨大な糸杉に象徴される自然からだということを暗示しているのだと考えている。別の研究者は、ねじれた糸杉と力強さを感じさせる夜空は、苦悩するゴッホの魂を表現したものだと主張している。さらには、この絵に象徴性はまったくなく、1889年のあの晩に現れた現実の星座を描いたものにすぎないと言う者さえいる。もしそれが正しければ、このときゴッホが見ていたのは、ハッブル宇宙望遠鏡の観測結果によると、天の川で最も謎に満ちた星のひとつ、いっかくじゅう座V838星だったのかもしれない。

┌─────────┐
│ 豆 知 識 │
└─────────┘

1. 現在この絵は、ニューヨーク近代美術館で常設展示されている。
2. 渦巻くような筆さばきで塗られた絵具のせいで、木々や空は、火や水など自然の威力を示しているように見える。
3. 強力な感情を表現するためゴッホは絵具を渦巻くように厚く塗っているが、この技法は、20世紀初頭の表現主義を先取りするものだった。

第39週 第4日（木）

270 科学 | 化学結合

　化学結合とは、二個以上の原子が結びついて、水、食塩、油などの分子や結晶を作ることである。原子がほかの原子と結合するのは、電子（負の電荷を帯びた極小の原子構成粒子で、原子の中心にある核の周りを回っている）の配置をもっと安定したものにするためである。化学結合によって安定になると、そのエネルギー総量は、個々の原子のエネルギーの合計よりも小さくなる。化学結合には、大きく分けて、共有結合、イオン結合、金属結合の三種類がある。

◆

　共有結合では、原子どうしが一組以上の電子を共有する。共有する電子が一組だけの場合を単結合と呼び、二組の場合を二重結合、三組の場合を三重結合という。四重結合も、まれに存在するが、きわめて不安定であることが多い。一般に、共有結合が化学結合の中で最も強く、かつ最も安定していて、特に非金属どうしの共有結合では、その傾向が強い。共有結合には、無極性結合と極性結合の二種類がある。無極性結合では、電子が分子全体に均等に配置されるが、極性結合だと、電子が分子の片側に集まる傾向がある。そのため分子に正極と負極ができる。違う電荷を帯びた分子の端と端とが互いに引きつけ合い、それによって、例えば氷や水のように分子と分子が構造的に結びつく。

　イオン結合は、原子が別の原子に電子を渡すことで生まれる。多くの場合、イオン結合は電子を失いやすい金属原子と、原子を受け取りやすい非金属原子のあいだで起こる。金属原子が電子を失うと、正の電荷を帯びた陽イオンになる。非金属原子が電子を受け取ると、負の電荷を帯びた陰イオンになる。陽イオンと陰イオンがイオン結合を作る。例えばふつうの食塩である塩化ナトリウムは、金属原子であるナトリウムと、非金属原子である塩素がイオン結合で結びついたものだ。

　金属は、金属結合をすることが多い。金属原子は電子を失いやすく、そのため金属結合は、陽イオンが電子の海に浮かんでいる状態にたとえられることが多い。異なる金属を溶かし合わせて合金にしても、自由電子を共有することに変わりはなく、金属特有の強くて曲げやすい特徴はそのまま残る。

┌─── 豆 知 識 ───┐

1. 厳密に言えば、純粋なイオン結合は存在しない。すべて、共有結合か金属結合をある程度含んでいる。
2. 共有結合を最初に提唱したのはアメリカの物理化学者ギルバート・N・ルイスで、1917年のことだった。
3. クロム化合物では、五重結合が見られる。

276

第39週 第5日（金）

271 音楽 | 19世紀の民族主義

　100年以上にわたり、ウィーンは芸術音楽の世界的中心地だった。しかし1840年代に、オーストリア、ハンガリー、ドイツ、イタリア、フランスで革命が起こると、列強中心の支配体制に反発する民族主義運動が高まり、その対立は、19世紀が進むにつれて次第に激しくなっていった。音楽の世界では、作曲家たちが、祖国の民族音楽を再評価することで民族主義運動への支持を表現した。彼らの民族主義は、やがてモダニズムの作曲家たちが掲げる世界的な国際主義に取って代わられることになるが、一時期は多くの作曲家にインスピレーションを与える重要な発想源だった。

◆

　パリでは、フレデリック・ショパン（1810〜1849）が祖国ポーランドをたたえてポロネーズとマズルカを作曲し、ポーランド民衆が1831年にロシア支配を覆そうと蜂起して失敗した事件を記念する曲も作っている。チェコ民族主義を表現したのが、ベドルジフ・スメタナ（1824〜1884）、アントニーン・ドヴォルザーク（1841〜1904）、レオシュ・ヤナーチェク（1854〜1928）という三人の作曲家だ。ドヴォルザークは『スラヴ舞曲』（1878年）や『交響曲第四番』（1874年）、『交響曲第六番』（1880年）で、チェコの民族的主題やリズム・パターンを採用している。

　リヒャルト・ワーグナー（1813〜1883）とリヒャルト・シュトラウス（1864〜1949）は、ドイツ音楽こそが最も先進的で最も純粋な音楽だと考えた。こうした発想は、20世紀に入るとドイツの政治家たちに歓迎された。また、ピョートル・イリイチ・チャイコフスキー（1840〜1893）とニコライ・リムスキー＝コルサコフ（1844〜1908）は、ロシア皇帝の関心に応えて、ロシアの伝統音楽を取り入れた。

　民族主義音楽の最も有名な曲は、チャイコフスキーの『序曲1812年』（1880年）だろう。これはロシア政府からの依頼で、ナポレオンに対するロシアの勝利を記念するために作られた曲だ。チャイコフスキーは、一説によると不本意ながら作曲を引き受けたそうだが、完成した曲は、これまでに書かれたクラシック音楽の中でもトップクラスの人気を誇る曲となった。この曲では、ロシア国歌やロシア正教会の聖歌の一節が取り入れられているほか、楽譜では通常のオーケストラに加えて本物の大砲も演奏に使うよう指定されている。

豆 知 識

1. 1933年、リヒャルト・シュトラウスはナチ・ドイツの音楽統制機関である帝国音楽院の総裁になった。
2. 民族主義は20世紀に入ってからも、アーロン・コープランド（1900〜1990）やドミトリー・ショスタコーヴィチ（1906〜1975）などの楽曲にしばしば表れた。
3. 民族主義音楽の全盛期には、歴史上の大きな事件がふたつ起きている。1871年のドイツ統一と、1861年の統一イタリア王国の成立だ。

第39週 第6日(土)

272 哲学 | フリードリヒ・ニーチェ

　おそらくフリードリヒ・ニーチェ（1844〜1900）ほど、たびたび多くの人から誤解されてきた哲学者はいないだろう。ドイツの町レッケン・バイ・リュッツェンに生まれたニーチェは、若くして古典文献学の有名な学者となり、24歳でスイスのバーゼル大学の教授に就任した。しかし、体調を崩して教職を辞し、1889年には意識を失って倒れ、精神も肉体も病んだ病人となった。妹の看護を受けながら、ニーチェは正気を失ったまま亡くなった。

◆

　ニーチェ哲学の中心テーマは、彼の言う「あらゆる価値の再評価」で、彼は人々に道徳的・科学的・美的価値を問い直せと訴えた。ニーチェは、ヨーロッパ文化の根底をなす価値観の多く——特にキリスト教的道徳——は、生きることと喜ぶことをむやみに禁じていると考えていた。ニーチェによると、そうした価値観の多くは、怨恨を抱く弱者が強者の上に立つための道具として編み出されたものだという。キリスト教は、柔和で慎み深い者を称賛しており、病人が健康な者に勝利した宗教なのだ。それが、あらゆる価値体系とあらゆる哲学体系に、どのような人生を提示しているか考えてみよと、ニーチェは問いかけた。

　ニーチェの思想でもうひとつ重要なのが「永劫回帰」の思想——世界は永遠に同じ姿を繰り返すという考え——だ。永劫回帰により、私たちはひとりひとりが、ほんの些細なことに至るまで今とまったく同じ人生を、何度も繰り返し生きることになる。ニーチェは、これを試練と捉え、人生のありとあらゆる瞬間を、たとえそれがどれほど無価値で、どれほど屈辱的であったとしても、未来永劫繰り返すだけの意志を持つ人間とは、どのような人であろうかと問いかけている。

> 豆 知 識

1. 多くの専門家は、ニーチェは梅毒を患っていたと考えている。売春婦からうつされたか、プロイセン・フランス戦争で看護兵だったときに感染したと見られている。
2. ニーチェの妹エリーザベト・フェルスター＝ニーチェは、初期からのナチ党支持者で、自分の政治目的のため兄の思想を歪曲しようとした。ニーチェ自身は、ドイツの民族主義も反ユダヤ主義も厳しく批判していた。
3. ニーチェの「超人」という概念は、ナチ党により理想的なアーリア民族的英雄を指す言葉として利用された。ニーチェは、超人とはどういう存在か具体的には何も言っていないが、好戦的・暴力的な存在だと考えていなかったことは確かだ。
4. ニーチェは、ドイツ人作曲家リヒャルト・ワーグナーとたいへん親密だった。この友情はやがて破れ、その後ニーチェは自著でワーグナーを厳しく批判した。いくつかの証拠によると、友情が破れた原因は、ワーグナーがニーチェの担当医に、若いニーチェの目が悪いのはマスターベーションのやりすぎのせいだと適当なことを言ったためらしい！

第39週 第7日（日）

273 宗教 ｜ マフディー

イスラム教徒は、預言者ムハンマドは説教の中で、終末の日が近づくとマフディーと呼ばれる人物がイスラム世界に現れると説いたと信じている。この人物は、ムハンマドの「アフル・アル＝バイト」（家系）のひとりで、この世界を清浄で平和な場所に変えてくれるという。マフディーの特徴についてはさまざまな教義があるが、ここでも例に漏れず、シーア派とスンナ派では考え方が大きく異なる。

◆

スンナ派によると、マフディーはまだ生まれていないという。生まれるときには、その出生地はムハンマドが死んだメディナであり、両親の名前はムハンマドと同じアブドゥッラーとアーミナである。またスンナ派では、マフディーはムハンマドが最初の啓示を受けたのと同じ40歳で姿を現し、マフディーと復活したイエスが、その後何年も地上でともに暮らすと信じられている。

これに対してシーア派は、まったく違う見解を持っている。彼らは、預言者ムハンマドが死んで以降、イスラム世界はアリーを初代とする歴代のイマーム（指導者）によって導かれてきたと信じている。その最後となる第12代イマームは、868年に生まれた。しかし、彼はまだ死んではいない。第12代イマームが5歳のとき、父の第11代イマームが世を去った。少年の叔父が葬送礼拝を先導しようとすると、5歳のマフディーは、葬送礼拝の先導を行えるのはイマームのみだと宣言し、自ら礼拝を先導した。このあと彼は幽隠（隠れて不在の状態）に入り、今もその状態のままである。シーア派では、彼はムハンマド・マフディーという名で今も生きており、いずれ姿を現すと信じられている。

豆 知 識

1. ムハンマドは、最後の審判の日が来たのにマフディーが現れなかった場合、審判の日はマフディーが現れるまで永遠に続くと説いた。
2. フランク・ハーバートの小説『デューン／砂の惑星』（1965年）では、主要登場人物があなたはマフディーだと言われる。

279

第40週 第1日(月)

274 歴史 | アンドリュー・カーネギー

　アンドリュー・カーネギー（1835〜1919）は、19世紀にスコットランドからアメリカに移民して巨万の富を築いた人物である。カーネギーは大金持ちとなって引退すると、余生は金を寄付して過ごした。死ぬまでにカーネギーが慈善事業に寄付した総額は3億5000万ドル以上で、当時としては空前の額だった。今もアメリカの多くの町には、この元移民の慈善活動家が寄付した資金で建てられたカーネギー図書館がある。

◆

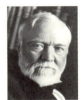

　カーネギーが財産を築くことができたのは、19世紀のアメリカでは鉄鋼の需要が天井知らずだったからだ。1848年にスコットランドから家族とともに13歳で移民してきたカーネギーは、綿織工場で働き始めたが鉄鋼業の方がチャンスが大きいことに気がついた。1865年、30歳のときにピッツバーグで橋の建設会社を立ち上げたのち、事業を鉄鋼業に絞り、急速に工業化を進める北アメリカ大陸を縦横に走る鉄道や橋梁用に鉄鋼を生産した。カーネギーはコストの抑制に熱心なことで知られ、やがて彼の会社は多くの競合他社を買収して、1892年にカーネギー鉄鋼会社となった。

　1901年、カーネギーは会社を売却して引退した。それまでに彼は、自分は貧しい家の生まれで、労働者階級の味方だというイメージを作り上げており、自著『富の福音』でカーネギーは、裕福な者は恵まれない者のために財産を使うべきだと主張した。引退すると、カーネギーはこの言葉をそのまま実践した。彼の寄付金を資金として、英語圏に2500の図書館が建設され、そのうち1600以上がアメリカに建てられた。これ以外にも、美術館や科学探検にも資金を提供したほか、ニューヨークには彼の名前を冠したミュージック・ホールが建てられた。

　アメリカでは、カーネギーが赤貧から身を起こして金持ちになったという話から、アメリカン・ドリームを追えば誰もが金持ちになれると信じられた。彼の名前は、アメリカにあふれるチャンスと、裕福な者が持つべき責任とを象徴するシンボルとして今も人々の心に残っている。

［ 豆 知 識 ］

1. カーネギーはさまざまな慈善活動に貢献したが、そのひとつとして、自費でアメリカ各地に7000台以上の教会用オルガンを設置させた。そのオルガンの一部は今も使われている。
2. カーネギーは財産を築いたあと、たびたびスコットランドに帰り、同地のハイランド地方にあるスキボー城を夏の別荘として購入した。この城は長らくカーネギー一族の所有だったが、今では会員制のリゾート・クラブになっている。2000年には、ここで歌手マドンナと映画監督ガイ・リッチーが結婚式を挙げた。
3. カーネギーは、南北戦争では北部を熱烈に支持していた。戦争中は軍の鉄道および電信の監督官となり、部隊を戦場へ輸送する調整業務を担当した。
4. 巨大な恐竜ディプロドクス・カルネギイは、この恐竜を最初に発掘した調査事業に資金を出したカーネギーの名にちなんで名づけられた。

第40週 第2日(火)

275 文学 │ 『ハックルベリー・フィンの冒険』

マーク・トウェイン（1835～1910）の『ハックルベリー・フィンの冒険』（1884年）は、今も昔も、19世紀アメリカ文学の中で最も広く読まれている作品のひとつだ。禁書となった経緯もあるが、本作は老若男女の心に響く、感動的な物語である。

◆

ハックルベリー（ハック）・フィンは、ミズーリ州セント・ピーターズバーグ生まれの少年だ。ハックの父親「おとう」は、ゴロツキのような飲んだくれで、ほとんど家に居つかないため、ハックは中年の未亡人の世話になっているが、この婦人が何かとハックをお上品にしつけようとするので、ハックは困っている。ある日「おとう」が町に戻ってくると、無理やりハックを人里離れた小屋へ連れていき、散々に殴りつけた。父の暴力から逃れるため、ハックは自分が死んだことにして脱走し、ミシシッピ川の中州に行くと、そこで逃亡奴隷のジムと出会う。ジムは、ハックの世話をしている婦人の姉妹の家から逃げてきたのである。

ハックとジムは、いかだに乗って川を下り、その途中で犯罪者や、逃亡奴隷を探す賞金稼ぎ、詐欺師など、闇の社会で生きるさまざまな悪党たちに次々と出会う。その後いろいろとあってジムは捕らえられるが、ハックとその友だちトム・ソーヤーによって救出される。結局、全員が無事に戻り、小説の最後でハックは、この地を出て、未開の地であるアメリカ西部を探検しようと決心する。

本作でハックの成長と並んで小説の軸となっているのが、社会の規範が自分の感情や心の声と矛盾しているのをどう解決するかというハックの葛藤である。とりわけハックはジムとの関係に悩む。南部で育ったハックは、小さいころから、逃亡奴隷を手助けするのは悪いことだと教えられてきた。しかしジム——この小説で誰よりもはるかに心優しく、まっとうな人物——は、たちまちハックが信頼する人物となり、まるで父親のような存在になる。最後にハックは、社会の規則が常に正しいとは限らず、自分で善悪を判断する方がよいことに気づくのである。

豆 知 識

1. 今も『ハックルベリー・フィンの冒険』は、「nigger」（黒ん坊）という差別語を頻繁に使っているからという理由で、アメリカの多くの学区では禁書扱いになっている。トウェインがこの語を使ったのは、この作品に現実味を加えるためにすぎず、小説全体は人々に寛容を説き、人種差別の愚かしさを伝えているにもかかわらずだ。
2. トウェインは、アメリカ史で南北戦争後の再建期から第一次世界大戦までの時代を指す一般的な用語「金ぴか時代」の考案者だ。この名はもともとは1873年に彼が出した小説のタイトルである。
3. この以前にトウェインが書いた小説『トム・ソーヤーの冒険』（1876年）では、トムとハックは人殺しが隠した金貨を見つけるが、この金貨を『ハックルベリー・フィンの冒険』では「おとう」が手にしようと狙う。

第40週 第3日(水)

276 視覚芸術 │ 『グランド・ジャット島』

　ジョルジュ・スーラ（1859〜1891）の『グランド・ジャット島の日曜日の午後』（1884
〜1886年）は、後期印象派の中でも特によく知られている作品だ。この絵はスーラの有名な
点描画法（分割描法とも言う）で描かれており、パリ近郊のセーヌ川河畔で人々が散策したり
腰を降ろしたり、釣りや舟遊びを楽しんだりしている静かな情景が捉えられている。

◆

　『グランド・ジャット島』を描く以前の数年間、スーラは光学理論の研究と絵画制作への応用
に取り組んでいた。アメリカの物理学者オグデン・ルードが色彩について書いた論文『色彩の
科学的理論（仮）』（Théorie scientifique des couleurs）（1881年）に影響を受けたスーラは、
自然の光と色彩を、絵具を厚く塗り重ねた点や線で表現する科学的なシステムを考案した。彼
が1883年に描いた『アニエールの水浴』は、この技法を屋外の大きな場面を描くのに適用し
た初期の例である。

　1884年、スーラは207×308センチのキャンバスを使って『グランド・ジャット島』の制
作に取り掛かり、1885年の展覧会に合わせて完成させたが、肝心の展覧会は中止になった。
その後、彼は自ら「色光主義」（chromo-luminarism）と名づけた点描技法を使って作品のあ
ちこちを手直しし、最後となった第八回印象派展に出品した。この絵の構想を抱いてから完成
させるまでのあいだ、スーラは準備のため紙とパネルとキャンバスに合計59枚の素描を描いた。
こうした素描から、彼の独創的な制作過程を興味深くうかがい知ることができる。

　この絵の舞台となっているのは、グランド・ジャット島の北西岸で、セーヌ川を挟んで向か
い側にはクールブヴォワという町がある。画面には、48人の人物、八つのボート、三匹の犬、
そして一匹の猿がいる。右端に立つカップルが構図の主役だ。女性は革ひもを二本持っており、
その先は足元にいる犬と猿につながれているようだ。その左には三人の男女がいる。そのうち
のひとりは、カジュアルな服装で芝生に寝そべり、パイプを吹かしている。その近くには——
横になった男性とは対照的に——エレガントな装いの女性が、背筋を伸ばして座っている。絵
の中央で白がまぶしい服を着た子どもだけが、絵の中からこちらを見ている唯一の人物だ。画
面の奥に行くに従い、さらに多くの人がグループで、またはひとりで、描かれている。画面に
は、リラックスした雰囲気とフォーマルな雰囲気が交互に現れる。画中の人物たちはやや平面
的で、まるでボール紙から切り出して風景の中に配置を考えながら並べたかのように見える。

　本人の説明によると、スーラはこの絵を、パルテノン神殿の浮彫りのような古代のすばらし
い傑作と比較できるだけの価値を持つ、現代生活を描いた歴史的記録にするつもりだったとい
う。1924年、フレデリック・クレイ・バートレットという人物が『グランド・ジャット島』
をシカゴ美術館のため購入し、この絵は今も同館で見ることができる。スティーヴン・ソンド
ハイムによる最近のミュージカル『日曜日にジョージと公園で』では、この絵がそのまま舞台
で俳優たちによって再現された。

第40週 第4日(木)

277 科学 | 物質の状態

　物質の状態には、固体・液体・気体の三種類があり、この三態は、当該物質の形と体積によって定義される。固体は決まった体積と形を持つ。液体は決まった体積を持つが、形はその液体を入れる容器によって決まる。気体は、決まった形と体積を持たず、容器がなければどこまでも広がっていく。

◆

固体　　　　液体　　　　気体

　物質は分子で構成されており、分子は原子でできている。この原子と分子が、物質の状態を決める。すべての分子は運動エネルギーを持っていて、常に運動する。分子の運動が激しければ激しいほど、分子は互いに離れようとする。しかし分子には、特に同じ種類の分子の場合、分子間力が働いていて、互いに引きつけ合おうとする傾向がある。この運動エネルギーと分子間力の綱引きで、物質がどの状態になるかが決まる。ふたつの力の大小関係は、温度と圧力に強く影響される。温度が上がると分子の動く速度が速くなって運動エネルギーが増え、圧力が高くなると分子どうしの距離が縮まって分子間力の方が大きくなる。

　固体では、分子の動きは非常に遅く、振動しているか回転しているだけで、分子間力の方がとても大きくなる。このとき分子は整列して、結晶と呼ばれる強固な構造を作ったり、ガラスのような無定形固体（非晶質ともいう）という構造を作ったりする。同じ分子でも、温度と圧力によって違った構造を取ることもある。例えば固体の炭素は、黒炭になることもあればダイヤモンドになることもある。こうした構造の違いを「相」という。

　液体では、運動エネルギーが大きくなり、分子間力が相対的に小さくなるため、分子は簡単に位置をずらす。大半の物質は液相がひとつしかないが、中には複数の液相を持つ物質もある。例えば液体ヘリウムは相がふたつある。気体では、分子間力がほとんど働かないため、分子は自由に運動できる。分子の運動エネルギーがさらに増え、圧力がほとんどない状態になると、電子（負の電荷を帯びた極小粒子）が原子から飛び出してしまう。この相をプラズマといい、恒星で発生している。

豆知識

1. 氷（固体の水）には異なる相が八つある。
2. 液体ヘリウムの相のひとつは、非常に奇妙な振る舞いをする。容器に注ぐと、底に沈んだあと、容器の内側をのぼって縁を乗り越え、容器の外に出てしまうのだ。
3. 超低温では、分子はほとんど動かなくなる。そのため物質は、「超流体」「超固体」「ボース＝アインシュタイン凝縮」などさまざまな相を取る。

第40週 第5日(金)

278 音楽 | ピョートル・イリイチ・チャイコフスキー

生前は批評家たちから軽んじられていたピョートル・イリイチ・チャイコフスキー（1840～1893）が、クラシック音楽の分野にどのような貢献をしたかについては、今も多様な見方がある。とにかく派手で、やたらにセンチメンタルだが、形式をほとんど理解していない三文作曲家だという意見もあれば、心の中の思いをそのまま曲で表現し、自分の直感に従うだけの勇気を持った民族主義者だという声もある。いずれにしても、チャイコフスキーの管弦楽曲は、その名を歴史にとどめ、芸術音楽の世界を知る分かりやすい入門曲になっている。

◆

モスクワの東900キロメートルにある鉱山町に生まれたチャイコフスキーは、子どものころはひ弱で病気がちだった。やがて寄宿学校へ入れられ、のちにサンクトペテルブルク音楽院に入学した。1866年、モスクワ音楽院の和声教授となり、民族主義作曲家の小さなグループに加わった。モスクワ時代には、『交響曲第二番　小ロシア』（1872年）などロシア的な主題を取り入れた曲をいくつか作った。

はじめのうちチャイコフスキーは、祖国ロシアではあまり評価されなかった。『ピアノ協奏曲第一番』（1875年）を演奏してロシアの大音楽家ニコライ・ルビンシテインに聞いてもらったときには、「役立たずで演奏不可能」と言われた。しかし、ボストンでの初演では広く絶賛された。チャイコフスキーは、後半生になって『交響曲第四番』（1878年）などの作品を手掛け始めると、ようやくロシアでも認められるようになった。

チャイコフスキーの作品で特に有名なものに、『序曲1812年』（1880年）、バレエ音楽『白鳥の湖』（1876年）、毎年クリスマスによく上演される『くるみ割り人形』（1892年）などがある。

豆知識

1. チャイコフスキーは、1891年にカーネギー・ホールのこけら落としで指揮棒を振った。彼はのちに、私はヨーロッパよりもアメリカで人気があると書いている。
2. チャイコフスキーの死因については、生水を飲んでコレラにかかって死んだという説と、同性愛スキャンダルの発覚を恐れて服毒自殺したという説がある。
3. チャイコフスキーは同性愛者だったが、その隠れ蓑として、熱心なファンだったアントーニナ・ミリュコワと1877年に結婚した。しかし、この結婚は数週間で破綻した。

第40週 第6日(土)

279 哲学 ｜ モダリティ

　あなたには、身長が今よりもう少し高くなる可能性や、低くなる可能性があった。兄弟姉妹の数も、今より多い可能性や少ない可能性があった。これはいずれも可能性としての話で、現実はそうならなかった。このように、この世界で、ある事柄が現実と違っていた可能性を持っていることを、哲学では「偶発的」という。しかし、この世界には現実と違う姿にはなりえないものもある。例えば、2＋2は、どう計算しても4にしかなりえない。2＋2＝4のように、この世界には必然的に正しい事柄もある。

◆

　モダリティの問題とは、この世界のうち、どの特徴が偶発的で、どの特徴が必然的であり、それをどうやって見分ければよいのかを特定するという問題のことだ。モダリティの問題は、私たちが世界に関する真理をすべて知り尽くしたあとも残る。なぜなら、依然として「この真理のうち、どれが必然的で、どれが偶発的なのか?」という問いが可能だからだ。

　哲学者のほぼ全員が、論理は必然的に真であると考えている。例えば、もしソクラテスが人間で、すべての人間はいずれ死ぬのだとしたら、そこから必然的に、ソクラテスがいずれ死ぬという結論が導き出される。最初のふたつの仮定が真なのに最後の結論が偽ということはありえない。同様に、ほぼすべての哲学者が、数学は必然的に真であると考えている。2＋2が4にならないことはありえないのである。しかし、これ以外の、例えば「宇宙の物理法則は必然的なのか」といった問題については、哲学者の意見は分かれている。さらに個々の事柄についても、それが必然的に真なのかどうかについて考えは一致していない。例えば、「あなたが人間であるのは必然的なのか、それとも偶発的にすぎないのか?」「あなたが人間以外のもの——例えば猫とかマーモットとか——として存在した可能性はあるのか?」という問いや、宗教に関わる問題として「もし神が存在するとしたら、それは必然的に存在するのか?」といった問いには、統一した答えが出ていない。

[豆 知 識]

1. バールーフ・スピノザ(1632〜1677)は、すべては必然であり、この世に偶発性は存在しないと考えていた。
2. ルネ・デカルト(1596〜1650)は、何が必然で何が偶発かは神が決定していると思っていた。もし神が望めば、例えば2＋2＝4も偽になっていただろうと考えていたのだ。

第40週 第7日（日）

280 宗教 | ジハード

　アラビア語の「ジハード」には、論争を呼ぶ複数の意味がある。しばしば「聖戦」と訳され、その意味だと理解されているが、この語には「神の道を進む努力」という意味もある。

◆

　ジハードで求められる努力とは、イスラム教と取り組むとき実践しなくてはならない努力のことだ。この努力には、よりよいイスラム教徒になるための内面的な奮闘や、書物や説教や学問を通じて悪と戦う奮闘が含まれる。

　これまではジハードの聖戦としての側面が強調されてきたが、それは近年の出来事のせいだけでなく、イスラム教の歴史にも理由がある。ムハンマドは、メディナに逃れたあと、支持者を集め、メッカを攻めて勝利した。その後、メッカを拠点にイスラム教をアラビア半島全土に広めた。イスラム教では伝統的に、世界を「ダール・アル＝イスラーム」と「ダール・アル＝ハルブ」のふたつに分ける。ダール・アル＝イスラームとは「イスラムの家」という意味で、すでにイスラム教が広まっている地域を指す。それに対してダール・アル＝ハルブは「戦争の家」つまりイスラム教がまだ伝わっていない地域のことだ。

　一部の研究者は、だからイスラム教徒は、世界がイスラム教徒だけになるまで戦争を続行しなくてはならないのだろうと主張している。しかし、これは必ずしも正しくない。イスラム帝国がアラビア半島を制覇し、アフリカ・アジア・ヨーロッパに拡大する中で、イスラム教徒はすでに他の一神教を信じている多くの人々と出会った。また、イスラム教徒も軍事的敗北を喫した。そのためイスラム世界の拡大はペースを落とし、武力に訴えることも少なくなった。イスラム教徒の指導者の多くは、平和共存のビジョンを支持し始めたのである。

豆 知 識

1. イスラム神秘主義者のあいだでは、小ジハードと大ジハードが厳密に区別されている。聖戦は小ジハードであり、魂による努力が大ジハードと見なされている。
2. ムハンマドは優れた軍人として伝えられていることが多く、そのことがイスラム教は好戦的だという主張に説得力を与えている。しかし、はっきり指摘しておくが、ムハンマドが戦争を実施したのは生涯最後の10年間だけだ。それまでの50年以上は商人であり、宗教者であった。

286

第41週 第1日(月)

281 歴史 | ウラジーミル・レーニン

　20世紀初頭、ロシアでは専制君主体制が支配を維持しようと懸命になっていた。最後のロシア皇帝ニコライ二世は、サンクトペテルブルクにある巨大な冬宮から、国土は広大だが、裕福な地主と貧困にあえぐ農民と日々の糧にも困る工場労働者が住む多難な帝国を統治していた。政治的自由の拡大を求める抗議の声が起こっていたが、改革を求めて高まる声を皇帝の軍隊は繰り返し弾圧し、反体制派を絞首刑にしたりシベリアへ流刑にしたりした。ロシア人民にとって、1914年に始まった第一次世界大戦が我慢の限界となった。多くの戦死者——170万のロシア兵が、ヨーロッパ列強の権力闘争のせいで死んだ——に愕然とした民衆は、1917年、ついに皇帝を退位させた。

◆

　当初ロシアの革命派は、君主制に代えてフランスやイギリスのような自由民主主義を導入しようと考えていた。しかし、ロシアの町シンビルスク（現ウリヤノフスク）出身の中年の政治活動家は、違った考えを抱いていた。皇帝退位から一年もしないうちに、ウラジーミル・イリイチ・レーニン（1870〜1924）と彼を支持する共産主義者たちは、ロシア各地で権力を握った。彼らは自由民主主義を拒否し、マルクス主義の政治哲学を軸とした新たな政府を築こうとした。かつてのロシア帝国の残骸からレーニンと共産主義者が作り出した新たな国家が、ソヴィエト社会主義共和国連邦（ソ連）である。

　帝政時代、レーニンは破壊活動に携わっていたため、何年も亡命生活を送ったり投獄されたりした。この時期に、のちにレーニン主義と呼ばれるようになる思想を体系化した。レーニン主義は、カール・マルクスの思想を実際の共産主義国家を運営するための青写真にしようとしたものだ。現実には、ソ連のレーニン主義はロシア人民に多大な苦難を強いた。1924年にレーニンが死ぬまで、その政府は私企業を禁じ、数千人を処刑し、飢餓を招いて数百万のソヴィエト国民を飢え死にさせた。それでも、工業生産という点では、レーニンの革命は成功だった。1945年に第二次世界大戦が終結した時点で、ソ連は軍事超大国になっていた。1924年にレーニンが死ぬと、ソ連ではヨシフ・スターリンが権力を握り、30年にわたり恐怖政治を敷いて、共産党による支配を強固なものにしていった。

豆 知 識

1. レーニンの死後、その遺体は防腐処理されてモスクワ中心部にある霊廟に安置された。遺体は今もそこにある。
2. レーニンは、イギリスの小説家ジョージ・オーウェル（1903〜1950）の有名な小説『動物農場』（1945年）に登場するメージャー爺さんのモデルになった。
3. 退位した皇帝とその一家は、1918年にソ連によって殺害された。

第41週 第2日（火）

282 文学 『ボヴァリー夫人』

　ギュスターヴ・フローベールの小説『ボヴァリー夫人』（1857年）は、19世紀写実主義（リアリズム）を代表する初期の傑作のひとつだ。小説のストーリーは、現代人の目には陳腐に見えるかもしれないが、満たされない女性が不倫に走る姿の写実主義的な描写は、当時としては斬新だった。実際、このあらすじに人々は憤慨し、フローベールと出版社は風紀紊乱の罪で訴えられた。

◆

　フローベール（1821〜1880）は、フランスで大きな社会的変革が起きていた時代に生きた人物だ。1789年のフランス革命後、退場していく貴族に代わって、実業家や商人から成る中産階級が勃興してきた。知的エリートとして育てられてきたフローベールは、この新興成金の粗野で物質主義的な価値観を毛嫌いしていた。この嫌悪感は、彼の全作品に見られるが、特にはっきり表れているのが『ボヴァリー夫人』だ。

　主人公のエマ・ボヴァリーは、修道女から教育を受けた田舎育ちの娘だ。平均的な財産と最低限の能力しか持たないブルジョワ医師と結婚したものの、結婚生活の現実は、夢見ていた理想の姿とはまるで違って退屈きわまりない。娘を産んで母になっても気分は高まらず、ロマンチックな恋か何かを求めるが、その願いをかなえる当てもなければ情熱もない。エマは二度ほかの男と不倫関係を持つが、ひとつは男に捨てられて終わり、もうひとつは腐れ縁となって惰性で続く。夫は妻の不倫などつゆ知らないが、エマは次第に無分別になって金遣いが荒くなり、かさんでいく巨額の借金を返すため、ついには体を売ることまで考える。最後は急に何もかもが空しくなって、毒を飲んで自殺して果てる。

　『ボヴァリー夫人』が文学の古典としての地位を得たのは、そのテーマと、画期的な文体的手法のおかげだ。ロマン主義の小説家や詩人が人間の精神について楽観的な態度を取っていたのに対し、彼らよりはるかに悲観的だったフローベールは、エマの状況を分析的・客観的に描いている。また文体も、それまでにない斬新な手法で操り、話の展開ごとに、雰囲気の変化に合わせて微妙に表現を変えている。フローベールの死後に登場した写実主義の巨匠たちは、レフ・トルストイ（1828〜1910）からトマス・ハーディー（1840〜1928）に至るまで、彼から大きな影響を受けて傑作を生み出した。

豆 知 識

1. フローベールは、ひとつひとつの単語を選ぶのに延々と悩むことで有名だった。彼は、常に描写や状況に合った「それしかないピッタリの単語」（le seul mot juste）を見つけなくてはならないと思っていた。
2. フローベールが『ボヴァリー夫人』を完成させるのに五年以上かかった。友人たちから執筆をいったん中断したらと強く勧められたが、彼は完成まで全身全霊で打ち込んだ。
3. フローベールは『ボヴァリー夫人』に「Moeurs de province」（田舎の習慣）という副題をつけていた。彼がブルジョワジーを嫌っていたことを、皮肉を込めてはっきり言い表した副題だ。

288

第41週 第3日（水）

283 視覚芸術 | 表現主義

　表現主義は、自然主義芸術を意図的に拒否した芸術家たちによって始められた運動だ。表現主義の芸術家たちは、目に見える世界を客観的に捉えようとするのではなく、世界を自分たちの欲求に合わせて改変する。統一的な様式があったわけではないが、不調和色、バランスを欠いた構図、粗雑で子どものような原始的技法などを使おうとする傾向が強かった。彼らは、ルネサンスやアカデミック美術の洗練された古典主義に背を向け、アルブレヒト・デューラーやマティアス・グリューネヴァルトなど16世紀ドイツの巨匠たちの感情がこもった絵画にインスピレーションを求めた。

◆

　表現主義の発展にはフィンセント・ファン・ゴッホやポール・ゴーギャンの貢献も大きかったが、一般にこの運動は、1905年、アンリ・マティスをリーダーとする芸術家グループがパリで最初の展覧会を開いたのを始まりとする。このメンバーは、強烈な色彩を使い、人物像をゆがめて描いたことから、やがて「フォーヴ（野獣）」と呼ばれるようになった。

　フォーヴたちがパリで論争を巻き起こしていたころ、ドイツ表現主義はドレスデンに根を下ろそうとしていた。この地でエルンスト・キルヒナーが芸術家グループ「ブリュッケ（橋）」を立ち上げた。この名には、新旧の芸術世界の架け橋になろうという意図が込められていた。ブリュッケのメンバーたちは、後期印象派、フォーヴ、アフリカの木彫品などの影響を受けて、都会の街頭などのテーマを描写する粗雑で粗削りな様式を発展させた。このグループの最重要メンバーのひとりエミール・ノルデの描いた『仮面の静物画 III』（Maskenstilleben III）は、グループの芸術的特徴をよく表している。1905年以降、表現主義はヨーロッパ各地で同時に起こった。この運動を代表する主要な画家には、オーストリアのオスカー・ココシュカとエゴン・シーレ、フランスのシャイム・スーティンとジョルジュ・ルオー、ノルウェーのエドヴァルト・ムンク、ベルギーのジェイムズ・アンソールなどがいる。1911年、ワシリー・カンディンスキーとフランツ・マルクが、ミュンヘンに芸術家グループ「ブラウエ・ライター（青騎士）」を創設した。このグループは、短命に終わったものの、表現主義と象徴主義とキュビスムの原理を融合させて、抽象絵画への道を開いた。

　表現主義は、20世紀前半に古典主義を否定した多種多様な芸術運動（例えばキュビスム、未来派、ダダイズム、シュルレアリスムなど）を十把一絡げに指す言葉として使われることもある。その表現主義も、1930年代半ばにナチ政権から退廃的だと批判されると、次第に下火になっていった。その時点で表現主義を代表する芸術家の多くは、アメリカなど安全な地に避難した。

豆 知 識

1. フォーヴィスムの画家たちは最初の表現主義者と見なされることが多いが、彼らが肯定的な感情を引き起こそうとしていたのに対し、他の国の表現主義者たちは恐怖、怒り、欲求不満、苦悩などを描く傾向が強かった。
2. 表現主義者は木版画を制作することが多かった。彼らは木版画の荒々しい輪郭線と、黒と白の鮮明な対比が生まれる点を高く評価していた。

第41週 第4日(木)

284 科学 | 光化学

　すべての光は、光子と呼ばれるエネルギーの塊として地上に降り注ぐ。可視光線は、電磁スペクトルと呼ばれる光の全帯域のほんの一部にすぎず、電磁スペクトルには、可視光線以外にも電波、マイクロ波、赤外線、紫外線、X線、ガンマ線などが含まれる。そのひとつひとつに、それぞれの特徴となる波長・周波数・エネルギー量がある。例えば電波は波長が長くエネルギーは小さいので、ほとんどの物質に影響を与えることなく透過する。それに対して紫外線は、肌を日焼けさせるほどの強い化学反応を引き起こすエネルギーを持っている。可視光線も、写真のフィルムに画像を残す化学反応を引き起こす。

◆

　白黒のモノクロフィルムは、ビニール製の薄い保護膜と、ゼラチンに銀塩結晶（ハロゲン化銀）の粒を混ぜた感光層でできている。ハロゲン化銀は、可視光線の波長・周波数・エネルギー量に敏感に反応する。光にさらされると、光を吸収して銀に変化するのだ。光が当たれば当たるほど、銀塩結晶は暗くなる。そのため、実際の風景で一番明るい場所が、ネガ・フィルムでは最も暗い場所になる。同じくハロゲン化銀の感光乳剤が塗られた写真用の印画紙にネガを載せて光を当てると、ネガの暗いところは光をほとんど通さない。ネガの明るいところは光をよく通す。このため印画紙には、ネガと白黒逆の画像が現れる。

　カラーフィルムでは、感光層は赤い光・緑の光・青い光のそれぞれの周波数に敏感な複数の層で構成される。フィルムを現像すると、この三色が重なって、私たちがふだん目にするすべての色となって現れる。

豆 知 識

1. 感光層で使われるゼラチンは、フルーツゼリーなどで使われるのと同じゼラチンを精製して純度を高めたものだ。
2. 史上最初の写真は、1827年にジョゼフ・ニエプスによって撮影された。彼は、瀝青という光化学物質でコーティングした金属板を太陽に露出させた。画像が定着したのは、八時間後のことだった。
3. ダゲレオタイプ（銀板写真）は、史上はじめて商業的に成功を収めた写真だ。ただし、現像するのに危険な水銀蒸気を使ったため、不注意な写真家が大勢、不慮の死を遂げた。

290

第41週 第5日(金)

285 音楽 | アントニーン・ドヴォルザーク

　国際的に活躍したチェコ人作曲家アントニーン・ドヴォルザーク（1841～1904）は、当時オーストリア領だったベーメン（ボヘミア）地方に生まれ、プラハ国民劇場のオーケストラでヴィオラ奏者となった。1874年にドヴォルザークの『交響曲第三番』が、オーストリア政府の審査に合格して国家奨学金を受けられることになり、審査員だったヨハネス・ブラームス（1833～1897）からも曲を高く評価された。1891年、ドヴォルザークはプラハ音楽院の作曲科教授のポストを与えられたが、この職には一年しか身を置かなかった。翌年に1万5000ドルという多額の報酬を提示され、ニューヨーク・ナショナル音楽院の院長に就任することを許諾したからである。

◆

　ベーメン各地で五か月にわたり離任コンサートを行ったのち、ドヴォルザークはアメリカに向けて出発した。アメリカ滞在は、つらいことも非常に多かったが、生涯で最も多くの作品を生んだ時期になった。このアメリカ時代に、『交響曲第九番　新世界より』（1893年）や『弦楽四重奏曲　アメリカ』（1893年）などを作曲した。

　『新世界より』は、ドヴォルザークが休暇でアイオワ州スピルヴィルというチェコ語が通じる町へ向かっている最中に作曲したものだ。列車に乗って大草原を移動中、目にした景色に触発されて、自分が解釈するアメリカの姿を曲で表現したのである。そうして生まれた交響曲は、この国が持つ活気と広い国土を連想させる。曲を聞くと分かるように、ドヴォルザークがこの曲に取り入れたアメリカ民謡の旋律とリズムからは、放浪者が故国を懐かしく思う気持ちが感じられる。

　ドヴォルザークの管弦楽曲は大半がそうだが、この交響曲でも、作曲者がロマン主義的な感性を根底に持ちながらも、古典的な形式をしっかり把握した上で作曲していることがよく分かる。ドヴォルザークが他の作曲家と違っているのは、彼が民謡の旋律を熱心に取り入れた点だ。『交響曲第五番』（1875年）には、ベーメン風に聞こえる旋律があるし、『交響曲第六番』（1880年）は、フリアントというチェコの民族舞曲が取り入れられている。晩年になると、明確な傾向のない叙情的なジャンルである交響詩もいくつか作曲した。

豆知識

1. ドヴォルザークは、見事な弦楽四重奏曲をいくつも作曲したことでも知られている。
2. アメリカで約三年を過ごしたのち、ドヴォルザークはプラハに戻り、オペラや交響詩を作曲しながら満ち足りた生活を送った。
3. ドヴォルザークは『交響曲　新世界より』を、ヘンリー・ワズワース・ロングフェローの詩『ハイアワサの歌』（"The Song of Hiawatha"　三宅一郎訳　作品社　1993年）のチェコ語訳を読みながら作曲した。

第41週 第6日(土)

286 哲学 | プラグマティズム

　プラグマティズムは、アメリカでチャールズ・サンダーズ・パース（1839〜1914）、ウィリアム・ジェイムズ（1842〜1910）、ジョン・デューイ（1859〜1952）によって創始された哲学思想だ。多くの研究者はプラグマティズムを、アメリカによる哲学への最も独創的な貢献だと考えている。

◆

　パース、ジェイムズ、デューイの三人は、具体的な思想については違いがあるが、哲学への一般的なアプローチは共通している。プラグマティズムが登場する以前、多くの哲学者たちは真理の対応説を信じていた。この説によると、ある考えや命題が真であるかどうかは、精神や言語とは無関係の抽象的な真実性と合致しているかどうかで決まる。この説を信じる人々は、私たちが持つ最も有力な証拠がすべて正しくないということが可能性としてありうるし、この世界についての私たちの考えすべてが、あらゆる中で最も信頼できる実験によって支持されているにもかかわらず、じつは間違っていたということも、ありうると主張する。プラグマティストは、この考えに反対だという点で一致している。上記の三人全員が、真理とはもっと簡単に定義できると考えていた。それが真であるとは、言ってみれば、それを信じるに足る最も有力な証拠を私たちが持っているということにすぎないと、三人は主張したのである。

　さらにプラグマティストは、命題や考えは、人生の現実的な問題に直面したときどのような役割を果たすかによって評価すべきだと考えていた。プラグマティストの言う「現実的」という言葉には、道徳的・宗教的・政治的という意味も含まれていた。形而上学も結構だが、それはあくまで、私たちがこの世界を迷わずに生きていくのを助けてくれる限りにおいての話だった。

　ジェイムズとデューイは、哲学以外の分野にも重要な貢献を果たした。ジェイムズは、アメリカにおける実験心理学の先駆者であり、大きな影響を及ぼした『心理学原理』（1890年）の著者である。デューイは教育について数々の著作を残し、学校はもっと柔軟になって、子どもの想像力と個性を考慮に入れるべきだと訴えた。彼は、自分のプラグマティズムは進歩的な政治と強く結びついていると考え、そうした政治を20世紀前半に断固とした決意で擁護したことでも知られている。

─────── 豆 知 識 ───────

1. デューイは自分の理論を「道具主義」と呼ぶのを好んでいた。
2. パースは、記号論の先駆者である。
3. ウィリアム・ジェイムズは、アメリカの著名な小説家ヘンリー・ジェイムズの兄である。父のヘンリー・ジェイムズ・シニアは、当時有名な哲学者だった。この父は、ふたりの息子を天才にするという明確な目標を持って育てた。

第41週 第7日(日)

287 宗教 ｜ 天使ガブリエル

　　天使ガブリエルは、イスラム教・キリスト教・ユダヤ教で重要な役割を担っており、神からの重要なメッセージを伝える任務を果たすことが多い。

◆

　ガブリエルは、イスラム教で最も重要な天使だ。イスラム教によると、ムハンマドが洞窟で瞑想をしていたとき、その目の前にガブリエルが現れた。ガブリエルは、クルアーンを一節一節唱えながら、ムハンマドに、これをすべて暗記してほかの者たちに広めよと命じた。イスラム教では、クルアーンは神からガブリエルを通じてムハンマドに直接伝えられた言葉だと信じられている。また、その言葉が洞窟で反響したときの実際の音の響きに、かなりの注意が払われている。だからイスラム教徒はクルアーンを実際に声に出して読むことを重視し、礼拝の言葉はすべてもともとのアラビア語でなくてはならないのである。

　キリスト教では、ガブリエルは神に仕える大天使のひとりと信じられている。ある書物には、大天使は合計三人おり、ガブリエルのほかはミカエルとラファエロが大天使だと書かれている。別の書物では大天使は七人だとされている。キリスト教の伝承によると、ガブリエルは神の言葉を伝えるため何度か現れている。まず、祭司ザカリアの前に現れ、キリストの先駆者となる洗礼者ヨハネが、ザカリアの妻エリサベトに産まれると告げる。さらに、聖母マリアの前に現れ、あなたはこれからイエスを身ごもると告げる。ちなみに、マリアとの対話は受胎告知と呼ばれる。

　ユダヤ教では、ガブリエルは二度ダニエルの前に現れる。一度目は、ダニエルが神から与えられた幻を見たものの、その意味を理解できずにいたところへ、神がガブリエルを遣わして幻の説明をさせる。二度目にダニエルの前に現れたとき、ガブリエルはユダヤ人のバビロン捕囚がもうすぐ終わると予告する。

──

豆知識

1. ガブリエルという名前は「神の人」という意味だ。
2. モルモン教では、ガブリエルと、箱舟を作ったノアは、じつは同一人物だと信じられている。
3. ガブリエルは、さまざまな宗教から、いろいろな呼び名や属性を与えられ、青色や、四元素のひとつである水、西、天体の月などと結びつけられている。また場所によっては、死の天使、復讐の天使、復活の天使、啓示の天使、慈悲の天使、受胎告知の天使などと呼ばれている。

第42週 第1日(月)

288 歴史 | ヴェルサイユ条約

　ヴェルサイユ条約は、第一次世界大戦を正式に終わらせた条約である。数か月に及んだ交渉の末、1919年にパリで署名された同条約は、世界地図を再編させた。敗戦国であるドイツは、ヨーロッパでの領土の多くと、すべての海外植民地を失った。さらに、戦争を始めた責任を負わされ、勝利した連合国に賠償金を支払うことに同意した。戦勝国のうちフランスとイギリス両国は、中東にあった旧オスマン帝国領を占領した。

◆

　当時から、この条約は大きなチャンスを逸したものだと多くの人から批判された。アメリカ大統領ウッドロー・ウィルソンは、パリへ来る以前、その胸には帝国主義を終わらせ、新設する国際連盟を通じて国際協調を進めようという理想主義的な計画を抱いていた。しかし、イギリスや、特にフランスは、そうした理想主義にほとんど興味がなかった。戦争で数百万の兵士の命を失っていた両国は、報復を望んでいた。その結果が、ドイツ人にとって屈辱的な内容の条約だった。

　1914年から1918年まで続いた第一次世界大戦は、旧世界に前代未聞の混乱をもたらしていた。四つの大帝国——ドイツ帝国、オーストリア=ハンガリー帝国、ロシア帝国、オスマン帝国——が、歴史から消えた。

　世界がこれほどの大変革を経験していた時代に、ヴェルサイユ条約は恒久平和を築くことができなかった。そもそもアメリカ合衆国は、孤立主義的な共和党が多数を占める上院がウィルソンの提唱する国際連盟に加わるのを拒んだため、結局条約を批准しなかった。ウィルソンは、「民主主義にとって安全な」世界にすると約束して参戦したが、ヴェルサイユ条約によって生まれた世界秩序は、民主主義的でもなければ安全でもなかった。それどころか多くの歴史学者たちは、ドイツにとって屈辱的な条約のせいでドイツの民衆は西洋列強に敵意を抱き、それをアドルフ・ヒトラーが利用して1930年代に権力を握ることになったと考えている。

> ### 豆知識
>
> 1. この条約は、パリ郊外にあるヴェルサイユ宮殿の、ルイ14世が作らせた有名な鏡の間で調印された。この場所が選ばれたのには、きわめて象徴的な意味があった。この同じ鏡の間で、1871年にフランスは、プロイセン・フランス戦争で敗れてドイツに降伏していたのである。
> 2. 第一次世界大戦では、史上はじめて科学兵器が使用された。最初にドイツ軍が1915年に使い、その後は連合軍も使用した。毒ガスで人がじわじわと死んでいく事実に驚愕したヨーロッパ諸国は、1925年、今後の戦争では戦場での化学兵器の使用を禁止することで合意した。
> 3. ウッドロー・ウィルソンは、国際連盟創設への功績で1919年のノーベル平和賞を受賞した。アメリカ大統領では、彼のほかに三名——1906年のセオドア・ローズヴェルトと、2002年のジミー・カーター、および2009年のバラク・オバマ——が平和賞を受賞している。
> 4. この条約により、古くから続いていたオーストリア・ハンガリー帝国がいくつもの新興国家に分割された。これによって中央ヨーロッパが安定すると思われたが、現実にはそうならなかった。新国家のうち、チェコスロヴァキアとユーゴスラヴィアの二か国は、20世紀が終わるのを待たずに消滅した。

第42週 第2日(火)

289 文学 │ 『ゴドーを待ちながら』

『ゴドーを待ちながら』(1952年)は、アイルランドに生まれフランスで活躍した作家・劇作家サミュエル・ベケットの一番有名な作品だ。最初の不条理演劇のひとつとされる本作は、演劇の可能性を示す新たな時代の先駆けとなった。批評家の意見は真っ二つに割れ、現代生活の単調さと無意味さを明確に描き出した傑作と言う者もいれば、退屈な駄作と言って切って捨てる者もいた。この勝負は、ベケットが1969年のノーベル文学賞を受賞した際、『ゴドーを待ちながら』が彼の最高傑作のひとつとされたことで、前者の意見の勝利となった。

◆

　ベケット(1906～1989)は、ダブリン近郊で生まれた。大学でロマンス諸語を学んだのち、ヨーロッパ各地を旅してパリに居を定めた。作家として、さまざまなジャンルに手を出し、長編小説、短編小説、詩、エッセイなどに一度は挑戦している。しかし、ベケットと言えば何と言っても戯曲であり、中でも『ゴドーを待ちながら』が有名である。

　この劇では、事件はほとんど起こらない。ある晩、ふたりの男ウラジーミルとエストラゴンが、道端に立ち、ゴドーという名の人物を待ちながら、おしゃべりや口論を続ける。やがて男がひとり、首にロープをつないだ奴隷を連れて通りかかる。奴隷は、踊りを踊ったり、むちゃくちゃな即興講義をしたりする。その後、少年がひとり現れ、ふたりの男にゴドーは今日は来ないが明日には来ると告げる。翌日の晩、ウラジーミルとエストラゴンは再びやってきて、やはり奴隷主と会うが、奴隷主はなぜか目が見えなくなっており、前日ふたりに会ったことをまったく覚えていない。やがて昨日と同じ少年がやってきて、ゴドーは今日は来ないと告げる。奴隷主と同じく、この少年も前日にウラジーミルとエストラゴンに会った記憶がない。ふたりはもう家に帰ろうと言うものの、結局ゴドーを待ち続けたまま幕が下りる。

　『ゴドー』のような不条理演劇は、1950年代から1960年代にヨーロッパで盛んだった。このジャンルの演劇は、無意味で非論理的に感じられることが多く、曖昧で最低限の場面設定と、不合理な推論に満ちた奇妙な会話で構成されている。実際、『ゴドーを待ちながら』の場面設定は不明で、セリフからは、ゴドーが何者で、ふたりはなぜゴドーを待っているのかは明らかにならない。批評家たちは、この劇は現代世界の実存的状況を表現しているのだと捉え、人類は何か意味のあるものを待っているが、それがいつ来るのか、あるいは、そもそも来るのかどうかも知らず、その正体すら分からないという不安な閉塞状況を表していると考えている。

┌─ 豆 知 識 ─┐

1. ベケットの作品の多くは『ゴドーを待ちながら』以上に奇妙だ。『しあわせな日々』(1961年)では、主役の女性は腰まで砂に埋まっており、やがて喉元まで埋まっていく。二作ある『言葉なき行為』(1956年)では無言劇を取り上げている。『息』(1969年)は、上演時間がたったの35秒だ。
2. ベケットは、インタビューに応じることはめったになく、人前に現れることも少なかった。1969年にノーベル賞に決まったときは、賞は受けたがストックホルムでの授賞式には出席しなかった。

第42週 第3日(水)

290 視覚芸術 『叫び』

ノルウェーの表現主義画家エドヴァルト・ムンク（1863〜1944）が描いた『叫び』（1893年）は、実存的不安を象徴する現代のシンボルとなった。

◆

　ムンクは『叫び』を、連作シリーズ「生命のフリーズ」――本人いわく「生と愛と死の詩」――のひとつとして描いた。この絵は、当時最先端だった共感覚の理論（光と色彩の刺激が音の印象を生み出し、音の刺激が視覚的印象を生み出すという考え）を実証しようとしたものだ。実際、本作の最初のバージョンには、このぎょっとするような画像を描くきっかけとなった体験が次のように記されている。「私は友人ふたりと散歩に出かけていた――太陽は沈み始めていた――突然、空が血のように赤く染まった――私は疲れを感じて立ち止まり、フェンスに寄りかかった――青黒いフィヨルドと町の上空に、血と火炎があった――私の友人たちは先に行ってしまい、私はそこに立ったまま、不安で震えていた――そして、無限の叫びが自然の中を通過していくのを感じた」。

　つまり、中央にいる人物はムンク自身である。男は叫んでいるのではなく、叫びが聞こえないよう耳をふさいでいるのだ。背後にあるのはオスロ・フィヨルドで、これをエーケベルグの丘から見た光景だ。ゆがめられた遠近法と、恐ろしげな波打つ線が、逃れられない叫び声に視覚的な形態を与えている。

　ムンクは、この絵のバージョン違いを50枚以上描いているが、その中でも特に有名なのが二枚ある。一枚は、ボール紙にグワッシュで描かれたもので、2004年にオスロのムンク美術館から盗まれた【訳注：その後2006年に発見され、修復を経て現在同館に展示されている】。もう一枚は、油彩とテンペラとパステルによるもので、こちらはオスロの国立美術館にある。ムンクは、1895年にこの絵のリトグラフ（石版画）も制作している。

豆知識

1. 2003年に実施された気象学的調査によると、ムンクにインスピレーションを与えた赤い空は、1883年に起きたインドネシアのクラカタウ火山の噴火のせいで、夕焼けが異常に濃い赤色になったことが原因だった。

291 科学 | アイザック・ニュートン

数学・物理学・天文学の分野でアイザック・ニュートン（1642〜1727）以上の貢献をした者はおそらくいないだろう。イギリスでナイト爵を授けられた最初の科学者であり、運動と万有引力に関する彼の理論は、数百年にわたって揺るぎないものだった。

◆

　アイザック・ニュートンは生まれたときから恵まれていたわけではなかった。父が死んだ三か月後に生まれたニュートンは、未熟児で、母親が冗談交じりに、1クオート【訳注：約1.14リットル】の鍋にすっぽり入ってしまうと言うほど体が小さかった。ニュートンは幼児期を奇跡的に生き延びたものの、二歳のとき母親が再婚し息子を置いて家を出た。少しも愛してくれない祖父母に育てられたニュートンは、中等学校であるグラマー・スクールに進んだものの、成績は悪く、担当教師たちからは「怠惰」「注意散漫」と評価された。しかし、家業である農業にまったく興味を示さなかったため祖父はニュートンを大学へやることにした。

　ケンブリッジ大学で、ニュートンはデカルト、ボイル、ガリレオ、ケプラー、コペルニクス、およびエウクレイデス（ユークリッド）の著作を研究した。1665年にペストのため大学が休校になると、彼は教養と高い志を持った人間となって実家に戻った。続く二年のあいだに、彼は数学と科学に革命を起こし始めた。まず、ゴットフリート・ヴィルヘルム・ライプニッツと同時に微積分法を発見した。光学の研究も進め、白い光は、じつは可視光線に含まれる多種多様な色すべてを混ぜ合わせたものであると主張した。もっとも、この時期の業績で何より重要なのは、運動の三法則をまとめ始めたことだろう。その三法則とは、（一）運動している物体は、外部の力を受けるまで運動を続ける、（二）物体に働く力は、物体の加速度に比例する、（三）すべての作用には、大きさが等しく向きが反対の反作用が存在する、の三つである。

　ニュートンの運動法則はしばらく公表されなかったが、1687年に彼が出した著書『プリンキピア』で発表された。同書には運動法則のほかに、「宇宙に存在するすべての物体は他の物体を引き寄せており、その力は、ふたつの物体の質量の積に比例し、ふたつの物体の距離の二乗に反比例する」という万有引力の法則も含まれていた。

豆知識

1. ニュートンの万有引力の法則は、アルバート・アインシュタインが1905年に一般相対性理論を構築するまで正しいとされていた。
2. ニュートンは若いころ、母と義父の家を燃やしてやると言って脅したが、そのことをのちに謝罪した。
3. ニュートンとライプニッツは、どちらが先に微積分法を発見したかをめぐり数十年間、争った。
4. 晩年のニュートンには、情緒不安定の症状が見られた。死後、その遺体からは大量の水銀が見つかった。おそらく、結果の出ない錬金術の実験をいくつもやっていたせいだろう。彼が奇妙な行動を取ったのは水銀のせいかもしれない。

第42週 第5日(金)

292 音楽 | グスタフ・マーラー

死後40年たって、グスタフ・マーラー（1860～1911）の大作曲家としての地位はようやく回復された。第二次世界大戦の破壊的惨状を目の当たりにしたあとでなければ、彼の作品の偉大さは一般大衆にも批評家にも理解されなかったようだ。

◆

マーラーは、ベーメン（ボヘミア）地方のすさんだ家庭に、14人きょうだいの第二子として生まれた。酒造家だった父親は粗暴な性格で、マーラーは幼いころから自然に慰めを求め、自宅の周りの山や野原をいつまでも散歩していた。15歳のとき、ウィーン音楽院への入学を認められ、そこでルートヴィヒ・ヴァン・ベートーヴェンとリヒャルト・ワーグナーの作品に夢中になった。マーラーは、ワーグナーの生活習慣のうち、菜食主義などいくつかを自分でも実践した。しかし残念ながら、一部の人から、ワーグナーなどをまねるだけの二流の模倣者だと批判された。

一部の批評家は、マーラーの曲をさまざまな形式の奇妙な寄せ集めと見なしていた。ヨハネス・ブラームスやベートーヴェン風の強力な交響曲の楽章と、響き渡る合唱曲と、凝りすぎていてどうでもよいように聞こえる民謡とを、例えば『交響曲第九番』（1909年）のように、すべて同じ作品に盛り込んでいるとされたのである。マーラーの作曲技法は、存命中から議論を呼んでいた。また、聴衆をあっと言わせるため演奏中に安っぽい仕掛けを使う点も批判された。

その一方マーラーは、指揮者としてはじめてスーパースターになった人物のひとりで、彼は人気を利用して、オーケストラの指揮者に名誉と敬意を捧げる習慣を確立させた。1907年、彼はニューヨーク・メトロポリタン歌劇場の指揮者となり翌年にはニューヨーク・フィルハーモニックで指揮を始めた。マーラーの作曲した作品は、死後忘れられていたが、ブルーノ・ウォルター、オットー・クレンペラー、レナード・バーンスタインなど他の有名な指揮者が長年支持した結果、ようやく人気を取り戻した。

豆 知 識

1. マーラーが結婚したアルマ・シンドラーは、20世紀初頭で最も華やかな有名人妻だと言っていいだろう。マーラーの死後、彼女は建築家ヴァルター・グロピウスと再婚し、さらに作家フランツ・ヴェルフェルと再々婚した。
2. マーラーは、作曲家というのはベートーヴェンのように九つ目の交響曲を作曲すると死んでしまうという迷信を信じていた。そうした事態を避けるため、彼は八つ目の交響曲を作った直後、テノールとソプラノとオーケストラのための連作歌曲『大地の歌』を作曲し、その一年後に実際には九つ目となる交響曲を書いた。しかし、これには効果がなく、それからすぐにマーラーは喉の感染症が原因で亡くなった。
3. どうやら、マーラーが指揮したオーケストラは、ウィーン国立歌劇場管弦楽団やニューヨーク・フィルハーモニックも含め、どこも彼が指揮したわずか数年後に世界的な名声を獲得しているようだ。

第42週 第6日(土)

293 哲学 | 現象学

　現象学とは、ドイツの哲学者エトムント・フッサール（1859〜1938）が唱えた哲学だ。フッサールは、私たちの意識経験を探りたいと考えた（「意識の外に何かあるとすれば、それは何なのか？」という問いは、棚上げにした）。彼は現象学を、私たちの意識経験を体系的に記述しようとする試みだと理解しており、その試みが哲学の基盤を形成するはずだと考えていた。

◆

　フッサールの主要な目的のひとつは、経験の「志向性」——つまり、経験とは必ずその経験以外の他の事物についての経験であるという事実——を研究することだった。例えば、ライオンに追いかけられたという経験——悪夢の中でライオンに追いかけられていてもいいし、実際ライオンに追いかけられていてもいい——を持っている場合、その経験はライオンという事物についての経験である。それに対して、経験以外の事物のほとんど——例えば、テーブル、岩、あるいはライオン——は、その事物以外の何かについてではない。フッサールは、経験の志向性を現象学の中心テーマに据えた。

　フッサールは、現象学の目標は、ある特定の経験を詳細に記述することだけにはとどまらないと思っていた。異なる種類の意識経験のあいだに成り立つ必然的な構造と相互関係を規定したいと考えていたのだ。フッサールに言わせれば、その点が、私たちがどう考えるのかを記述するにすぎない心理学と、現象学との違いだった。

　多くの哲学者が、現象学から強い影響を受けた。例えばフッサールの弟子マルティン・ハイデッガー（1889〜1976）は、現象学の思想の多くを自らの哲学に取り入れた。フランスの哲学者ジャン゠ポール・サルトル（1905〜1980）とモーリス・メルロ゠ポンティ（1908〜1961）も、フッサールの現象学の影響を受けている。

┌─ 豆 知 識 ─┐

1. 現象学は、ハイデッガーとサルトルへの影響を通じて、実存主義の発展に重要な役割を果たした。
2. フッサールは、ある対象に意図的に向けられた意識経験を「ノエシス」と名づけ、それによって捉えられた意味内容を「ノエマ」と呼んでいる。
3. 現象学（phenomenology）という言葉は、古代ギリシア語で「現れる」を意味する単語に由来する。現代哲学で「現象学」という言葉は、あるものがどのような感触であるか、あるいは、どんな経験をしたかを説明するのに使われることが多い。

299

第42週 第7日（日）

294 宗教｜ブッダ

　ブッダ（仏陀）は「目覚めた者」を意味する尊称で、元の名をガウタマ・シッダールタ（ゴータマ・シッダッタ）といい、紀元前6世紀に生まれた。父はインドの武士階級に属するシャーキャ（釈迦）族の王だった。

◆

　ある言い伝えによると、シッダールタが生まれる前に、仙人が現れ、シッダールタは偉大な王になるか、さもなくば偉大な宗教指導者になるだろうと予言した。シッダールタの父は、息子には王になってもらいたいと思ったので、宗教やこの世の苦しみを息子に見せないようにした。しかしあるときシッダールタは、人生を一変させることになる「四門出遊」と呼ばれる体験をする。宮殿の門を出て郊外へ遊びに行く途中、老人と病人と死人を見、最後に修行者を見たのである。この世には、このような苦しみがあるが、それに打ち勝つための信仰もあるのだと知ると、シッダールタは29歳のころ、それまでの生活を捨ててインド北東部に隠遁し、修行者になった。

　心の平安を獲得するため、仲間の修行者と瞑想したり、断食などの修行を試したりしたが、シッダールタの心は満たされなかった。やがて彼は、快楽一辺倒でもなければ苦行一辺倒でもない「中道」こそが修行の道だと気がついた。この考えに従って瞑想を始めた結果、彼は悟りを開いて真理に到達した。

　シッダールタが悟った真理を四諦（四つの聖なる真理）という。その第一は、この世は苦であるという真理。第二は、この苦には原因があり、それは欲望にほかならないという真理。第三は、苦が一切ない涅槃と呼ばれる境地があるという真理。そして第四が、涅槃に至る道が存在するという真理である。

　当初シッダールタは、悟った内容を他の人々に説くべきかどうか迷っていた。そこへ梵天という神が現れ、教えを説いてほしいと懇願した。そこでシッダールタはインドのガンジス川流域で説法を開始した。彼は、自分は大昔から存在した数多くのブッダたちのひとりにすぎず、ブッダの務めとして悟りに至る道を示すのだと説いた。

　シッダールタは、亡くなる日まで人々に真理を説き続け80歳で世を去ったと言われている。

豆知識

1. 多くの仏伝では、ブッダは毒キノコを食べて亡くなったとされている。
2. シッダールタの呼び名には、「ブッダ」のほか、「シャーキャ族の尊者」という意味の「シャーキャムニ（釈迦牟尼、釈尊）」や、「如来」などがある。
3. ブッダが開いた仏教はインドで生まれたが、インドが異民族に何度か征服されたあと、13世紀までにインドから消滅した。しかし、それまでに東アジア、東南アジア、ヒマラヤ山脈周辺に広まり、今も各地で信仰されている。

第43週 第1日(月)

295 歴史 | ウィンストン・チャーチル

　ウィンストン・チャーチル（1874～1965）は、第二次世界大戦を勝利に導いたイギリスの政治家である。戦争が始まるまで、チャーチルは多くの人から無能と見なされていた。彼のキャリアは、第一次世界大戦でイギリス軍が犯した作戦失敗の責任を取らされた時点で実質的に終わっていた。1920年代に内閣の一員を務めていたが、ドイツでアドルフ・ヒトラーとナチ党が権力を握ったころには、チャーチルは国会の平議員にすぎず、ヒトラーの台頭に警告を発しても、同僚議員からは取り越し苦労の厄介者と見なされ、無視されていた。

◆

　イギリスがその命運をチャーチルに託したのは、国が苦境のどん底にあった時期だった。第二次世界大戦が始まったときは、保守党党首のネヴィル・チェンバレンが首相を務めていた。その彼は、国の存亡を賭けた戦争で国家を率いる器でないことが明らかになり、1940年に辞任した。それに代わってチャーチルが、ダウニング街10番地にあるイギリス首相官邸の主になった。

　第二次世界大戦の序盤は、連合軍の連戦連敗だった。1939年から1940年前半、ナチ・ドイツの軍隊は、ポーランド、デンマーク、ノルウェー、ベルギー、オランダ、ルクセンブルク、フランスを次々と侵略した。フランスを守る援軍として派遣されたイギリス軍は、ドイツ軍に追いつめられ、1940年にヨーロッパ大陸からの撤退を余儀なくされた。この時点でアメリカとソ連は中立を守っていたため、イギリスはナチ・ドイツの猛攻に立ち向かう唯一の軍事大国だった。

　しかし、首相となったチャーチルは不可能なことをやってのけた。18か月にわたり、イギリスは事実上孤立無援ながらナチの攻勢に耐え抜いたのである。ソ連は、ヒトラーの侵攻を受け、1941年に参戦した。アメリカも同年末に加わった。数えきれないほどの印象的な演説で、チャーチルはイギリス人と占領下にあるヨーロッパ諸国民に向かって、ナチと戦えと鼓舞し続けた。やがて連合軍はドイツ軍の進撃を食い止め、1944年のノルマンディー上陸作戦により、形勢はナチ・ドイツ不利へと完全に逆転した。

豆 知 識

1. チャーチルは、政治家として活動しただけでなく、ジャーナリストや歴史家としても業績を残している。第二次世界大戦後、この大戦の経緯を描いた大著『第二次世界大戦』を執筆し、それによって1953年ノーベル文学賞を受賞した。
2. チャーチルは戦時指導者としては成功したが、彼が率いる保守党の国内政策は有権者の評判が悪かった。1945年、ナチに勝利した数か月後、有権者は彼に代えて野党労働党の党首クレメント・アトリーを首相に選んだ。
3. チャーチルは、戦時中の指導力をたたえられて1963年に史上初のアメリカ合衆国名誉市民になった。

第43週 第2日（火）

296 文学 | オスカー・ワイルド

　アイルランド人の劇作家・エッセイストのオスカー・ワイルド（1854〜1900）は、西洋文学史上、最も鋭いウィットの持ち主のひとりであり、最も異彩を放つ個性の持ち主のひとりでもあった。ヴィクトリア女王時代の社会の偽善ぶりを容赦なく暴き立てたことで知られているが、それ以外にも、芸術思想と美学の分野でも大きな貢献をしている。一方華やかな私生活は作品に劣らず魅力的で、数々の奇行によって彼は時代の寵児となった。

◆

　ダブリンで教養豊かな両親の子として生まれたワイルドは、トリニティ・カレッジ（ダブリン大学）とオックスフォード大学で学び、古典文学と詩を専攻した。大学時代に、作家としてたちまち名を挙げた。のちに彼のトレードマークとなる気取った態度と派手な服装も、在学中からのものだ。大学時代のごく初期のころから、ワイルドは芸術そのものの概念に魅了され、芸術とは何であり、なぜ芸術は重要で、芸術は人生と社会でどのような役割を担うべきかを考えた。やがてワイルドは、19世紀後半にヨーロッパを席巻していた美学の潮流と考え方が一致し、「芸術のための芸術」という思想——芸術には自己正当化のための理由や具体的な目的は一切必要ないという考え——を強く支持するようになった。

　ワイルドは主要な作品の大半を1890年代に執筆した。その最初となるのが小説『ドリアン・グレイの肖像』（1890年）で、虚栄心の強い青年の肖像画が、本人の堕落と加齢を反映して時間とともに変容していくという話だ。他に有名なのはワイルドの戯曲で、いずれも上流社会を舞台に、辛辣なウィットで裕福なイギリス社会の気質を赤裸々にする喜劇だ。『ウィンダミア卿夫人の扇』（1892年）には、義理の息子をゆする女性が登場するし、『理想の夫』（1895年）も同様に政府高官へのゆすりを描いている。

　ワイルドの傑作といえば、間違いなく『まじめが肝心』（1895年）だろう。これは、不まじめな青年ふたりと若い女性ふたりに、爆笑するほどお高くとまった貴婦人とを巻き込んだ、人違いをめぐるドタバタ喜劇だ。いかにもワイルドの作品らしく、この戯曲も秘密と誤解で満ちあふれ、批判の相手を、あからさまな嘲笑や侮辱ではなく、ピリッと効いた皮肉でやっつける。登場人物の口から出るのは名セリフばかりで、ウィットが効いていてズシリと響く警句が途切れることなく流れ出る。

　ワイルドは1890年代に成功の階段を一気に駆け上ったが、その後、同じような勢いで転落する。ワイルドは結婚していて子どももいたが、同性愛者であることを隠しておらず、1895年、ある貴族の息子と「不適切な」関係を持ったとして告訴された。二年の懲役刑に服して健康をひどく害したワイルドは、1900年、無一文で亡くなった。

```
豆 知 識
```

1. 1882年、大々的に宣伝されたアメリカ各地での講演旅行を終えたワイルドは、「アメリカは野蛮から文明を経ずに退廃に移行した唯一の国だ」と言った。
2. この講演旅行を始めるためニューヨークに到着したとき、ワイルドはアメリカの税関職員に、私が申告すべきものは「我が才能のみ」と告げた。

第43週 第3日（水）

297 視覚芸術 | アンリ・マティス

アンリ・マティス（1869～1954）は、自然主義に反対して色彩の持つ美しさと心理学的力を称賛した芸術運動フォーヴィスムの生みの親のひとりだ。踊る人物を描いた壁画と、最晩年に制作した切り絵手法による巨大な作品が特に知られている。

◆

マティスはフランスのピカルディー地方に生まれた。中産階級の両親を持ち、1889年には法学の学位を取った。絵を描いた経験はなかったが、あるとき虫垂炎からの回復途中に絵を描いてみたところ、才能があることに気がついた。画家になろうと決心したマティスは、パリへ移って私立美術学校アカデミー・ジュリアンに入学し、アカデミックな画家ウィリアム＝アドルフ・ブグローの下で学んだ。翌年マティスは象徴主義の画家ギュスターヴ・モローのアトリエに誘われて入り、さらにエコール・デ・ボザールの正規外の学生になって過去の巨匠の作品を模写して絵画の勉強を続けた。

1890年代末に短期間コルシカ島に滞在したのち、マティスはパリに戻り、古い伝統と縁を切りたいと願う若い芸術家グループのリーダーになった。1905年、このグループは公的な展覧会サロンに従来とはまったく異なる絵画を出品して一大センセーションを巻き起こした。ある批評家は、鮮やかな色彩と子どもの絵のような構図を使っていることに反発して、彼らをフォーヴ（野獣）と呼んだ。この時期のマティスを代表する作品が、『生きる喜び』（1906年）という、裸の女性たちが単純な背景の中で踊ったり音楽を演奏したりしている絵だ。マティスは、自分の目標を説明して、「構図とは、画家が自分の感情を表現するため、さまざまな要素を自分の思いのままに装飾的に配置する技術のことだ」と断言している。多くの点で、マティスが目指していたのは表現主義者の目指すところと同じだったが、マティスは表現主義の否定的な感情を強調する傾向には賛同していなかった。彼は自分の芸術を、喜びを引き起こし、「体が疲れたときにゆっくり休める優れた肘掛け椅子のようなもの」にしたいと考えていた。

1920年代にマティスは地中海に面したリヴィエラ海岸のニースに移り、以後、人生の大半を同地で過ごした。1930年に海路タヒチへ渡ったとき、その途中に寄ったアメリカで、ペンシルヴェニア州のバーンズ財団から壁画『ダンス』の依頼を受けた。1930年代、マティスは本の挿絵に集中的に取り組み、ステファヌ・マラルメの『詩集』やジェイムズ・ジョイスの『ユリシーズ』のためエッチングを制作した。1944年、マティスはジャズをイメージしたイラスト集を作ってほしいと依頼された。彼は、「ハサミを使ったデッサン」で作った切り絵を用いて画面を飾った。

1941年に十二指腸がんの手術を受けてからは、次第に制作の中心をデッサンと切り絵に移していった。マティスは制作を1951年まで続けた。最晩年の作品のひとつに、南フランスの町ヴァンスにあるロザリオ礼拝堂のステンドグラスや壁画などの装飾がある。1950年代初めに制作した巨大な切り絵作品は、彼が高齢になってもなお革命的な芸術家であったことを証明している。

豆知識

1. 1920年にマティスは、セルゲイ・ディアギレフが上演したイーゴリ・ストラヴィンスキー作曲のバレエ『うぐいすの歌』の衣装と舞台装置をデザインした。

303

第43週 第4日（木）

298 科学 ｜ 実数

実数とは、日常生活でふつうに出あう数のことだ。実数には、数直線で表現できるすべての数が含まれる。具体的には、自然数、整数、有理数、無理数から成る。

◆

　自然数とは、物を数えるときに使う、1から始まる数である。これは人類が知った最古の数でもある。もしかすると原始人は、指を使って自然数（1、2、3、4、5……）を発見したのかもしれない。人類史の初期には、多くの文化でゼロの概念も編み出された。ふつうはゼロを自然数に含めないが、数学の分野によってはゼロを自然数と見なすこともある。その場合、自然数は 0、1、2、3、4、5…… となる。

　数学が進歩するにつれて人々は、小さい数から大きな数を引いたらどうなるのだろうと考えるようになった。こうして生まれたのが負の数という考えだが、何年ものあいだ数学者たちは、計算結果として負の数を受け入れるのには消極的だった。それでも、負の数がなければ借金を計算することは不可能だ。自然数と、自然数に負（マイナス）の符号をつけた数と、ゼロを合わせて、整数という。

　整数の次に生まれたのが分数、つまり有理数だ。すべての有理数は、$\frac{5}{3}$、$\frac{1}{8}$、$-\frac{5}{3}$ というふうに、整数の比として表すことができる。整数もすべて有理数である。

　古代ギリシアの宗教結社のひとつに、数を礼拝の対象とするピタゴラス教団があった。あるとき、この教団の人々は、π（円周率）や2の平方根など、整数の比で表すことのできない数があると知って愕然とした。しかし、こうした数が存在するのは間違いなく、これを使えば、円の円周や直角三角形の斜辺の長さなどを求めることができる。こうした数字を無理数という。無理数を小数で表すと、小数点以下は同じ数字の並びが現れることなく延々と続いていく。

┌─────────┐
│ 豆 知 識 │
└─────────┘

1. 負の数は、紀元600年ころにインドの数学者たちによって考案されたが、ヨーロッパでは17世紀まで取り入れられなかった。
2. 古代エジプト人は、紀元前1000年ころから分数を使い始めた。

第43週 第5日（金）

299 音楽 ｜ 印象主義のクロード・ドビュッシーと モーリス・ラヴェル

　視覚芸術の印象派は、対象や景色そのものを描こうとせず、何を表現しているかの暗示だけを与えようとした。同じようにクロード・ドビュッシー（1862～1918）とモーリス・ラヴェル（1875～1937）の音楽も、バロック時代にまでさかのぼる「標題」音楽の伝統とは異なっていた。彼らの音楽は、ある場面や考えを直接表現するのではなく、もっと間接的に再現しようと試みたものだ。さらにドビュッシーと、彼ほどではないがラヴェルも、当時まで多くのドイツ音楽を特徴づけていた形式構造を意図的に避けた。

◆

　クロード・ドビュッシーはパリ郊外で生まれ、10歳でパリ音楽院に入学した。奨学金を得てローマに留学したのち、ドビュッシーはパリに戻って流行の最先端を行くモンマルトル地区を中心に、すっかりボヘミアン的な生活にふけった。芸術家や作家や音楽家たちと交際し、やがて詩人のシャルル・ボードレール、ポール・ヴェルレーヌ、アルトゥール・ランボー、ステファヌ・マラルメらが集う象徴主義者の会合に、たびたび顔を出すようになった。彼らが提唱する詩の理論には、対象や概念を、そのものの名前ではなく、それを連想させる言葉を使って暗示するという考えがあった。

　ドビュッシーは、この考えを音楽に取り入れた。ときには象徴主義者の文章を使うこともあった。彼の作品は、ほとんど常に「心地よい」「豊か」「陶酔的」といった言葉で評されている。ドビュッシーは、『月の光』（1890年）や『牧神の午後への前奏曲』（1894年）などの作品で斬新な画期的和声を使っているが、彼の美しい音楽は、革新的な音楽の多くと違い、どれも聞いて分かりやすいものばかりだ。

　もうひとり、印象主義を代表する作曲家モーリス・ラヴェルは、ドビュッシーと同じく、パリ音楽院で学び、パリのボヘミアンたちに交じって暮らした。彼のグループを「アパシュ」というが、これはフランス語で「ならず者」を意味する言葉だ。ラヴェルの作品で最も知られているものとしては、イメージ喚起力の強い『スペイン狂詩曲』（1908年）と、短いバレエ音楽『ボレロ』（1928年）がある。特に『ボレロ』は、基本的には長いひとつの旋律が、同じリズム、モチーフを繰り返しながら徐々にクレッシェンドしていく魅惑的な一曲である。

豆 知 識

1. ドビュッシーは、かつて音楽院時代の師エルネスト・ギローから「君のしていることが美しくないとは言わないが、理論的にはむちゃくちゃだ」と言われたことがある。
2. ラヴェルは、パリ音楽院では有名な作曲家ガブリエル・フォーレの下で学んだ。
3. ドビュッシーは、ラヴェルの弦楽四重奏曲が自分の作品に似すぎていると言って、何度もラヴェルを盗作と非難した。このせいでふたりは以後ずっと疎遠になった。

第43週 第6日(土)

300 哲学 | マルティン・ハイデッガー

　ドイツのメスキルヒに生まれたマルティン・ハイデッガー（1889〜1976）は、もともとはカトリックの司祭になろうと考えていた。それが哲学者となり、やがて教会から完全に離れることになる。彼はフライブルク大学在学中に、現象学の創始者エトムント・フッサール（1859〜1938）の思想を支持するようになった。

　1933年から1934年までハイデッガーはフライブルク大学の学長に選出され、その後ナチ党に入党した。フッサールやハイデッガーの同僚の多くはユダヤ人だったが、ハイデッガーは自分がナチズムを支持したことを決して謝罪しなかった。以来、彼の哲学とナチズムの関係は議論の的になっている。
　ハイデッガーの思想は時期によって変化しているが、常にその中核には、彼の言う「存在の問い」――「存在とは何か？」「存在するとはどういうことか？」――があった。ハイデッガーによると、これは形而上学で忘れられていた根源的な問いだという。哲学者は存在を、人間や神などの「存在者」と混同してきたとハイデッガーは主張する。この傾向に対してハイデッガーは、存在（存在するということ）と存在者（存在する具体的な実体）の違いを強調した。
　ハイデッガーは、この考えを代表作『存在と時間』（1927年）ではじめて論じている。同書で彼は存在の問いを、存在を理解している存在者――つまり人間を分析することで分析した。以後の著書では、ハイデッガーは人間存在の分析を以前ほど重視しなくなり、存在を直接考察するようになった。また、彼が「技術」と呼ぶものへの関心も強めていった。ここで言う「技術」とはコンピューターや機械のことではなく、世界を私たちが自由に使える資源と見なす考え方のことである。ハイデッガーは、こうした世界観にきわめて批判的だった。

[豆 知 識]

1. 後期の著作でハイデッガーは、自分が行っているのは哲学ではなく「思索」であると説明している。彼によれば、思索は哲学よりも詩と密接な関係があるという。
2. ハイデッガーが「技術」について書いた著作は、環境保護運動にいち早く影響を与えた。
3. ハイデッガーは既婚者でありながら、若い女性ハンナ・アーレント（1906〜1975）と愛人関係になった。アーレントは、当時ハイデッガーの指導学生のひとりで、のちに自身も重要な哲学者になった女性だ。アーレントはユダヤ人であり、ハイデッガーが1930年代にナチズムを支持したときには、たいへん失望した。

第43週 第7日（日）

301 宗教 ｜ 四諦八正道
（したいはっしょうどう）

　　ブッダの悟りの中核をなすのが、四諦（四つの聖なる真理）である。これは、ブッダが悟り
を開いたあとに仲間の修行者たちに説いた最初の教えであった。

◆

　　四諦の第一は、大事に育てられていたブッダの子ども時代には想像もできなかったことだが、
この世の人生は苦であるという真理だ。第二は、この苦には原因があり、それは煩悩（欲望）
であるという真理。第三は、苦が消滅した涅槃という境地があるという真理で、この境地に到
達するには煩悩を滅すればよい。第四となる最後の真理は、煩悩を滅して涅槃（ねはん）に至る道が存在
するという真理で、その道を八正道という。

　　八正道とは、悟りを開いて涅槃に達するためには誰もが実践しなくてはならない次の規範の
ことである。

正見（正しい見解）——四諦を知り、偏見や迷妄から離れていること。
正思（正しい考え方）——よこしまな思惟を断つこと。
正語（正しい言葉遣い）——うそや悪口を言わないこと。
正業（正しい行為）——心の平穏を保つ行動を実践し、盗みや殺人などを行わないこと。
正命（正しい生活）——誠実な生き方をすること。
正精進（正しい努力）——自身の根源的無知や煩悩を克服するため絶えず努力を続けること。
正念（正しい注意）——常に自分の感情や精神状態を意識し、邪念が入らないようにすること。
正定（正しい精神統一）——瞑想によって心を正しく統一・集中させること。

　　四諦八正道は、仏教の教えの中核である。四諦を基本的な教義と考え、八正道を、信仰を実
践する際の基本方針だと見なすといいだろう。

豆 知 識

1. ブッダは、インドの伝統的な神々が人間の苦に対して何もできないことに幻滅して、この神々のいない教義と修行法
に到達した。
2. イエス・キリストは正しく考えることの大切さを最初に説いた人物とされることが多い——山上の説教で、人を殺そ
うと考えることは実際に殺すことと同じくらい悪いことだと説いている——が、それと同じことをブッダは正思とし
て500年前に説いている。

307

第44週 第1日(月)

302 歴史 | スペイン内戦

　スペイン内戦は、1936年から1939年まで続いた凄惨な戦いで、これによって兵士と民間人を合わせて数十万人が命を落とした。戦争では両陣営——共和国に忠誠を誓う左派の社会主義者と、フランシスコ・フランコ将軍の下で反乱を起こして最終的に勝者になった右派のナショナリスト——が蛮行の限りを尽くした。犠牲者の数は推計で100万人にも達すると見られている。

◆

　その残忍さにおいて、スペイン内戦は第二次世界大戦の非道ぶりを予告するものだった。ファシスト政権下のイタリアとナチ政権下のドイツはフランコを支持し、両枢軸国はスペインを、やがて他のヨーロッパ諸国で使うことになる兵器や戦術の実験場として利用した。1937年、ドイツ空軍はスペインの町ゲルニカを空爆した。この空襲で数百人の市民が死亡し、これに怒ったパブロ・ピカソは、有名な反戦絵画『ゲルニカ』(1937年)を制作した。

　ドイツとイタリアがフランコの反乱軍を支援したのに対し、共和国派にはソ連が武器を提供した。また、選挙で選ばれたスペイン政府を守ることは、共産主義者や、左派寄りの西側知識人たちのあいだで、ロマンをかき立てる関心事となった。アメリカやヨーロッパから多くの人が志願兵として共和国軍に加わった。ジョージ・オーウェルやアーネスト・ヘミングウェイら有名作家もスペインに大勢やってきた。

　1939年3月、反乱軍はついに首都マドリードを共和国軍から奪い、以後、反乱の首謀者フランコ将軍は1975年に死ぬまでファシズムの独裁者としてスペインを支配した。

　西側諸国——とりわけ知識人のあいだ——では、スペイン内戦の悲惨な実状が反ファシズムの気運を高めて孤立主義の主張を弱め、多くの人が、西側諸国はいずれ枢軸諸国と軍事的に対決しなくてはならないだろうとの考えを抱いた。それと同時に左派の作家の多くは、スペインでソ連が自国の利益を優先させて最終的に共和国派に十分な支援を行わなかったのを目の当たりにして、ソ連に対する幻想を捨てていった。

―――――――――――――

豆 知 識

1. アーネスト・ヘミングウェイの小説『誰がために鐘は鳴る』(1940年)は、スペイン内戦で共和国派に加わったアメリカ人志願兵の話で、内容は作家自身が内戦中にスペインで体験した事実に基づいている。
2. 映画『カサブランカ』(1942年)でハンフリー・ボガートが演じたシニカルな主人公リック・ブレインは、アフリカに来る前はスペインの共和国派に違法に武器を提供していた。
3. フランコは、内戦中にヒトラーとムッソリーニから多くの支援を受けたにもかかわらず、第二次世界大戦(1939〜1945)では中立を守った。

308

第44週 第2日(火)

303 文学 | メタフィクション

　学術書の執筆者も大衆向けの小説家も、驚くほどあちらこちらで「メタ」という言葉を使いまくっている。しかし、この語は最近のはやり言葉ではない。メタフィクションという文学ジャンルは確固たるものとして定着しており、20世紀文学で最も魅力的で最も多くの成果を生んだ分野である。

◆

　ギリシア語で「後の」「超越した」を意味する接頭辞「メタ」を冠したメタフィクションは、あるフィクション──登場人物や表現技法、世界観など──についてのフィクションを指す。メタフィクションの作品の多くは、既存のフィクション作品を新たな視点から採り上げ直し、新たなテーマを導入したり、既存の素材に新たな光を当てたりしている。また、執筆過程に焦点を当て、作家と、その作家が書いた文章との関係を探ろうとするものもある。結果としてメタフィクションは、その性質上、作品中でその作品が言及されたり、風刺が込められていたりして、作品そのものが創作された架空の世界だということを読者に意識させる傾向が強い。

　ジェイムズ・ジョイスの小説『ユリシーズ』(1922年)は、20世紀メタフィクションの最初の主要な作品と言っていいだろう。これは、ホメロスの『オデュッセイア』の主人公を、1904年のダブリンに住む広告セールスマンに置き換えた話だ。そうすることで本作は、現代世界におけるヒロイズムとは何かを探っている。それと同時に、この小説の各章でジョイスはジャンルや言語表現をいじり回しており、そうすることで執筆過程や、形式と内容の関係について掘り下げようとしている。

　ポストモダニズムの作家は、多くがジョイスの例に倣って過去の作品を作り直している。ジーン・リースの『サルガッソーの広い海』(1966年)は、シャーロット・ブロンテの小説『ジェイン・エア』で狂気にとらわれ屋根裏部屋に閉じ込められていたクレオール女性バーサ・メイソンの、それまでの人生を語っている。ジョン・ガードナーの『グレンデル(仮)』(Grendel／1971年)は、アングロサクソンの叙事詩『ベーオウルフ』を怪物グレンデルの視点から語り直し、グレンデルをベーオウルフより明らかに人間的な孤独で哲学的な存在に作り変えている。トム・ストッパードの『ローゼンクランツとギルデンスターンは死んだ』(1966年)は、シェイクスピアの『ハムレット』に登場する端役ふたりの人生を掘り下げた作品だ。

　メタフィクションには、フィクションの執筆と読書の過程に焦点を当てた作品もある。ミラン・クンデラの『不滅』(1990年)は、著者が自作の登場人物として登場し、作品についてコメントする。マイケル・カニンガムの『めぐりあう時間たち』(1998年)は、ヴァージニア・ウルフの『ダロウェイ夫人』を取り上げ、1923年に小説『ダロウェイ夫人』を執筆するウルフ自身と、1949年のロサンゼルスでその小説を読む主婦と、1990年代末のニューヨークでその小説の出来事を知らず知らずに追体験する女性を描いた三つの異なる物語を通して、『ダロウェイ夫人』を分析している。

豆 知 識

1. メタフィクションは、17世紀にミゲル・デ・セルバンテスが書いた『ドン・キホーテ』に始まると言っていいだろう。作品中、ドン・キホーテとサンチョ・パンサは、セルバンテスが自分たちの冒険を書いたことや別の作家が偽の続編を出したことを知っているのだ。

第44週 第3日（水）

304 視覚芸術 | グッゲンハイム美術館

　ニューヨークのグッゲンハイム美術館は、20世紀で最も革新的な建築物のひとつだ。内部に巨大ならせん状のスロープを備えた構造であり、従来の美術館の設計とはまったく異なるものだった。

◆

　この美術館は、ソロモン・R・グッゲンハイム財団の現代美術コレクションを収蔵するためアメリカ人建築家フランク・ロイド・ライト（1867～1959）が建てたものだ。1943年、すでに非具象絵画美術館を開館していたグッゲンハイムは、収蔵品を常時展示できる施設を建設することにした。そして、どの建築家に依頼するかを、美術顧問のヒラ・ヴォン・リベイ男爵夫人に一任した。彼女が目をつけたのがライトだった。当時ライトは、数々の斬新な建築物ですでに名声を得ており、中でも、ペンシルヴェニア州ベアラン川で滝をまたぐように建てられた家「落水荘」は、非常に有名だった。ヴォン・リベイは、ライトに宛てた手紙でこう訴えた。「私が必要としているのは、戦士であり、空間を愛する者であり、扇動者であり、試練に立ち向かう者であり、賢い人物なのです。（中略）私が求めるのは精神の神殿であり、巨大モニュメントなのです！」

　1951年、財団はニューヨーク市の五番街に面し、88丁目と89丁目に挟まれた広い地所を購入した。美術館は1959年に完成した。その後1991年に、増えたコレクションを収蔵するためタワーが増築された。

　グッゲンハイム美術館で、ライトは近代建築の幾何学的構造を、自然に存在する有機的形態と融合させた。建物は、オウムガイの貝殻や、上下を逆さまにしたジッグラト（メソポタミア文明のらせん形をした神殿）にたとえられている。館内で最も特徴的なのは、高さが27メートル以上ある吹き抜けを囲むように作られたコンクリート製のらせんスロープだ。メインの展示スペースはスロープに沿って設けられているが、各階でメインの通路から別れて別の展示室へ行くことができる。天上はガラス張りになっており、そこから日光が降り注ぐ。基本的に来館者は、エレベーターで最上階へ行き、展示された作品を見ながら下へ降りていくことになる。

　この美術館は、1959年にオープンしたとき、大絶賛と厳しい批判の両方を浴びた。ある者は、ライトがらせん構造を設計したせいで、通りを挟んで反対側にあるセントラル・パークの景観が台無しになったと思った。またある者は、スロープのせいで大きな絵画を離れて見るのが難しく、また傾斜しているので絵画を安心して鑑賞できないと思った。さらに、ライトはガラス製の丸天井から差し込む自然光で内部は十分明るくなると言ったが、実際には気持ちよく鑑賞するには館内が暗すぎ、人工照明を設置しなくてはならなかった。展示スペースとして問題はあるが、この美術館は今もニューヨークの観光の目玉であり、毎週数千の観光客が訪れている。

豆知識

1. グッゲンハイム美術館があるニューヨーク市のアッパー・イーストサイドは、別名「ミュージアム・マイル」と呼ばれている。五番街の82丁目から105丁目のあいだに美術館が五つもあるからだ。
2. 現在、グッゲンハイム美術館の分館がヴェネツィア（イタリア）とビルバオ（スペイン）にある。さらに新たな分館の建設計画が、アブダビ（アラブ首長国連邦）で進行中だ。

310

第44週 第4日（木）

305 科学 | 素数

素数とは、1より大きい整数のうち、1とその数自身でしか割り切れない数のことだ。

◆

　2は、一番小さい素数で、かつ偶数で唯一の素数だ。3、5、7も素数だが、89も、2521も、1299007も素数だ。整数論の基本定理によれば、1より大きいすべての整数は、素数の積として表現することができる。つまり、素数は正の整数すべての基本単位なのだ。例えば209328は、素数の積として、「$209328＝2^4×3×7^2×89$」と書くことができる。ふたつ以上の素数の積であるような数を、合成数という。6は合成数（$2×3$）であり、209328も合成数だ。

　素数の数は無限にある。このことをアレクサンドリアのエウクレイデス（ユークリッド）は、紀元前3世紀に史上はじめて証明した。彼の証明はシンプルかつエレガントだ。まず彼は、素数が有限個しかないと仮定した。次に、この素数をすべて乗じていく。つまり「$2×3×5×7×……×$最大の素数」を計算する。そうして得られた数に1を加える。この新しい数は、どの素数で割っても必ず余りが1になる。1を足したことで新たな素数が生まれたのだ。よって、新たな素数は常に見つかるのである。

　素数を求める方法を見つけることは、今も数学では最大の難問のひとつだ。数学者たちは、すべての素数を計算で求めることのできる万能の公式をまだ見つけられずにいるが、史上最大の素数の記録は今も破られ続けている。

▭ 豆 知 識 ▭

1. 2005年12月時点で最大の素数は、「2の30402457乗引く1」だ。これをふつうに数字で書くと915万2052桁になる【訳注：2016年12月時点での最大の素数は、「2の74207281乗引く1」で、これをふつうに数字で書くと2233万8618桁になる】。
2. 素数については、まだ答えの出ていない疑問が多い。例えば素数には、双子素数といって、3と5、101と103、2141と2143のように、差が2である素数の組がある。はたして双子素数は無限にあるのだろうか？　今のところ答えは誰にも分からない。
3. 映画『コンタクト』（1997年）で、ジョディ・フォスター演じる主人公とコンタクトした異星人は、素数のリストを送信することで、自分たちは知的生命体であり、数学を宇宙の共通語として理解していることを示した。

311

第44週 第5日（金）

306 音楽 ｜ 調性と無調性

　17世紀から20世紀初頭の音楽は、どれも基本的に調性音楽というカテゴリーに含まれる。調性音楽とは、ある楽曲で、西洋音楽で使われる12の音（ハ、嬰ハ、ニ、嬰ニ、ホ、ヘ、嬰ヘ、ト、嬰ト、イ、嬰イ、ロ）のひとつを他の11音よりも重視し、その音を基準として使うという考えに基づく音楽のことだ。基準となる特別な音のことを中心音または主音といい、ほとんどの音楽では曲の「中心」となって耳に聞こえる。

◆

　この考え方は、クラシック音楽の作品名にも表れている。例えば名前が『交響曲　ト短調』なら、その曲はト短調の音階を基盤としていて、トの音が中心音になっているはずだ。

　これに対して、半音階を多用して音楽を変え始めた作曲家が、リヒャルト・ワーグナーだ。ワーグナーは、ある音階で決められた音のあいだにある半音を使った作品を作曲した。例えばハ長調で作曲する場合、ハ長調の音階はハニホヘトイロハなので、これらの音を使うべきところを、彼は嬰ハ、嬰ニ、嬰ヘ、嬰ト、嬰イの音も積極的に多用したのである。

　ワーグナー以降、作曲家たちは調性の限界をさらに押し広げていった。その結果生まれたのが無調性という考え方で、ここでは12音のひとつひとつが等しく重視され、音楽は中心音を基本にしなくなった。旋律は、どこかの中心音を必ずしも意識しなくてよくなった。無調性音楽の作曲家たちは、例えば抽象絵画が視覚芸術にとって新たな可能性に満ちた世界を切り開いたように、調性をなくしたことで、表現の新たな扉が開かれたのだと言っている。

　以上の話は専門的に思えるかもしれないが、調性音楽には、聞きなじみがあって耳に心地よい音楽の大半が含まれている。ポップスやフォーク・ミュージックのほとんどすべてが、調性音楽の枠内に入る。調性音楽の限界に挑戦した曲は、クラシックであれジャズであれポップスであれ、ほとんどの人の耳には不快で変に聞こえる。無調性音楽は、誕生から100年近くがたった今でも、ショッキングで「現代的」な響きがする。

| 豆 知 識 |

1. 初期の無調性音で有名なのが、アルノルト・シェーンベルクの『月に憑かれたピエロ』（1912年）だ。
2. チャールズ・アイヴズやイーゴリ・ストラヴィンスキーなど多くの作曲家が、ひとつの楽曲で同時にふたつ以上の中心音を使う多調性という技法に挑戦している。
3. 音楽で調性を排除したことは、思想的・時代的に、抽象芸術が具象的なテーマを排除したのと一致している。

312

第44週 第6日（土）

307 哲学 美学

美学とは、芸術についての哲学である。

◆

最初の重要な問いは、「芸術とは何か？」だ。普通のキッチン・テーブルはたぶん芸術作品ではないが、レオナルド・ダ・ヴィンチの描いた『モナ・リザ』は芸術作品だ。哲学では、これを芸術の存在論の問題——「ある物体の何がそれを芸術にするのか？」——と呼んでいる。

この問いに対しては、「芸術とは美しいものである」という回答が考えられる。しかし、美しいものがすべて芸術だとは限らない。夕焼けや風景、それに、ある種の人々は、美しくても芸術作品ではない。また「芸術とは何かを再現するもの、またはメッセージを伝えるものである」という回答も考えられる。しかし、防犯カメラの映像は何か——つまり、録画された人々——を再現しているが、この映像は芸術ではない。同じように、英語の文章はメッセージを伝えているが、だからと言って、英語の文章は、確かに芸術の名に値するものもあるが、すべてが芸術とは言えない。

もうひとつ、美学での重要な問いに、「私たちが芸術を評価するとき、私たちは何を言っているのだろうか？」というものがある。例えば、ある絵画について「これは美しい」とか「これはすばらしい芸術だ」というとき、私たちは「この絵が好きだ」「この絵を見ると楽しくなる」と言っているだけなのだろうか？　もしそうなら、同じ絵を見ても、ある人は「美しい」と言い、別の人は「まったくもって醜悪だ」と言うかもしれない。このとき、最初の「美しい」という発言は、この絵を見ると楽しくなるという意味であり、次の「醜悪だ」という発言は、この絵を見ても楽しくならないという意味だ。どちらの発言も、この絵についての普遍的な真理を述べてはいない。こうした鑑賞法の問題点は、芸術の価値について議論する（つまり論理的に考える）余地がまったくないように思えることだ。さらに、審美眼という概念、つまり「ある人が別の人より、何が優れた芸術で、なぜ優れているかを判断する能力が高い」という考えが入る余地もなくなってしまう。

これ以外にも美学には、「ジャンルとは何か？」「小説と長編詩の違いは何か？」などの問いもある。また美学者は、「芸術の目的とは何か？」「芸術の何に価値があり、なぜ私たちはそれを気にかけるべきなのか？」といった問題も考えている。

豆 知 識

1. 「美学」（aesthetics）という言葉は、あまり知られていないドイツ人哲学者アレクサンダー・ゴットリープ・バウムガルテン（1714～1762）による造語だ。その語源は、「知覚」「感覚」を意味するギリシア語である。
2. プラトン（紀元前427頃～前347）は、芸術家は真実在から二段階離れていると考えていた。芸術家は、テーブルや寝椅子など普通の物体の模倣を制作するが、そうした物体は真実在であるイデアの模倣にすぎないからだ。

313

第44週 第7日（日）

308 宗教 | 禅宗

　禅宗（禅）は、宗教・哲学・生き方・美術様式として知られているが、もともとは520年に
ボーディダルマ（菩提達磨）が始めたものだ。信者の言い伝えによると、ボーディダルマはイ
ンドから中国南朝の梁へやってきた。そして梁の武帝に会って、我執は無価値だと説いた。そ
の後、北へ向かって洛陽郊外の寺院に入り、壁に向かって座ると九年間瞑想を続けたあと、弟
子を取ったという。

◆

　禅は「瞑想」という意味で、禅宗では、精神を静めて煩悩を離れ、最終的に涅槃に至るため
には瞑想が重要だと説いている。最も一般的な形の禅は座禅で、両脚を組んだ結跏趺坐の姿勢
で座って行うことが多い。禅宗では、特に集団で座禅を組むことを勧める。

　仏教の一宗派である禅宗は、中国の道教と儒教から大きな影響を受けている。しかし、仏教
の他の宗派と最も違っている点は、経典と師に対する態度だ。禅宗では、経典を読むより禅の
実践の方がはるかに重要だと考え、古くから伝わる仏典の研究はそれほど重視しない。

　さらに禅宗は、師から弟子へと教えが受け継がれてきた系譜を非常に大切にする。ボーディ
ダルマとその弟子たちから、教えは脈々と受け継がれてきた。師が受け継いだ教えをたどるこ
とが、優れた弟子となるのに欠かせないのである。

　禅宗は、中国に伝わったあと、日本、朝鮮半島、ヴェトナムへと広まった。しかし、この
1500年のあいだに各地の禅宗は独自の道を歩んだため、日本の禅宗は、中国はもちろん韓国
やヴェトナムの禅宗とも、もはや同じではなくなっている。

豆 知 識

1. 禅には座禅のほかに、「経行」といって、歩いて行う禅がある。参禅者たちは、右肩が常に中心を向くようにして、
　室内を時計回りに歩きながら瞑想する。
2. もともとサンスクリット語で「瞑想」を意味していた言葉が、中国で「禅」と訳された。中国語での発音は「チャ
　ン」だが、これが日本で「ぜん」となり、韓国では「ソン」、ヴェトナムでは「ティエン」となった。

314

第45週 第1日（月）

309 歴史 | アドルフ・ヒトラー

　アドルフ・ヒトラー（1889〜1945）は、ドイツの独裁者で、1939年にポーランドへ侵攻して第二次世界大戦を引き起こした。この大戦は、やがて地球のほぼ全域に広がって未曾有の破壊と人道的悲惨をもたらし、5000万人が命を落とした。ヒトラーが同盟を結んだ枢軸国の日本とイタリアからの支援もあったが、1943年に戦況はドイツ不利へと変わった。1945年、勝利を確信した連合軍がベルリン中心部の地下壕に迫りくる中、ヒトラーは頭に銃弾を撃ち込んで自殺した。

◆

　ヒトラーは権力の座にあったとき国民から広い支持を受けていた。実際、ドイツで1930年代前半に行われた最後の民主的な選挙で、彼の率いるナチ党は大勝利を収めている。ヒトラーは、演説で聴衆の心をつかむのに長けており、そのカリスマ性で多くのドイツ国民に、第一次世界大戦（1914〜1918）での屈辱的敗戦後に凋落したドイツ民族をナチ党なら復活させられると思い込ませた。しかしドイツが降伏すると、すぐに国民の大半は、自国を壊滅させた総統（ヒトラーの称号）を否定した。

　ヒトラーは、当時オーストリア・ハンガリー帝国のドイツ語圏だったオーストリアに生まれた。彼は画家になりたかったが、ウィーンの美術学校には入れなかった。その後ドイツに移って第一次世界大戦に従軍し、軽傷を負った。戦争前、ヒトラーは特に強い政治信条を持ち合わせてはいなかった。しかしドイツの敗戦後、ドイツ民族が屈辱を味わっているのは裏でひそかにユダヤ人が陰謀を企てたせいだという、ちまたに広がっていた考えを信じるようになった。彼は、当時はまだ無名だった反ユダヤ主義政党、国家社会主義ドイツ労働者党（ナチ党）に入党し、たちまち党首になった。

　ドイツでは、第一次世界大戦の前も後も反ユダヤ主義が広まっていたが、多くのドイツ人をナチ党に引きつけたのは、ヒトラー本人の個性だった。戦時中のドイツで軍需大臣を務めた建築家アルベルト・シュペーアは、ヒトラーの演説をはじめて聞いたとき「押し寄せる熱狂の波」を感じ、「それによって、疑念も躊躇もきれいさっぱりなくなった」と書いている。

$\boxed{\text{豆 知 識}}$

1. ヒトラーの自殺後、進攻してきたソ連軍がヒトラーの遺体を回収した。彼の頭蓋骨は、今もモスクワの政府庁舎に保管されている。
2. ナチ党は多くの支持者を集めたが、のちに第二次世界大戦でドイツと戦う西側諸国の中にもナチ党の支持者がいた。戦前、アメリカでヒトラーに心酔していた人々の中には、有名な飛行士チャールズ・リンドバーグや、自動車王ヘンリー・フォードなどがいた。
3. ヒトラーは、1936年のベルリン・オリンピックで、自ら唱えるドイツ民族の優秀性を証明できると期待していた。しかし、アメリカの黒人陸上選手ジェシー・オーエンスが四種目制覇というオリンピック史上有数の快挙を成し遂げ、ヒトラーの期待は無残に打ち砕かれた。

315

第45週 第2日（火）

310 文学 │ 『これは世界に宛てた私の手紙』

これは世界に宛てた私の手紙
私に一度も手紙をくれたことのない世界への手紙――
自然が語ったシンプルなニュース――
優しい威厳で語ったニュース
自然のメッセージは
私には見えない手に託される――
自然への愛のため――親切な――同郷のみなさん――
お手柔らかに判断してください――私のことを

◆

　生前はほぼ無名に近かったエミリー・ディキンソン（1830〜1886）は、死後、アメリカが生んだ最も優れた詩人のひとりと認められた。その短くて警句的な詩は、文体と技法が革新的であり、広大な心の内面を照らし出している。

　ディキンソンは、家族が暮らすマサチューセッツ州アマーストで生まれ育った。1840年代後半に中等教育を終えると、はじめて詩を書き始めた。初期の作品では伝統を守り、バラードや賛美歌など古くからの形式の韻律を用いている。しかし1860年代から、そうした既存の形式を崩して、リズムや押韻、語の選択、句読法などで大胆な実験を行うようになった。そうして生まれたのが、よく知るものと意外なものとの緊張を生み出し、紙に印刷すると間違えようのない明白な特徴を示す一連の詩であった。

　『これは世界に宛てた私の手紙』（1862年ころ）には、ディキンソンの文体と形式と語り口調がよく表れている。彼女の詩はどれもそうだが、本作も題はなく、もっぱら最初の一文がタイトル代わりに使われている。四行から成るスタンザ（四行連）ふたつで構成された詩で、韻を踏んだ弱強四歩格と三歩格が交互に現れる。アクセントが弱強のパターンで一行あたり六音節（つまり三歩格）または八音節（つまり四歩格）で構成されるのは、標準的なバラードの形式だ。しかしディキンソンは、この標準形を崩している。第一行（原文では　This is my letter to the World）は、冒頭が弱強格ではなく、それとは逆の強弱格で始まり、それによって「これ」（This）という語が強調されている。また、これは彼女の文体の特徴なのだが、詩のあちこちにダッシュ（――）を入れて、行の流れを分断し、特定の単語を目立たせている。

　この詩は、ディキンソンの作品に見られる内省的なテーマ――この場合は芸術家としての創造性――がよく表現されている。彼女は、自分の創造力から生まれたものを世界へ公開することへの不安や、作品の「メッセージ」を「私には見えない手」に託すときに必ず湧いてくる、運を天に任せる気持ちを素直に打ち明けている。さらに最後の行「お手柔らかに判断してください――私のことを」には、これまでこの世に現れた芸術家や作家なら、おそらく誰もが抱く不安が凝縮されている。

豆知識

1. ディキンソンは1700編以上の詩を書いたが、そのうち生前に発表したのは、わずか7編だけだった。
2. ディキンソンは筆まめで、手紙を何百通も書いておりその大半は今も残っている。手紙の言葉遣いが詩に劣らず含蓄があるため、研究者はこの書簡を非常に重視している。
3. 亡くなるまでの20年間、ディキンソンはアマーストにある一族の邸宅と敷地から一歩も外に出なかった。

第45週 第3日(水)

311 視覚芸術 | キュビスム

　キュビスムは、20世紀初頭で最も重要な美術運動だろう。人間や物体の形を幾何学的な基本フォルムに還元し、数学的な遠近法を排除した。そうすることで、二次元平面で空間と立体感を捉える見方に異を唱えたのである。

◆

　キュビスムの起源は、ポール・セザンヌの後期の作品にさかのぼる。セザンヌは、自然のフォルムに硬くて角張った輪郭線を与え、複数の視点から同時に見た姿を描いた。1907年、パブロ・ピカソはセザンヌの手法をさらに推し進めて『アヴィニョンの娘たち』を制作した。これは、売春宿にいる四人の娼婦が絵の外にいる男性鑑賞者に声をかけているところを描いた絵だ。女性たちは幾何学的な体をしており、それが背景の鋭角とよくマッチしている。影は作者がつけたいと思った場所につけられ、女性たちは手前にいようと奥にいようと同じ大きさに描かれている。前景を背景といっしょくたにすることで、ピカソは見る者に絵の平面さを意識させているのだ。

　芸術家仲間のジョルジュ・ブラックとともに、ピカソはキュビスムの原理をさらに発展させた。キュビスムという名前の生みの親はアンリ・マティスで、彼は美術批評家ルイ・ヴォーセルに、ブラックが「小さなキューブ（立方体）で」芸術を作ったと話した。それを受けてヴォーセルが、ブラックの作品を「キューブ状の奇妙なもの」（bizarreries cubiques）と呼んだのである。

　キュビスムの第一段階は1908年ころから1912年で、「分析的キュビスム」と呼ばれている。この時期、ピカソとブラックは主としてフォルムを分解することに関心を寄せており、そのために遠近法を崩し、影をつけたいところにつけ、ほぼすべての色を除去していた。描かれた画像は抽象的に見えるが、人体や静物など自然にある物とまだ結びつけられていた。この時期を代表するのが、ブラックの『ポルトガル人』（1911年）である。1912年ころから、ブラックは新聞の切り抜きや壁紙の一部をキャンバスに貼りつけ始めた。こうしてキュビスムは第二段階「総合的キュビスム」へと発展し、人工物が絵画に取り入れられた。例えばピカソの『籐張り椅子のある静物』（1911～1912年）では、籐張り椅子の模様を印刷した油布が絵を描く下地に使われ、本物のロープで構図全体が枠取りされている。

　1914年に第一次世界大戦が始まると、キュビスムは事実上終わりを告げたが、伝統的な絵画技法を徹底的に排除する姿勢は、その後に続く現代芸術家たち全員にインスピレーションを与えた。

豆 知 識

1. 以後のキュビスムには、立体未来派、ピュリスム、オルフィスム、プレシジョニズムなどがある。
2. アメリカ人芸術家スチュアート・デイヴィスとアーロン・ダグラスはキュビスムの影響を強く受けた。
3. ブラックとピカソは、キュビスムの時代、同じモチーフを何度も繰り返し描いた。そうしたモチーフのうち特に有名なのは、楽器、ボトル、水差し、コップ、新聞、活字体の文字などだ。

第45週 第4日（木）

312 科学 ｜ 円周率

　円の直径とは、円の端から円の中央を通って反対側の端まで引いた線の長さのことである。円周とは、円の端をぐるりと一周したときの長さである。円の直径と円周の比は、常に同じだ。円の大きさがどれほどであっても——ポーカーのチップだろうと地球の赤道だろうと——円周の長さは直径の3.14倍だ。しかし、3.14という数字は近似値にすぎない。本当の数字は円周率またはπ（パイ）と呼ばれている。

◆

π　　円周率は、非常に便利な数字だ。円の直径の長さか、あるいはその半分の長さ（半径。rで表す）が分かれば、円周を実際に測らなくても、円周率を使って計算で求めることができる。円の面積を求めることもできるし（円の面積＝πr^2）、円や球や弧についての幾何学問題の大半を解くこともできる。しかも、円周率が便利なのは幾何学の中だけではない。ヴェルナー・ハイゼンベルクの不確定性原理や、アルバート・アインシュタインの一般相対性理論における場の方程式、シャルル＝オーガスタン・ド・クーロンが発見した電気力についてのクーロンの法則など、物理学・統計学・数論のさまざまな分野で大活躍している。

　円周率には、人を引きつける魅力もある。定義は非常に簡単であるにもかかわらず、誰も正確な値を計算できないのだ。円周率は、3.14159265……と書かれることがあるが、それは円周率に終わりがないからだ。小数点以下は、同じ数字のパターンを繰り返すことなく、永遠に続いていく。こうした数字を無理数（ふたつの整数の比で表すことのできない数）という。古代バビロニア人や古代エジプト人は、円周率の存在を知っており、現代の私たちとまったく同じように、その近似値を出そうとした。その計算結果は、3.125（バビロニア人）と3.16（エジプト人）で、近似値としては悪くない。現代では、一秒間に二兆の演算を実行できるスーパーコンピューターにより、円周率は小数点以下、1兆2411億桁まで正確に求められている。

豆 知 識

1. シラクサのアルキメデス（紀元前287頃〜前212）は、原始的な微分法を使って円周率の非常に正確な近似値を得た。それによると、円周率は71分の223と7分の22のあいだにあるという。このふたつの分数の平均は約3.1418で、非常に優れた近似値である。
2. ドイツの数学者ルドルフ・ファン・ケーレン（1600年ころ）は、円周率をはじめて35桁まで正確に求めた。彼はそれを自慢に思い、その数値を自分の墓石に刻ませた。
3. 「パイフィロロジー」といって、円周率を覚えるための暗記術を考案する専門の研究分野がある。
4. 2005年7月2日、暗記力の向上を研究する59歳の日本人男性が円周率を世界ではじめて8万3431桁まで暗唱することに成功した。

第45週 第5日（金）

313 音楽 | 新ウィーン楽派

　現代音楽の作曲家アルノルト・シェーンベルク（1874〜1951）と、そのふたりの弟子アルバン・ベルク（1885〜1935）とアントン・ヴェーベルン（1883〜1945）は、ウィーンを中心に作曲活動を行ったことから、新ウィーン楽派と呼ばれている。ちなみに「新」のつかないウィーン楽派は、18世紀にウィーンで活躍した古典派の巨匠フランツ・ヨーゼフ・ハイドン、ヴォルフガング・アマデウス・モーツァルト、ルートヴィヒ・ヴァン・ベートーヴェンの三人のことで、一般にはウィーン古典派とも呼ばれている。新ウィーン楽派は、無調性音楽と十二音セリー（フランス語で音列）の曲を音楽の世界に持ち込んで、騒動と混乱を巻き起こした。

◆

　シェーンベルクは、反ユダヤ主義の強いオーストリアで育ったユダヤ人で、父親が死んでからは編曲の仕事で何とか生計を立てていた。1901年、ベルリンのシュテルン音楽院の作曲科教授となり、1904年にはベルクとヴェーベルンを弟子にした。シェーンベルクの初期の音楽は、リヒャルト・ワーグナーの半音階技法を模倣したものだが、1905年から1907年のあいだに、調性音楽から徐々に離れていった。1912年に初演された『月に憑かれたピエロ』と『五つの管弦楽曲』は、無調性による音楽だったため人々に衝撃を与え、かくして作曲の新時代が始まった。どちらの曲も、一見すると論理的な構成がないため、当初は批判された。それに応える形でシェーンベルクは、無調性の合理的システムである十二音技法を考案した。

　ベルクとヴェーベルンは、師の技法を発展させた。ヴェーベルンは、セリーを十二音という音高だけでなく強弱の変化やリズムにも応用し、全セリー技法というべきものを創始した。またヴェーベルンは、爆発的な感情表現を数学的・効率的に小さくまとめることで、モダニズムとロマン主義を統合したことでも知られている。ベルクは、無調性を使って、『バイオリン協奏曲』（1935年）など20世紀で最も情熱的な弦楽曲を作曲したほか、オペラ『ヴォツェック』（1925年初演）などを作っている。

　三人が書いた音楽は、聞き心地が悪く、情熱的で、聞く者を不安にさせるが、それは当時の芸術思想と政治思想を反映したものだった。三人は仲がよかったが、シェーンベルクがナチの手を逃れて1933年に亡命したのに対し、ナチの支持者だったヴェーベルンはオーストリアに残った。その後1945年に彼はアメリカ兵に誤って射殺された。ベルクは、虫刺されの合併症が原因で50歳で亡くなった。シェーンベルクは南カリフォルニア大学で教鞭をとり、ふたりの弟子より長生きした。

豆 知 識

1. シェーンベルクは、「無調」という言葉は「調がない」という意味に聞こえるからといって、この言葉を嫌っていた。代わりに、自分の様式にあらゆるものが含まれていることを強調するため、「汎調」という言葉を提唱した。
2. シェーンベルクは、ベルクとヴェーベルンとともに1916年ウィーンに私的演奏協会を設立した。協会の演奏会では、前衛作曲家による初演が演奏されたが、会員のみが出席を許され、拍手喝采は一切禁じられていた。演奏会では、三人が人前に出ることはなく、出席した芸術家たちで自由に対話することが奨励されていた。
3. ヴェーベルンが完成させた曲のうち、作品番号が付いているものは31しかなく、しかもその多くは演奏時間が10分未満だ。

319

第45週 第6日（土）

314 哲学 | 実存主義

　実存主義とは、ジャン＝ポール・サルトル（1905〜1980）やアルベール・カミュ（1913〜1960）など20世紀フランスの一部哲学者たちの思想を説明するために作られた言葉だ。どんなテーマであれ、統一された実存主義的見解というものは存在しない。実存主義者を結びつけているのは、人間の自由と、本来性と、恐怖や不安といった体験とを重視することのみである。

◆

　20世紀の実存主義者は多くの思想家から影響を受けていたが、そのひとりにデンマークの思想家セーレン・キルケゴール（1813〜1855）がいる。キルケゴールは宗教的信仰を擁護する著作を書いた。その主張によると、信仰を得るには、不合理とは分かっていても自らの意志で不条理に跳び込まなくてはならない。しかし、人が本来の自己を見失って絶望──これについてキルケゴールは著書『死に至る病』（1849年）で説明している──に陥った場合、その絶望から抜け出すためには、宗教的信仰に頼るしかないと、キルケゴールは考えていた。

　サルトルとカミュは、小説と哲学書の両方を書いている。サルトルは小説『嘔吐』（1938年）で、「世界は不条理であり、意味などない」という吐き気を催すような感情について書いている。自らの哲学をもっと直接的に著した哲学書『存在と無』（1943年）では、人間は自分の運命を自由に選ぶことができると主張した。私たちにできないのは、選ばないことだけだ。それなのに、しばしば私たちは、宗教的信仰体系などを確かな事実だと思ってしがみつき、自由から逃れようとする。サルトルは、この傾向を「自己欺瞞」と呼んだ。

　カミュは小説で知られており、特に『異邦人』（1942年）と『ペスト』（1947年）が有名だ。『異邦人』では、主人公ムルソーが、特に理由などないのにアラブ人青年を殺して死刑を宣告される。死刑の日が近づく中、ムルソーは自分の人生と、殺人に対する責任について考える。カミュの作品には、自分の人生に対する責任、選択の自由といった実存主義的なテーマが、一貫して流れている。

┌─ 豆 知 識 ─┐

1. キルケゴールは、著作の多くをさまざまな変名で書いた。
2. サルトルの戯曲『出口なし』では、見ず知らずの三人が不気味なホテルの一室に案内され、誰も外へ出ることができない。次第に三人は互いを憎むようになり、やがて自分たちは地獄にいるのだと気づく。この戯曲に出てくる有名な言葉が、「地獄とは他人のことだ」である。
3. フリードリヒ・ニーチェ（1844〜1900）も、実存主義に大きな影響を与えたひとりだ。

320

第45週 第7日(日)

315 宗教 ｜ カルマ

　　カルマ（業）とは、道徳的な因果の連鎖のことで、ヒンドゥー教の中核をなす考え方のひとつである。

◆

　ヒンドゥー教は、紀元前3000年にまでさかのぼることのできる古い宗教で、特定の開祖は知られていない。ヒンドゥー教徒は、生き物は死と再生を繰り返すという輪廻を信じている。だから、生きているあいだに人が行う善行や悪行が、来世に影響を与える。一言で言えば「因果応報」ということだ。善行を積めば来世で善い結果が得られ、悪行を重ねれば来世は悪い結果になる。ヒンドゥー教徒は、善行を積む際の指針として、昔から伝わるヒンドゥー教の聖典に示されているダルマ（正義）に従う。

　カルマには三つの種類がある。ひとつ目はプラーラブダ・カルマだ。これは、私たちがコントロールできないカルマである。具体的には、自分の親、生まれるカースト（身分）、出生地など、人生の基本的な前提条件を指す。こうした条件は変えることができず、すべて前世の行為によって決まっている。

　二つ目はサンチタ・カルマである。これは、私たちの前世での全行為が現世での個人的な興味・性向・人格を決めていることを指す。サンチタ・カルマがあるので、例えば、ふたりの子どもが同じ環境に生まれても、性格がまったく違う子に育つことがあるわけだ。サンチタ・カルマは、現世での努力や反省で変えることができる。持って生まれた悪い習性は改善できるし、逆に善い習性が崩れていくこともある。

　三つ目であるアーガミ・カルマは、現世で私たちが実践する行為が、現世で私たちに影響を及ぼすことを指す。例えば、隣人に親切に接するか不親切に振る舞うかで、将来自分がどう接せられるかが決まるかもしれない。三つのカルマのうち、私たちが最もよくコントロールできるのが、このアーガミ・カルマである。

　カルマの思想は仏教にもあるが、ヒンドゥー教のカルマは、神の介入を認めるという点で仏教と大きく異なっている。ヒンドゥー教では、人が死んだら、ブラフマン神がその人物の行った善行と悪行の量を比較し、来世で何に生まれ変わるかを決めると信じられている。また、はじめ少々悪行に手を染めていても、その後に善行をたくさん積めば、最初の悪行の影響をブラフマンが軽くしてくれるとも考えられている。これに対して仏教徒は、カルマを絶対的な自然法則のように捉えている。

豆 知 識

1. カルマによって、神のいる世界になぜ悪が存在するかも説明できる。人々の悪行が悪因となって悪果を招き、来世でさらなる悪を生むのである。

321

第46週 第1日（月）

316 歴史 | ホロコースト

　第二次世界大戦も終わりが近づいたころ、アメリカ陸軍第45歩兵師団は、南ドイツの小さな町を占領せよとの命令を受けた。同師団所属の大隊長フィーリクス・スパークス中佐は、その町に入ると、大隊の一部を近くの線路沿いにあるナチの強制収容所へ派遣した。その収容所の名は、町の名と同じく、ダッハウといった。

◆

　その日の午前にスパークスがダッハウで目にした事実は、全世界の良心を苦しめることになった。心地よいバイエルンの森で、何の罪もない数万の人々が、遺体となって、あるいは瀕死の状態で、横たわっていたのである。ダッハウ周辺に残っていたドイツ兵は、ほとんど抵抗しなかった。ショックを受けた第45師団の兵士たちが収容所に入ると、人肉の臭いが森の空気に蔓延していた。「収容所の入り口近くの光景に、私の感覚は麻痺してしまいました」と、のちにスパークスは歴史家に語っている。「ダッハウの本物の地獄と比べれば、ダンテの『地獄篇』など色あせて見えるでしょう」

　ダッハウは、おぞましい施設の原型だった。ここは、アドルフ・ヒトラーが1933年にドイツで権力を握った直後に開設させた最初の強制収容所であった。当初、この収容所にはナチ政権に反対する人々が収容されたが、戦争が始まると、ナチ党はユダヤ系ドイツ国民を、ただユダヤ系であるというだけの理由で収容した。ダッハウでは、三万人以上の収容者が計画的に殺害された。じつに恐ろしい数字だが、これはほんの一部にすぎず、ナチによるホロコーストで、ヨーロッパ全土で600万のユダヤ人が殺された。ナチ占領下のポーランドに作られたアウシュヴィッツ強制収容所では、ガス室を使って100万人以上が殺された。

　1945年春にイギリス・ソ連・アメリカの各軍がナチの強制収容所を解放するにつれて、ナチ・ドイツによる蛮行の全貌がようやく明らかになっていった。民族浄化の名のもとに、ヒトラーとその部下たちは、ドイツとナチ占領下のヨーロッパにいる全ユダヤ人を絶滅させよと命令した。ナチの収容所では、ユダヤ人だけでなくロマ（ジプシー）、ポーランド人、同性愛者、政治的反対派も、数えきれないほど殺された。戦争が終わると連合国は、ヨーロッパで起きた大量虐殺に責任があるドイツ人高官を何人も逮捕し、処刑した。

━━━━━━ 豆 知 識 ━━━━━━

1. スパークスが率いていた数人の兵士は、ダッハウに入って数分後、激怒のあまり、収容所を警備していたナチ親衛隊の兵士たちを即座に処刑し始めた。これに関わったアメリカ兵たちは軍法会議に掛けられたが、アメリカ軍のジョージ・S・パットン将軍は訴追を中止せよと命じた。
2. ホロコーストを提案し、その実施計画を立てたアドルフ・アイヒマンは、戦後ヨーロッパから脱出し、ようやく1960年にアルゼンチンで逮捕された。彼はイスラエルで人道に対する罪で裁かれ、有罪を宣告されて1962年に絞首刑になった。
3. ホロコーストに関与した者の大半は処罰されなかった。アウシュヴィッツに勤務したナチ親衛隊7000人のうち、実際に裁判に掛けられたのは、ある推計によると、800人しかいなかった。

第46週 第2日(火)

317 文学 | ロマン主義

　ロマン主義とは、19世紀前半にヨーロッパとアメリカを席巻した広範にわたる知的・芸術的運動のことだ。それ以前、啓蒙の時代と言われた18世紀には、西洋思想では合理主義・厳密さ・感情の抑制が支配的であり、ロマン主義は、そうした傾向に対する直接の反動であった。ロマン主義は、根づいた途端、文学から美術や音楽まで、多くの分野に広がった。

◆

　啓蒙思想家が経験論や合理論を重視していたのに対し、ロマン主義者は、理性や知性ではなく、人間の感情や情熱こそが正しい導き手だと主張した。そのためロマン主義文学は、創造性・想像力・感性を重んじ、各自の個人的考えを重視して伝統的な因習を否定した。この立場を簡潔に述べたのが、イギリスのロマン主義詩人ウィリアム・ブレイクの有名な言葉「私は体系を作らなくてはならない。さもなければ私が他人の体系の奴隷になってしまう」だ。ロマン主義文学の作品の多くが、天才や狂人など、常識から外れていたり誤解されたりする登場人物を魅力的に描いているのも、当然だろう。そうした人物には、メアリー・シェリーの『フランケンシュタイン』（1818年）の怪物のようにグロテスクな者もいれば、アレクサンドル・デュマ・ペールの『モンテ・クリスト伯』（1844〜1845年）で無実の罪により投獄された主人公エドモン・ダンテスのように、社会の周縁に追いやられた者もいる。

　文学におけるロマン主義時代は、1798年、イギリスの詩人ウィリアム・ワーズワースとサミュエル・テイラー・コールリッジが共作詩集『抒情民謡集』を出したことに始まるとされることが多い。1800年、ワーズワースは『抒情民謡集』の改版に際し、のちに大きな影響を及ぼす序文を加え、その中で詩とは「強力な感情が無意識にあふれ出ること」だと定義した。そしてこれがロマン主義運動を引き起こす呼び声となった。

　ロマン主義文学を初期に代表していたのはイギリスの詩人たちで、ブレイク、ワーズワース、コールリッジのほか、ジョン・キーツ、パーシー・ビッシュ・シェリー、バイロン卿などがいる。やがてロマン主義は散文にも広がり、他のヨーロッパ諸国にも伝わって、ヴィクトル・ユゴーの小説『ノートルダム・ド・パリ』（1831年）などに影響を与えた。のちに大西洋を越えてアメリカにも波及すると、アメリカの超越主義作家たちは、ロマン主義者の自然賛美を推し進めた。実際、19世紀半ばのアメリカ文学を代表する作家の大半——エドガー・アラン・ポー、ナサニエル・ホーソーン、ハーマン・メルヴィルなど——は、ロマン主義の伝統に根ざしている。

　19世紀後半になると、ロマン主義は、ギュスターヴ・フローベールの『ボヴァリー夫人』（1857年）などの作品を先駆けとする写実主義に取って代わられた。しかし、その影響は強く残り、ロマン主義の詩人や小説家の作品は、今も西洋文学の古典として高い人気を誇っている。

豆 知 識

1. 音楽の世界でも、ルートヴィヒ・ヴァン・ベートーヴェンの情熱的で感情に訴える作品を起源として、ロマン主義が19世紀に一世を風靡した。おもなロマン派の作曲家には、フレデリック・ショパン、リヒャルト・ワーグナー、ピョートル・イリイチ・チャイコフスキーなどがいる。

第46週 第3日(水)

318 視覚芸術 | パブロ・ピカソ

パブロ・ピカソ（1881～1973）は、最も有名な20世紀芸術家のひとりだ。80年近い画家人生を通じて、多種多様な様式を生み出し、最も多作で多才な画家と言える。

◆

スペインのマラガで生まれたピカソは神童だった。美術教師だった父は、幼い息子の才能を見抜いた。1900年にピカソは、当時、前衛芸術の中心地だったパリへ行った。1901年に親友が自殺すると、以後ピカソは「青の時代」に入った。この時期のピカソは、主題とした悲しみや貧困を表現するためさまざまな青い影を使った絵画を描いた。1904年、ピカソは暖色を使うようになって「ばら色の時代」に入り、サーカスの芸人や道化師の絵を集中的に描き始めた。1907年、ピカソは自身初のキュビスム作品『アヴィニョンの娘たち』を制作した。この作品では、西洋絵画における女性美の基準から離れ、人物像のモデルとして、ポリネシア、イベリア半島、およびアフリカの彫刻を使った。ルネサンス以来、当たり前に使われてきた技法である一点透視図法による遠近法を排除し、ピカソとキュビスムの同志であるジョルジュ・ブラックは、美術の進む道を完全に変えた。

ピカソは、自らの様式や絵画への取り組み方を常に見直し続けた。例えば1917年、彼はモノクロだったキュビスム的絵画に再び色彩を取り入れ始めた。その後『三人の音楽家』（1921年）では、キュビスム的な要素を、鮮やかな色彩や生き生きとした模様と組み合わせることで、人物像の躍動的なリズムを表現しようとした。1920年代後半になると、ピカソはシュルレアリスム運動に関わるようになった。変身というコンセプトに興味を抱き、1930年代には半人半獣の生き物の絵を描いた。この時期にピカソは、詩やシュルレアリスム的な戯曲『しっぽをつかまれた欲望』（1941年／"Le Désir attrapé par la queue" 大島辰雄訳 六興出版 1978年）も書いている。

1930年代半ばにスペイン内戦が勃発すると、ピカソの作品は政治色を濃くしていった。その中で最も有名な絵画『ゲルニカ』（1937年）は、バスク地方の小さな町が、ファシストであるフランシスコ・フランコ将軍の命を受けたドイツ軍爆撃機によって壊滅する様子を描いている。第二次世界大戦中、ピカソはナチの占領するパリで過ごしたが、その名声のおかげで迫害されることはなかった。ピカソの創作エネルギーは、年を取っても衰えず、彼は死ぬまで制作し続けた。1973年、ピカソが遺言を残さずに亡くなると、フランス政府は彼の作品の多くを相続税として徴収し、それをもとにパリにピカソ美術館を開いた。

豆 知 識

1. パリのピカソ美術館以外でピカソの作品を多く収蔵しているのは、マラガのピカソ美術館と、バルセロナのピカソ美術館、ニューヨーク現代美術館とメトロポリタン美術館だ。
2. ピカソの初期の作品『パイプを持った少年』は、2004年に当時史上最高額の1億400万ドルで落札された。

319 科学 | ピタゴラスの定理

ピタゴラスは、紀元前6世紀のギリシア人哲学者で、数を礼拝する宗教結社の指導者である。彼の教団では、最初の四つの自然数をテトラクテュスと呼んで礼拝していた。1は理性を意味し、2は議論を、3は調和を、4は正義をそれぞれ意味するとされた。教団の数学研究からは、人類史上最もエレガントな幾何学の定理や証明がいくつか生まれていて、そのひとつが、ピタゴラスの名を冠したピタゴラスの定理である。定理そのものは簡単で、すべての直角三角形（ひとつの角が90度である三角形）において、短い辺をaとb、長い辺（これを「斜辺」という）をcとしたとき、$a^2+b^2=c^2$という等式が常に成り立つというものだ。言い伝えによると、ピタゴラスはこの定理を証明できたことを非常に喜び、牛を犠牲に捧げたという。

◆

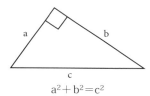

$a^2+b^2=c^2$

もちろん、ピタゴラスが証明する以前から、この定理は多くの文明圏で知られていた。バビロニア人は、ピタゴラスより少なくとも1000年前に$a^2+b^2=c^2$を知っていたし、古代エジプト人も紀元前2550年ころ、ピラミッドを建設するのに、この公式を使っていたようだ。前600年には、中国、インド、それにメソポタミアの大半では、すでに知られていた。ピタゴラスは、それを西洋文化圏ではじめて証明した人物というだけだ。ピタゴラスの定理の証明は、今では数百種類もある。ピタゴラスが発見した証明は、そのひとつにすぎない。

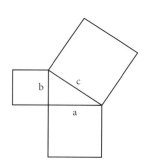

豆知識

1. $a^2+b^2=c^2$を満たす自然数の組み合わせを「ピタゴラス数」という。そのうち（3、4、5）と（5、12、13）のふたつは、よく知られている。
2. アメリカのジェイムズ・ガーフィールド大統領は、1876年に独自の方法でピタゴラスの定理を証明した。
3. 中国では、この定理は勾股定理と呼ばれ、紀元前500年から200年ころに書かれた数学書にはじめて登場する。

第46週 第5日（金）

320 音楽 | シェーンベルクの『月に憑かれたピエロ』

　モダニズム作曲家アルノルト・シェーンベルクの『月に憑かれたピエロ』は、20世紀の無調性音楽と前衛音楽への扉を一気に開け放った作品だ。これは、ソプラノ歌手と小編成の室内楽団による、21の小品から成る連作歌曲である。歌詞は、ベルギーの象徴主義詩人アルベール・ジローの詩から取ったもので、感傷的でときには恐怖さえ感じることも多いエピソードを通じて、主人公が暗い夜空で「熱病にかかったように膨れ上がった」月に寄せる恋情や、狂気や斬首など恐ろしげなイメージを叙述している。

◆

　『月に憑かれたピエロ』は、1912年にベルリンで初演されると、聴衆からは大きな非難を浴びたが、何人もの批評家から高く評価された。今も多くの批評家たちは、これを表現主義運動の中で最も重要な作品と見なしている。表現主義は、視覚芸術の場合も音楽の場合も、心の内面を深く理解しようとするもので、フロイトの精神分析が人々に認めらえるようになったのと時期を同じくしている。オスカー・ココシュカなど表現主義の画家たちは、心の奥底を探り、フロイトの言う夢幻状態や無意識の欲求に光を当てようとした。

　シェーンベルクの作品も、同じことを目指していた。『ピエロ』は、シュプレヒシュティンメという技法を最初に使った作品のひとつである。シュプレヒシュティンメとは、語りと歌の中間に位置する唱法だ。シェーンベルクは、五線紙にXを書き込んで、おおよその音高を示している。『ピエロ』に添付された自筆のメモでは、歌い手に対して、その音を出すのは一瞬だけで、音高を維持せずにすぐ下げるようにと指示している。今まで書かれた中で最も難しい声楽曲のひとつだが、それ以上に、理論面での革新にとって重要な作品である。

　『ピエロ』以降、音楽の世界では、旋律や調性は、もはや作曲家の表現意欲を制限するものではなくなったことが明白になった。シェーンベルクの弟子ジョン・ケージなど、以後の作曲家たちは調性音楽の名残を次々と消し去っていくが、それは1912年に『月に憑かれたピエロ』が明確なメッセージを発信したおかげだった。この作品は、西洋音楽の決定的な分岐点だったと言っていいだろう。

豆知識

1. イーゴリ・ストラヴィンスキーは、若いころ『ピエロ』の初演を見ており、のちに、『ピエロ』を見たことで人生が変わったと語っている。
2. ピエロとは、イタリア演劇の一ジャンル「コメディア・デラルテ」に登場する人物で、コメディア・デラルテでは、不器用で、おどけた道化師として描かれる。『月に憑かれたピエロ』の上演でも、ソリストが道化師の衣装を着ることがある。
3. シェーンベルクは表現主義の画家でもあり、視覚芸術がモダニズム音楽の作曲法と共通点を持っていることを理解していた。

第46週 第6日(土)

321 哲学 | 分析哲学

分析哲学とは、英語圏とスカンディナビア諸国の哲学研究で主流となっている立場である。どの分析哲学者にも共通するのは、同じ知的遺産を共有し、哲学的問題の本質について基本的に意見が一致しており、表現の明確化と厳密な議論を重視するという点である。

◆

分析哲学は、まず20世紀初頭のイギリスで起こった。G・E・ムーア（1873～1958）とバートランド・ラッセル（1872～1970）は、数学基礎論などで起こった論理学の新たな進歩に大きな影響を受けていた。これによって彼らの哲学では、論理と言語が非常に重視された。実際ふたりは、言語の論理分析を通して数々の哲学的問題に取り組んだ。ラッセルの弟子ルートヴィヒ・ヴィトゲンシュタイン（1889～1951）は、こうした思想を自著『論理哲学論考』（1921年）で展開し、言語と世界の論理構造を解き明かした。

もうひとつ分析哲学に大きな影響を与えたのが、1920年代のウィーンで活躍した哲学者や科学者のグループ「ウィーン学団」が発展させた、論理実証主義である。論理実証主義者は、哲学の役割は、科学理論の論理構造を分析すること以外にないと考えた。イギリスの哲学者A・J・エア（エイヤーとも。1910～1989）は、ウィーン学団の一員ではなかったが、自著『言語・真理・論理』（"Language, Truth and Logic" 吉田夏彦訳 岩波書店 1955年）で論理実証主義の考え方の多くをイギリスとアメリカで広めた。

分析哲学は、ヨーロッパ大陸で主流の大陸哲学と対比されることが多い。大陸哲学は、哲学の歴史と、哲学が文化と歴史で担う役割に焦点を当てる傾向が強い。

豆 知 識

1. ラッセルは、同じ哲学者のゴットロープ・フレーゲの論理体系に矛盾があることを指摘し、フレーゲは、自分が生涯を賭けた仕事に欠陥があることを知って落ち込んだ。

2. 伝えられるところによると、晩年のA・J・エアは、あるときニューヨークでのパーティーでボクサーのマイク・タイソンを見かけたという。エアは、タイソンの振る舞いが不適切だと考え、本人にそう言った。するとタイソンは「あんた、俺が誰か知っているのか？ 俺はヘヴィー級の世界チャンピオンだぞ！」と答えた。それに対して、エアはこう言った。「ああ、そして私は、オックスフォード大学の元ウィカム論理学教授だ。私たちはどちらも自分の分野では一流の人間だ。だったら、道理をわきまえた人間として、この件を話し合おうではないか」

第46週 第7日（日）

322 宗教 ｜ ヒンドゥー教の叙事詩

ヒンドゥー教には、重要な叙事詩がふたつある。『マハーバーラタ』と『ラーマーヤナ』だ。

◆

「バラタ族の大叙事詩」を意味する『マハーバーラタ』は、知られている中では史上二番目に長い叙事詩で、10万頌【訳注：頌はインド古代詩の基本単位。二行でひとつの頌を構成する】以上から成る。その起源は紀元前3000年までさかのぼることができるが、現在の形にまとまったのは紀元後300〜400年ごろと考えられている。

『マハーバーラタ』は、数千年前にバラタ族のふたつの支族のあいだで行われた古代の戦いの物語である。この二支族を、パーンダヴァ族とカウラヴァ族という。もともと両族は同じ王国に住んでいたが、パーンダヴァ族は、サイコロ勝負に負けたため、12年間、国を追放されてしまう。追放期間が終わって帰国しようとしたが、カウラヴァ族は国土の半分を譲ろうとはしない。そのため恐ろしい戦争が延々と続き、親類縁者どうしや友人どうしが戦うこととなるが、最後にはパーンダヴァ族が勝利する。

こうした大きなプロットの中に、ヒンドゥー教の理想や教訓を強調した小さな物語がいくつも織り込まれている。そうした挿話のひとつが『バガヴァッド・ギーター』で、この中ではクリシュナ神が、戦場に出るのをためらっている戦士アルジュナに教えを説いている。『バガヴァッド・ギーター』の教えからは、ヒンドゥー教の中心的な教義がいくつも生まれた。

クリシュナはアルジュナに、恐怖を感じていても戦いを避けてはならないと告げる。救済に至る唯一の道は、人生で自分に課せられた義務に正面から向き合うことだ。この物質世界は幻想にすぎず、魂こそが永遠のものだ。この世を耐え抜き、ひたすら神に帰依することで、人は永遠に続く輪廻から逃れて神とひとつになることができる。肉体を捨てることで神との合一が実現するのだから、戦場での死を恐れてはいけないと、クリシュナはアルジュナに説いている。

もうひとつヒンドゥー教で重要な叙事詩である『ラーマーヤナ』は、『マハーバーラタ』より短い2万4000頌から成る。叙事詩の主人公であるラーマ王子は、父王の跡を継いで即位することができず、妻シーターとともに追放される。追放中、シーターは別の王に捕らえられ、ラーマは妻を救出しようと全力を尽くす。やがて妻を助け出したものの、別の男の家に住んでいた妻がはたして貞潔を守ったのかと、疑念を抱いた。そこでラーマは、シーターの貞潔を証明するため彼女を火の中に投じた。彼女は焼死しなかったので、ラーマは妻は貞潔なのだと信用した。しかし、その後も不貞の噂は絶えず、やむなくラーマはシーターを追放してしまう。その後シーターはラーマの息子をふたり産み、このふたりが、やがて行く先々でラーマの物語『ラーマーヤナ』を語ることになった。この叙事詩には、敬虔な信仰、家族のきずな、敬老の念などについて重要な教訓が含まれている。

豆 知 識

1. 『マハーバーラタ』については、「ここに説かれているもので、この世に存在しないものはなく、ここで説かれていないもので、この世に存在するものはない」と言われている。

328

第47週 第1日（月）

323 歴史 | ミッドウェー海戦

　アメリカ海軍と日本海軍が大激突したミッドウェー海戦は、太平洋における第二次世界大戦の転換点となった。三日間にわたる海戦で、日本は十隻ある空母のうち四隻を失い、海軍力に大打撃を受けた。アメリカが失った空母はヨークタウン一隻だけだ。ミッドウェーでアメリカが勝利した影響は、甚大なものだった。日本軍が真珠湾に奇襲攻撃を仕掛けて六か月後、アメリカは反撃に出て太平洋で優位に立ったのである。

◆

　日本とアメリカは、1930年代後半から1940年代初頭にかけて、徐々に戦争へと傾いていった。19世紀半ばまで鎖国を続けていた島国日本は、主要な工業国に変容していた。1904〜1905年の日露戦争で日本がロシアに勝ったことは、日本が軍事大国になったことを示していた。その直後から、日本は近隣諸国を侵略し始めた。1910年の時点で、朝鮮半島と台湾が日本の領土になっていた。1930年代に入ると、日本軍は中国本土に侵攻し、それをきっかけに数千万の中国人が犠牲となる戦争が始まった。日本の軍事戦略家たちは、日本がアジア太平洋地域で覇権を打ち立てる上で、アメリカが最大の障害になると考えていた。

　アメリカは、大国の中で唯一、日本の拡大を食い止めることができる国だったが、1930年代にはほとんど関心を抱いていなかった。おぞましい第一次世界大戦を経験したあとだったため、孤立主義を支持するアメリカ国民は、外国との紛争に巻き込まれるのを嫌がっていた。ドイツがイギリスに宣戦布告したときも、アメリカは昔からの同盟国イギリスに大いに同情はしたが、表向きは中立を保った。1941年12月7日の真珠湾攻撃のあと、ようやくフランクリン・D・ローズヴェルト大統領は、議会に対日宣戦布告を求めたのだった。

豆知識

1. 海戦の名の由来となったミッドウェー環礁は、太平洋上に浮かぶ数個の無人島の集まりで、1859年にアメリカ人船長によって発見され、大戦中に軍事基地になった。同島は今もアメリカ領で、現在は国立野生生物保護区になっている。

2. 日本軍は陽動作戦として、アラスカのアリューシャン列島に部隊を派遣した。アメリカ軍が同列島を守ろうとして資源を浪費してくれないかと期待してのことだ。この作戦は通じなかったが、アリューシャン列島は、現在のアメリカ50州のうち大戦で日本軍に占領された唯一の領土であった。

329

第47週 第2日（火）

324 文学 『ソネット18番』

君を夏の日と比べてみようか？
君の方が愛らしく、ずっと穏やか。
荒々しい風は五月のかわいらしい蕾を振るわせるし、
それに夏の時季は、とにかくあまりにも短い。
ときには天の瞳がひどく暑く輝くこともあるが、
その黄金の表情を曇らせることも多い。
それに、美しいものは、どれもいつかは美しい盛りを過ぎ、
偶然や、常に変わりゆく自然の流れで衰えていく。
でも、君の永遠の夏を、決して色あせさせないし、
君の持つ、その美しさも失わせない。
それに死神にも、君が跡をついてくるなどと言わせはしない。
永遠に残る韻文の中で、君は時間とひとつになるのだから。
人間がこの世で息をし続け、目で物を見ることができる限り、
この詩はいつまでも生き続け、君に命を与え続ける。

◆

　あまり知られてはいないが、ウィリアム・シェイクスピアはソネット（14行詩）を154編書いている。これらはソネット集として1609年にはじめて刊行され、全体で愛と詩と死について深く考える内容になっている。中でも18番めのソネットは最も有名だ。

　『ソネット18番』を読んだ人は、この詩は語り手がロマンチックな恋心を寄せる若い女性に宛てて詠んだと考えることが多い。しかし、このソネットはじつは男性の友への愛情を表現したものなのだ。シェイクスピアのソネットのうち、最初の126編は名前不詳の同じ若い男性に向けられている。最初の方にあるソネットは控えめで、この若者に人生と結婚について説いている。しかし、あとの方へ進むにつれて内容は次第に感情が高ぶり、喜びや失望、強い嫉妬が表れる。研究者たちはこの若者が誰で、語り手とどういう関係だったのか議論しているが、真相は今も不明のままである。

　『ソネット18番』は、美しさと、はかなさと、芸術が持つ不朽の力を詠んでいる。語り手は、太陽の輝かしさも含め、自然の美しさは、時間や四季の移ろいとともに陰っていくと語る。しかし、この若者の美しさは、このソネットに記録されるため、彼の「永遠の夏」は「決して色あせ」ない。死でさえ、ソネットの耐久力の前では無力だ。なぜなら、この詩は「永遠に残る韻文」を通して若者に「人間がこの世で息をし続け、目で物を見ることができる限り」実質的に「命を与え続ける」からだ。

　シェイクスピアが広めたソネット形式は、もとは14世紀にイタリアで生まれ、初期のころはダンテ・アリギエリやペトラルカが盛んに用いた。イタリア式ソネットの大半は、前半の八行連句が問いやジレンマを提示し、それに対して後半の六行連句が答えたりコメントしたりする。この形式はイギリスに伝わると少し変わった。イギリスのソネット作家は、大半が八行連句と六行連句に分けるのではなく、四行連を三つ使い、最後の二行連句に意外なひねりや展開を持ってくる。シェイクスピアが使ったのもこの形式である。

第47週 第3日（水）

325 視覚芸術 『ゲルニカ』

パブロ・ピカソの『ゲルニカ』——現代戦を描いたショッキングで強烈な作品——は、スペイン内戦（1936〜1939年）でドイツ軍の爆撃機が小さな町に引き起こした混乱を表現したものである。

◆

1937年1月、スペイン共和国政府は、当時最も有名なスペイン人画家だったピカソ（1881〜1973）に、パリ万国博覧会のスペイン館のため壁画を制作してほしいと依頼した。

4月26日、ファシスト政権の命を受けたドイツ軍爆撃機が、スペイン北部バスク地方の町ゲルニカを破壊した。じつはこれは、純粋に民間人のみを狙った人類史上初の空爆であった。もともと共和国側を支持していたピカソは、この事件に衝撃を受け、この恐ろしい戦争に国際的な注目を集めたいと願って、空襲をテーマにした巨大な壁画（349×777センチメートル）を制作した。当時ピカソの恋人だったドラ・マールが、制作途中の様子を写真に記録した。

『ゲルニカ』の構図は、中央の三角形と、その両側にあるふたつの長方形で構成されている。三角形の頂点では、負傷した馬の頭部がはっきりと描き出され、何の罪もない犠牲者全員の苦しみを伝えている。その左には雄牛がおり、ピカソによると、これは残忍性と暗黒性を表現しているという。雄牛の下には、死んだ子どもを抱えて嘆く女性がおり、その姿は、十字架にかけられた我が子イエスを抱く聖母マリアというキリスト教的イメージを連想させる。画面の下部には倒れた市民が横たわっており、その手には、戦闘機と戦おうとしたのか、折れた剣が握られている。右側には、もがき苦しむ人物がさらに三人描かれている。この絵は、総合的キュビスムを思わせる様式で描かれている。コラージュは用いられていないが、描かれている人物や動物の中には、新聞紙から切り抜いてキャンバスに貼ったように見えるものもある。

この作品は、パリ万博で展示されたあと、スカンディナビア諸国を巡回し、その後ロンドンに行った。スペインでファシスト派が勝利を収めると、ピカソは『ゲルニカ』をニューヨーク現代美術館へ送ってほしいと要求した。その上で、スペインがファシズムから解放されたら、この絵をスペインに戻すという条件を付けた。1981年にフランシスコ・フランコ将軍が死ぬと、ようやく『ゲルニカ』はマドリードに戻り、現在は同市にあるソフィア王妃芸術センターで見ることができる。

豆 知 識

1. 『ゲルニカ』のタペストリーによる複製が、ネルソン・ロックフェラーの依頼で制作され、国連本部に飾られている。
2. バスク民族主義者は、この絵をゲルニカの西約20キロにあるビルバオ・グッゲンハイム美術館に展示してほしいと求めている。

331

第47週 第4日(木)

326 科学 | 黄金比

　ヒトデの腕と、巻貝のらせん形と、バラの花びらは、アテネのパルテノン神殿やギザのピラミッドと共通点を持つ。どれも「黄金比」と呼ばれる比をもとに形が決まっているのだ。黄金比の1に対する値を「黄金数」といい、黄金比を芸術作品に応用した古代ギリシアの彫刻家フェイディアスの頭文字を取って「ファイ」とも呼ばれる。数式では「φ」と書かれる。φは約1.618だが、正確には無理数であり、小数点以下は数字が延々と続いていき、同じ数字の並びが現れることはない。

◆

$$\phi = \frac{1+\sqrt{5}}{2} \fallingdotseq 1.618033988$$

　次に、ファイの求め方を紹介しよう。ふたつの線分において、短い線分（S）と長い線分（L）の比が、長い線分と、二線分の和の比と等しいとき、ふたつの線分は黄金比にあるという。式で表せば、こうだ。

$$\frac{S}{L} = \frac{L}{L+S}$$

　これをLについての二次方程式として解けば、Lの値は次のように求まる。

$$L = \left(\frac{1+\sqrt{5}}{2}\right)S = \phi S \fallingdotseq 1.618S$$

　黄金比に従って作られた物は人間の目に心地よく感じられる。そうした物は、芸術作品や自然界に頻繁に表れる。次に示す、よく見かける三つの形を調べてみよう。

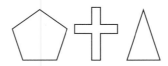

　正五角形とは、五つの辺の長さがすべて等しい五角形だ。正五角形では、一辺の長さと対角線の長さが黄金比である。古代ギリシアの哲学者ピタゴラスは、この正五角形の性質に感銘を受け、正五角形を、数字を礼拝の対象とする自らの宗教結社の秘密のシンボルとした。
　墓場でよく見かける十字架だが、この十字架を最初に調べたのはドイツの心理学者グスタフ・フェヒナーだ。彼は、十字架の縦棒の上と下が黄金比になっていることを発見した。その右に示した三角形では、長い二辺と底辺の長さが黄金比になっている。

豆知識

1. 『モナ・リザ』の顔の縦と横の長さは、黄金比になっている。
2. 人体のあちこちに黄金比がある。
3. ミケランジェロの絵画『聖家族』は、正五角形を構図の基本にしている。

第47週 第5日（金）

327 音楽 ｜ 十二音技法

『月に憑かれたピエロ』などの作品でアルノルト・シェーンベルク（1874〜1951）は世界中の聴衆に挑戦したが、彼の新たな無調性システムは、依然として「自由無調性」で、この新しい音楽言語の文法は、まだしっかりと形作られてはいなかった。その解決策としてシェーンベルクは、理論書やその後の作品でシステムを体系化した。それが十二音技法である。

◆

　十二音技法とは、西洋音楽における12の半音（ハ、嬰ハ、ニ、嬰ニ、ホ、ヘ、嬰ヘ、ト、嬰ト、イ、嬰イ、ロ）のひとつひとつを均等に重視する作曲技法だ。この技法を発表すると、シェーンベルクは生涯で最大の批判を浴びた。彼は、数学と混ぜ合わせることで音楽をあまりに専門的で無味乾燥なものにしたと非難された。また最終的には、モダニズムの作曲家が調性など従来の規範を攻撃したことの方が、音楽にとっては十二音技法よりも意味があったようだ。今では、十二音技法を指針として使う現代作曲家はほとんどいない。

　十二音技法は、次のように行う。まずシェーンベルクは、12の音高を一列に並べた。この列のことをシェーンベルクは「音列」と呼んだ。この音列が、楽曲で旋律を作るガイドとなり、原則として、音列がすべて演奏されるまでは、どれかの音を繰り返してはならない。さらに作曲家は、基本形となる音列を、順序を逆にしたり（逆行形）、上下を反転させたり（反行形）、音の高さを変えたり（移高）、こうした技法を組み合わせたりして、変形させてもよい。

　作曲においてシェーンベルクは、調性的と見なした音程を避け、完全八度や三度の心地よい和声は、中心音を連想させるので使わないようにした。無味乾燥で音は不快だったにもかかわらず、十二音音楽は、第二次世界大戦が終わる1945年ころからは中心的な様式となったが、1970年代に入ると、電子音楽やミニマリズム、新調性主義など、新たな音楽様式に取って代わられた。

｜ 豆 知 識 ｜

1. シェーンベルクの弟子アルバン・ベルクは、音程など調性音楽の要素を組み込んだ独自の様式を発展させたが、十二音技法は忠実に守った。
2. アントン・ヴェーベルンは、十二音技法を踏まえて音列を分割した曲作りをした。一個一個の音列内で、リズム・和声・音程の反復パターンを作ったのである。

333

第47週 第6日（土）

328 哲学 | 真

　私たちは、ふだん何気なく「真」という言葉を使っている。「真の友」とか「真の理解」あるいは「真の知恵」という具合だ。しかし、哲学では「真」という言葉はもっぱら命題について使う。ある命題は真であり、別の命題は偽であるという具合にだ。でも、真と偽の違いはいったい何なのだろうか？　これを、真についての哲学的問題という。

◆

　広く支持されている哲学的立場のひとつでは、真は命題と世界の対応によって成り立つと考える。真の命題は、事実と対応した命題ということだ。この対応説を支持する哲学者は、対応関係とは何であり、どのような条件で対応関係が成り立つのかを説明しなくてはならない。さらに、事実を定義する必要もある。対応説の大きな特徴は、真とは、言語（命題）と、言語を除いた世界（事実）との関係だという考えだ。つまり真とは、命題と、言語に依存しない客観的な現実との関係だというのである。

　別の哲学者たちは、ある命題が真であるかどうかは、その命題が他の命題と整合性を持っているかどうかで決まると考える。この説によると、ある命題が真であるとは、その命題が、私たちが真であると考えている他の命題と矛盾しないということだ。この整合説を採る場合は、整合関係とは何であり、どのような条件で整合関係が成り立ち、どのような命題群を基準として別の命題が真であると判断すべきなのかを説明しなくてはならない。整合説では、私たちがあらゆる事柄について間違っているということはありえないと主張する。私たちが信じていることの一部については間違っているかもしれないが、命題の判定基準となる特別な命題群は、その定義上、（命題群の中に矛盾した命題が含まれていない限り）真だからである。

　このほかに、余剰説というものがある。この説によると、「ある命題が真である」と発言することは、その命題を是認する便利な方法にすぎないという。例えば、ジェーンとビルが長時間会議をしていたとしよう。ジェーンは、「私たち、すっかり疲れているわ。休憩を取りましょう」と言う。ビルも休憩を取りたいと思っていたので、ジェーンの言葉を繰り返す代わりに、それは真ですという意味で「そのとおりです」と言う。余剰説によれば、「○○という命題は真である」と発言するのは、その命題をそのまま言う別の方法にすぎないのである。この考えに立てば、あらゆる真の命題が共有する真という特性は、存在しないことになる。

豆 知 識

1. 哲学者の中には、対応説は議論の余地なく明らかだと考えている人がいる。
2.「この命題は偽である」という命題について考えてほしい。もし、この命題が真なら、この命題は偽である。しかし、この命題が偽であるのなら、この命題は真のはずだ。これを「うそつきのパラドックス」という。

334

第47週 第7日(日)

329 宗教 ｜ カースト制度

インドのカースト制度は、インドの政治史とヒンドゥー教に深く根づいた社会的差別構造である。

◆

ヒンドゥー教によると、ブラフマン神は粘土から巨大な原人を創造すると、その原人の体の各部から四つのカーストが生まれたという。口からはバラモン（祭司）が、腕からはクシャトリヤ（王侯・武人）が、腿からヴァイシャ（地主・商人）が、足からはシュードラ（職人・奴隷）が生まれた。後世になって第五のカーストであるダリット（「踏みつけられた者」の意）が出現し、人間の排泄物の処理などを課せられた。

どのカーストに属するかは生まれで決まるが、これはカルマの概念に基づいている。現世で善行を積めば、来世は上位カーストに生まれ変われる。逆に悪行を重ねれば下位カーストに生まれ変わる。生まれたカーストは生涯変えることができず、そこで耐えなくてはならない苦難は神からの試練と見なされている。

また、カーストと肌の色には緩い相関関係がある。昔から、色白のインド人は、色の黒いインド人よりカーストが上だと信じられていた。しかし、今は昔ほど相関関係はない。さらに、前述の五つの大きなカーストのほか、数百のサブカーストがインド全土にある。このサブカーストは、具体的な職業・居住地・家系などによって細かく分けられている。都市では多様なカーストが一緒に暮らし、生きていくため経済的に持ちつ持たれつの関係を築いているが、遠く離れた農村部に住むカーストの中には、孤立した民族集団と言っていいような人々もいる。異なるカースト間の結婚は、カースト間の差に関係なく昔から非常に少なかったが、近年はやや増加傾向にある。

カーストには、ほかにも数々の社会的・宗教的意味がある。上位の四カーストは「清浄」と考えられているが、ダリットは「不浄」と見なされている。この考え方のため、ダリットには数々の規則が課され、例えば行く先々で鈴を鳴らし、他の人に自分が近づいていくことを知らせなくてはならなかった。

上位の三カースト――バラモン、クシャトリヤ、ヴァイシャ――は、再生族と呼ばれている。彼らは8歳から12歳のあいだに（年齢はカーストによって異なる）成人し、再生したと見なされる。この再生により、ヒンドゥー教の祭祀を完全に実施することができる。インド政府は、過去の差別待遇への補償として、留保制度と呼ばれる仕組みを導入している。これはアメリカのアファーマティヴ・アクション（マイノリティー優遇措置）に似ているが、こちらの方が法律ではっきりと明文化されている。留保の指定を受けた職種は採用数をカーストごとに一定数ずつ割り当てなくてはならない。

［ 豆 知 識 ］

1. ネパールは、かつてヒンドゥー教を国教としており、今もカースト制度がある。ネパールのカースト制度は、1854年のムルキ・アイン法によって導入された。
2. 第五のカーストであるダリットは、西洋では「不可触民」という名の方で知られている。しかし今日のインドでは、この呼び方は蔑称と考えられている。

第48週 第1日（月）

330 歴史 | Dデー

　1944年6月6日——Dデー——に、連合軍はナチ支配下のヨーロッパに上陸進攻した。それは規模から言えば、まさに史上最大の作戦だった。わずか一日のあいだに、アメリカ・イギリス・カナダ各国の兵士15万人以上がイギリス海峡を渡り、フランスの海岸に上陸した。5000隻以上の艦船と1万1000機以上の航空機が10か国以上から集められて上陸作戦に参加した。この作戦は、1940年にフランスが降伏してから、事実上ずっと計画されてきたものだった。Dデーにより、連合軍によるヨーロッパ解放がついに始まった。ドイツの崩壊は速かった。一年もたたないうちに、ヒトラーは自殺し、ドイツは廃墟と化し、ヨーロッパでの戦争は終わりを告げた。

◆

　Dデーの人的被害は甚大だった。この上陸作戦で、4000名以上の連合軍兵士と数千のドイツ軍兵士が戦死した。ノルマンディーで主要上陸地点のひとつだったオマハ海岸に上陸したアメリカ軍部隊は、大損害を受けた。しかし、一日が終わるころにはドイツの守備隊は制圧された。「アメリカ兵がひとり倒れるたびに、さらに1000人の兵士が押し寄せてきたんだ！」と、あるドイツ軍砲兵は後年、歴史家に語っている。ヒトラーは、上陸作戦が迫っていることを知ってはいたが、連合軍はヒトラーをまんまとだまして、上陸作戦はフランスの別の地域で実施されると思い込ませることに成功していた。

　Dデーの影響は計り知れない。上陸前、ヨーロッパの連合軍総司令官ドワイト・D・アイゼンハワー将軍は、兵士たちに勝利を求めるメッセージを送った。その中でアイゼンハワーは、こう書いている。「全世界の目が、諸君らに注がれている。自由を愛する世界中の人々の希望と祈りが、諸君らとともに歩んでいくのだ」。その言葉どおり、連合軍はフランス人に歓喜をもって迎えられた。上陸の数か月後、パリは解放された。ソ連軍は東部戦線で攻勢を進め、ナチを東ヨーロッパから撃退していた。ドイツに東西二つの戦線で戦う余裕はなく、1945年春にナチ政権は倒れ、連合軍は、枢軸国で唯一残る日本と戦うことに集中できるようになった。

```
豆 知 識
```

1. 通説とは異なり、DデーのDに特に意味はない。Dデーとは、何かが始まる——この場合は、ノルマンディー上陸作戦の暗号名であるオーヴァーロード作戦が始まる——日を指す一般的な軍事用語にすぎない。
2. Dデーの計画段階でも、連合軍は多くの犠牲を出している。1944年の4月と5月に実施された訓練作戦で、連合軍は1万2000人の死傷者を出し、航空機を2000機失った。
3. Dデーでは鳩も重要な役割を担った。上陸作戦に先立ち、地下に潜ったフランス・レジスタンスのメンバーがドイツ軍を偵察し、その報告書を伝書鳩の脚に結んでロンドンに送っていた。

336

第48週 第2日(火)

331 文学 | レフ・トルストイ

　古今東西、偉大な小説家が何人も生まれているが、レフ・トルストイ（1828～1910）以上に尊敬されている者はいないだろう。このロシアの文豪は、読者と批評家たちのあいだで高く評価されているが、それ以上に作家たちから大きな敬意を捧げられており、昔から自分たちには手も届きそうにない天才だと考えられてきた。トルストイは多くの作品を残しているが、その名声は、ふたつの大作『戦争と平和』（1865～1869年）と『アンナ・カレーニナ』（1875～1877年）に負うところが大きく、どちらも現代小説の原型となっている。二作とも、それまでになく深い人物造形と鋭い観察眼を、日常生活の哲学的基盤に対する強い関心と結びつけた写実主義の傑作である。

◆

　ロシア貴族の名家に生まれたトルストイは、大学教育を受け始めたものの、退屈して学位を取る前に中退した。その後は落ち着かない年月を過ごし、軍隊に入ったり、学校を開いたり、ヨーロッパ各地を旅したりしたが、自分の進むべき道を見つけることはできずにいた。1862年、結婚をして身を固めた。妻は悪妻だったことで有名だが、それでもふたりのあいだには子どもが13人できた。

　1860年代後半、トルストイは最初の傑作『戦争と平和』を執筆した。この大河小説は、ナポレオン戦争を背景に、1812年のフランスによるロシア遠征——ロシアの厳しい冬の犠牲になって大失敗に終わったことで有名な遠征——をクライマックスとする物語だ。小説では事実とフィクションが交錯し、作者が作った何人もの架空の人物が、ナポレオンや皇帝アレクサンドル一世など実在の人物と同じ舞台に登場する。恐ろしく長い小説ということで有名だが、個々の物語が大きな歴史のうねりと巧みに絡み合っているので、驚くほどスラスラと読める。小説の最後でトルストイは、歴史を形作る巨大な力は、人間の不合理で予測できない行動にあると結論づけている。

　トルストイが第二の傑作『アンナ・カレーニナ』で強く注目したテーマが何であるかは、有名な冒頭の一節「幸せな家族は、みな一様に似ているが、不幸な家族は、それぞれが違った形で不幸である」から明らかだ。タイトルにもなっている主人公は、知的で魅力的な女性だ。夫はまじめだが退屈な官吏で、アンナは夫から得られない心ときめくような恋愛を求めている。やがて、さっそうとした将校と恋に落ちると、夫と幼い息子を捨てて愛に生きようとするが、不倫に対して社会から厳しい目を向けられる。アンナは自殺という悲劇的な最期を遂げるが、その直前を描いたトルストイの描写は写実主義の傑作であり、文学で最もすばらしい場面のひとつと考えられている。

豆 知 識

1. 晩年、トルストイは平和主義と無政府主義と敬虔なキリスト教信仰を支持した。最後には財産をすべて捨てたため妻との亀裂は回復不能になった。
2. トルストイは、伯爵の正式な称号を保持しており、生まれた家は先祖代々続くロシア貴族だった。

第48週 第3日（水）

332 視覚芸術 ‖ マルク・シャガール

　マルク・シャガール（1887〜1985）は、聖書の主題を描いたステンドグラスと壁画とタペストリーで特に有名な芸術家だ。また、生まれ故郷であるベラルーシの小村を連想させる絵画も多数制作している。

◆

　本名をモイシェ・ザハロヴィチ・シャガロフといったシャガールは、当時ロシア帝国の一部だったヴィテブスクに生まれた。一家はハシディズム派ユダヤ教徒で、シャガールは9人兄弟の長男だった。近所で絵を学んだのち、サンクトペテルブルクへ移って、レオン・バクストの指導を受けた。1910年、シャガールはパリへ移り、アメデオ・モディリアーニやシャイム・スーティン、ロベール・ドローネーなどの芸術家たちと出会った。この時期に彼が描いた明るい色と幾何学的な構図を特徴とする作品は、フォーヴィスムとキュビスム両方からの影響を反映したものだが、シャガール自身はどのモダニズム運動にも加わらなかった。この時期を代表する作品『私と村』（1911年）は、ヴィテブスクでの生活をキュビスム様式で描きながらも、ロシアの民話やユダヤ人のことわざの精神を連想させる絵画である。

　1914年、シャガールが故郷へ帰省していたときに第一次世界大戦が勃発し、彼はパリに戻れなくなった。1915年にはベラ・ローゼンフェルトと結婚した。この妻は、のちに彼が最も好んで描くテーマのひとつになった。ロシア革命後、シャガールはヴィテブスク地区の芸術委員に指名された。しかし、同地の美術学校での教授法をめぐって他の画家と対立したため、1920年に辞職してモスクワへ向かい、新国立カメルニー劇場でユダヤ人劇作家ショーレム・アレイヘムの戯曲の舞台美術を担当した。

　1922年から1923年、シャガールはベルリンへ行き、そこからパリに移って、ニコライ・ゴーゴリの小説『死せる魂』やジャン・ド・ラ・フォンテーヌの『寓話』、聖書などの挿絵を制作した。1941年、シャガールはナチの手から逃れるためアメリカへ移住した。1944年に妻を亡くして深い悲しみに暮れ、妻の霊と交信している自分の姿を絵に描いた。第二次世界大戦後の1948年、シャガールはパリに戻った。その二年後南フランスのヴァンスに移り、同地にあるカルヴェール礼拝堂のため巨大な絵画17点を制作した。晩年になるとステンドグラスを設計し、フランスのメス大聖堂、シカゴ美術館、国連本部、イスラエルのヘブライ大学などでステンドグラスを手掛けた。1973年、「国立マルク・シャガール聖書のメッセージ美術館」がニースに開館した。今日、彼の作品は世界中の主要な美術館で見ることができる。

```
豆 知 識
```

1. 2005年に女性シンガーソングライターのトーリ・エイモスが発表した曲『ガーランズ』には、シャガールのリトグラフにインスパイアされた歌詞がついている。
2. シャガールは、「すべての色は、隣の色と仲がよく、反対の色を愛するものです」と語っている。

第48週 第4日(木)

333 科学 | フェルマーの最終定理

1637年、数学者ピエール・ド・フェルマーは、読んでいた『算術』という書物の余白に不思議なメモを書き込んだ。nが2より大きい正の整数であるとき、$x^n+y^n=z^n$を満たす正の整数x、y、zは存在しないと書いたのである。彼は、この主張に対する「じつにすばらしい証明」を見つけたが、その証明を書くにはこの余白では狭すぎると記している。

◆

現在分かっている限り、フェルマーは証明をどこにも書き残してはいない。以後、数学者たちは何百年にもわたって、彼の言う証明を再現しようと何度も挑戦し続けてきた。また、そもそもフェルマーは本当に証明していたのかと疑い、この定理を自ら証明しようとした者もいた。その中には、証明は不可能だと思って挑戦をやめてしまう者もいた。やがて、この問題は、証明されずに最後まで残った定理という意味で、「フェルマーの最終定理」と呼ばれるようになった。フェルマーが最後に書いた定理という意味ではない。

$x^2+y^2=z^2$を満たす正の整数x、y、zが存在することは、よく知られている。そうした数字の組み合わせをピタゴラス数といい、無数に存在する。

例えば、3、4、5がそうだ。
$3^2+4^2=5^2$
$9+16=25$

しかし、$x^3+y^3=z^3$（n=3）や$x^4+y^4=z^4$（n=4）の場合は、これを満たす正の整数は存在しない。このように、nが具体的な数値を取る場合については成立しないことがいくつも証明されているが、nに2より大きいどんな整数を入れても成立しないということは、357年間、誰にも証明できなかった。

1994年にそれを証明したのが、プリンストン大学のアンドルー・ワイルズだった。彼は、楕円曲線やモジュラー形式など、同じ数学でも関係がなさそうに見える分野を結びつけ、150ページに及ぶ論文を書いて、それまで何世代にもわたって数学者の頭を悩ませ続けてきた問題を解いたのである。証明でワイルズは、フェルマーの時代には知られていなかった20世紀の数学技法を数多く駆使している。このためワイルズは、フェルマーは本当は定理を証明していなかったと考えている。

豆知識

1. ワイルズがフェルマーの最終定理にはじめて夢中になったのは、10歳のときだった。以来彼は、これを証明するのは自分の運命だと思っていた。
2. フェルマーは、n＝4の場合について自ら証明を書いている。多くの数学者は、もしフェルマーがnが2より大きい場合の一般的な証明をしていたのなら、n＝4という具体的な場合の証明をわざわざ書くはずがないと考えている。このことは、フェルマーが定理を証明していなかった傍証とされている。

第48週 第5日(金)

334 音楽 | イーゴリ・ストラヴィンスキー

アルノルト・シェーンベルクや、舞踏のリズム、ロシア音楽の形式、古典派作曲家たちの知恵などから影響を受けたイーゴリ・ストラヴィンスキー（1882〜1971）は、モダニズム運動のシンボルになった人物だ。常に新しいものを求めたストラヴィンスキーは、自分の仕事に真剣に取り組む芸術家であり、絶えず革命的であり続けた。

◆

ストラヴィンスキーは、サンクトペテルブルクに生まれ、そこでロシアの民族主義的作曲家ニコライ・リムスキー＝コルサコフと出会って師事した。1909年、彼はセルゲイ・ディアギレフと知り合った。ディアギレフは、ロシアで有名なバレエ興行主で、パリを拠点に活躍するバレエ・リュス（ロシア・バレエ団）の団長となる人物だ。ふたりは力を合わせて、史上最も革命的なバレエ音楽を三つ作り上げた。そのひとつ目は『火の鳥』（1910年）で、ロシアの民話を後期ロマン派の半音階技法で彩った作品である。次の『ペトルーシュカ』（1911年）は、斬新なリズムと、人形を主人公とした楽しい物語を特徴とする民話的などたばた喜劇。三つのバレエ音楽のうち最も世間を驚かせたのが『春の祭典』（1913年）だった。この作品のアイデアは、ある日の午後、ストラヴィンスキーが『火の鳥』を作曲していたときに浮かんだものだ。このとき彼が思い描いたのは、若い乙女が豊穣の神へのいけにえにされ、長老たちの前でいけにえの踊りを踊って息絶えるという物語だった。

『春の祭典』は印象的なファゴットの独奏から始まる。その旋律は東ヨーロッパの民謡から取られたものだ。そこからすぐに、強烈な不協和音でありながら恐ろしいほど正確に構成された楽章に入る。ここを聞いていると、病的で混沌としたイメージが確かに浮かび上がってくる。この作品の強烈なリズムと繰り返される旋律モチーフは、新時代を画するものだった。のちにストラヴィンスキーは、新古典派様式と十二音技法を使った作品を書くなど、自分の芸術を常に新たな方向へと発展させていった。やがて、ヨーロッパでの生活に不満を感じ始めたストラヴィンスキーは、1939年、『詩編交響曲』の依頼で縁のあったアメリカに渡り、ハリウッドに居を定めた。晩年の作品には、オペラ『放蕩児の遍歴』やバレエ『アゴン』などがある。

豆 知 識

1. 『春の祭典』の初演では、演奏開始直後からヒューヒューという声やブーイングが起こり数分後には暴動が発生して、悲鳴や怒号が飛び交ったため舞台を中断しなくてはならなかった。
2. この『春の祭典』初演には、作曲家のクロード・ドビュッシーとモーリス・ラヴェルも来ていた。ドビュッシーは聴衆を必死になだめようとしたが、ラヴェルは曲に感服して「天才だ！ 天才だ！」と叫び続けた。
3. 晩年のオペラ『放蕩児の遍歴』のリブレット（台本）を書いたのは、詩人・小説家のＷ・Ｈ・オーデンである。

第48週 第6日(土)

335 哲学 | 正義

　正義の問題は、最も重要な哲学的問題のひとつであり、現実世界とも深い関わりを持っている。どう行動するのが正義なのだろうか？　どのような政治制度が正義にかなっているだろうか？　そもそも、正義であるとは、どういうことなのだろうか？

◆

　プラトンの『国家』は、この問題を扱った最初の哲学書のひとつだ。プラトンは、正義にかなう社会とは、世界の真の本質を理解している哲人王によって厳格に組織・統治された社会のことだと考えた。

　近現代の哲学者たちは、もっと違った結論に達している。ジョン・スチュアート・ミル（1806〜1873）は、功利主義的正義論を提唱した。ミルによれば、正義にかなう諸制度、つまり正義にかなう社会とは、社会に所属する市民の幸福を最大にする社会である。例えば、犯罪者を罰することを、功利主義では「犯罪者を罰することは正義である。なぜなら、それによって他の人間は悪をしようと思わなくなり、その結果、全体的な犯罪が減少するからである」と擁護する。

　ほかに、正義を測る方法について有名な説を唱えた哲学者に、ジョン・ロールズ（1921〜2002）がいる。ロールズは作業仮説として、人類にまだ政府がなく、これから自分たちで政治制度を自由に選べるという状況を仮定する。このときに選ぶ制度が正義にかなうものであるためには、人類は「無知のヴェール」に覆われた状態で決断を下さなくてはならないはずだ。つまり、新たな制度で自分がどのような財産・才能・地位を得られるのか分からない状態で、どの制度や法律を選ぶかを決めなくてはならないのである。こうすることで新たな制度は、その下では最も力のない者になってしまうかもしれないと思っている人も、合理的に受け入れられるものになる。ロールズは、真に正義にかなう政治制度とは、合理的に行動する人が、この「無知のヴェール」に覆われた状態で選ぶことのできた制度だと主張した。

[豆 知 識]

1. ロールズの正義論に対する最も有名な批判は、同じくハーヴァード大学の教授だったロバート・ノージックによるものだろう。ノージックは自著『アナーキー・国家・ユートピア』（"Anarchy, State, and Utopia"　嶋津格訳　木鐸社1992年）で、ロールズ説のような考え方は、個人の権利に対する組織的な侵害につながると主張した。

341

第48週 第7日（日）

336 宗教 ｜ 道教

　道教は、古くから続く中国古代思想のひとつだ。今日では、哲学であり宗教でもあると見なされている。これを宗教と見なす人々は、道教で最も重要な貢献をした老子を神としてあがめている。

◆

　道教が登場したのは、紀元前700年ころから前200年ころの、中国で数々の思想が花開いた諸子百家といわれる時代のことである。道教は漢代に入ると勢力を増し、紀元5世紀に現在の形にまとまった。

　道教の開祖とされる老子は、孔子と同時代人だと言われており、当時中国を治めていた周で蔵書庫の役人をしていたという。言い伝えによると、老子は晩年に職を辞し、西へ旅立った。国境の関所に着くと、そこの役人のひとりが、すでに老子の教えを知っていた。その役人は老子に、中国を去る前に教えを書き残してほしいと訴え、その願いを聞き入れて老子が書いたのが『道徳経』であった。

　道教では、老子のほか、伝説上の帝王である黄帝も始祖とされることがあり、そのため道教は黄老思想とも呼ばれる。また、老子の弟子である荘子も、教えを説いた非常に重要な人物と見なされている。

　『道徳経』は、わずか5000字から成る短い書物だ。しかし、その中に道教の思想がすべて述べられている。それによると、この世に存在する万物には、「道（タオ）」と呼ばれるものが備わっているという。これが、生命に絶えず変化をもたらす力の背後にあって連続性を保証するものだと考えられている。

　道教は、「道」と一体になることが求められる。信者たちは、この世は対立に満ちているが、「道」と一体になることで平和な状態に到達できると信じている。道教は、自己鍛錬と社会変革の両方を訴えている。

　自己鍛錬については、無理なく自然に暮らし、呼吸法などで健康的なライフスタイルを送り、欲望を抑えることを提唱する。道教では死後の世界を認めず、現世で穏やかで平和に生きることを重視する。社会変革については、道教では国家による介入と戦争を最小限にするよう提唱している。儒教が社会生活を基盤とするのに対し、道教は、生きていくには隠遁生活で十分だと唱えている。

豆 知 識

1. 道教は、共産党が支配する毛沢東時代の中国で公式に弾圧された。そのため現在、道教の信者が最も多く集まっているのは台湾である。
2. 風水も太極拳も、道教の考えに基づいたものだ。

342

第49週 第1日（月）

337 歴史 | マンハッタン計画

　1939年8月、著名な科学者アルバート・アインシュタインはアメリカ合衆国大統領フランクリン・D・ローズヴェルトに短い手紙を送り、ナチ・ドイツがウランから原子爆弾を開発するのではないかと非常に深く憂慮していると伝えた。そのような爆弾がナチの手に入ったらどうなるか、想像もつかないとアインシュタインは大統領に訴えた。「もしこの爆弾がたった一発、船で運搬されて港で爆発しただけで、港全体を、その周辺地域もろとも破壊してしまうでしょう」。第二次世界大戦が迫っていた同年夏、ヨーロッパから伝えられる情勢が日増しに不穏を増していく中、アインシュタインは、ますます不安を募らせていた。

◆

　アインシュタインは、手紙をローズヴェルトへの警告として出したのだが、それは予期せぬ結果を招いた。ナチ・ドイツがそのような恐ろしい兵器を開発できるのなら、アメリカで先にもっと優れた兵器を作ってしまおうと、ローズヴェルトは決断したのである。アメリカは、1941年に参戦する以前に、ウランの軍事利用を研究するプログラムを開始した。真珠湾攻撃後、このプログラムはマンハッタン計画となった。ニューメキシコ州の人里離れた施設で数年に及んだ研究の末、連合国の科学者チームは1945年、ついに原子爆弾を完成させた。

　マンハッタン計画には、大戦中にもかかわらず最盛期には世界トップクラスの科学者たちが数百人も参加していた。優秀な科学的頭脳がこれほど集結したことは、これ以前もこれ以降もなかった。参加した科学者の多くは、アインシュタインと同じく、ナチ支配下のヨーロッパから逃れてきた者たちだった。アメリカ政府はこの爆弾に、現在の価値に直して合計約200億ドル相当の資金を投じた。

　原子爆弾は、1945年に日本の広島と長崎に投下され、日本の戦争を支える主要な工業都市だった両市は壊滅し、12万もの民間人が死亡した。原爆投下は日本軍の降伏が目的であり、事実そうなった。長崎に原爆が落ちて数日後、日本は降伏を決断した。1945年の原爆投下については、今も賛否が分かれている。当時アメリカの将軍たちのあいだでは、ドワイト・D・アイゼンハワーも含めた多くの者が、原爆投下は不要であり、投下すればアメリカの名声を汚すことになるだろうと思っていた。対して、原爆投下で戦争終結が早まるだろうと考える者たちもいた。一方、原爆を製造可能にする理論の発見者であるアインシュタインは、驚愕していた。彼は戦後、ローズヴェルトに原子の恐ろしい力について警告したことを後悔していると語った。

豆知識

1. 核の連鎖反応は1942年にはじめて成功したが、その場所はシカゴの中心部だった。シカゴ大学のフットボール・スタジアムの観客席下にあったスカッシュ・コートに原子炉が作られ、そこで実施されたのである。
2. ニューメキシコ州でマンハッタン計画に参加していたイギリス人科学者のひとりクラウス・フックスは、のちに自分はソヴィエト連邦のスパイだったと告白した。フックスらスパイたちが盗み出した詳細な情報にも助けられ、ソ連は1949年、最初の原爆実験に成功した。

343

第49週 第2日(火)

338 文学 『僕もアメリカを歌う』

僕もアメリカを歌う。

僕は色の黒い兄弟。
客が来ると
飯は台所で食えと追い立てられるけれど、
僕は笑って、
しっかり食べて、
強くなる。

明日、
客が来ても

僕はテーブルにいよう。
誰もあえて
僕に向かって
「台所で食え」とは言わないだろう。
僕がそうすれば。

それに、
連中は僕がどれほど美しいか分かって
恥じ入るだろう──

僕もアメリカだ。

◆

　ラングストン・ヒューズの『僕もアメリカを歌う』(1926年)は、1920年代に起こったアフリカ系アメリカ人の文化的覚醒と芸術的創作活動の復活運動であるハーレム・ルネサンスを象徴する詩のひとつだ。自由律で書かれた十数行のエレガントな詩で、ここでヒューズは黒人がアメリカ社会で二流の地位に置かれている悲しい現実と、未来に対して自分が抱いている楽観的な確信とを、見事に表現している。

　『僕もアメリカを歌う』は、ウォルト・ホイットマンの詩『アメリカの歌声が聞こえる』(1881年)に直接応えた詩だ。ホイットマンは、アメリカを形作る多種多様な人々の声が集まってできる見事な歌について書いている。ヒューズは自分の詩で、大きな声がひとつ忘れられており、だからホイットマンの歌は不完全だと主張している。

　ヒューズの詩の力は、最小限で直接的な言葉遣いにある。語り手は、まず「僕もアメリカを歌う」と大胆に宣言し、しかも強調のため、その宣言だけでひとつの連にしている。次に飾ることなく堂々と自分が何者であるかを主張する。つまり「僕は色の黒い兄弟」なのだ。彼は、自分がアメリカの「テーブル」で居場所を認められていない状況を説明する。この「テーブル」という比喩において、「台所で食(う)」ということが、あらゆる種類の差別と不平等な待遇を象徴している。

　語り手は恨み言はほとんど口にしない代わりに、軽視されていることを笑い飛ばし、侮辱されても自分は強くて美しいのだという自信に満ちあふれている。しかも、いつか自分の力や功績が必ずアメリカの他の人々の知るところになると確信している。最後の一行で、詩はまた最初のメッセージに戻り、一行めを言葉の上では少しだけ、しかし意味の上では大きく変えて繰り返す。語り手は「僕もアメリカだ」と断言しており、そこからは彼がいつか自分が暮らす国の一員として認められ、平等なパートナーと見なされる日が来るはずだと確信していることがうかがい知れる。

豆知識

1. ヒューズが有名になったのは1921年、最初の主要な詩『ニグロが川について話す』がNAACP(全米黒人地位向上協会)の雑誌『クライシス』で発表されたのがきっかけだった。

第49週 第3日(水)

339 視覚芸術 『アメリカ・ゴシック』

グラント・ウッド（1891〜1942）の『アメリカン・ゴシック』は、アメリカ美術で最も広く知られている作品のひとつだ。この絵は、アメリカ中西部に対する皮肉と取られることが多いが、作者にそうした意図はなかった。

◆

ウッドは、生まれてから10歳まで、アイオワ州の農場で過ごした。ミネアポリス、シカゴ、パリで美術を学んだのち、故郷アイオワ州に戻り、自分の才能を使って若いころの世界を描いた。

1930年8月、ウッドはアイオワ州エルドンで、カーペンター・ゴシックと呼ばれる様式で建てられた19世紀の家を見つけた。この家の前で農場主とその娘が立っている姿を思い浮かべたウッドは、茶色い包装紙に急いでスケッチを描き、写真を何枚か撮った。

ウッドは自宅に戻ると、妹のナンを娘のモデルにし、農場主には、当時暮らしていたシーダーラピッズに住む歯科医バイロン・マッキービーをモデルにして、制作を開始した。ヴィクトリア女王時代の写真や19世紀の肖像画を参考にしながら、彼は歯科医を過保護な父親に、ナンを、その年老いた父親の不器量な未婚の娘に変えていった。絵の中の父娘は、ヴィクトリア女王時代によく見られた質素な服装をしている。ウッドは農場主に農作業用のピッチフォークを持たせ、そうした農機具がまだ使われていた古い時代の感じを出そうとしている。フォークの金属部分は家の窓枠と呼応しているし、付け根の丸い部分は、卵型をしたふたりの顔と対応している。ふたりの硬い不動の表情は、古い人物写真を連想させる。昔は写真の露光時間が長く、被写体となる人は五分間じっとしていなくてはならなかったのだ。

ウッドは、この作品をシカゴ美術館のコンペに間に合うように仕上げ、出品した。本人もたいへん驚いたことに、この絵は銅賞に輝き、彼は賞金300ドルを受け取った。今日、この作品は同美術館に常設展示されている。

豆知識

1. ピッチフォークは、男らしさ・悪魔・農業の象徴と解釈されている。
2. 絵の中の家は、ブラインドを下げ、窓を閉じている。細かいことだが、こうした点は父娘のよそよそしさと、見知らぬ者への恐怖を強調しているように見える。
3. 1934年、ウッドはニューディール政策の一環である連邦美術計画のアイオワ州での責任者に任命された。その後はアイオワ大学の教員になった。

第49週 第4日（木）

340 科学 | 囚人のジレンマ

　強盗容疑で犯人二名が逮捕されたが、警察には有罪に持ち込むだけの十分な証拠がない。そこで警察は、ふたりの容疑者を引き離し、それぞれに同じ提案を持ちかける。もしふたりとも自白すれば、ふたりとも二年の刑に服す。もし一方が自白し、もう一方が黙秘を続けたら、自白した方は釈放され、黙秘した方は十年の刑に服す。しかし、もしどちらも自白しなければ——ふたりとも相手を信頼していれば、そうなるだろう——どちらも六ヵ月の刑に服すだけで済む。どちらの容疑者も、もう一方が自白するのか黙秘するのかを知らない。さて、黙秘すべきだろうか、それとも自白すべきだろうか？　この仮想の状況は「囚人のジレンマ」と呼ばれ、もともとは数学者アルバート・W・タッカーが言い始めたものだ。このジレンマには、ゲーム理論・経済学・進化論・心理学にとって重要な意味がある。

◆

・囚人A、囚人Bともに黙秘した場合、ふたりとも六ヵ月の刑に服す
・囚人A、囚人Bともに自白した場合、ふたりとも二年の刑に服す
・一方が自白し、もう一方が黙秘した場合、自白した方は釈放され黙秘した方は十年の刑に服す

　囚人Aにとって合理的な選択は、仲間を裏切って自白することのように思える。そうすれば釈放されるからだ。しかし囚人Aは、囚人Bもおそらく同じように考えるだろうと思っている。その場合は、ふたりとも二年の刑に服すことになる。もちろん、ふたりとも相手を信頼できさえすれば、六か月の刑で済む。

　1980年、政治学者のロバート・アクセルロッドは、「繰り返し囚人のジレンマ」という実験を行った。基本的にこの実験では、参加するプレーヤーに囚人のジレンマを延々と行う。同じパートナーと行うこともあれば、パートナーを替えて行うこともある。プレーヤーは、繰り返す中で得た情報を使うことが認められている。実験を進めていくと、プレーヤーからは、裏切る傾向が強い利己的な戦略を採るプレーヤーと、信頼する傾向が強い利他的な戦略を採るプレーヤーが出てくる。長期的に見た場合、利他的なプレーヤーの方が利己的なプレーヤーよりも成績がよかった。最後の最後には善人が勝ったのである。

豆 知 識

1. ふたつの国が軍拡競争を続けている場合、この二か国は囚人のジレンマに陥っていると考えられることが多い。どちらの国も、相手のペースについていくため大量の時間と資金を投じて軍備を増強させることもできるし、両者で軍縮に合意することもできる。しかし、両国とも、相手の国がひそかに軍備を増強していないことを、確実に知ることはできないのだ。

346

341 音楽 | アーロン・コープランド

アメリカのクラシック音楽がヨーロッパ人から一段低く見られていた証拠に、アメリカのクラシック界でほぼ40年にわたり第一人者だった作曲家は、アメリカ人以外には真剣に取り上げられてこなかった。ニューヨーク市に生まれたアーロン・コープランド（1900〜1990）は、21歳のときパリに留学した。優れた音楽教師ナディア・ブーランジェのもとで鍵盤和声と作曲を学び、四年後ニューヨークに戻って自作『オルガンと管弦楽のための交響曲』（1924年）のカーネギー・ホールでの初演を見た。

◆

デビューしてすぐに、コープランドはアメリカのジャズの影響を強く受けた曲を作曲し始めた。1926年の『ピアノ協奏曲』や1930年の『ピアノ変奏曲』がこれに当たる。ジャズは、当時ようやく主流文化に入り始めたころでまだ少々危険な音楽と見なされていた。またコープランドは、イーゴリ・ストラヴィンスキーの作品の研究も行い、その革命的な考えではなくストラヴィンスキーの新古典派的な特徴の方を取り入れた。

作曲家人生の後半になると、コープランドはアメリカの伝統音楽に目を向け、ギターやバンジョーなどのストリング・バンドが演奏するブルーグラスやアパラチア音楽への関心を強めていった。彼はこうしたスタイルを、ポピュラーミュージックとミュージカルに象徴される当時流行していたポップ感覚や、アメリカの民話と結びつけて、『ビリー・ザ・キッド』（1938年）や『ロデオ』（1942年）など魅力的なバレエ音楽を生み出した。1954年のオペラ『テンダー・ランド』は、アメリカ民謡を生き生きとした美しいオーケストラ用楽曲に作り変えたものであり、『アパラチアの春』（1944年）は、ピューリッツァー賞を受賞した作品で、これまでに作曲されたアメリカのクラシック音楽の中で最も長く愛されている曲のひとつである。

晩年、コープランドは十二音技法にひかれたが、その作品のほとんどは人気がなく、唯一、1962年にリンカーン・センターのこけら落としのため依頼された『内包』が知られているだけだ。その後も1980年代を通じて作曲家・教師・指揮者として精力的に活動し、1990年の年末にニューヨーク州ウェストチェスター郡で亡くなった。

豆知識

1. 『テンダー・ランド』の作曲中、コープランドはアメリカ議会の調査委員会に召喚されて、ジョゼフ・マッカーシー上院議員が共産主義プロパガンダの広報係とのレッテルを貼った数百の芸術家のひとりでないことを宣誓証言させられた。
2. コープランドは映画音楽も手掛けており、『廿日鼠と人間』（1939年）、『我等の町』（1940年）、『女相続人』（1949年）で音楽を担当した。
3. コープランドのバレエ音楽『ロデオ』の一曲『ホーダウン』は、1990年代初頭に「ビーフ。夕食にどうぞ」（"Beef: It's What's for Dinner"）というコマーシャルのBGMに使われた。

第49週 第6日(土)

342 哲学 | 言語哲学

　言語哲学とは、世界について意味のある陳述をするために言語──話者が発する音と、紙に書かれた記号──を使うことができる仕組みを解明しようとするものだ。だから言語学との共通点も多い。

◆

　現代哲学において、言語哲学の最も重要な問題は、指示の問題、つまり「どうやって名は世界の中で対象を特定し、それによって意味を持つのか?」という問いだ。

　次のふたつの文を考えてみよう。
　(一)「スーパーマンはスーパーマンである」。
　(二)「クラーク・ケントはスーパーマンである」。

　もしも、名の意味が、単にその名が指示するものであるなら、どちらの文も意味は同じだ。しかし、文(一)は正しくて文(二)は正しくないと考えることもできる。ゆえに、「スーパーマン」という名の意味は、単にその名が指示するもの(スーパーマン)ではないことになる。この場合、名の意味つまり「意味的内容」は、「指示対象」(その名が指示するもの)と、「意義」(対象についての説明的な記述)のふたつに分けられる。例えば、スーパーマンの意義は「高いビルを飛び越えられるスーパーヒーロー」となり、クラーク・ケントの意義は「デイリー・プラネット新聞社で給与が最も低い記者」となるだろう。この例では、クラーク・ケントという名とスーパーマンという名は、意義が違うので意味も違う。したがって、文(二)が正しい文だとは必ずしも考えられないのである。

　この分析に反対する哲学者もいる。彼らによれば、名の意味は説明的な記述を担うことができないという。例えば、「クラーク・ケントがデイリー・プラネット新聞社で給与が最も低い記者ではない場合がありうる」という文を考えてみよう。この文は正しい。なぜなら、そもそもクラーク=スーパーマンがメトロポリスに来たとき、別な仕事を選んでいたかもしれないからだ。ところで、私たちの最初の考えによれば、「クラーク・ケント」という名の意味は、「デイリー・プラネット新聞社で給与が最も低い記者」という記述である。だから先ほどの文は「デイリー・プラネット新聞社で給与が最も低い記者がデイリー・プラネット新聞社で給与が最も低い記者ではない場合がありうる」となる。これは明らかに不合理で、そのため名の意味についての議論はいつまでも続いているのである。

＿豆 知 識＿

1. 意義と指示の違いを最初に指摘したのはドイツの数学者ゴットロープ・フレーゲ(1848~1925)で、彼の言語と論理に関する著作は、現代哲学に大きな影響を与えている。

348

第49週 第7日（日）

343 宗教 ｜ 儒教

　儒教を始めた孔子は、紀元前551年ころから前479年までを生きた人物だ。彼の思想である儒教は、いくつかの東アジア文化の中核であり、神を信じる宗教ではなく生き方として捉えられている。

◆

　今日、孔子の残した教えは尊ばれているが、彼が生きていた時代には、ほとんど重んじられなかった。彼は職を得ようと国から国へとめぐったが、たいていうまくいかなかった。

　孔子は、宇宙の根源的な力を「道」と考えていた。相反しているが互いに補完し合う力である陰と陽が道から生まれ、この陰と陽が、この世界で起こる無限の変化の源になっているという。

　孔子が目指したのは、この絶え間ない変化に耐えられる融和的な社会を築くことだった。彼は、人は生まれながらに善人だが、教養を持たない人間が、社会が乱れると悪を引き起こすと考えた。

　孔子は、どの人にもこの世界で占めるべき場所があると考え、ゆえに各人の精神を育てることで社会を改善できると思っていた。まず実践すべきは「孝」である。孝とは、子が親や祖先を敬うことである。

　この孝から、孔子は五つの人間関係（五倫）を導き出した。この五つはいずれも上下関係であり、孔子はこれが、すべての社会の模範となるべきだと考えた。第一の最も重要な関係は、父子である。以下、君臣、夫婦、兄弟、朋友と続く。こうした人間関係がきちんと尊重される──つまり、下の者が常に上の者を尊敬する──ならば、社会はかつて聖天子が実現させた融和的な状態に到達できると、孔子は考えていた。

　孔子の教えは、主として『論語』に記されている。ただし、彼の本来の教えの多くは、今では分からなくなっている。秦の時代（前221〜前206年）に孔子の著作は国の政策として禁じられたからだ。現在の儒教の多くは、道教と仏教の思想から影響を受けた「宋学」と呼ばれる新たな儒教なのである。

豆 知 識

1. 孔子の五倫は、古い時代から中国の法体系に組み込まれてきた。ある犯罪が五倫のどれかに逆らうものである場合──例えば子が父の財産を盗んだ場合──は、罰が重くなった。
2. 孔子は、指導者は知性と技能に基づいて選ばれるべきだと説いた。この考えに基づいて、世界初の公務員試験である科挙が中国で598年に実施された。

349

第50週 第1日（月）

344 歴史｜毛沢東

　毛沢東（1893～1976）は、1949年に共産主義国となった中国を自分が死ぬまで支配し続けた人物だ。毛沢東は、中国を近代化したが、その過程で膨大な数の命が犠牲となった。ほとんどの推計によると、混乱が続いた毛沢東時代には、数千万の中国人が飢え死にしたり処刑されたりしたという。現代中国の指導者たちは、毛沢東思想の大半を採用していないが、毛沢東その人は、世界で最も人口の多い国を統一し、西洋列強による屈辱の時代を終わらせた人物として、今も尊敬されている。

◆

　中国農村部で農家の子として生まれた毛は、1920年代に若き中国知識人たちの多くと同じく共産主義を信奉していた。当時中国は、大日本帝国の脅威にさらされていたが、国内は分裂していて侵略に抵抗できる状態でなかった。毛は学校の教師だったが、やがて全精力を政治に注ぎ込んだ。1920年代後半から第二次世界大戦の勃発まで、共産党の軍事組織である紅軍は、日本軍と、中国国内の他の勢力の両方と戦っていた。この時期にゲリラ戦の指導者として活躍していた毛は、のちに毛沢東主義と呼ばれる過激な政治思想を体系化した。

　やがて紅軍が勝利し、1949年、毛沢東を指導者とする中華人民共和国が成立した。国家運営は、共産主義者たちにとっては新たな挑戦だった。その結果は、往々にして悲惨な大失敗となった。例えば毛は、1958年に「大躍進」のスローガンのもと中国の工業生産を増加させようとして失敗し、これによって3000万もの人民が死亡した。1966年には、いわゆる「文化大革命」を開始し、資本主義や宗教の影響を根絶しようとしたが、その結果、数十万人が死亡し、中国の歴史遺産の多くが破壊された。それでも当の毛沢東は、「偉大な舵手、毛沢東主席」と呼ばれ、支持者たちから事実上の個人崇拝を受けた。

　西洋では、毛沢東は左派から多くの支持者を引きつけ、毛沢東主義は、いくつかのゲリラ運動に影響を与えたが、その統治の残忍さと破壊ぶりに多くの人が驚愕した。毛沢東の死後、ようやく中国は共産主義的な政策を廃止し始めた。実質的に資本主義国となった中国は、毛沢東がもたらした国家統一の上に発展を続け、世界の超大国として頭角を現してきている。

豆知識

1. 冷戦時代の中国は、当初は同じ共産主義国であるソ連を支持してアメリカと対抗していた。しかし、やがて毛沢東はソ連に対して疑念を抱くようになった。アメリカとの関係改善を望んだ毛は、アメリカのリチャード・ニクソン大統領を招待し、これが1972年の有名なニクソン訪中につながった。
2. 文化大革命の時代、中国人は、毛沢東の言葉を集めた赤い表紙の小冊子『毛沢東語録』を読むよう強制された。この本は全世界にも広まった。読者の大部分はすき好んで読んだわけではなかったが、結果として『毛沢東語録』は、世界で最も読まれた本のひとつとなった。
3. 毛沢東の遺体は、ウラジーミル・レーニンの場合と同じく、死後に防腐処理され一般公開されている。北京の天安門広場に面した大理石製の廟堂は、今も多くの見学者が訪れている。

第50週　第2日（火）

345 文学 ｜ 『再臨』

ますます広がる渦を描きながら、ぐるぐると回る
鷹には、鷹匠の声は聞こえない。
あらゆるものは崩れゆく。中心は保持することができない。
完全なる無秩序が世界に放たれ、
血で濁った潮が放たれ、至る所で
無垢の儀式は水没する。
最も善き人々は確信をすべて失い、最も悪き人々は
激しい情欲に満ちている。

確かに、啓示は近い。
確かに、再臨は近い。
再臨！　その言葉が出るや否や

世界精神からの広大なイメージが
私の視界をさえぎる。どこか、砂漠の砂に埋もれた場所で
ライオンの体と人間の頭を持ったものが、
太陽のようにうつろで非情な眼差しで、
ゆっくりと腿を動かし、その周りでは
砂漠の怒れる鳥たちの影が回っている。
闇が再び降りる。しかし、今や私は知っている。
2000年の深い眠りが、
激しく動く揺りかごに悩まされて悪夢に変わったことを。
だが、はたして、どのような獰猛な獣が、ついにそのときが来て、
生まれ出ようとしてベツレヘムへ向け、身を屈めて進んでいるのか？

◆

　ウィリアム・バトラー・イェーツの『再臨』（1920年）は、20世紀の詩が生んだ最も鮮明なイメージを含んでいる。じつは、この作品にはイェーツらしいところがほとんどない。イェーツと言えば、ケルト復興運動——母国アイルランドの文化を保護してイギリスの影響を排除しようという試み——に貢献したことで何より有名だからだ。しかし『再臨』からは、彼が神秘的なものに魅了されていたことが読み取れる。イェーツは、独特な歴史観を持っており、その歴史観は精霊からの啓示で受け取ったものだと信じていた。彼は、歴史は2000年を一サイクルとする上昇と下降の繰り返しだと捉えており、このサイクルを「渦」と呼んでいた。イェーツの歴史観では、この世界で前回の上昇渦はイエスの誕生で最高潮に達しており、そのため、それと対応する正反対の下降渦は、20世紀のどこかで底に到達するはずだった。ヨーロッパを襲った第一次世界大戦の恐怖を経験したばかりのイェーツは、1920年当時、キリスト教の渦は世界への影響力を失いつつあり、終末は遠くないかもしれないと思っていた。
　『再臨』は、混沌と邪悪というイメージに満ちている。この詩はまず、鷹が渦状に「ぐるぐると回」っており、鷹匠の呼び声も聞こえないという、目もくらむようなシーンで始まる。不吉な光景が読者の前に次々と積み上げられ、スフィンクスのような獣が砂漠で目覚めるところでクライマックスを迎える。この獣は、キリスト教神話の裏返しとして、「生まれ出ようとしてベツレヘムへ向け、身を屈めて進んでいる」。イェーツの正確な意図は不明だが、ふつう批評家たちからは、この獣は第一次世界大戦後にヨーロッパで起こった共産主義やファシズムという全体主義体制の象徴だと考えられている。

豆知識

1. ナイジェリア人小説家チヌア・アチェベの『崩れゆく絆』（1958年）とアメリカ人作家ジョーン・ディディオンの『ベツレヘムに向け、身を屈めて』（1968年／"Slouching Towards Bethlehem"　青山南訳　筑摩書房　1995年）は、どちらもタイトルをイェーツのこの詩から取っている。

351

346

第50週 第3日（水）

視覚芸術 | サルバドール・ダリ

サルバドール・ダリ（1904〜1989）はアカデミックな技法をシュルレアリスムの奔放な幻想的イメージと結びつけ、20世紀で最も挑発的な芸術作品を生み出した。

◆

ダリはスペインのカタルーニャ地方で生まれた。1921年、マドリードの王立サン・フェルナンド美術アカデミーに入学し、詩人ガルシア・ロルカや映画監督ルイス・ブニュエルと知り合ったが、反抗的な態度のため1926年に退学処分となった。

1929年ダリはパリへ移り、シュルレアリスム運動に加わった。偏執症が持つ創造的な可能性に興味を抱いたダリは、自ら「偏執狂的批判的方法」と名づけた手法を開発した。シュルレアリスム思想によると、偏執症は複数の視点から物事を理解する能力を特徴としており、そのため世界を動揺させる手段であると考える。自ら偏執症になることでダリはもっと強力な芸術を創造できると考えたのである。

ダリの古典的傑作『記憶の固執』（1931年）は、荒涼とした風景の中で、ゆがんだ形の人頭に懐中時計がぐにゃりと溶けて垂れ下がっている。近くには同じようにぐにゃりと柔らかい時計がふたつあり、そのひとつにはアリが群がっている。この気味の悪い情景は、夢の中では時間がゆがめられていることを暗示している。

1929年、ダリはシュルレアリスム映画『アンダルシアの犬』の制作にも携わった。これは彼がブニュエルと協力して作った二本の映画のうちの一本めである。同年、ダリはガラという名の女性と出会った。彼女はダリと結婚し、その後50年以上にわたって彼のミューズ（霊感を与える芸術の女神）になった。1930年、ダリとブニュエルは共同で脚本を書いて映画『黄金時代』を制作した。

長年にわたり、ダリは人々を困惑させると同時に魅了し続けた。1936年には雑誌『タイム』の表紙を飾り、1937年には、制作には至らなかったものの、コメディアンのマルクス兄弟のため映画の台本を書いた。1930年代後半には、その右派的な政治思想と、商業的成功を求める態度のため、シュルレアリストたちから絶交された。1940年、ダリはアメリカに移り、1948年まで住み続けた。アメリカ時代、ダリはウォルト・ディズニーに招かれて映画『デスティーノ』のアニメ・デザインを担当した。この仕事は長らく知られていなかったが、2003年、1940年代に作られた映像を元に作られた完成版がようやく公開された。またダリはアルフレッド・ヒッチコックの傑作映画『白い恐怖』（1945年）の夢の場面を制作した。注目を浴びることが好きなダリは、1950年代のアメリカで人気のテレビ・クイズ番組に謎のゲストとして二度出演している。

ダリは晩年をスペインで過ごし、1984年には不審火で大やけどを負った。その五年後に亡くなり、膨大な遺産と美術作品がスペイン政府に残された。現在ダリの作品のみを展示する美術館が、サンクトペテルブルク、フロリダ、スペインなど各地にある。

豆知識

1. 1955年5月、ダリはパリ近郊のヴァンセンヌ動物園でサイの檻に入り、ヤン・フェルメールの『レースを編む女』の偏執狂的批判的な習作を描いた。

352

第50週 第4日（木）

347 科学 階乗！

　数学で「！」という記号は、見た目のとおりおもしろい。これは階乗を示す記号なのだ。「n!」と書いて、「nの階乗」と読む。ある数の階乗とは、1からその数までの自然数を掛け合わせた積のことだ。例えば、6の階乗はこうなる。

◆

$6! = 6 \times 5 \times 4 \times 3 \times 2 \times 1 = 720$

　12の階乗はこうだ。

$12! = 12 \times 11 \times 10 \times 9 \times 8 \times 7 \times 6 \times 5 \times 4 \times 3 \times 2 \times 1 = 479{,}001{,}600$

　階乗は、数論、確率論、コンピューター・サイエンスでは非常に重要だ。日常生活では、ある品物を一列に並べる並べ方が何通りあるかを知りたいときに使える。例えば、六冊の本を棚に並べる並べ方が何通りあるか知りたいとしよう。一番左端には、六冊の中から一冊を選ぶ。二番めには、五冊の中から一冊を選ぶ。三番めには、四冊の中から一冊を選ぶ。四番めには、三冊から選ぶ。五番めには、二冊から選ぶ。最後の六番めには、残る一冊を置く。並べ方を計算するには、次の掛け算をすればよい。

$6 \times 5 \times 4 \times 3 \times 2 \times 1 = 6! = 720$

　おもしろいことに、ゼロの階乗は1である。

$0! = 1$

　なぜかって？　ゼロ冊の本を棚に並べようとしたらどうなるか、考えてみよう。並べ方は何通りある？　答えは一通りだ。

> **豆　知　識**
>
> 1. 「n!」という表記法を考案したのは数学者のクリスティアン・クランプで、1808年のことだった。
> 2. 階乗は、極端に大きな素数を見つけるときにも利用される。
> 3. 数学では、階乗にもいろいろな種類がある。多乗階乗に、ハイパー階乗、スーパー階乗、スーパードゥーパー階乗というものもある。

353

第50週 第5日（金）

348 音楽 | コープランドの『アパラチアの春』

　作曲家アーロン・コープランド（1900〜1990）の代表作『アパラチアの春』（1944年）は、一部の人から彼の「アメリカ的牧歌」の時代と呼ばれる時期に書かれたもので、同時期の作品にはバレエ音楽『ロデオ』（1942年）や『テンダー・ランド』（1954年）などがある。もともとは当時の著名な振付師マーサ・グレアムのために書かれたバレエ音楽だったが、その後オーケストラ用に編曲され、現在はオーケストラ版の方が多く演奏されている。

◆

　1943年、コープランドはハリウッドでリリアン・ヘルマン原作・脚本の映画『北極星』（1943年）の音楽を担当していた。そのとき、アメリカ議会図書館のエリザベス・スプレーグ・クーリッジ財団から、マーサ・グレアムの舞踏団が公演するための新たなバレエ音楽を作ってほしいと依頼された。コープランドが作曲した曲は、もともとは小編成の室内楽団用だったが、のちにフル・オーケストラ用の組曲に編曲した。この曲は、アメリカ民謡の精神に満ちているが、実際に使われているのはキリスト教の一派シェイカー派の賛美歌『シンプル・ギフト』だけだ。この曲に基づく部分でコープランドは、シェイカー派の質素で敬虔な生活様式の本質を非常によく表現した旋律を選び、変奏の基本に使っている。その結果、聴衆も批評家も完全にアメリカ的だと感じる明確で分かりやすい形式になった。コープランドは思ってもいなかったが、この作品はすぐさま名曲の仲間入りをした。

　バレエ版のもともとの物語は、ペンシルヴェニア州西部のフロンティアに住む新婚夫婦が主人公だ。若いカップルは、ふたりの愛をたたえ、力を合わせて家を建てる。それと同時に、信仰復興運動の活動家とその信徒たちが歓喜の声を上げ、続いて開拓者の女性が約束の地への夢を語る。バレエ版には、聖書的なイメージと、健康的な「農村」風の主題にあふれている。

┌─────── 豆 知 識 ───────┐

1. コープランドがこの曲に最初に付けたタイトルは『マーサのためのバレエ』という、味もそっけもない名前だったが、初演の数週間前に変えた。「アパラチアの春」という名は、ハート・クレインの詩から取ったものだ。
2. グレアムは、もうひとりの20世紀で最も「アメリカ的」な作曲家ジョージ・ガーシュウィンとも共作している。
3. バレエ版の大部分はカリフォルニア州とメキシコ滞在中に書かれたが、これをコープランドが完成させたのは、ハーヴァード大学で教え始めるためマサチューセッツ州ケンブリッジに移ってからのことだった。

354

第50週 第6日(土)

349 哲学 | バートランド・ラッセル

バートランド・ラッセル（1872〜1970）は、分析哲学の創始者である。イギリス貴族の家に生まれたが、三歳で両親を亡くした。1931年に兄が死ぬと、第三代ラッセル伯爵となり、そのためラッセル卿と呼ばれることもある。

◆

　1890年にラッセルはケンブリッジ大学トリニティ・カレッジに入学し、その後に同カレッジの教員となった。第一次世界大戦に反対する抗議活動に参加したことが原因で1916年にカレッジを解雇され、1918年には抗議活動により五か月の禁固刑を受けた。トリニティ・カレッジ時代にラッセルは哲学上の主要な業績を上げたほか、ルートヴィヒ・ヴィトゲンシュタインとアメリカ人詩人T・S・エリオットを指導した。トリニティ・カレッジから追い出されたことでラッセルの学者としてのキャリアは事実上終わり、以後数十年間は執筆活動で生計を立て、数多くの著作を世に送り出した。ラッセルの最も有名で最も人気のある著作には、『宗教は必要か』（1927年／"Why I Am Not a Christian"　大竹勝訳　荒地出版社　1959年、1968年改訳）、『結婚と道徳』（1929年。結婚制度を批判した書）、『哲学入門』（1912年）、『西洋哲学史』（1945年／"A History of Western Philosophy"　市井三郎訳　みすず書房　1954〜1956年）などがある。

　ラッセルは、G・E・ムーアとともに分析哲学を発展させた。ラッセルは、論理主義――すべての数学的概念は論理学の用語を使って定義でき、すべての数学的真理は、こうした定義から論理法則を使って導き出せるとする立場――の重要な提唱者だった。論理学と数学におけるラッセルの努力は、アルフレッド・ノース・ホワイトヘッドとの共著『プリンキピア・マテマティカ』（1910〜1913年）に結実した。

　さらにラッセルは、形而上学、分析哲学、言語哲学、認識論、科学哲学にも大きな貢献をした。1950年にはノーベル文学賞を受賞しており、哲学者の中でこの名誉を受けた者は数えるほどしかいない。

豆知識

1. ラッセルは言語哲学に今も有効な貢献をいくつもしているが、そのひとつに確定記述説がある。確定記述とは、例えば「フランス王は、はげである」という文における「フランス王」のような、個別的対象を指示する記述のことだ。古典的論文『指示について』（1905年）でラッセルは、固有名詞を確定記述として分析する方法を論じている。
2. ラッセルは、ゴットロープ・フレーゲの論理体系に形式的な矛盾を発見した。この矛盾をラッセルのパラドックスという。これを知ったフレーゲは、生涯を賭けた仕事が無に帰したと、早とちりした。
3. ラッセルは、ヴェトナム戦争を声高に批判した。

第50週 第7日（日）

350 宗教 | 神道

神道とは、日本固有の宗教で、日本の文化に非常に深く根ざしている。

◆

　神道は、紀元300年から600年のあいだに成立した。神道で最も重要な神が、太陽神である女神アマテラスで、その子孫が日本を統一したとされている。言い伝えによると、アマテラスの父母であるイザナギとイザナミが、日本の島々を生んだという。すべての人間は、イザナギとイザナミの子孫だと信じられているが、天皇だけはアマテラスの子孫だと言われている。天皇はアマテラスを通じて統治の権力と権限を受け取ったと信じられていた。

　神道では、アマテラスのほかにも数多くの神が信じられており、そうした神々は自然の中に宿っていると言われている。そのため、自然と自然保護は神道にとって非常に重要な意味を持つ。また、家族を敬い、穢れを清めるさまざまな儀式を行うことも、神道にとっては欠かせない要素だ。

　日本には、大きく分けて四種類の神道が存在した。ひとつ目は神社神道で、これは現在、最もよく見られる形の神道である。神社神道では、神社に集まって祭祀を行う。

　教派神道は、集会所に集まって礼拝を行う13の教派を指す言葉だ。こうしたさまざまな教派は、19世紀に富士山などの山岳信仰や儒教など他の宗教・信仰を取り入れながら成立した。

　民俗神道は、占いや祈禱療法など多くの民間信仰を取り入れた信仰だ。他の神道と違ってほとんど組織化されていない。

　国家神道は、第二次世界大戦（1939〜1945年）まで存在した日本の公的な国家宗教で、現在はもはや存在しない。国家神道は、近代天皇制の下で天皇への絶対的な忠誠を求め、儒教や仏教の影響を排除しようとした。

[豆 知 識]

1. 今日、ほとんどの日本人は仏教と神社神道の両方を信仰している。
2. 国家神道が天皇への忠誠を強く求めたことから、第二次世界大戦では日本軍航空機による体当たり攻撃、いわゆる神風攻撃が行われた。

第51週 第1日(月)

351 歴史 | ブラウン対教育委員会裁判

1954年、ブラウン対教育委員会裁判でアメリカ連邦最高裁判所が下した判決により、アメリカの公立学校での人種分離は終わり、これをひとつのきっかけとして始まった公民権運動で、アフリカ系アメリカ人の法的権利が完全に認められた。歴史学者は、カンザス州トピーカなど数都市が関係した同裁判の最高裁判決を、司法が下した史上最も重要な判決のひとつと考えている。

◆

ブラウン判決以前、アメリカでは南部を中心に黒人には白人と同等の権利が与えられていなかった。黒人の子どもが白人とは別の学校に通っていただけでなく、黒人はバスでは後ろの席に座り、食事は別のカウンターで取り、使うトイレさえ別だった。この公認の差別制度はジム・クロウと呼ばれていた。最高裁も、この分離制度を1896年のプレッシー対ファーガソン裁判で容認していた。その判決で最高裁は、黒人専用の施設が明白に劣っているのでない限り、人種分離は憲法の下で認められると判断していた。

しかしブラウン裁判の原告は、分離そのものが本質的に不平等だと訴えた。最高裁は黒人家族を支持し、全員一致で1896年に自ら出したプレッシー判決を覆した。主席判事のアール・ウォーレンは、自ら書いた画期的な判決理由の中で、「公立教育という分野に『分離すれど平等』の原理が入る余地はない」と述べた。

これで南部諸州の公立学校は人種統合を余儀なくされたが、判決は多くの白人から強い抵抗を受けた。1957年、アーカンソー州リトルロックの元白人専用高校にはじめて九人の黒人生徒が入学したときは、ドワイト・D・アイゼンハワー大統領がアメリカ陸軍の部隊を派遣して九人の生徒を警護しなくてはならなかった。

その一方で、この判決は、始まってまもない公民権運動への支持を活性化させた。ブラウン裁判以降、ローザ・パークスやマーティン・ルーサー・キング・ジュニアなどアフリカ系アメリカ人の公民権運動指導者たちが運動を続け、南部にまだ残っていたジム・クロウ法を廃止させた。公民権運動は、1964年の公民権法と1965年の投票権法で最高潮に達した。リンドン・ジョンソン大統領が署名した両法律は、黒人に対する雇用差別を禁じ、南部で何世代にもわたって黒人の投票権を奪うのに利用されてきた慣習を違法とする内容だった。

豆知識

1. ブラウン裁判で原告側の弁護士を務めたNAACP（全米黒人地位向上協会）の主任弁護士サーグッド・マーシャルは、その後1967年にアフリカ系アメリカ人初の最高裁判所判事になった。
2. ブラウン裁判という名前は、原告である黒人保護者13名のひとりオリヴァー・ブラウンに由来する。ブラウンが1951年にトピーカ教育委員会を訴えたのは、八歳の娘が自宅から遠く離れた分離小学校へ通わなくてはならなかったからだった。その通っていたモンロー小学校は、1975年に閉校となり、1992年、ジョージ・H・W・ブッシュ大統領により国定史跡に指定された。
3. ハリー・トルーマン大統領は、1948年、与党民主党に所属する南部出身者の多くから激しい反発を受けながらも、アメリカ軍での人種統合を実施した。これは、人種分離を是正しようとする連邦政府の初期の取り組みのひとつだった。

357

第51週 第2日（火）

352 文学 ｜ 魔術的リアリズム

　西洋文学でも非西洋文学でも長い伝統を持っているにもかかわらず、魔術的リアリズムが独立したジャンルと見なされるようになったのは、ここ100年ほどの話にすぎない。「魔術的リアリズム」という言葉は、もっぱらラテン・アメリカ文学と結びつけられることが多い——それはおそらく、このジャンルを文学で最初に広めたのがキューバの小説家アレホ・カルペンティエルだったからだろう——が、他の地域の作家の作品にも見ることができる。

◆

　「魔術的リアリズム」という言葉を最初に使ったのはドイツ人芸術家のフランツ・ローで、彼は1925年、世界をリアリズム的に描きながらも、同時にシュルレアリスム的あるいは幻想的な特徴を持った新たな視覚芸術運動を指すのに、この言葉を用いた。文学について使われる場合も意味はほぼ同じで、魔術的リアリズムの文学作品は、世界のありのままの姿を詳細に描くが、同時に超自然的または魔術的な出来事や状況を写実的な叙述技法と一体化させている。このジャンルの重要な特徴は、登場人物がこうした超自然的な出来事を珍しいとか普通でないなどと考えず、驚嘆するでも感嘆するでもなく、淡々と目撃するという点にある。

　魔術的リアリズムを世界的に有名にした最大の功労者は、コロンビアの小説家ガブリエル・ガルシア＝マルケスである。『百年の孤独』（1967年）や『コレラの時代の愛』（1985年／“El amor en los tiempos del cólera” 木村榮一訳 新潮社 2006年）などの作品は、このジャンルの典型で、鮮烈かつ官能的で血なまぐさいことも多い超自然現象が登場人物の日常生活と混じり合っている。多くの場合、こうした異世界的な出来事は、地元の民間伝承の要素に満ちている。また、登場人物の葬式の日に大洪水が発生するなど、自然からのサインという形で現れるものも多い。

　他に、ラテン・アメリカの魔術的リアリズムの代表的作品には、イサベル・アジェンデの『精霊たちの家』（1982年）、ラウラ・エスキベルの『赤い薔薇ソースの伝説』（1989年／“Como agua para chocolate” 西村英一郎訳 世界文化社 1993年）、ジョルジェ・アマードの『聖人たちの戦い（仮）』（“O Sumiço da Santa”／1988年）、ホルヘ・ルイス・ボルヘスの短編などがある。しかし、ラテン・アメリカ以外でも多くの作家が魔術的リアリズムの要素を小説に盛り込んでいる。例えば、サルマン・ラシュディの『真夜中の子供たち』（1981年）、トニ・モリスンの『ビラヴド』（1987年）、村上春樹の『ねじまき鳥クロニクル』（1995年）などがそうだ。

豆 知 識

1. ガルシア＝マルケスは、自分にとって作家として最も重要な仕事は「現実に思えるものと幻想に思えるものを区別する境界線を壊すこと」だと語っている。
2. 魔術的リアリズムは、1940年代以降に生まれた文学的感性であるポストモダニズムの表れだと考えられることが多い。
3. 魔術的リアリズムは、ファンタジー小説やサイエンス・フィクションと同じではない。このふたつの分野は、現実とは別の実在や世界や未来を舞台としているのに対し、魔術的リアリズムの作品は現実世界にしっかりと足をつけている。

358

第51週 第3日(水)

353 視覚芸術 | ジャクソン・ポロック

ジャクソン・ポロック（1912〜1956）と言えば、「ドリップ」ペインティングで有名だ。彼は巨大なキャンバスの上に絵具をこぼしたり飛び散らせたり垂らしたりして作品を作る。この手法を彼は「アクション・ペインティング」と呼んでいた。芸術作品は外界のテーマを表現したものではなく、それ自体で独立したものとして鑑賞されるべきだと訴えたポロックは、自分の絵画は何かについて描いたものではなく、最も純粋で独立した形式の絵画だと主張した。

◆

ポロックは、ワイオミング州コーディで、ステラ・メイ・マクルアとルロイ・ポロックのあいだに、男ばかりの五人兄弟の末っ子として生まれた。子ども時代をカリフォルニア州とアリゾナ州で過ごし、ロサンゼルスのマニュアル・アーツ高校に通っていたとき、現代美術と出会った。

1929年、ポロックはニューヨーク市に移り、同市にある美術学校アート・スチューデンツ・リーグに入り、地方主義の画家トマス・ハート・ベントンの下で学んだ。ポロックの初期の作品には、アルバート・ピンカム・ライダーや、メキシコの壁画作家ホセ・クレメンテ・オロスコとダビッド・アルファロ・シケイロスの影響が見られる。大恐慌時代、ポロックは極貧生活を送るが、1935年、雇用促進局の連邦美術計画に雇用された。1937年、ポロックはアルコール依存症のため精神科の治療を受けた。その治療で彼のデッサンを分析したセラピストたちが、ポロックにユング派心理学について教えた。以後、ポロックは夢の象徴や無意識に夢中になった。

1945年、ポロックは芸術家リー・クラズナーと結婚した。夫婦はロングアイランドのイーストハンプトンに移り、2年後、そこでポロックは最初のドリップ・ペインティング『五尋の深み』を制作した。ドリップ・ペインティングは、一見でたらめに見えるが、じつは細心の注意を払って制作されていた。切っていないキャンバスを床に広げると、ポロックはキャンバスに、絵具を棒やスポイトや絵具をたっぷり含ませた筆で、はね散らす。それから慎重にキャンバスを持ち上げてペンキを流し、バランスの取れた構図にする。それで絵具が乾いたら、キャンバスを切ってフレームをつけた。

アクション・ペインティングでポロックは、絵画以外の何物とも関係を持たない純粋な絵画を制作できる方法を発見した。その意図を明確にするため、作品にはタイトルではなく数字をつけるようになった。そうすることで鑑賞者に、テーマではなく絵そのものに集中してもらおうと考えたのである。ポロックにとって、実際に絵を描く行為は、完成作品と同じくらい重要だった。この点で、彼は1950年代と1960年代にパフォーマンス・アートやハプニングを実践した芸術家たちの重要な先駆けであった。

1951年、ポロックは再び大量に酒を飲むようになった。健康が損なわれていく中、彼は芸術界で足場を維持しようと懸命だったが1956年夏、自動車を運転中、木に激突して即死した。

第51週 第4日（木）

354 科学 ｜ 正規曲線

　正規曲線とは、ある統計での分布のパターンを示したものだ。例えば、身長や知能テストの
スコアは、正規曲線とぴったり一致することが多い。この曲線は鐘の形をしていることから、
鐘形曲線と呼ばれることも多い。

◆

　正規曲線では、代表値──平均値、メジアン、モード──は、すべて同じになる。つまり、
平均値はメジアン（中央値）と等しく、最頻値（モード）とも等しい。例えば、アメリカ人女
性の身長の正規分布では、身長の平均値は165センチである。これがメジアンなので、背が
165センチより高い女性の人数と、165センチより低い女性の人数は、同じである。さらにモー
ドでもあるので、アメリカ人女性で最も多い身長も165センチである。

　正規曲線には、分散と標準偏差についての情報も含まれている。このふたつは、中央値に対
して値がどれだけ遠くに、あるいは近くに分布しているかを示すものだ。例えば、子どもたち
を対象にテストをしたとしよう。最初のテストでは、五段階評価で五の子もいれば、四や三や
二や一の子もいるが、平均すれば三だった。次のテストでは、ほとんどの子の成績は三で、平
均も三だった。このとき、最初のテストは分散が大きく、次のテストは分散が小さいという。

　標準偏差とは、分散の程度を示すものだ。正規曲線では、平均値から標準偏差1以内の範囲
に値の68％が含まれ、標準偏差2以内の範囲には95％が、標準偏差3以内には99.7％が含ま
れる。これを経験則というが、単に「68−95−99.7」と呼ぶことが多い。IQのスコアでは、
100が代表値──平均値、メジアン、モード──である。平均からの標準偏差3の値は、145
と55だ。だから、2000人のうち、三人はIQが145より高く、三人は55より低い計算になる。

```
┌─ 豆 知 識 ─┐
```

1. 正規曲線を最初に思いついたのはアブラーム・ド・モアヴルで、1733年のことだ。
2. 正規曲線は、ドイツ人数学者カール・フリードリヒ・ガウスの名を取ってガウス曲線と呼ばれることも多い。ガウス
　はこの曲線の考案者ではないが、正規曲線の特徴を数多く発見している。彼の肖像は、10ドイツ・マルク紙幣に印刷
　されていた。
3. 成人の血圧も、正規曲線に従って分布している。
4. 単一の光源からの光度の変化も、正規分布だ。

第51週 第5日（金）

355 音楽 ｜ クラシックとポップスの架け橋
——ジョージ・ガーシュウィンとレナード・バーンスタイン

　このふたりの作曲家は、クラシック音楽の世界がジャズやポップスのスタイルを取り入れるのに功績のあった人物であり、ミュージカル界にとっての偉人でもあった。

◆

　ブルックリン生まれのジョージ・ガーシュウィン（1898〜1937）は、アーヴィング・バーリンのようなポップス業界のソングライターとしてスタートし、コミック・ソングやジャズ風の歌、ポップ・ソングを作って売っていた。1924年、兄アイラと組んでミュージカル『レディー・ビー・グッド！』を作曲してからは、史上最も多作な作曲家チームのひとつとして、『ストライク・アップ・ザ・バンド』（1927年）やオペラ『ポーギーとベス』（1935年）などを次々と制作した。ガーシュウィンは、有名なオーケストラ作品も数多く書いており、ジャズ風で華やかなピアノ協奏曲の傑作『ラプソディー・イン・ブルー』（1924年）や、『ピアノ協奏曲ヘ調』（1925年）などがある。彼は1937年、脳腫瘍のため若くして亡くなった。

　レナード・バーンスタイン（1918〜1990）は、マサチューセッツ州ローレンスで子どものころから音楽を聴いて育ち、やがてフィラデルフィアにある有名なカーティス音楽院で著名な指揮者フリッツ・ライナーの弟子になった。さまざまなオーケストラで働いたのち、1958年にニューヨーク・フィルハーモニックの音楽監督となり、11年間その職にあった。

　バーンスタインは、紛れもなく多才であった。作品の多くは非常に感情がこもったもので、例えば『交響曲第一番　エレミア』（1942年）は、自身のユダヤ人という血筋に触発されたものである。また、荘厳な『チェスター詩編』（1965年）は、聖書のヘブライ語の詩編に曲をつけたもので、戦争で破壊されたイギリスのチチェスター大聖堂の再献堂式のために書かれた曲だ。バーンスタインは、ポップス風の作品でも成功を収め、映画『波止場』（1954年）の音楽や、ブロードウェー・ミュージカル『オン・ザ・タウン』（1944年）、それにヴォルテール原作の傑作オペレッタ『キャンディード』（1956年）などを残している。

　バーンスタインの最も有名な作品が、ブロードウェー・ミュージカル『ウェスト・サイド・ストーリー』（1957年）である。これはシェイクスピアの『ロミオとジュリエット』の舞台を1950年代のニューヨークに移したものだ。この作品はマンボやルンバなどラテン・アメリカのダンスのジャズ的リズムから大きな影響を受けている。

豆 知 識

1. バーンスタインは、ニューヨーク・フィルハーモニックの音楽助監督の仕事に就く前の1943年11月14日、ブルーノ・ウォルターの代役で指揮をしたことがある。そのときの演奏は、たまたま全国に放送され、長く人々の印象に残った。
2. ガーシュウィンは、ピアノとオーケストラのために書いた最も有名な曲『ラプソディー・イン・ブルー』のパート譜を、時間がなくて書くことができなかった。そのためオーケストレーションは作曲家のファーディ・グローフェが行った。
3. ニューヨークと全米の音楽界に欠かせない存在となったバーンスタインは、アーロン・コープランドと、グスタフ・マーラーを熱心に応援した。

第51週 第6日(土)

356 哲学 | ルートヴィヒ・ヴィトゲンシュタイン

　ルートヴィヒ・ヴィトゲンシュタイン（1889～1951）は、オーストリアのウィーンの裕福な家庭に生まれた。ゴットロープ・フレーゲ（1848～1925）の助言に従ってケンブリッジ大学へ行き、バートランド・ラッセル（1872～1970）に師事して数学基礎論を学んだ。1914年に第一次世界大戦が始まると、ヴィトゲンシュタインはオーストリアに戻って軍隊に入った。戦闘中の塹壕や、その後の捕虜収容所の中で、彼は最初の著書『論理哲学論考』（1921年）を完成させた。講和後は、イギリスに戻ってケンブリッジ大学で哲学を教え、その中で書きためた原稿が、第二作であり最後の著作でもある『哲学探究』（1953年）となり、死後出版された。

◆

　ヴィトゲンシュタインの最初の著作『論理哲学論考』には、番号を振られた命題が並んでいる。彼は、言語には何らかの論理構造があり、この構造は世界の構造を写し出すものだと主張する。ヴィトゲンシュタインは、命題が言っていることと、命題が示していることを区別して考えた。命題は、「世界は○○だ」と言うが、命題は私たちに、系統的な方法で、世界の構造がどのようなものであるかを示している。論理は、命題の構造に関するものである。論理は何も言わないが、私たちに言語と世界の構造がどのようなものであるかを示す。ヴィトゲンシュタインは、哲学的問題の大半は、示すことしかできないものを言おうとするという誤りが原因だと結論づけた。哲学者は世界が○○という構造を持っていると言おうとするから問題にぶつかるのであり、その構造を論理を通じて明らかにすればよいのだと、ヴィトゲンシュタインは論じている。

　第二作の『哲学探究』でヴィトゲンシュタインは、なぜ哲学は誤っていると彼が考えるのかについて探究した。彼は、哲学的問題は言語についての混乱が原因だと考えていた。問題が起こるのは、私たちが言葉を標準とは違う使い方をしたり、言葉が持つ多様な使われ方を無視したりするときだけだという。彼は「哲学とは、言語による知性の呪縛と戦うことである」と書いている。だからヴィトゲンシュタインは、言語の意味を明らかにすることが重要とされる、哲学の治療的概念を提唱したのである。

豆知識

1. ヴィトゲンシュタインは『論理哲学論考』の最後を、「語ることのできないものについては、沈黙しなくてはならない」という謎めいた言葉で結んでいる。
2. ヴィトゲンシュタイン、マルティン・ハイデッガー、アドルフ・ヒトラーの三人は、みな1889年生まれである。

第51週 第7日（日）

357 宗教 | シク教

　シク教は、15世紀のインドでグル（師）・ナーナクが開いた宗教だ。ナーナクは、38歳のとき、慈悲深き唯一神のみが存在するという啓示を受けた。この神は、「イク・オンカール」と呼ばれる。ナーナクは、迷信や儀式を通じてではなく日常生活の中でイク・オンカールへの愛を示さなくてはならないと説いた。

◆

　シク教の中核にあるのは、すべての人間は平等だという深い信念と、インドにはびこるカースト制度の否定である。そうした思想は、ハンセン病患者に対する優しい態度となって表れていた。かつてハンセン病患者は、ほとんどの人から、彼らは罪人であって神の罰を受けているのだと信じられていた。しかしシク教徒は、神が人間を罰するとは考えないので、ハンセン病患者が治療を受けられる場所を作ったのである。

　ナーナク以後、九人のグルが跡を継ぎ、代々のグルはシク教をインドとアラビアの各地に広めた。グルは重要な存在だが、彼ら自身は神の言葉を繰り返しているだけだと言って、神格化されるのを拒んだ。最後のグルであるゴービンド・シングは、1708年に亡くなった。その跡を継いだのは教えを記した文書で、現在ではこれが永久グルと認められ、シク教の聖典になっている。

　この聖典は、グル・グラント・サーヒブと呼ばれている。これには10人の歴代グルの教えが記されているほか、イスラム教とヒンドゥー教の賛歌も含まれている。文章はサンスクリット語、ペルシア語、ヒンディー語、パンジャービー語で書かれている。礼拝では、たいてい、この聖典の一節を歌ったり唱えたりする。

　シク教徒は、時間は円環構造をしており、霊魂は死と再生の循環の中に捕らえられていると考えている。この循環は、人間の自己中心性——傲慢、怒り、欲望、執着、貪欲——によって進んでいく。この自己中心性を取り除いて悟りに至れば、この循環を破ることができる。しかし、悟りは神の恩寵によって与えられると信じられており、人が自分の行動によって到達できるわけではないとされている。

　シク教徒は、喫煙とアルコール摂取、および不倫を禁じられているほか、体に生えた毛髪を一切切ってはならない。また、シク教を象徴する五つのものを身に保つべきとされている。その五つとは、ターバンに覆われた長髪、くし、鉄の腕環、懐剣、膝上までのパンツ（下着として着用）である。

【 豆 知 識 】

1. 現在、世界にシク教徒は約3000万人いる。
2. シク教徒の男性は、大多数が名前の最後がシング（「ライオン」の意）で終わり、シク教徒の女性は、大多数が名前の最後がカウル（「王女」の意）で終わる。これにより階級の違いが分からなくなった。これがヒンドゥー教だと、名前からどの階級に属しているかがすぐ分かる。

第52週 第1日（月）

358 歴史 ｜ ネルソン・マンデラ

「私は白人支配に対して戦ってきたし、黒人支配に対しても戦ってきました。私は、すべての人が、平等な機会を与えられて仲よく一緒に暮らす民主的で自由な社会という理想を胸に抱いてきました。それは、私の生きる目的であり、実現させたいと願う理想なのです。しかし、必要とあらば、その理想のために死ぬ覚悟はできています」。

——ネルソン・マンデラ、1964年の国家反逆罪裁判にて。

◆

　1964年、ネルソン・マンデラ（1918〜2013）は祖国である南アフリカに対する国家反逆罪で有罪となった。死刑は何とか免れたものの、46歳の弁護士は、ケープタウン沖の監獄島での終身刑を言い渡された。マンデラの罪状は、南アフリカでアパルトヘイトと総称される人種差別的な法律に対する抵抗運動を組織したことだった。アパルトヘイト（人種隔離政策）により、南アフリカの黒人——国民の四分の三を占めていた——は政治的権利の多くを認められず、少数派である白人より法律的に劣った存在に押しとどめられていた。

　収監は、マンデラの闘争心を打ち砕くのが目的だった。彼は、採石場での重労働を強いられ、面会は年にひとりしか許されず、小さな独房で電灯を消すことは絶対に認められなかった。マンデラが率いる政党アフリカ民族会議（ANC）が反アパルトヘイトの武装闘争を容認していたため、南アフリカ政府はマンデラをテロリストと見なしていた。支配者層である南アフリカの白人は、17世紀以降オランダとイギリスから南アフリカへ移り住んだ入植者の子孫であり、国内で支配権を手中に収めておくためアパルトヘイトを強要していた。

　しかし、マンデラは挫けなかった。刑務所の壁の中からANCの指導を続けた。その揺るがぬ決意に、看守たちからも尊敬を集めた。刑務所の外では、マンデラは南アフリカだけでなく世界各地の何百何千万という黒人たちの英雄となり世界の注目が集まった。1990年、国際社会の圧力を受けて、南アフリカの白人政府はようやくアパルトヘイトを廃止し、マンデラを刑務所から釈放した。彼は1993年のノーベル平和賞を受賞し、1994年に南アフリカ初の全人種選挙が実施されると同国の大統領に選ばれた。

　マンデラは当選後、監獄島にいた白人の元看守をひとり、自分の誕生日パーティーに招待した。この老看守は、アメリカのテレビ局PBSの取材に対し、「私が見張っていた収監者のひとりが私の指導者になったことを、たいへん誇らしく思いました」と語っている。世界で最も尊敬された政治家のひとりであったマンデラは、1998年、大統領職を退いた【訳注：2013年に逝去】。

　豆 知 識

1. アメリカ南部で行われていた人種分離政策と同様、アパルトヘイトの下でも、人種が南アフリカ人の日常生活を規定する要因になっていた。異人種間の結婚や性交は禁止され、海岸から病院に至るまで人種別に分けられていた。
2. アパルトヘイトへの抗議の意味で、国際オリンピック委員会は1964年のオリンピックから南アフリカの出場を禁止した。南アフリカ人選手が再び出場できるようになったのは、1992年のバルセロナ・オリンピックからだった。

364

第52週 第2日(火)

359 文学 │ 『ギリシアの壺に寄す頌歌』

まだ汚されていない静寂の花嫁よ、
沈黙と遅々とした時とに養われた子よ、
森の歴史家よ、君は
花の物語を、私たちの詩よりも優しく語ること
ができる。
君の周りにある、葉に縁どられた伝説は、
神を語るか、人を語るか、それともその両方か、
場所はテンペか、アルカディアの渓谷か？
この男たち、神々は何者だ？　拒む乙女たちは
何者だ？
何を必死に追っている？　何から逃れようとす
る？
笛とタンバリンは何なのか？　激しい歓喜は何
なのか？

ああ、アッティカ様式の形！　美しいたたずま
い！　そこに
大理石の男と乙女が彫り込まれ、
森の枝と踏みしだかれた草もある。
静かな形をした君は、私たちを思索から誘い出
す。
まるで永遠がやるように。冷たい田園風景！
老齢が近づいて今の世代が滅びるとき、
君は、私たちとは別の悲哀に悩む
人間の友として残り、こう言うのだろう。
「美は真であり、真は美だ」──それだけが
君たちが現世で知ることであり、知る必要のあ
ることなのだ。

◆

　18世紀初頭のイギリスのロマン主義詩人、ジョン・キーツ（1795〜1821）の最も有名な
詩『ギリシアの壺に寄す』（1819年）は、読者にとっても批評家にとっても、常に魅惑の対象
である。ただ、中心となる一節の微妙な意味については、今も決着がついていない。
　『ギリシアの壺に寄す』を通じて、詩人の言葉は壺そのものに向けられている。このように、
目の前にない存在や無生物に対して直接呼びかける技法を頓呼法といい、キーツの詩全般によ
く登場し、特に頌歌では頻繁に見られる。詩人は、芸術的に美しい品物としてだけでなく、連
想を膨らませるシンボルや、千変万化する世界で見つけた恒久不変のかけらとして、この壺に
魅了されている。
　この詩に五つあるスタンザ（冒頭で引用したのは最初と最後のスタンザのみ）のうち、最初
のスタンザで詩人は、壺を時代そのものを体現するものとして描き、壺を汚れていない「静寂
の花嫁」や「沈黙と遅々とした時とに養われた子」と呼んでいる。壺に描かれた画像に驚嘆し、
そこにはどのような物語が隠されているのか知りたいと願って問いかける。しかし、この謎や
不確かさは、画像の魅力を増すだけだ。その証拠に詩人は第二スタンザで、「聞こえるメロディ
ーは美しいが、聞こえぬメロディーは／もっと美しい」と述べる。さらに詩人は、壺に描か
れたふたりの恋人たちの、抱きあう直前で永遠に止まった姿を見て、嫉妬心から、こう語る。
「君が歓喜を得ることができなくても／永遠に君は愛し続け、永遠に彼女は美しいままだ！」
　ありとあらゆる詩の中で、『ギリシアの壺に寄す頌歌』の最後の二行ほど、さかんに検討さ
れてきた行はないだろう。「美は真であり、真は美だ」という言葉が、それ自体謎めいてはい
るが、壺が詩人に向かって語った言葉であるのは間違いない。しかし、キーツのオリジナル原
稿の句読法が曖昧なため、詩の最後のダッシュ以降の部分（原文で13語）が、壺の語った言
葉なのか、詩人の言葉なのか判然としない。これこそ、時間を超えた謎を詠んだ詩にピッタリ
の、時間を超えた謎だろう。

365

第52週 第3日（水）

360 視覚芸術 | ポップアート

「ポップアート」という言葉を最初に使ったのはイギリスの美術批評家ローレンス・アロウェイで、「インデペンデント・グループ」——美術界の尊大で気取った態度に反発していた芸術家集団——の作品を指して「ポップアート」と呼んだのが始まりだ。彼らは大衆向けの広告、コマ割りマンガ、安価な製品、マスメディアなどを手本に作品を作ることで、消費文化をたたえると同時にパロディー化しようとしたのだ。

◆

　アロウェイはポップアートを、大衆受けし、一過性で、使い捨てにでき、コストが低く、大量生産でき、若者と大企業向けの芸術であると定義した。この説明は、リチャード・ハミルトンの作品によく当てはまる。例えば作品『一体何が今日の家庭をこれほどに変え、魅力あるものにしているのか？』では、筋骨隆々の男性が巨大なトッツィーポップ（キャンディー）を抱えている。

　この運動の起源は、1920年代にさかのぼることができる。当時、ダダと自称していた芸術家集団が、高級文化の尊大な態度を嘲笑していた。ダダのリーダーだったマルセル・デュシャンは、モナ・リザに口ひげを加えた絵を描いたり、大量生産の小便器を上下逆さまにして彫刻だと言い張ったりして、悪名を馳せていた。

　ポップアートはアメリカでも独自に発達した。代表的なアメリカ人芸術家には、ジャスパー・ジョンズ、ロバート・ラウシェンバーグ、ラリー・リヴァーズなどがいた。ポップアーティストには、一目で分かる特徴的な様式を採用する者が多く、そうした様式が、いわば作品に商品らしさを与えるトレードマークのようになっている。例えばロイ・リキテンシュタインは、巨大なマンガによく似た絵画を制作し、本物のマンガで使われる水玉模様の背景もまねしている。クレス・オルデンバーグは、洗濯ばさみや口紅、タイプライター用消しゴムなど、大量生産されている日用品の巨大な彫刻を作った。ドゥエイン・ハンソンは、生きている人間そっくりの彫刻を作った。あまりに人間らしいため、美術館に置いておくと来館者と勘違いしてしまいそうになる作品だ。アンディ・ウォーホルは、マリリン・モンローや毛沢東など有名人やキャンベル・スープ缶の図像を、機械を使って大量生産し、それによって人間を消費財と同じレベルにまで引き下げた。

　イギリスのポップアーティストが、大衆文化を嘲笑するか賛美するかのどちらかになりがちであるのに対し、アメリカのポップアーティストは、両義的なイメージを好む傾向がある。例えばウォーホルの交通事故やケネディ暗殺のシルクスクリーン作品は、悲劇的であると同時に商業的でもある。ただ、どちらのグループも究極的な目標として、資本主義が芸術を単なる消費財のひとつに変えることで、芸術から神聖さをはぎ取ってしまったことを示そうとしていた。

　豆 知 識

1. ポップアート運動は「新リアリズム」や「ネオ＝ダダイズム」と呼ばれることもある。

第52週 第4日(木)

361 科学 | 核分裂

核分裂は、原子の核——陽子と中性子で構成される、ギュッと詰まった中心部——がいくつかの破片に分かれる現象だ。破片の質量の合計は、もとの原子の質量より小さくなっている。でも、質量が消えてなくなったわけではない。アルバート・アインシュタインの方程式 E＝mc² に従ってエネルギーに変換されたのだ。放出されたエネルギー量は、この方程式によれば、「行方不明の」質量に光速の二乗を掛けた値に等しい。質量の約1000分の1が変換されるだけだが、それでも信じられないほど膨大な量のエネルギーに変わる。核燃料に含まれるエネルギーの量は、ガソリンなど同じ質量の化学燃料に含まれるエネルギー量のおよそ100万倍である。

◆

核分裂は自然に起こることがある。自由に飛び回る中性子が重い原子の核にぶつかって起こる場合があるのだ。中性子が核にぶつかると、核は二個か三個の原子と二個か三個の中性子に分かれる。この中性子が今度は別の原子にぶつかって、次々と反応が起こる。これが核分裂連鎖反応である。核分裂の反応時間は、ほんの1000分の1秒だ。だから、自由に飛び回る中性子一個で核分裂が始まると、100分の一秒後には約一万個の中性子が生まれて、約一万回の反応が起きる計算になる。これを暴走反応といい、核爆弾は、この反応をもとにしている。原子力発電所は、核分裂連鎖反応をコントロールして、暴走しないようにしている。

核燃料に最もよく利用されているのが、ウラン-235（U-235）だ。これは希少な種類のウランで、92個の陽子と143個の中性子でできている（92＋143＝235）。天然ウランのうち、0.72％がU-235で、99.27％がウラン-238だ。ウラン-238は、92個の陽子と146個の中性子でできていて、比較的安定しており、核分裂反応を起こさない。天然ウランは、含まれているU-235が少なすぎて、原子力発電所では使えない。これに中性子をぶつけても、核が反応しやすいU-235を中性子はなかなか見つけることができない。まばらすぎるのだ。しかも、反応しやすい少数の核に運よくぶつかって核分裂を起こしたとしても、放出される中性子の数が少なすぎて、連鎖反応が始まらない。発電所で使うためには、非常に複雑な手順を踏んで天然ウランを濃縮し、U-235の割合を2.5〜3.5％にしなくてはならない。原爆で使う場合は、ウランを濃縮してU-235の割合を90％にする。

┌─────────┐
│ 豆 知 識 │
└─────────┘

1. 世界には原子力発電所が400基以上あり、人類が使うエネルギーの17％を供給している。アメリカには原発が約100基あり、フランスは自国のエネルギーの約75％を原子力でまかなっている。
2. 自然界では、ウランは酸化ウランの形で見つかる。ここから不純物を取り除くと、鮮やかな黄色になる。そのため「イエローケーキ」と呼ばれている。
3. アメリカが1945年8月に日本に落とした二発の原爆は、「リトル・ボーイ」と「ファット・マン」というコードネームがつけられていた。

367

第52週 第5日（金）

362 音楽 | 20世紀音楽

　20世紀半ばになると、西洋芸術音楽の神髄そのものに挑戦する作曲家たちが現れた。その大きな流れのひとつが、エンドレス磁気テープ、シンセサイザー、コンピューターなどを活用して作られる電子音楽の登場だった。

◆

　パリ生まれのエドガー・ヴァレーズ（1883〜1965）は、1915年アメリカに渡ると、存命中に現代音楽に革命をもたらした。科学と数学を学んでいた彼は、電子音楽の父と呼ばれている。初期の作品には打楽器への強い関心が表れているが、やがてヨーロッパの管弦楽曲の決まり事を捨て始めた。その後、不遇の時期を過ごしたが、晩年には電子機器メーカーのフィリップス社から提供された実験設備を使って、合成音の編集や作成に取り組んだ。しかし残念なことに、技術的な限界から、ヴァレーズは自分の可能性を十分に発揮することはできなかった。

　ジョン・ケージ（1912〜1992）は、アルノルト・シェーンベルクに師事し、実験的無調音楽作曲家としてキャリアをスタートさせたが、やがて音楽とコンセプチュアル・アートの境界線をぼかし始めた。彼はプリペアド・ピアノ——グランドピアノの弦に打楽器的な音を出す物をいろいろと挟んだもの——など、さまざまな楽器を考案した。また、禅などの東洋思想を音楽に取り入れた。作品『易の音楽』（1951年）では、ケージは投げたコインの裏表で、どのバリエーションを演奏するかを決めていた。

　スティーヴ・ライヒ（1936〜）は、打楽器と電子音楽にひかれているという点でヴァレーズの後継者と言える。『ドラミング』（1971年）は、シンプルな打楽器のリズムを一時間以上ひたすら続ける曲だ。最近では旋律と和声を使い始めている。『ディファレント・トレインズ』（1988年）は、弦楽四重奏と、テープに録音した音声による楽曲で、グラミー賞の最優秀現代音楽作品賞を受賞した。

豆 知 識

1. ヴァレーズの1931年の作品『イオニザシオン』は、37の打楽器のために書かれたもので、これには、けたたましく響くサイレンも含まれている。
2. ロック・バンド、ピンク・フロイドの1969年のアルバム『ウマグマ』には、噂によると、「分かるかい、ヴァレーズ？」（"Can you dig it Varèse?"）と、メンバーが心酔していた作曲家に呼びかける声が入っていると言われている。
3. かつてケージが作った曲に、『４分33秒』というピアノ曲がある。この曲では、ピアノの前に座ったら、「無音」を演奏する。つまり、まったく何も演奏しないのだ。彼はこの曲を解説して、「何かが２分たっても退屈だったら、４分待ってみるといい。それでも退屈なら８分待つ。ダメなら16分。それもダメなら32分。そのうち、少しも退屈でないと気づくだろう」と語っている。

第52週 第6日（土）

363 哲学 | 道徳的相対主義

　文化が違えば、道徳基準も大きく違うし、何が道徳的に許されるのかについて、意見が対立することも少なくない。でも、それは客観的な道徳基準が存在しないということではないだろうか？

◆

　道徳的相対主義とは、何が善で何が悪かについての客観的な真理は存在しないという立場のことだ。この立場では、私たちにできるのは、ある行動が、さまざまな基準のひとつに照らして善か悪かを判断することだけだと考える。だが、道徳的意見が多様だからと言って、道徳的相対主義が正しい見解だということにはならない。例えば、世界の物理的特徴については多様な意見があるかもしれないが、だからと言って、すべての科学体系が等しく有効だというわけではない。ある文化の科学的手法がただ不正確ということもありえるからだ。

　道徳的相対主義者が自分の立場を擁護するために使える戦略は、ふたつある。ひとつ目は、道徳的相対主義が道徳的多様性を最もよく説明できると主張することだ。道徳的相対主義者たちは、異なる道徳基準が存在すると仮定するなら、正しい道徳観を持っている人は、なぜ正しい信念を抱くようになり、間違った信念を抱いている人は、なぜそれが正しいと誤解したのかを、どう説明するのかと問うかもしれない。

　道徳的相対主義を擁護する第二の戦略は、客観的な道徳的事実というものは存在しないとはっきり主張することだ。客観的な道徳的事実には、客観的な道徳的特性——「善」と「悪」——が必要だ。しかし、善であることは物理的特性ではない。なぜなら、道徳的に善い行為はたくさんあっても、それらは物理的特性を何ひとつ共有していないことが多いからだ。ゆえに、私たちがふだん考えるのとは違い、客観的な道徳的特性は存在しないと、道徳的相対主義者は判断するのである。

豆 知 識

1. 現代の哲学者の中に、道徳的相対主義を擁護する人はほとんどいない。
2. 哲学者ギルバート・ハーマン（1938〜）は、現代で最も影響力を持つ道徳的相対主義者だ。

369

第52週 第7日（日）

364 宗教 | ゾロアスター教

　ゾロアスター教は、紀元前18世紀から前15世紀のあいだに成立した、世界最古の一神教だ。開祖のゾロアスター（ザラスシュトラとも）は、現在のイランであるペルシアで活躍した裕福な人物だった。

◆

　ゾロアスターは、地元で信仰される多神教の祭祀だったが、30歳のとき啓示を受けた。彼の元に天使が訪れ、この世に存在する神は唯一アフラ・マズダーのみであり、この神が善と悪とを作ったと告げた（ゾロアスター教はマズダー教とも呼ばれるが、それはこの神の名に由来する）。アフラ・マズダーは大きさが人間の九倍あるという。神は完璧な世界を作ろうとしており、天使と人間に助けを求めた。また、自然世界——空気・水・土地——を清浄に保つことを重視していた。

　啓示を受けてからゾロアスターは、アフラ・マズダーの教えを広め始めた。ゾロアスターは、「ガーサー」と呼ばれる五つの歌と詩を作り、これは現在、ゾロアスター教の聖典の中核であると考えられている。聖典は『アヴェスター』といい、五つのガーサーと、ゾロアスターの弟子たちが書いたハプタンハーイティなどから成る。

　ゾロアスター教は、今では世界宗教になっているが、ゾロアスターが啓示を受けて最初の10年は、誰も彼の教えに従わなかった。信仰活動は、いつの時代も少数の信者しか引きつけてこなかった。このためゾロアスター教は、他の信仰に対する寛容を常に重んじ、異なる宗教を理解することを重視している。

　最初の一神教であるのに加え、ゾロアスター教は天国と地獄と最後の審判を信じた最初の宗教でもあり、最後の審判では、アフラ・マズダーが人間ひとりひとりの運命を決定するとされた。

> ### 豆 知 識
>
> 1. 今日、ゾロアスター教徒が最も多く住んでいるのはインドとパキスタンで、同地ではパールシー教徒と呼ばれ、両国合わせて約6万人が暮らしている。イランにはおよそ2万8000人おり、さらに3万7500人がヨーロッパと北アメリカにいる。
> 2. ゾロアスターが語る地獄の姿は、じつに恐ろしい。伝承によると、暗くて狭い裂け目の中に穴がある。すさまじい臭いが立ち上っていて、孤独のあまり、3日がまるで9000年のように感じられるという。
> 3. ゾロアスター教徒は火の寺院で礼拝を行う。火そのものを礼拝していると誤解するかもしれないが、彼らは火を清浄のシンボルと見ているのである。

370

おめでとう！

　おめでとう！　一年に及んだ世界の教養の長い旅も、これで終わりだ。この本によって知性が磨かれ、世界の教養が身についたのではないだろうか。ただ、これで終わりにしないでほしい……。

　これからも、毎日少しずつでいいので、本を読んだり考えをじっくりと深めたりするのに時間を割いてほしい。頭脳と好奇心を刺激して、心を元気にするのに、これ以上よい方法はないはずだ。

　学びの習慣を維持するために、もっと幅広い知識を身につけたいと思う方は、ウェブサイト http://www.theintellectualdevotional.com/blog/ をご訪問ください。

デイヴィッド・S・キダー＆ノア・D・オッペンハイム

索 引

Dデー……336
X線……255

あ行

『アイーダ』（ヴェルディ）……256
アイルランドのジャガイモ飢饉……203
アインシュタイン、アルバート……38, 50, 129, 297, 343
アウグスティヌス……89
アクィナス、トマス……89
悪の問題……229
『悪魔の詩』（ラシュディ）……127
『熱いトタン屋根の猫』（ウィリアムズ）……253
アテネ、スパルタ対──……21
『アテネの学堂』（ラファエロ）……79, 128
『アパラチアの春』（コープランド）……347, 354
アブラハム……34, 41, 48, 62, 209
アプリオリな知識……138
アベラール、ピエール……89
アベル、カインと──……27
アポマトックス・コートハウス……238, 245
『アメリカン・ゴシック』（ウッド）……345
アリストテレス……21, 47, 61, 68, 89, 96, 152, 201, 272
アルファベット……7
アレクサンドロス大王……21, 28
『荒地』（エリオット）……225
アンセルムス、カンタベリーの──……89, 96
『アンナ・カレーニナ』（トルストイ）……337
イェーツ、ウィリアム・バトラー……351
イエス・キリスト……111, 118, 125, 139, 146, 153, 160, 167, 174, 202, 209, 244, 307
イエスの磔刑……153
イエスの復活……111, 160
『怒りの葡萄』（スタインベック）……92
イギリスの北アメリカ植民地……133
イサク……34, 41
意思の自由……236
イシュマエル（聖書中の人物）……34, 41
イスラム教……34, 56, 209, 216, 223, 230, 237, 244, 251, 258, 265, 272, 279, 286, 293
痛みを知覚すること……52
異端審問……112
イデア……26, 33
遺伝学説（メンデル）……66
『イリアス』（ホメロス）……36
因果関係……222
印象派
└ 音楽　※個々の作曲家も参照……305
└ 視覚芸術　※個々の芸術家も参照……191
ヴァレーズ、エドガー……368
ヴィヴァルディ、アントニオ……53, 67, 74
ヴィトゲンシュタイン、ルートヴィヒ……327, 355, 362
『ヴィーナスの誕生』（ボッティチェリ）……72
ウィリアムズ、テネシー……253
ウェストファリア条約……140
ヴェルサイユ条約……294
ヴェルディ、ジュゼッペ……249, 256
ヴォルテール……123, 141
『失われた時を求めて』（プルースト）……232

ウスマーン・イブン・アッファーン……216, 237, 251, 258
ウッド、グラント……345
ウマル・イブン・アル゠ハッターブ……237, 251, 258
ウルフ、ヴァージニア……50, 176, 309
液体……283
『エチカ』（スピノザ）……131
『エデンの東』（スタインベック）……92
エピクロス派……82
エラトステネス……17
『選ばれなかった道』（フロスト）……190
エリオット、T・S……50, 113, 225, 355
エリスン、ラルフ……239
円周率……318
黄金比……332
オーウェル、ジョージ……155, 287, 308
オースティン、ジェイン……134
『オジマンディアス』（シェリー）……71
オゾン層……115
『オデュッセイア』（ホメロス）……8, 36, 309
オペラ……116
音階（音楽）……11
音楽
└ 『アイーダ』（ヴェルディ）……256
└ 『アパラチアの春』（コープランド）……347, 354
└ ヴィヴァルディ、アントニオ……53, 67, 74
└ ヴェルディ、ジュゼッペ……249, 256
└ 音楽の基礎……11
└ ガーシュウィン、ジョージ……361
└ 楽器と楽団……39
└ 形式……60, 165
└ 『交響曲第九番「合唱付き」』（ベートーヴェン）……186
└ 『交響曲第41番』（モーツァルト）……172
└ コープランド、アーロン……277, 347, 354, 361
└ 古典派　※個々の作曲家も参照……123, 165
└ 『四季』（ヴィヴァルディ）……67, 74
└ ジャンル……116
└ 十二音技法……333
└ 19世紀の民族主義　※個々の作曲家も参照……228, 277
└ シューベルト、フランツ……18, 81, 116, 193, 200
└ シューマン、クララ……221, 242
└ シューマン、ロベルト……221, 242
└ ショパン、フレデリック……116, 228, 277, 323
└ 新ウィーン楽派……319
└ ストラヴィンスキー、イーゴリ……18, 312, 340
└ 旋律……18
└ ソナタ形式……165
└ チャイコフスキー、ピョートル・イリイチ……277, 284, 323
└ 中世／初期教会音楽……32
└ 調性……312
└ 『月に憑かれたピエロ』（シェーンベルク）……312, 326, 333
└ ドヴォルザーク、アントニーン……291
└ ドビュッシー、クロード……305
└ 『トラヴィアータ（椿姫）』（ヴェルディ）……256
└ 『ドン・ジョヴァンニ』（モーツァルト）……158
└ 『ニーベルングの指輪』（ワーグナー）……193, 263, 270

索引

└ 20世紀——……368
└ パーセル、ヘンリー……81
└ バーンスタイン、レナード……141, 361
└ ハイドン、フランツ・ヨーゼフ……39, 116, 123, 130,
137, 186, 193, 319
└ パガニーニ、ニッコロ……235
└ バッハ、ヨハン・ゼバスティアン……25, 53, 60, 67, 88,
95, 102, 116, 123, 151, 179
└ バロック時代　※個々の作曲家も参照……53
└ 『ピアノ協奏曲第21番』（モーツァルト）……172
└ ブラームス、ヨハネス……193, 242
└ 『ブランデンブルク協奏曲』（バッハ）……88, 95, 116
└ ベートーヴェン、ルートヴィヒ・ヴァン……116, 123,
165, 179, 186, 193, 200, 319, 323
└ ベルリオーズ、エクトル……39, 193, 214
└ ヘンデル、ジョージ・フリデリック……102, 109, 151
└ マーラー、グスタフ……39, 193, 298, 361
└ 無調性……312, 333
└ 『メサイア』（ヘンデル）……102, 109
└ メンデルスゾーン、フェーリクス……207
└ モーツァルト、ヴォルフガング・アマデウス……18,
39, 60, 81, 116, 123, 137, 144, 158, 172, 179, 193, 319
└ ラヴェル、モーリス……305
└ リスト、フランツ……228, 235, 242, 263
└ ルネサンス……46
└ 『レクイエム』（モーツァルト）……151
└ ロマン派の時代……193, 235, 323
└ 『ロンドン交響曲』（ハイドン）……137
└ ワーグナー、リヒャルト……39, 193, 242, 263, 270, 277,
278, 312, 323
└ 和声……25
音高（音楽）……11
温室効果……31
音波……248

か行

ガーシュウィン、ジョージ……361
カースト制度……335
カーネギー、アンドリュー……280
カール大帝……63
懐疑論……103
概日リズム……199
階乗……353
カインとアベル……27
ガウタマ・シッダールタ（ブッダ）……300, 307
カエサル、ユリウス……35
科学
└ X線……255
└ アインシュタイン、アルバート……38, 50, 129, 297, 343
└ エラトステネス……17
└ 円周率……318
└ 黄金比……332
└ オゾン層……115
└ 温室効果……31
└ 音波……248
└ 概日リズム……199
└ 階乗……353
└ 化学結合……276

└ 核分裂……367
└ ガリレイ、ガリレオ……45, 87, 101
└ 幹細胞……185
└ キュリー、マリー……157
└ クローン技術……10
└ 血液……213
└ 原子……108, 129, 262, 276
└ 元素……269
└ 催眠状態……164
└ 地震……80
└ 自然選択……136
└ 実数……304
└ 囚人のジレンマ……346
└ 重力……143
└ 侵害受容……52
└ 睡眠……206
└ 正規曲線……360
└ 生殖……178
└ 静電気……108
└ 素数……311
└ ダーウィン、チャールズ……96, 136
└ 太陽系……24
└ 太陽と核融合……234
└ 太陽の黒点とフレア……87
└ 超新星……45
└ 電磁スペクトル……192
└ 電池……220
└ 虹……241
└ ニュートン、アイザック……143, 145, 152, 166, 227, 297
└ 認知的不協和……171
└ 光化学……290
└ ピタゴラスの定理……325
└ 表面張力と水素結合……73
└ フェルマーの最終定理……339
└ 物質の状態……283
└ プラシーボ効果……59
└ ブラックホール……38
└ 放射性炭素年代測定法……122
└ 摩擦力……227
└ ミルグラムの服従実験……94
└ メンデルの遺伝学説……66
└ ワクチン……150
化学結合……276
核分裂……367
核融合（太陽）……234
ガザーリー……272
カサット、メアリー……247
楽器と楽団……39
葛飾北斎……163
カトリック教会……174
カバラ……97
ガブリエル……258, 293
神の存在証明……96
カミュ、アルベール……320
『かもめ』（チェーホフ）……169
『ガラスの動物園』（ウィリアムズ）……253
カリフ、正統——……251, 265
ガリレイ、ガリレオ……45, 87, 101

索 引

ガルシア゠マルケス、ガブリエル……64, 358
カルマ……321, 335
『考える人』（ロダン）……219, 226
幹細胞……185
『カンタベリー物語』（チョーサー）……106
『カンディード』（ヴォルテール）……141
カント、イマヌエル……103, 152, 187, 201, 243, 250
観念論……201
キーツ、ジョン……323, 365
気体……283
帰納法……215
『キャッチ゠22』（ヘラー）……57
キュビスム……317, 324
キュリー、マリー……157
協奏曲……116
『ギリシアの壺に寄す頌歌』（キーツ）……365
キリスト教 ※「福音」「イエス・キリスト」も参照……49, 105, 174, 181, 188, 195, 293
キルケゴール、セーレン……320
ギンズバーグ、アレン……246
金属……269
『草の葉』（ホイットマン）……204
グッゲンハイム美術館……310
組曲……116
グラント、ユリシーズ・S……238, 245
『グランド・ジャット島』（スーラ）……282
クルアーン……216, 244
『グレート・ギャツビー』（フィッツジェラルド）……85
クローン技術……10
形式……60, 165
形而上学……54
形相……61
契約の箱……76, 83
ケージ、ジョン……368
ゲーテ、ヨハン・ヴォルフガング・フォン……121, 128, 170, 200, 207
血液……213
結果主義……257
『ゲルニカ』（ピカソ）……308, 324, 331
言語哲学……348
原子……108, 129, 262, 276
現象学……299
現象と実在……12
元素……269
『幻想交響曲』（ベルリオーズ）……214
後期印象派 ※個々の芸術家も参照……254
交響曲……116
『交響曲第九番「合唱付き」』（ベートーヴェン）……186
『交響曲第41番』（モーツァルト）……172
光子……129, 192, 290
『高慢と偏見』（オースティン）……134
功利主義……257, 341
ゴーギャン、ポール……163, 254, 261, 268, 289
「コギト・エルゴ・スム」……110, 117
コープランド、アーロン……277, 347, 354, 361
五行……223
黒死病……84, 106
黒点 ※個々のオペラ作品も参照……87

ゴシック美術……51, 58
固体……283
『国家』（プラトン）……26, 40, 341
古典派音楽 ※個々の作曲家も参照……123, 165
『ゴドーを待ちながら』（ベケット）……295
『コモン・センス』（ペイン）……175
ゴヤ、フランシスコ・デ……170, 177
『これは世界に宛てた私の手紙』（ディキンソン）……316
コロンブス、クリストファー……17, 126, 210
コンスタンティヌス一世……44, 49, 195
コンラッド、ジョーゼフ……43, 210

さ行

最後の晩餐……146
『最後の晩餐』（ダ・ヴィンチ）……79, 86
催眠状態……164
『再臨』（イェーツ）……351
サウル王……69
『叫び』（ムンク）……296
サラ……34, 41
サリエリ、アントニオ……151, 186, 200
サルトル、ジャン゠ポール……299, 320
山上の説教……118
シーア派……209, 237, 251, 279
シェーンベルク、アルノルト……39, 312, 319, 326, 333, 340, 368
シェイクスピア、ウィリアム……260
ジェイムズ、ウィリアム……292
ジェイムズ、ヘンリー……218
ジェファソン、トマス……189
シェリー、パーシー・ビッシュ……71, 323, 351
ジェンナー、エドワード……150
視覚芸術
  └『アメリカン・ゴシック』（ウッド）……345
  └印象派 ※個々の芸術家も参照……191
  └『ヴィーナスの誕生』（ボッティチェリ）……72
  └カサット、メアリー……247
  └葛飾北斎……163
  └『考える人』（ロダン）……219, 226
  └キュビスム……317, 324
  └グッゲンハイム美術館……310
  └『グランド・ジャット島』（スーラ）……282
  └『ゲルニカ』（ピカソ）……308, 324, 331
  └後期印象派 ※個々の芸術家も参照……254
  └ゴーギャン、ポール……163, 254, 261, 268, 289
  └ゴシック美術……51, 58
  └ゴヤ、フランシスコ・デ……170, 177
  └『最後の晩餐』（ダ・ヴィンチ）……79, 86
  └『叫び』（ムンク）……296
  └システィナ礼拝堂……107, 121
  └シャガール、マルク……338
  └『真珠の耳飾りの少女』（フェルメール）……149
  └セザンヌ、ポール……212, 254, 317
  └ダ・ヴィンチ、レオナルド……65, 79, 86, 93, 98
  └タージ・マハル……156
  └ターナー、ジョゼフ・マロード・ウィリアム……170, 184, 191
  └『ダビデ像』（ミケランジェロ）……107, 114

索 引

└ ダリ、サルバドール……352
└ デューラー、アルブレヒト……100, 289
└ ドガ、エドガー……191, 205
└ ネフェルトイティ胸像……16
└ ノートルダム大聖堂（パリ）……58
└ ハギア・ソフィア……37
└ パルテノン神殿……23
└ バロック美術……135
└ ピカソ、パブロ……212, 254, 308, 317, 324, 331
└ ビザンツ美術……44
└ 表現主義　※個々の芸術家も参照……289
└ ファン・ゴッホ、フィンセント……163, 254, 261, 268, 275, 289
└『ホイッスラーの母』（ホイッスラー）……198
└『星月夜』（ゴッホ）……275
└ ポップアート……366
└ ポロック、ジャクソン……359
└ マティス、アンリ……254, 289, 303, 317
└ ミケランジェロ……65, 98, 107, 114, 121
└ ミロのヴィーナス……30
└『モナ・リザ』（ダ・ヴィンチ）……79, 93
└ モネ、クロード……191, 233, 268
└ ラスコーの洞窟壁画……9
└ ラファエロ……65, 79, 121, 128
└ ルネサンス美術……65
└ ルノワール、オーギュスト……191, 240
└ レンブラント……142
└ ロダン、オーギュスト……219, 226
└ ロマン主義……170
時間……152
『四季』（ヴィヴァルディ）……67, 74
シク教……363
地震……80
システィナ礼拝堂……107, 121
自然選択……136
四諦……300, 307
実在、現象と――……12
実数……304
実存主義……320
室内楽……116
『失楽園』（ミルトン）……29
質料と形相……61
使徒……132, 146
ジハード……286
シャガール、マルク……338
社会契約……166, 187
ジャガイモ飢饉（アイルランド）……203
ジャクソン、アンドルー……217
シャリーア……230
ジャンヌ・ダルク……91
ジャンル（音楽）……116
宗教
└ アブラハム……34, 41, 48, 62, 209
└ イエス・キリスト……111, 118, 125, 139, 146, 153, 160, 167, 174, 202, 209, 244, 307
└ イエスの復活……111, 160
└ イサク……34, 41
└ イスラム教の――……237

└ カースト制度……335
└ カインとアベル……27
└ ガザーリー……272
└ カトリック教会……174
└ カバラ……97
└ ガブリエル……258, 293
└ カルマ……321, 335
└ 教会の東西分裂……181
└ クルアーン……216, 244
└ 五行……223
└ コンスタンティヌス一世……195
└ 最後の晩餐……146
└ サラ……34, 41
└ 山上の説教……118
└ シーア派……209, 237, 251, 279
└ シク教……363
└ 四諦八正道……307
└ 使徒……132, 146
└ ジハード……286
└ シャリーア……230
└ 宗教改革……46, 100, 135, 188
└ 儒教……349, 356
└ 神殿と聖櫃……76, 83
└ 神道……356
└ スーフィズム……244
└ スミス、ジョセフ……202
└ スンナ派……209, 237, 251, 279
└ 正統カリフ……251, 265
└ 禅宗……314
└ ソドムとゴモラ……48
└ ゾロアスター教……370
└ ソロモン王……37, 76, 83
└ 磔刑……153
└ ダビデ王……69, 76
└ タルムード……13, 90, 97
└ トーラー……13, 90, 97
└ 道教……342
└ 東方正教会……174, 181
└ ノア……20, 293
└ ハシディズム……104
└ ヒンドゥー教の叙事詩……328
└ 福音書……111, 118, 125, 132, 139, 146, 160, 167
└ ブッダ……300, 307
└ マグダラのマリア……139, 160
└ マフディー……279
└ ムアーウィヤ一世……265
└ ムハンマド……56, 209, 216, 237, 244, 251, 258, 265, 279, 286
└ モーセ……13, 62, 83, 90, 209
└ モルモン教……132, 202, 293
└ ヤコブ……34, 55, 62
└ 善いサマリア人……125
└ ヨセフ……55, 62
宗教改革……46, 100, 135, 188
自由主義……180
囚人のジレンマ……346
十二音技法……333
シューベルト、フランツ……18, 81, 116, 193, 200

376

索引

シューマン、クララ……221, 242
シューマン、ロベルト……221, 242
重力……143
儒教……349, 356
『種の起源』（ダーウィン）……136
シュルレアリスム……289, 324, 352
ショーペンハウアー、アルトゥル……201
ジョイス、ジェイムズ……8, 50, 309
『省察』（デカルト）……110
『序曲一八一二年』（チャイコフスキー）……277, 284
植民地主義……210
叙事詩（ヒンドゥー教）……328
女性参政権運動……273
ショパン、フレデリック……116, 228, 277, 323
ジョンソン、ジェームズ・ウェルドン……22
真……334
新ウィーン楽派……319
侵害受容……52
『神学・政治論』（スピノザ）……131
人格の同一性……173
『神曲』（ダンテ）……113
『真珠の耳飾りの少女』（フェルメール）……149
心身問題……124
神殿と聖櫃……76, 83
神道……356
スーフィズム……244
スーラ、ジョルジュ……268, 282
水素結合、表面張力と——……73
睡眠……206
スタイン、ガートルード……15, 50
スタインベック、ジョン……92
スタントン、エリザベス・ケイディ……273
ストア派……75
ストラヴィンスキー、イーゴリ……18, 312, 340
『すばらしい新世界』（ハクスリー）……155
スパルタ対アテネ……21
スピノザ、バールーフ……12, 131, 285
スペイン異端審問……112
スペイン内戦……308
スペインの新大陸進出……126
スミス、ジョセフ……202
スンナ派……209, 237, 251, 279
正義……341
正規曲線……360
生殖……178
静電気……108
正統カリフ……251, 265
聖櫃……76, 83
セザンヌ、ポール……212, 254, 317
セルバンテス、ミゲル・デ……99, 309
禅宗……314
『戦争と平和』（トルストイ）……337
旋律……18
相対性理論……129, 297
ソクラテス……19, 21, 26, 40, 61
ソクラテス以前の哲学者……12
素数……311
ソドムとゴモラ……48

ソナタ形式……165
『ソネット18番』（シェイクスピア）……330
ゾロアスター教……370
ソロモン王……37, 76, 83

た行

ダ・ヴィンチ、レオナルド……65, 79, 86, 93, 98
ダーウィン、チャールズ……96, 136
タージ・マハル……156
ターナー、ジョゼフ・マロード・ウィリアム……170, 184, 191
太陽系……24
太陽と核融合……234
大陸横断鉄道……252
ダビデ王……69, 76
『ダビデ像』（ミケランジェロ）……107, 114
ダビデとゴリアト……69, 114
ダリ、サルバドール……352
タルムード……90, 97
ダンテ・アリギエリ……113
チェーホフ、アントン……169
チャーチル、ウィンストン……301
チャイコフスキー、ピョートル・イリイチ……277, 284, 323
中世／初期教会音楽……32
中世哲学……89
チョーサー、ジェフリー……106
調（音楽）……11
超新星……45
調性……312
チンギス・ハン……77
『月に憑かれたピエロ』（シェーンベルク）……312, 326, 333
ディキンソン、エミリー……316
ディケンズ、チャールズ……211
定言命法……250
『ディドとエネアス』（パーセル）……81
デカルト、ルネ……61, 103, 110, 117, 123, 124, 285
哲学
└ 悪の問題……229
└ アプリオリな知識……138
└ アリストテレス……21, 47, 61, 68, 89, 96, 152, 201, 272
└ 意思の自由……236
└ イデア……26, 33
└ 因果関係……222
└ ヴィトゲンシュタイン、ルートヴィヒ……327, 355, 362
└ エピクロス派……82
└ 懐疑論……103
└ 神の存在証明……96
└ カント、イマヌエル……103, 152, 187, 201, 243, 250
└ 観念論……201
└ 帰納法……215
└ 形而上学……54
└ 言語哲学……348
└ 現象学……299
└ 現象と実在……12
└ 功利主義……257, 341
└「コギト・エルゴ・スム」……110, 117

377

索引

└ 時間……152
└ 実存主義……320
└ 質料と形相……61
└ 社会契約……187
└ 自由主義……180
└ 真……334
└ 人格の同一性……173
└ 心身問題……124
└ ストア派……75
└ スピノザ、バールーフ……12, 131, 285
└ 正義……341
└ ソクラテス……19, 21, 26, 40, 61
└ 定言命法……250
└ デカルト、ルネ……61, 103, 110, 117, 123, 124, 285
└ 道徳的相対主義……369
└ ニーチェ、フリードリヒ……278, 320
└ 認識論……159
└ バークリー、ジョージ……194, 201
└ ハイデッガー、マルティン……103, 299, 306, 362
└ 美学……313
└ ヒューム、デイヴィッド……208, 215
└ プラグマティズム……292
└ プラトン……12, 19, 21, 26, 33, 79, 89, 159, 201, 272, 341
└ プラトンの洞窟の比喩……40
└ 分析――……327, 355
└ ヘーゲル、ゲオルク・ヴィルヘルム・フリードリヒ
　……264
　└ マルクス、カール……271
└ モダリティ……285
└ ライプニッツ、ゴットフリート・ヴィルヘルム……12,
　141, 145, 152, 222, 229, 236, 297
└ ラッセル、バートランド……327, 355
└ ロック、ジョン……166, 173, 187
└ 論理学……68
└ ――史における中世……89
電池……220
トウェイン、マーク……91, 281
ドヴォルザーク、アントニーン……291
道教……342
道徳的相対主義……369
東方正教会……174, 181
トーラー……13, 90, 97
ドガ、エドガー……191, 205
ドストエフスキー、フョードル……267
ドビュッシー、クロード……305
『トラヴィアータ（椿姫）』（ヴェルディ）……256
トルストイ、レフ……337
『ドン・キホーテ』（セルバンテス）……99, 309
『ドン・ジョヴァンニ』（モーツァルト）……158

な行

ナボコフ、ウラジーミル……274
ニーチェ、フリードリヒ……278, 320
『ニーベルングの指輪』（ワーグナー）……193, 263, 270
虹……241
日本
└ マシュー・ペリー提督と――……224
└ ミッドウェー海戦……329

ニュートン、アイザック……143, 145, 152, 166, 227, 297
『人間知性論』（ロック）……166
『人間の権利』（ペイン）……175
認識論……159
認知的不協和……171
ネイティヴ・アメリカン……259
ネフェルトイティの胸像……16
ノートルダム大聖堂（パリ）……58
ノア……20, 293
ノシーボ効果……59

は行

バークリー、ジョージ……194, 201
パース、チャールズ・サンダーズ……292
パーセル、ヘンリー……81
ハーレム・ルネサンス……22
バーンスタイン、レナード……141, 361
ハイデッガー、マルティン……103, 299, 306, 362
ハイドン、フランツ・ヨーゼフ……39, 116, 123, 130, 137,
　186, 193, 319
パガニーニ、ニッコロ……235
ハギア・ソフィア……37
『白鯨』（メルヴィル）……183
ハクスリー、オルダス……155
ハシディズム……104
『ハックルベリー・フィンの冒険』（トウェイン）……281
八正道……307
バッハ、ヨハン・クリスティアン……88, 123
バッハ、ヨハン・ゼバスティアン……25, 53, 60, 67, 88, 95,
　102, 116, 123, 151, 179
パリのノートルダム大聖堂……58
パルテノン神殿……23
バレエ……116
バロック時代
└ ――の音楽……53
└ ――の美術……135
半金属……269
ハンムラビ法典……14
『ピアノ協奏曲第21番』（モーツァルト）……172
ヒエログリフ……7, 42
美学……313
ピカソ、パブロ……212, 254, 308, 317, 324, 331
光化学……290
非金属……269
ビザンツ美術……44
ビスマルク、オットー・フォン……266
秘跡……174
ピタゴラス……25, 325, 332
ピタゴラスの定理……325
ヒトラー、アドルフ……140, 308, 315, 322, 362
『響きと怒り』（フォークナー）……50, 78
『緋文字』（ホーソーン）……197
『百年の孤独』（ガルシア＝マルケス）……64, 358
ヒューズ、ラングストン……344
ヒューム、デイヴィッド……208, 215
ピョートル大帝……154
表現主義　※個々の芸術家も参照……289
表面張力と水素結合……73

ヒンドゥー教……321, 335
ヒンドゥー教の叙事詩……328
ファン・ゴッホ、フィンセント……163, 254, 261, 268, 275, 289
フィッツジェラルド、F・スコット……85
フェスティンガー、レオン……171
フェルマー、ピエール・ド……339
フェルマーの最終定理……339
フェルメール、ヤン……149, 352
フォーヴィスム……212, 254, 289, 303, 338
フォークナー、ウィリアム……50, 78
福音書……111, 118, 125, 132, 139, 146, 160, 167
服従、ミルグラムの——実験……94
フッサール、エトムント……299, 306
物質の状態……283
ブッダ……300, 307
ブラームス、ヨハネス……193, 242
ブラウン、ジョン……231
ブラウン対教育委員会裁判……357
プラグマティズム……292
プラシーボ効果……59
ブラック、ジョルジュ……317
ブラックホール……38
プラトン……12, 19, 21, 26, 33, 40, 79, 89, 159, 201, 272, 341
プラトンの洞窟の比喩……40
フランクリン、ベンジャミン……108, 161
フランス革命……147, 175, 182
『ブランデンブルク協奏曲』（バッハ）……88, 95, 116
プルースト、マルセル……50, 232
フレア……87
フレーゲ、ゴットロープ……68, 327, 348, 355, 362
フローベール、ギュスターヴ……50, 288, 323
フロスト、ロバート……190
文学
└『荒地』（エリオット）……225
└ウィリアムズ、テネシー……253
└ウルフ、ヴァージニア……50, 176, 309
└『選ばれなかった道』（フロスト）……190
└『オジマンディアス』（シェリー）……71
└ガルシア＝マルケス、ガブリエル……64, 358
└『カンタベリー物語』（チョーサー）……106
└『カンディード』（ヴォルテール）……141
└『キャッチ＝22』（ヘラー）……57
└『ギリシアの壺に寄す頌歌』（キーツ）……365
└『グレート・ギャツビー』（フィッツジェラルド）……85
└『高慢と偏見』（オースティン）……134
└『ゴドーを待ちながら』（ベケット）……295
└『これは世界に宛てた私の手紙』（ディキンソン）……316
└『再臨』（イェーツ）……351
└シェイクスピア、ウィリアム……260
└ジェイムズ、ヘンリー……218
└『失楽園』（ミルトン）……29
└『神曲』（ダンテ）……113
└スタインベック、ジョン……92
└『すばらしい新世界』（ハクスリー）……155
└『ソネット18番』（シェイクスピア）……330
└チェーホフ、アントン……169
└ディケンズ、チャールズ……211
└ドストエフスキー、フョードル……267
└トルストイ、レフ……337
└『ドン・キホーテ』（セルバンテス）……99, 309
└ハーレム・ルネサンス……22
└『白鯨』（メルヴィル）……183
└『ハックルベリー・フィンの冒険』（トウェイン）……281
└『緋文字』（ホーソーン）……197
└フォークナー、ウィリアム……50, 78
└プルースト、マルセル……50, 232
└『ベーオウルフ』……120
└ヘミングウェイ、アーネスト……15, 308
└ホイットマン、ウォルト……204, 275, 344
└『ボヴァリー夫人』（フローベール）……288, 323
└『吠える』（ギンズバーグ）……246
└『僕もアメリカを歌う』（ヒューズ）……344
└ポストコロニアリズム……162
└ポストモダニズム……148
└ホメロス……8, 36, 309
└魔術的リアリズム……358
└『見えない人間』（エリスン）……239
└メタフィクション……309
└モダニズム　※個々の作家も参照……50
└『闇の奥』（コンラッド）……43, 210
└『ユリシーズ』（ジョイス）……8, 50, 309
└ラシュディ、サルマン……127
└ロマン主義……323
└『ロリータ』（ナボコフ）……274
└ワイルド、オスカー……30, 302
分析哲学……327, 355
『ベーオウルフ』……120
ヘーゲル、ゲオルク・ヴィルヘルム・フリードリヒ……264
ベートーヴェン、ルートヴィヒ・ヴァン……116, 123, 165, 179, 186, 193, 200, 319, 323
ペイン、トマス……175
ベケット、サミュエル……295
ペスト……84
ヘミングウェイ、アーネスト……15, 308
ヘラー、ジョーゼフ……57
ベラスケス、ディエゴ……163, 177
ベリー、マシュー……224
ベルリオーズ、エクトル……39, 193, 214
ベンサム、ジェレミー……257
ヘンデル、ジョージ・フリデリック……102, 109, 151
ホーソーン、ナサニエル……197
ホイッスラー、ジェイムズ・マクニール……163, 198
『ホイッスラーの母』（ホイッスラー）……198
ホイットマン、ウォルト……204, 275, 344
『ボヴァリー夫人』（フローベール）……288, 323
放射性炭素年代測定法……122
ボエティウス……89
『吠える』（ギンズバーグ）……246
『僕もアメリカを歌う』（ヒューズ）……344
『星月夜』（ゴッホ）……275
ポストコロニアリズム……162

索引

ポストモダニズム……148
ボッティチェリ、サンドロ……72, 98, 121
ポップアート……366
ホッブズ、トマス……187
ボナパルト、ナポレオン……196, 264
ホメロス……8, 36, 309
ホロコースト……94, 322
ポロック、ジャクソン……359

ま行

マーラー、グスタフ……39, 193, 298, 361
マグダラのマリア……139, 160
マグナ・カルタ……70
摩擦力……227
『まじめが肝心』（ワイルド）……302
魔術的リアリズム……358
マティス、アンリ……254, 289, 303, 317
マネ、エドゥワール……191, 254
『マハーバーラタ』……328
マフディー……279
『真夜中の子供たち』（ラシュディ）……127
マルクス、カール……271
マンデラ、ネルソン……364
マンハッタン計画……343
『見えない人間』（エリスン）……239
ミケランジェロ……65, 98, 107, 114, 121
水の表面張力と水素結合……73
ミッドウェー海戦……329
ミル、ジョン・スチュアート……257, 341
ミルグラムの服従実験……94
ミルトン、ジョン……187
ミロのヴィーナス……30
民族主義（一九世紀）※個々の作曲家も参照……228, 277
ムアーウィヤ一世……265
無調性……312, 333
ムハンマド……56, 209, 216, 237, 244, 251, 258, 265, 279
ムンク、エドヴァルト……296
『メサイア』（ヘンデル）……102, 109
メタフィクション……309
メディチ家……72, 98, 107
メルヴィル、ハーマン……183
メンデル、グレゴール……66
メンデルスゾーン、フェーリクス……207
メンデルの遺伝学説……66
モーセ……13, 62, 83, 90, 209
モーツァルト、ヴォルフガング・アマデウス……18, 39, 60, 81, 116, 123, 137, 144, 151, 158, 172, 179, 193, 319
毛沢東……350
モダニズム　※個々の作家も参照……50
モダリティ……285
『モナ・リザ』（ダ・ヴィンチ）……79, 93
モネ、クロード……191, 233, 268
モルモン教……132, 202, 293
モンテヴェルディ、クラウディオ……53

や行

ヤコブ……34, 55, 62
『闇の奥』（コンラッド）……43, 210

ユスティニアヌス一世（皇帝）……37, 44
ユダヤ教　※個々の聖書中の登場人物も参照……13, 83, 90, 97, 104, 293
ユダヤ教神秘主義……97
『ユリシーズ』（ジョイス）……8, 50, 309
善いサマリア人……125
『欲望という名の電車』（ウィリアムズ）……253
ヨセフ……55, 62

ら行

『ラーマーヤナ』……328
ライト、フランク・ロイド……310
ライヒ、スティーヴ……368
ライプニッツ、ゴットフリート・ヴィルヘルム……12, 141, 145, 152, 222, 229, 236, 297
ラヴェル、モーリス……305
ラシュディ、サルマン……127
ラスコーの洞窟壁画……9
ラッセル、バートランド……327, 355
ラファエロ……65, 79, 121, 128
リー、ロバート・E……238, 245
リスト、フランツ……228, 235, 242, 263
リンカーン、エイブラハム……238, 252
ルイ14世（フランス王）……147, 154, 294
ルソー、ジャン＝ジャック……170, 187
ルター、マルティン……46, 100, 119, 188
ルネサンス、イタリア……98
ルネサンス、ハーレム……22
ルネサンス音楽……46
ルネサンス美術　※個々の芸術家も参照……65
ルノワール、オーギュスト……191, 240
レーニン、ウラジミル……287, 350
歴史
└ Dデー……336
└ アイルランドのジャガイモ飢饉……203
└ アポマトックス・コートハウス……238, 245
└ アルファベット……7
└ アレクサンドロス大王……21, 28
└ イギリスの北アメリカ植民地……133
└ イスラム教の広がり……56
└ イタリア・ルネサンス……98
└ 異端審問……112
└ ウェストファリア条約……140
└ ヴェルサイユ条約……294
└ カーネギー、アンドリュー……280
└ カール大帝……63
└ カエサル、ユリウス……35
└ グラント、ユリシーズ・S……238, 245
└ 黒死病……84, 106
└ コンスタンティヌス一世……44, 49
└ ジェファソン、トマス……189
└ ジャクソン、アンドルー……217
└ ジャンヌ・ダルク……91
└ 植民地主義……210
└ 女性参政権運動……273
└ スタントン、エリザベス・ケイディ……273
└ スパルタ対アテネ……21
└ スペイン内戦……308

└ スペインの新大陸進出……126
└ 大陸横断鉄道……252
└ チャーチル、ウィンストン……301
└ チンギス・ハン……77
└ ネイティヴ・アメリカン……259
└ ハンムラビ法典……14
└ ビスマルク、オットー・フォン……266
└ ヒトラー、アドルフ……140, 308, 315, 322, 362
└ ピョートル大帝……154
└ ブラウン、ジョン……231
└ ブラウン対教育委員会裁判……357
└ フランクリン、ベンジャミン……108, 161
└ フランス革命……147, 175, 182
└ ペイン、トマス……175
└ ペリーと日本……224
└ ボナパルト、ナポレオン……196, 264
└ ホロコースト……94, 322
└ マグナ・カルタ……70
└ マンデラ、ネルソン……364
└ マンハッタン計画……343
└ ミッドウェー海戦……329
└ 毛沢東……350
└ リー、ロバート・E……238, 245
└ リンカーン、エイブラハム……238, 252
└ ルイ14世（フランス王）……147, 154, 294
└ ルター、マルティン……46, 100, 119, 188
└ レーニン、ウラジーミル……287, 350
└ レコンキスタ……105
└ ロゼッタ・ストーン……7, 42
└ ワシントン、ジョージ……168
『レクイエム』（モーツァルト）……151
レコンキスタ……105
レントゲン、ヴィルヘルム……255
レンブラント……142
老子……342
ロールズ、ジョン……341
ロゼッタ・ストーン……7, 42
ロダン、オーギュスト……219, 226
ロック、ジョン……166, 173, 187
ロト……48
ロマン主義
└ 音楽……235, 323
└ 視覚芸術……170
└ 文学……323
『ロリータ』（ナボコフ）……274
『ロンドン交響曲』（ハイドン）……137
論理学……68

わ行

ワーグナー、リヒャルト……39, 193, 242, 263, 270, 277,
　278, 312, 323
ワイルド、オスカー……30, 302
惑星……24
ワクチン……150
ワシントン、ジョージ……168
和声……25

Photo: Getty Images
P15, 23, 42, 72, 79, 86, 107, 114, 121, 225, 233, 239, 268, 296, 353

© David S. Kidder Images
P8, 16, 18, 81, 102, 111, 129, 130, 144, 166, 179, 194, 200, 207, 214, 220, 228, 242, 262, 264, 271, 278, 283, 291, 298, 300, 306, 318, 325, 340, 347, 355, 362

Library of Congress / Prints and Photographs Division, Abdul-Hamid II Collection,
LC-USZ62-82161: P37

Library of Congress / Prints and Photographs Division, Carl Van Vechten Photographs,
LC-DIG-ppmsca-10445: P78

Library of Congress / Prints and Photographs Division, Carl Van Vechten Photographs,
LC-USZ62-116608: P352

Library of Congress / Prints and Photographs Division, Detroit Publishing Company Photograph Collection,
LC-D416-591: P226

Library of Congress / Prints and Photographs Division, Detroit Publishing Company Photograph Collection,
LC-DIG-ppmsc-05175: P30

Library of Congress / Prints and Photographs Division, Historic American Buildings Survey,
HABS VA, 6-APPO, 1-1: P245

Library of Congress / Prints and Photographs Division, LC-DIG-pga-00380: P238; LC-USZ62-101877: P287; LC-USZ62-10191: P297; LC-USZ62-103369: P337; LC-USZ62-103529: P134; LC-USZ62-104495: P260; LC-USZ62-105109: P168; LCUSZ62-110306: P47; LC-USZ62-110979: P153; LC-USZ62-115131: P58; LC-USZ62-117117: P189; LC-USZ62-121999: P154; LC-USZ62-12335: P69; LC-USZ62-124397: P147; LC-USZ62-127284: P281; LC-USZ62-127650: P119; LC-USZ62-130770: P235; LC-USZ62-134412: P36; LC-USZ62-2127: P62; LC-USZ62-21600: P231; LC-USZ62-2358: P197; LC-USZ62-40088: P28; LC-USZ62-43605: P344; LC-USZ62-48403: P280; LC-USZ62-48740: P88; LC-USZ62-5099: P217; LC-USZ62-5243: P175; LC-USZ62-61365: P110; LC-USZ62-70672: P266; LC-USZ62-72043: P141; LC-USZ62-7923: P101; LC-USZ62-87532: P100; LC-USZ72-130: P212; LC-USZC4-3582: P156

Library of Congress / Prints and Photographs Division, Office of War Information Photograph Collection,
LC-USW33-019093-C: P301

New York Public Library / Humanities and Social Sciences Library, Henry W. and Albert A. Berg
Collection of English and American Literature: P92, 176, 211

New York Public Library / Humanities and Social Sciences Library, Manuscripts and Archives Division:
P219

New York Public Library / Humanities and Social Sciences Library, Miriam and Ira D. Wallach Division of
Art, Prints and Photographs: P19, 26, 35, 63, 67, 91, 99 106, 131, 136, 145, 161, 169, 208, 218, 243, 267, 284

New York Public Library / Rare Book Division, George Arents Collection: P99, 149, 198

New York Public Library / Music Division, Joseph Muller collection of music and other portraits: P249, 263

New York Public Library / Art and Picture Collection: P83

Wikipedia, The Free Encyclopedia Images
 P17, 29, 339

© Victoria and Albert Museum, London/amanaimages
 表紙カバー

1日1ページ、読むだけで身につく世界の教養365

2018年 5 月 2 日　第 1 刷発行
2023年12月14日　第23刷発行

著者
デイヴィッド・S・キダー＆ノア・D・オッペンハイム

訳者
小林朋則

装丁デザイン
石間淳

本文デザイン
稲永明日香

本文組版
株式会社キャップス

編集
野本有莉

発行者
山本周嗣

発行所
株式会社文響社
〒105-0001　東京都港区虎ノ門 2 丁目 2-5
共同通信会館9F
ホームページ　http://bunkyosha.com
お問い合わせ　info@bunkyosha.com

印刷・製本
中央精版印刷株式会社

本書の全部または一部を無断で複写（コピー）することは、
著作権法上の例外を除いて禁じられています。
購入者以外の第三者による本書のいかなる電子複製も一切認められておりません。
定価はカバーに表示してあります。
©2018　Bunkyosha
ISBNコード：978-4-86651-055-2　Printed in Japan
この本に関するご意見・ご感想をお寄せいただく場合は、
郵送またはメール（info@bunkyosha.com）にてお送りください。

※本文中の聖書の訳文は、全て日本聖書協会『聖書　新共同訳』より引用。
※文学作品など邦訳が出版されていない作品に関しては、仮の邦題をつけて
　（仮）と表記し、直後に原題をつけた。